Magnifying God in Christ
그리스도 안에서 하나님께 영광

간추린
신약신학

토마스 R. 슈라이너 | 지음
김현광 | 옮김

Summary of New Testament Theology

기독교문서선교회

기독교문서선교회 (Christian Literature Center: 약칭 CLC)는 1941년 영국 콜체스터에서 켄 아담스에 의해 시작되었으며 국제 본부는 미국 필라델피아에 있습니다.
국제 CLC는 59개 나라에서 180개의 본부를 두고, 약 650여 명의 선교사들이 이동 도서차량 40대를 이용하여 문서 보급에 힘쓰고 있으며 이메일 주문을 통해 130여 국으로 책을 공급하고 있습니다. 한국 CLC는 청교도적 복음주의 신학과 신앙 서적을 출판하는 문서선교기관으로서, 한 영혼이라도 구원되길 소망하면서 주님이 오시는 그날까지 최선을 다할 것입니다.

Magnifying God in Christ

: A Summary of New Testament Theology

Written by
Thomas R. Schreiner

Translated by
Hyun Gwang Kim

Copyright © 2010 by Thomas R. Schreiner

Originally published in English under the title as
Magnifying God in Christ : A Summary of New Testament Theology
by Baker Academic,
Translated and used by the permission of
Baker Academic, a division of Baker Publishing Group,
P.O. Box 6287, Grand Rapids, MI 49516-6287, U.S.A.

All rights reserved.

Korean Edition
Copyright © 2013, 2019 by Christian Literature Center
Seoul, Korea

Magnifying God in Christ

추천사 1

박형대 박사
총신대학교 신학대학원 신약학 교수

　매사에 신실하신 김현광 교수님이 책을 번역하셨다고 해서 기대가 컸는데, 역시나 참 좋다. 우선, 원 저자인 슈라이너가 경건하면서 동시에 실력 있는 학자여서 좋다. 바울신학자 슈라이너는 "학문적인"『신약신학』(New Testament Theology: Magnifying God in Christ, Baker Academic, 2008)을 저술한 후 더욱 쉽게 간추려 이 책을 썼다. 어려운 내용을 쉽게 써서 더욱 잘 이해되게 한 것이다. 이 책을 고른 김 교수님의 안목이 부럽다.

　이 책은『신약신학』을 간추려 정리하면서 대부분의 각주를 없애버렸기에 읽기에 편안하다. 각주는 도서관에 있는『신약신학』을 참고하면 된다. 번역이 깔끔하고 우리말 어법에 맞아 읽기가 더욱 좋다. 신학교의 "신약신학" 교재로 제격이다. 방학 때 쭉 한번 읽어보면 신학이 정리되고 은혜 받을 책이다. 헌신된 평신도가 읽는다면 신약성경의 뼈대를 파노라마처럼 흥미진진하게 볼 수 있을 것이다.

　이 책은 신자와 교회가 하나님 중심으로 구속사를 볼 수 있도록 돕는다. 또한 성경 중심으로 중요한 신학적 주제를 다루면서 복음을 제시한다. 좀 길긴 하지만 이 책 자체가 전도지이다. 학자들의 의견을 나열하지 않았으며, 단어용례를 나열하지도 않았다. 꼼꼼히 주해하면서도 지루하지 않게 신학적 토대를 마련하고, 이야기를 귀납적으로 겸손하게, 그러면서도 믿음을 갖고 전개해 나간다. 그래서 그의 주장에 마음이 실린다.

이 책의 서론은 길지 않고 효율적이다. 먼저 읽으면 큰 도움이 된다. 이 책에서 가장 마음에 드는 부분은 바로 하나님이 가장 먼저 다뤄지고 그 다음에 예수님, 그리고 마지막으로 성령님이 예수 그리스도 중심으로 다뤄진다는 것이다. 슈라이너는 예수님에 대해 가장 길게 다루었다. 신약성경이 그렇게 하였기 때문이다. 예수 그리스도 중심으로 성경을 기술하는 것은 신약성경이 우리에게 가르쳐주는 바이다. "하나님 중심성"은 세대가 바뀌어도 변하지 않는 진리이며 우리 신학의 출발점이다.

삼위 하나님 다음으로 슈라이너는 인간과 성경과 교회와 종말론을 다룬다. 인간은 타락하여 하나님의 구속이 꼭 필요한 존재가 되었다. 타락한 인간이라도 하나님의 구원경륜을 믿고 복음에 순종하면 구원받는다. 하나님의 구원경륜은 구약성경에 예언되어 있고 신약성경에 그 성취가 기록되어 있다. 슈라이너는 구약과 신약의 소통에 귀를 기울였다. 바울의 새 관점 논의도 전통적인 입장에서 소화해냈다. 교회를 "약속의 백성"으로 보아, 하나님의 구원백성 공동체를 그려내었다. 종말이 "하나님 약속의 완성"이라는 관점에서 마지막에 다뤄진 것도 마음에 든다.

이 책은 술술 읽히는 책이다. 존 로스(John Ross, 1842-1915) 선교사님이 한국인 학자들은 "문맥이 막히지 않고 술술 흘러가는 것을 좋아한다"고 평가한 걸 보면, 예나 지금이나 우리 민족은 흘러가는 것을 좋아하는데, 이 책은 흐름이 있는 책이다. 적극 추천한다.

추천사 2

사이먼 J. 게더콜 Simon J. Gathercole **박사**
University of Cambridge 신약학 교수

놀라운 성취다! 슈라이너는 신약에 대한 그의 깊고 넓은 지식을 학자들의 문헌에 대한 광범위한 논의와 결합시켰다. 무엇보다 좋은 것은 이 책이 신약을 따라 하나님의 위엄과 영광을 증거한다는 것이다.

도널드 A. 헤그너 Donald A. Hagner **박사**
Fuller Theological Seminary 신약학 교수

명쾌하고 예리하며, 무엇보다 신약의 본문을 듣는 일에 몰두한 슈라이너의 책은 포스트모던의 사막에 있는 시원한 음료와 같다. 만일 당신이 내용이 풍부하고 주해에 기초하였으며 성경본문에 근거했고 삼위일체적이며 견실한 믿음의 관점에서 쓰인 신약신학을 찾는다면 바로 이 책이 당신을 위한 책이다.

벤 위더링턴 3세 Ben Witherington III 박사
Asbury Theological Seminary 신약학 교수

슈라이너는 역량 있고 신중한 신약학자로 알려져 있다. 신약신학의 복잡한 주제에 대한 종합적 설명, 성경에 대한 그의 고등한 관점을 반영하는 설명을 우리에게 제공하며, 그의 능력과 명쾌하고 간결한 스타일을 잘 드러냈다. 이 책은 확고한 개혁주의적, 복음주의적 관점에서 지난 수십 년 동안에 쓰인 신약신학 중 아마도 최고의 신약신학일 것이다.

파나요티스 쿠춤포스 Panayotis Coutsoumpos 박사
Montemorelos University 신약학 교수

슈라이너는 신약신학을 종합적으로 다루면서 그리스도 안에 있는 하나님의 영광이라는 신약의 중심 메시지에 대한 탁월한 해설을 제공한다. 이 책은 다른 대부분의 신약신학 책들보다 좀 더 주제적 접근법을 사용하기 때문에 특별히 중요하다. 유익하며 풍부한 참고문헌은 학생들에게 신약신학 분야와 주제들에 대한 추가적 학습과 연구를 위한 놀라운 자료를 제공해 줄 것이다. 학생들과 학자들은 가치를 증명할 매우 유익한 도구를 제공해 준 저자에게 은혜를 지고 있다.

서문

나의 책 『신약신학』(New Testament Theology: Magnifying God in Christ)의 간추린 책을 쓰도록 요청해준 베이커아카데미출판사의 짐 키니(Jim Kinney)에게 감사드린다. 사실 확대본에서 다룬 주제들을 좀 더 축약본인 이 책에서 동일한 깊이로 검토하기는 어렵다. 이전 책은 신약신학에 대해 상세하게 연구하기 원하는 신학대학원생들과 목회자들을 위한 것이기 때문이다. 이 축약본이 신약의 메시지에 역시 관심을 가진 평신도와 학생들 그리고 목회자들에게 내 책의 주요 논점을 전달할 수 있기를 바란다. 확대본의 중요한 논점들이 축소된 범위 안에서 이 책에 요약되었다. 거의 모든 각주를 생략했으므로 좀 더 심층적인 논의에 대해서는 확대본을 참고하기를 요청한다.

마지막으로 이 책을 나의 두 아들 다니엘(Daniel), 패트릭(Patrick)과 그들의 아내 애슐리(Ashley), 한나(Hannah)에게 헌정하고 싶다. 다니엘과 페트릭은 둘 다 작년에 결혼했다. 애슐리와 한나의 삶 속에 있는 그리스도에 대한 순전한 헌신을 보면서 다이엔(Diane)과 나는 기쁨으로 충만했다.

역자 서문

    이 책의 저자인 토마스 R. 슈라이너(Thomas R. Schreiner) 교수는 내가 서든뱁티스트신학대학원(The Southern Baptist Theological Seminary) 신약학 박사 과정에서 수학하는 동안 코스웍과 종합시험 그리고 논문심사에 이르는 전 과정에 도움을 주신 은사이시다. 토마스 R. 슈라이너는 세계적인 신약학자이며 학교에서는 학생들의 신임과 존경을 받는 교수이셨다. 나는 지도교수인 마크 A. 싸이프리드(Mark A. Seifrid)와 함께 슈라이너 교수님께 지도 받을 수 있었던 것을 감사하게 생각한다.

    서든에서 박사학위를 받던 날 슈라이너 교수님은 나를 자신의 연구실로 부르셨다. 그리고 그는 격려의 말이 적힌 책을 한 권 선물로 주셨다. 그의 책 『바울신학: 그리스도 안에 있는 하나님의 영광의 사도』(*Paul: Apostle of God's Glory in Christ*, 도서출판 은성, 2005)였다. 그 책은 내가 처음 만나게 된 슈라이너 교수님의 한국어 번역본이었다. 이 외에도 슈라이너 교수님의 여러 책이 한국어로 번역되었다.

    이제 그의 또 하나의 책이 한국에서 번역본으로 탄생하게 되었다. 그의 한국어 번역본을 선물 받았던 때가 엊그제 같은데, 세월이 흘러 내가 그의 책을 한국어로 번역하여 선물 드릴 수 있게 된 것을 기쁘게 생각한다. 신약학자로서의 신중함과 목회자로서의 충만한 은혜가 깃든 이 한 권의 책이 오늘날 한국에서 신실한 말씀의 사람들로 준비되기를 바라는 많은 주의 사람들에게 유익이 되길 바란다.

이 책을 만들기 위해 수고해주신 CLC의 관계자들에게 감사드리며 추천사를 써주신 박형대 교수님께 심심한 감사를 드린다. 인내가 필요한 과정이었지만, 나의 학문 여정에 큰 그늘이 되어 주신 좋은 선생님들의 가르침을 받았던 즐거운 시절을 떠올리며 감사한 마음으로 번역을 마칠 수 있었다. 모든 과정 위에 함께 하신 하나님 아버지께 영광을 돌린다.

2013년 9월

역자 김현광 識

약어표

Bibliographic and General

AD	Anno Domini, in the year of the Lord
AT	author's translation
BC	before Christ
ca.	circa, approximately
e.g.	exempli gratia, for example
esp.	especially
ESV	English Christian Standard Bible
HCSB	Holman Christian Standard Bible
LXX	Septuagint
m.	Mishnah
NRSV	New Revised Standard Version
NT	New Testament
OT	Old Testament
par./pars	parallel(s) included
RSV	Revised Standard Version

Old Testament

Gen.	Genesis
Exod.	Exodus
Lev.	Leviticus
Num.	Numbers
Deut.	Deuteronomy
Josh.	Joshua
Judg.	Judges
Ruth.	Ruth
1-2 Sam.	1-2 Samuel
1-2 Kings	1-2 Kings
1-2 Chron.	1-2 Chronicles
Ezra	Ezra
Neh.	Nehemiah
Esth.	Esther
Job	Job
Ps.	Psalms
Prov.	Proverbs
Eccles.	Ecclesiastes
Song	Song of Songs
Isa.	Isaiah
Jer.	Jeremiah
Lam.	Lamentations

Ezek.	Ezekiel	Jude	Jude
Dan.	Daniel	Rev.	Revelation
Hos.	Hosea		
Joel.	Joel		
Amos	Amos		
Obad.	Obadiah		

Old Testament Apocrypha and Pseudepigrapha

Jon.	Jonah
Mic.	Micah
Nah.	Nahum
Hab.	Habakkuk
Zeph.	Zephaniah
Hag.	Haggai
Zech.	Zechariah
Mal.	Malachi

2 Bar.	2 Baruch (Syriac Apocalypse)
1 En.	1 Enoch
1-4 Esd.	1-4 Esdras
2-3 Macc.	2-3 Maccabees
Pss. Sol.	Psalms of Solomon
Sir.	Sirach
T. Mos.	Testament of Moses
Wis.	Wisdom of Solomon

New Testament

Matt.	Matthew
Mark	Mark
Luke	Luke
John	John
Acts	Acts
Rom.	Romans
1-2 Cor.	1-2 Corinthians
Gal.	Galatians
Eph.	Ephesians
Phil.	Philippians
Col.	Colossians
1-2 Thess.	1-2 Thessalonians
1-2 Tim.	1-2 Timothy
Titus	Titus
Philem.	Philemon
Heb.	Hebrews
James	James
1-2 Pet.	1-2 Peter
1-3 John	1-3 John

Qumran/Dead Sea Scrolls

1Qs	1QRule of the Community
3Q15	3QCopper Scroll
4QFlor	4QFlorilegium
4QMMT	4QHalakhic Letter

Contents

추천사 1 (박형대 박사: 총신대학교 신학대학원 신약학 교수) 5
추천사 2 (사이먼 J. 게더콜 박사 외 3명) 7
서문 9
역자 서문 10
약어표 12

서론 17
제1장 하나님의 구원 약속의 성취: 이미-아직 아니 29
제2장 신약신학의 하나님 중심성 63
제3장 복음서의 그리스도 중심성 97
제4장 사도행전에 나타난 예수님의 구원 사역 133
제5장 바울의 기록론 143

Magnifying
God
in Christ

제6장 바울이 말하는 하나님과 그리스도의 구원사역 163
제7장 히브리서-요한계시록의 기독론 193
제8장 성령 231
제9장 죄의 문제 279
제10장 믿음과 순종 303
제11장 율법과 구원사 357
제12장 약속의 백성 381
제13장 하나님의 약속의 완성 395
맺음말 429

참고문헌 432
색인 436

Magnifying God in Christ

서론

1. 왜 신약신학을 연구하는가?

신약신학을 연구하는 것은 가치가 있다. 왜냐하면 신약을 공부하는 학생들은 부분은 보지만 전체는 등한히 하는 경향이 있기 때문이다. 우리는 더 큰 주제는 고려하지 않은 채 상당한 시간을 신약의 개별적 본문이나 책들을 해석하는 데 보낼 수 있다. 그 결과 뒤로 물러나 경관(landscape)을 전체적으로 조망하는 데 실패할 수 있다. 부분에 대해 부지런히 주의를 기울이지 않으면 전체에 대한 우리의 시각이 왜곡되는 것은 당연하다. 철저한 주해는 반드시 큰 그림의 기초로 작용해야 한다. 그러나 그와 동시에 신약을 넓은 렌즈로 보지 않고 집중적 주해라고 하는 좁은 렌즈를 통해서만 본다면 우리는 결과적으로 실수를 범할 수도 있다. 전체를 보는 것은 부분을 이해하는 데 도움을 주기 때문이다.

따라서 신약신학은 경관을 조망한다. 신약은 무엇에 관한 것인가? 주요 주제는 무엇인가? 어떻게 서로 맞아 들어가는가? 신약이 일관성 있는 메시지를 가지고 있다고 모든 학자들이 생각하지는 않는다. 나는 현재 신약 정경이라고 불리는 책에는 아름다움과 일관성이 있다는 것을 주장할 것이다. 경관을 조망할 때 우리는 여러 성경 저자들에게 동일한 중심 주제가 있음을 보게 된다. 비록 그들이 다른 상황과 공동체를 향해 말하지만 말이다. 그러므로 신약신학은 신약 전체의 메시지를 이해하도록 돕는다. 그리고 틀림없는 것은 신약의 메시지를 이해하려는 우리의 열망이 신약신학을 연구하는 데 시간을 투자하도록 동기를 부여한다는 것이다.

2. 어떻게 신약신학을 연구해야 하는가?

신약신학은 어떻게 저술되어야 하는가? 이 문제에 대한 논의, 특별히 방법론에 관련된 좀 더 심층적인 논의에 관심이 있는 독자는 확대본의 부록을 보도록 추천한다(Schreiner〈2008:867-88〉). 본 책에서 나는 주제적 접근방법을 선택했다. 왜냐하면 주제적 구조가 가진 이점들이 있기 때문이다. 신약신학이 주제별로 개진될 때 신약신학의 일관성(coherence)과 통일성(unity)은 더욱 분명하게 설명될 수 있다. 각각의 개별 저자에 대한 연구가 진실로 신약신학인가? 아니면 그것은 마태의 신학, 마가의 신학, 누가의 신학, 바울의 신학 그리고 기타 등등인가? 나는 그러나 각각의 책을 독립적으로 연구하는 것이 비합리적이라고 말하는 것은 아니다. 그런 접근법은 주제적 접근법으로 볼 때는 애매모호한, 적어도 부분적으로, 본문에 대한 전망을 열어준다. 나는 신약신학을 쓰는 데에 오직 하나의 옳은 방법만 있다는 주장을 배격한다. 신약의 주제는 너무나 광대하고 포괄적이어서 어떤 하나의 방법으로 완전히 검토하기는 어렵다. 바(Barr〈1999:61〉)는 "성경신학을 위한 유일하게 적합한 방법(the one appropriate method) 같은 것은 없다"고 옳게 말한다(1999:342에 있는 그의 언급도 보라). 신약의 복잡성과 아름다움을 완전하게 다루는 신약신학은 없을 것이다. 다양한 접근방법과 관점들은 각각 신약에 다른 빛을 비추어주고 그런 점에서 여러 다양한 접근 방법을 갖는 것은 도움이 된다. 유익한 신약신학은 종말론, 하나님의 백성, 기독론, 윤리, 기타 등등의 관점에서 기술될 수 있을 것이다.

3. 주제적 접근방법에 대한 변호

그러나 주제적 접근방법이 진실로 성경신학에 뿌리를 박고 있는 한, 나는 주제적 접근방법이 오늘날 특별히 필요하다고 믿는다. 오늘날 많은 신약학자들이 그런 접근방법이 조직신학과 매우 닮았다는 우려 때문에 이 접근방법을 사용하기를 조심스러워 한다. 우리 자신의 카테고리를 가지고 본문을 순화(domesticating)시키지 않을까 그들은 염려한다. 주제적 접근방법은 본문을 순화하고 신약의 다양성을 압착할 위험성을 안고 있다. 그러나 이 위험은 여전히 감수할 가치가 있다. 우리 서방세계는 거대담론(metanar-ratives)을 염려한다. 따라서 대부분의 신약연구 작품들이 신약의 작은 부분, 또는 심지어 신약의 한 절(a single verse)을 검토한다. 신약 전체가 무엇에 대한 것인가 말하는 것보다 한 절에 대한 자신의 결론을 제시하는 것이 더 안전하다. 아마 또한 이것이 더 제정신일지도 모른다! 그리고 본문을 귀납적으로 부분 부분 연구하는 "수고"(gotten dirty)를 저자가 하지 않는다면 그의 신약신학은 유익이 되지 못한다.

그러나 이 이야기의 또 다른 면이 있다. 우리는 신약의 각 부분을 전체에 대한 우리의 이해, 우리의 세계관, 그리고 우리 자신의 거대담론을 통해 해석한다. 부분을 연구하면 바로 그 "증거", 본문의 "확실한 현상들"(the hard phenomena)을 우리가 다루게 된다는 환상에 빠질 수 있다. 그러나 하나의 증거에 대한 우리의 이해 역시 우리의 관점이나 세계관의 영향을 받는다. 우리는 어떤 증거도 중립적이고 객관적인 관점에서 평가하지 않는다. 신약신학 전체를 고려하려는 모험을 감행하지 않는다면 우리는 우리가 연구하는 특별한 증거들을 왜곡할 위험에 놓이게 된다. 그렇다면 신약을 주제별로 검토하는 것은 신약을 구성하는 부분들을 우리가 이해하는 데 도움을 줄 수 있을 것이다.

각각의 저자를 개별적으로 고려하는 것의 유익성은 이미 지적했다. 그러나 각 저자를 개별적으로 연구하는 것에 또 하나의 부담이 있다. 우리는 신약의 어떤 문헌도 해당 저자의 "신학"이라고 주장하지 않는다는 것을 상기해야 한다. 서신서의 경우 이것은 특히 명백하다. 서신서들은 교회의 특수한 상황과 환경을 겨냥해 쓰인 특별한 목적을 지닌 문헌이다. 그렇다면 소위 유다의 신학 또는 야고보의 신학을 쓰는 것은 다소 왜곡하는 것이다. 그들의 신학 전체를 그런 짧은 서신에 그들이 꾸려 넣었다고 주장하기는 어렵다. 바울은 13개의 서신을 썼으므로 그의 사상을 구성해낼 좀 더 큰 저작물을 가지고 있다는 점에서 다르긴 하다.[1] 그러나 바울의 경우에도 그의 신념에 대한 완전한 지도를 우리는 가지고 있지 않다. 약간의 구멍은 여전히 존재한다.

같은 식으로 우리는 유다서보다 마태, 마가, 누가-행전, 요한문헌에 대해서 더 많은 말을 할 수 있다. 이 문헌들의 특별한 강조점에 관한 유용한 연구물들이 산출되었다. 그러나 복음서 저자들이 복음서를 기록할 때

---

[1] 나의 판단으로는 바울이 저자로 표시된 모든 서신은 진정한 바울 서신이다. 목회서신은 가장 논쟁이 되고 있다. 그러나 그것의 진정성을 지지하는 확실한 근거들이 존재한다. Mounce 2000: lxvi-cxxix; Knight 1992: 21-52; Ellis 1992를 보라.

어떤 제약 아래서 기록했다는 것을 기억할 필요가 있다. 이 시점에서 나는 그들이 역사가이면서 신학자였다고 생각한다. 달리 말해서 그들은 예수님의 실제적 말씀과 사역을 떠난 신학을 구성할 자유가 없었다. 요한복음과 공관복음을 비교해 보면 다른 관점들이 예수 그리스도에 대한 우리의 이해를 놀랍도록 풍요롭게 한다는 것이 분명히 드러난다. 관점의 다양성은 역사에 대한 관심의 결여나 저자의 의도에 따라 기록할 자유가 없었음을 의미하지 않는다. 우리는 네 개의 복음서를 가지고 있는데 이는 예수 그리스도의 깊이와 넓이가 한 사람의 저자에 의해 파악될 수 없었기 때문이다.

그렇다면 복음서는 신학적 역사이며 나사렛 예수의 사역과 말씀에 대한 해석을 담고 있다. 그럼에도 불구하고 그것들은 **복음서**(Gospels)로서 예수 그리스도와 그분의 역사적 사역에 대해 증언한다. 복음서는 구원사(history of salvation)의 어느 한 시점에 놓여있다. 복음서의 신학을 고려할 때 구속사적 시간표(timeline) 상에서 저자가 어디에 위치하고 있는지 주목해야 한다. 복음서의 어떤 주제는 발전되지 않고 남아있는데 하나님의 약속이 그리스도의 죽음과 부활 때까지는 실현되지 않기 때문이다. 따라서 복음서는 성령이 하나님의 백성에게 부어질 것이라는 기대와 약속을 가지고 끝을 맺는다. 그러나 성령의 축복은 복음서 자체 내에서 주어지지 않는다. 이런 의미에서 신약의 나머지 부분들은 구원사에서 복음서들과 다른 위치에 놓여야 한다.

요약하면, 신약의 어떤 책도 신약의 가르침 전체를 담고 있지 않다. 신약의 각 저작들은 정확하지만 부분적이고 단편적인 증언이다. 그것들은 진실을 증언하고 있지만 예수 그리스도의 복음에 대해 완전한 증언을 주고 있지는 않다. 그러므로 신약신학에 대한 주제적 접근방법은 매우 귀중

하다. 이 방법은 신약 27권 전체를 검토함으로써 신약이 가르치는 내용 전체를 파악하려고 시도하기 때문이다.

4. 중심에 대한 문제

신약신학에 단일한 중심이 있는가? 중심 문제는 오랫동안 논의됐고 그 동안 다양한 많은 중심들이 제안되었다. 중심이라고 주장되는 어떤 것도 합의를 도출해내지는 못할 것이라고 말하는 것이 안전하다고 생각한다. 어떤 의미에서는 여러 개의 다른 중심을 갖는 것도 유익하다. 왜냐하면 많은 다른 관점으로부터 신약신학이 유익하게 연구될 수 있기 때문이다. 다양한 관점들은 서로 맞물려 있고 상호 배타적이지 않기 때문에 신약을 탐구하는 방법에는 다양성이 있다. 더욱이 다른 각도에서 신약을 검토하면 본문에 새로운 빛을 비춰주게 된다. 신약신학의 주제는 하나님 자신이기 때문에 어떤 학문적 시도도 주제 자체를 완전히 연구해내지는 못한다는 것을 알게 되는 것은 놀랄 일이 아니다.

두 가지 관점에서 신약신학을 고찰해보는 것이 광명을 비춰준다.

첫째, 하나님이 행하시는 모든 일의 목적은 하나님 자신과 예수 그리스도께 영광을 돌리는 것이다. 신약은 급진적으로 하나님 중심적이다. 신약은 그리스도 안에서 성령을 통해 자신을 영화롭게 하시는 하나님에 대한 것이라고 말할 수 있다. 신약에서 우리는 하나님의 최고성(supremacy)과 그리스도의 중심성(centrality)을 쉽사리 보지 못하게 될 수 있다. 왜냐하면 그 주제들은 신약의 날실과 씨실의 일부이기 때문이다. 때때로 우리는 너무나 명백한 것, 바로 우리 눈앞에 있는 것을 보지 못한다. 그러나 그리스도 안에서 하나님이 하신 일에 초점을 두지 않는 신약신학은 어떤 것이라도 성경본문의 근본적인 것과 성경본문에 충만한 것을 보지 못하는 것이다.

둘째, 그리스도 안에서의 하나님 중심성이 구원사, 하나님의 약속의 성취와 긴밀하게 연결되지 않으면 그리스도 안에서의 하나님 중심성은 추상화되어 버리고 만다. 성경에 우리는 하나님의 구원 계획을 가지고 있다(하나님의 구원 계획은 심판을 포함한다). 신약은 구약에서 이루어진 약속의 성취를 펼쳐 보여준다. 신약의 놀라운 주제 중 하나는 "이미-아직 아니"(already-not yet)라는 주제이다. 하나님은 그의 나라를 출범시키셨지만 완성하시지는 않았다. 하나님은 그분의 구원 약속을 성취하기 시작하셨지만 시작하신 모든 일을 아직 완성하시지는 않았다. 구속사(redemptive history)를 등한히 하고는 아무도 신약의 메시지를 파악할 수 없다. 구속사는 신약의 메시지를 파악하기 위한 근본이 된다. 하나님의 궁극적 목적은 그의 계획의 성취에서 드러난다. 하나님은 그런 계획 안에 의도, 목표, 목적을 가지고 계심이 틀림없다. 여기에 구원사의 모든 목적들이 드러난다. 하나님은 그리스도 안에서 높아지고 그의 이름이 영광을 받기 위해 그의 구원 계획을 성취하신다.[2] 그러므로 어떤 사람들의 말과 달리 하나님의 영광과 인간의 구원은 충돌하지 않는다. 하나님은 그의 백성의 구원을 통해 영광을 받으신다.

---

2 평행본문이 있는 공관복음을 인용할 때 대부분의 경우 나는 마태복음만을 인용한다. 내가 마태복음을 인용하는 것에 어떤 의미를 부여할 필요는 없다.

5. 이 책에 대한 간단한 개관

모든 신약신학은 각각의 독특한 경향이 있다. 이 책에서 나의 목표는 새로운 이론을 주장하는 것이 아니라 신약 저자들에게 가장 중요했던 것들을 귀납적으로 찾아 내려고 시도하는 것이다.

1장에서는 신약의 "이미-아직 아니" 주제(already-not yet theme)로 시작한다. 구약은 과업을 미완성한 채 끝난다. 하나님의 약속은 그의 백성과 세상을 위해 아직 성취되지 않았다. 신약을 읽을 때 우리는 하나님의 구원 약속이 성취된 것을 발견한다. 그러나 그 약속이 놀라운 방식으로 실현되었음을 알게 된다. 그 성취에는 "이미 그러나 아직 아니"(already-but-not-yet)의 특성이 있다. 그러므로 하나님의 나라는 출범했지만 완성되지 않았다. 믿는 자들은 현재 영생을 누리고 있으나 그런 생명의 완전함은 부활의 날에 누리게 될 것이다. 하나님의 약속의 출범과 완성 사이의 긴장을 이해하는 것은 신약의 메시지를 파악하는 데 필수 불가결한 것이다.

이 책의 중심부인 2장부터 8장은 아버지(2장), 예수 그리스도(3-7장), 그리고 성령(8장)에 초점을 두고 있다. 다시 한 번 우리는 이 질문을 던진다. 신약은 근본적으로 무엇에 관한 것인가? 하나님의 약속은 아버지와 아들, 그리고 성령을 통해 결실을 맺게 된다. 그들은 이 드라마의 주연들이다. 그리고 그 때문에 그들의 구원 사역으로 인한 찬송이 그들에게 돌아간다.

2장에서 우리는 아버지가 주권적 창조자이시며 자비로운 주님이라는 것을 보게 될 것이다. 그분은 역사 속에 그의 구원과 심판의 목적을 이루어 가신다.

3장부터 7장까지는 신약의 기독론을 검토한다. 방대한 주제이다. 분명 예수 그리스도는 신약의 증언의 중심적 인물이기 때문이다. 그를 통해 하나님의 구원 약속은 실체가 된다. 사실상 신약 전체는 다음 질문에 대답하는 것이다. 예수 그리스도는 누구신가? 그리고 그가 이루신 일이 무엇인가? 예수 그리스도의 정체성은 단지 그의 타이틀만으로는 파악될 수 없다. 그러나 그럼에도 불구하고 그에게 주어진 타이틀은 매우 중요하다는 것을 알게 될 것이다. 그는 메시아, 인자, 하나님의 아들, 주, 그리고 말씀(Logos)이시다. 복음서는 모두 십자가와 부활 이야기에서 정점에 이른다. 이는 하나님의 구원이 예수님의 죽음과 부활을 통해 확고하게 된다는 것을 보여준다. 서신서들과 요한계시록은 계속해서 예수 그리스도의 정체성에 초점을 맞춘다. 우리는 바울의 고등 기독론(high Christology)을 빌립보서 2:5-11과 골로새서 1:15-20에서 볼 수 있다. 히브리서의 고등 기독론은 히브리서 1:1-14에 분명히 드러난다. 하나님의 어린양이신 예수님은 요한계시록에서 정기적으로 하나님과 동등한 지위를 부여받으신다. 십자가의 중요성은 신약 전체에 걸쳐 특징적으로 나타난다. 공관복음에서 예수님은 제자들과 마지막 유월절 식사를 하시면서 그의 죽음을 설명하신다. 그리고 바울은 그리스도 안에서 하나님이 이루신 일들을 묘사하기 위해 다양한 용어들을 사용한다. 칭의, 성화, 속죄, 구속, 화목, 기타 등등. 십자가의 중심성은 요한일서, 베드로전서, 히브리서와 요한계시록에서도 특징적으로 나타난다. 우리는 신약의 가르침의 주요 동맥을 찾았다는 데에 의심의 여지가 별로 없다.

    8장에서는 성령의 사역에 대해 탐구한다. 복음서들은 예수님이 성령의 기름 부으심을 받았다는 것을 강조한다. 그리고 사도행전에서 누가는 성령으로 충만한 바로 그 예수님이 그의 제자들에게 그의 성령을 또한 부어주시고 그들은 권능을 받아 예수님의 복음을 땅끝까지 전한다고 가르치신다. 신약 전반에 걸쳐 일관성 있는 주제는 성령이 예수 그리스도를 영화롭게 하기 위해 오셨고, 성령은 예수 그리스도의 영이시라는 것이다. 따라서 성령의 사역은 독립적인 것이 아니다. 성령은 예수 그리스도가 찬양을 받으시도록 하기 위해 하나님의 백성들에게 권능을 주시고 그들을 거룩하게 하신다.

9장은 잠시 뒤로 물러서서 왜 아버지와 아들과 성령의 위대한 구원 사역이 필요한가 질문한다. 신약의 대답은 인간이 절망적인 곤경에 처해있다는 것이다. 인간은 마땅히 그리 해야 함에도 불구하고 하나님을 영화롭게 하는 데 실패했다. 공관복음은 우리가 썩은 나무라고 강조한다. 바울은 우리가 마땅히 그리 해야 함에도 불구하고 하나님을 찬송하지 않았고 감사하지 않았다고 가르치고, 요한은 죄는 무법한 반역(lawless rebellion)이라고 가르친다(요일 3:4). 성취된 구원은 놀랍도록 위대하다. 왜냐하면 그것은 인간의 반역을 극복하기 때문이다.

하나님이 성령을 통해 그리스도 안에서 성취하신 것에 대해 인간은 어떻게 반응해야 하는가? 신약은 우리가 반드시 믿고 순종해야 한다고 선언한다. 10장에서 나는 이 두 가지 주제가 신약에 고루 퍼져있다고 주장한다. 믿음과 순종은 구분될 수 있지만 분리될 수 없다. 믿음과 순종이 없이는 아무도 최후의 구원을 누릴 수 없을 것이다. 신약을 주의 깊게 검토해보면 모든 순종은 믿음으로부터 나오며 변화된 삶이 없는 구원은 없다는 것이 드러난다.

"이미-아직 아니" 주제와 순종에 대한 요구는 신자의 삶 속에서 차지하는 구약 율법의 위치에 대해 질문을 불러일으킨다. 예수 그리스도가 오셨다면 언약들 사이의 관계는 무엇인가? 예수 그리스도를 믿는 자들은 시내산 언약의 율법과 어떤 관계를 가져야 하는가? 11장에서 나는 구약의 율법과는 단절과 연속(discontinuity and continuity)이 둘 다 존재한다는 개념을 옹호한다. 신자들은 더 이상 모세 언약 아래 있지 않다. 그러나 그들은 지금 그리스도의 법인 사랑의 법을 준수한다.

믿음과 순종의 요구는 개인주의적으로 이해되어선 안된다. 하나님은 그의 영광과 찬송을 위해 새로운 공동체를 만들고, 온 세상을 복 주시려는(창 12:3) 의도를 항상 가지고 계셨다. 그러므로 12장에서 나는 신약이 예수 그리스도의 교회에 대해 무엇이라 말하는지 탐구한다. 마침내, 하나님은 그의 목적을 달성하실 것이다. "아직 아니"(not-yet)는 영원히 지속되지 않을 것이다. 예수님은 다시 오실 것이고 그에게 순종하는 자에게 상을 베푸시고 그를 반대하는 자에게 벌을 내리실 것이다. 부활의 날은 오고 있다. 새 출애굽, 새 창조, 그리고 새 언약은 성취될 것이다. 그리고 믿는 자들은 하나님을 찬송하고 영원히 그에게 영광을 돌릴 것이다.

Magnifying God in Christ

제1장

하나님의 구원 약속의 성취: 이미-아직 아니

이 책에서 제시된 주제는 이렇다. 신약신학은 하나님께 초점을 두고 (God-focused), 그리스도 중심적이며(Christ-centered), 성령이 스며있는(Spirit-saturated) 것이다. 그러나 아버지와 아들과 성령의 사역은 구원사적 시간표를 따라 해석되어야 한다. 즉 하나님의 약속은 이미 성취되었지만 그리스도 예수 안에서 아직 완성되지 않았다는 것이다. 우리는 예수 그리스도의 사역과 성령의 사역이 하나님의 약속 성취를 위한 근본이 된다는 것을 보게 될 것이다. 예수 그리스도의 오심과 성령의 선물은 아브라함과 맺은 구원의 약속을 하나님이 성취하기 시작하셨다는 강력한 암시이다.

신약이 역사 속의 하나님의 구원사역을 밝히면서 제시하는 구체적이며 특별한 증언을 통해 나는 그리스도 안에 있는 하나님 중심성을 논증할 것이다. 달리 말하면 하나님은 구속의 역사 가운데 자신의 목적을 이루어 가시는데, 성령을 통해 그리스도 안에서 이루신 그의 사역으로 인해 하나님은 모든 영광을 받으실 것이라는 말이다. 더욱이, 구속사는 시작되었으나 아직 완성되지 않은 종말론으로 묘사될 수 있다. 따라서 하나님께 속한 영광은 아직 그 절정에 도달하지 못했다. 그러나 도달하게 될 것이다.

본 장에서는 신약의 "이미-아직 아니" 주제를 탐구하게 될 것이다. 현저하게 눈에 띄는 것은 시작된(그러나 아직 완성되지 않은) 종말론(inaugurated eschatology)이 신약에 널리 퍼져있다는 것이다.

공관복음에서 하나님의 나라는 전면에 대두된다는 것을 우리는 본 장에서 보게 될 것인데 하나님의 나라는 예수님의 사역에 현존하지만 이와 동시에 미래적 성취가 남아있다. 요한문헌은 신자는 현재 영생을 누리지만 육체의 부활은 아직 그들을 기다리고 있다는 것을 강조한다. 마찬가지로 "이미-아직 아니" 주제는 바울 문헌에도 편만하다. 신자는 현재 구원을 받았으나 구원은 미래에 완전하게 성취될 것이다. 신자는 현재 구속함을 받았지만 마지막 날에 있을 몸의 부활을 기다리고 있다는 등의 내용이다. 같은 방식으로 신약의 다른 문헌들도 하나님의 약속의 현재적 성취와 그 약속의 미래적 실현 사이의 긴장을 유지하고 있다. 예를 들어 히브리서의 저자는 그리스도의 죽음으로 속죄가 이루어졌음을 선포하지만 신자들에 대한 그의 강력한 경고는 약속이 아직 완전히 실현되지 않았음을 보여준다.

오는 세대(the age to come)가 도래했다는 징후는 성령의 선물이다. 한편, 신자는 최후 부활을 기다린다. 이것은 성령이 다가올 위대한 것의 맛보기(foretaste)라는 것을 가리킨다. 신약의 "이미 그러나 아직 아니" 주제를 탐구하기에 앞서 우리는 구약적 배경을 간단히 살펴 보아야 한다.

1. 구약적 배경

신약의 증언을 개관하기 전에 구약을 대략 살펴볼 필요가 있다. 우리는 구약을 창조, 타락, 구속이라는 표제 아래 요약할 수 있을 것이다. 하나님 중심성은 그가 만물의 창조주라는 사실에서 드러난다. 하나님의 주권적 우주 창조는 구약에 편만한 주제이며 이것은 그가 우주의 주님이시며 구약 이야기의 중심 행위자라는 것을 지시한다. 하나님은 그의 형상을 따라 인간을 창조하시고 그들이 하나님의 영광을 드러내고 그의 성품을 비춰주며 하나님을 위해 세상을 지배하게 하셨다(창 1:26-27; 2:15-17). 아담과 하와는 하나님의 주인되심(lordship)을 거부하고 그들 자신의 길로 나아갔다. 아담과 하와에 대한 하나님의 심판도 그의 주인 되심을 알려주고 구약에 편만한 심판 주제를 예견하게 한다. 하나님의 모든 심판행위는 그가 주권자이며 주님이라는 것을 증명한다. 여전히 구약의 이야기는 심판으로 끝나지 않고 구속의 약속으로 끝난다.

구약은 종말론적 소망으로 생기가 넘친다. 그러므로 창세기 3:15은 여자의 후손이 뱀의 후손을 정복할 날을 예고한다. 이어지는 역사는 약속을 조롱하는 듯 보였다. 뱀의 후손이 노아의 시대에 인간을 지배했고 결과적으로 악이 세상을 지배했기 때문이다. 그를 대적하는 자들을 물로 멸망시킴으로써 하나님은 자신이 역사의 주인이심을 드러내셨지만 바벨탑은 인간이 근본적으로 변화되지 않았음을 예시한다. 그 후 온 세상을 복주시겠다는 하나님의 약속은 한 사람, 아브라함에게 초점을 맞추게 되었다. 하나님은 아브라함과 그의 자손들에게 땅, 후손, 그리고 온 세상을 망라할 복을 약속하셨다(예, 마 12:1-3; 18:18; 22:17-18; 26:3-4; 26:3-4; 28:14-15; 35:12-13).

약속은 족장과 모세의 시대에 성취되기 시작했다. 이스라엘 백성이 하나님의 약속대로 번성했기 때문이다. 그리고 가나안 땅에 대한 약속이 여호수아의 시대에 그들에게 이루어졌다. 이스라엘은 세상을 복주는 매체가 될 준비가 되어 있는 듯 보였다. 그러나 죄와 심판의 순환이 사사들의 시대에 계속되었다. 다윗이 왕으로 즉위하고 그와 영원한 언약이 맺어진 것은(삼하 7) 보편적 복이 다윗의 후손을 통해 실현될 것임을 보여주었다. 그러나 이스라엘의 왕들은 말할 것도 없고 유다의 왕들의 이야기는 실망스러운 것이었다. 이스라엘은 내리막으로 치달아 바벨론에 의해 586 BC에 유배되기에 이르렀다.

그러나 여호와는 선지자들을 통해 새 언약의 동터옴(렘 31:31-34), 다가오는 나라(옵 21), 다윗의 무너진 장막의 재건(암 9:11-15), 예루살렘과 시온을 위한 새 날(욜 3:15-1; 습 3:15-20), 하나님의 영을 부어주심(욜 2:28), 하나님이 그의 백성에게 새 마음과 새 영을 주어 그에게 순종하게 하실 그날(겔 36:26-27), 하나님이 그의 백성들을 다시 한 번 자유케 할 새 출애굽(예, 사 43:5-9), 그리고 새 창조(사 65:17-25; 66:22)를 약속하셨다. 이 약속들 중 어떤 것도 구약 시대에 성취되지 않았다. 그러므로 이 사실이 우리를 신약의 증언으로 인도한다.

2. 하나님의 나라

"이미-아직 아니" 주제를 고찰함에 있어 우리는 하나님 나라를 먼저 다룬다. 이것은 틀림없이 신약신학의 가장 중요한 주제이다. 골즈워디(Goldsworthy⟨2000: 618⟩)는 다음과 같이 말한다.

> 창조세계와 모든 피조물, 세상 나라들, 그리고 독특하고 특별한 방식으로 그의 선택받고 구속받은 백성들을 하나님이 통치하신다는 개념은 히브리 성경의 가장 핵심적 메시지이다.

공관복음은 하나님 나라가 예수님의 가르침의 중심이라는 것을 분명히 한다. 예수님의 가르침에 있어서 하나님 나라의 중요성은 나라에 대한 말씀(sayings)이 나오는 위치를 통해서도 역시 분명해진다. 마태복음과 마가복음은 예수님의 가르치시는 사역을 하나님 나라에 대한 함축성 있는 말씀들을 통해 소개하고 있다(마 4:17; 막 1:14-15). 예수님은 하나님 나라의 임박성, 하나님이 그의 백성들을 구속하실 것이라는 복음의 성취를 선포하셨다. 이 복음(유앙겔리온〈euangelion〉)의 약속은 이사야로 거슬러 올라가는데 이사야에서 복음은 바벨론으로부터의 새로운 출애굽이며 유배로부터의 귀환이다(사 40:9; 52:7).

하나님 나라의 중요성은 예수님의 사역을 요약하고 하나님 나라의 특징을 현저히 드러내는 요약적 진술에 의해서도 증명된다(마 4:23; 9:35; 24:14; 눅 4:43-44; 8:1; 9:11). 예수님의 갈릴리 사역은 가르치심, 고치심 그리고 하나님 나라의 복음을 선포하시는 것으로 구성되었다. 모든 병을 고치신 것은 옛 질서는 지나가고 새로운 시대가 왔음을 의미한다.

예수님이 "하나님의 나라"를 통해 의미하신 것을 우리는 어떻게 이해해야 하는가? 하나님의 미래적 지배와 그 지배를 통해 하나님이 이스라엘에 대한 약속을 성취하시고 대적들을 정복하실 것이라는 기대는 구약(사 24:23; 단 2:44; 7:14, 18, 23, 27; 암 9:11-15; 옵 21; 습 3:15; 슥 14:0)과 제2 성전기 문헌(T. Mos. 10.1; 2 Bar. 73.1-7; Pss. Sol. 17-18)에 모두 나타난다. 흥미롭게도 이스라엘이 승리하고 주변 나라들이 패망하는 것을 보려는 열망은 누가복음 1-2장에서 철저하게 유대적 방식으로 표현되고 있다. 이것은 누가복음이 메시아가 오기 전의 초기 유대교적 경건을 충실하게 묘사하고 있다는 것을 지시한다(눅 1:52-55, 68-75).

예수님의 가르침을 살펴보면, 우리는 그도 역시 미래적 하나님 나라, 하나님이 그의 구원 약속을 이루실 종말적 하나님 나라를 기대하셨다는 것을 알 수 있다. 주기도문에 이것이 명백히 드러난다. 주기도문에서 신자들은 "당신의 나라가 임하옵시며"(마 6:10)라고 기도한다. 예수님은 제자들에게 그가 "왕권을 가지고" 올 날에 대해서도 말씀하신다(16:28; 참고, 눅 23:51). 이것은 분명히 하나님 나라 약속의 미래적 성취를 언급하시는 것이다. 하나님 나라가 임할 때 심판은 시작될 것이고 모든 사람은 그들이 살았던 방식에 따라 평가될 것이다(마 25:31-46). 다가오는 하나님 나라는 위대한 종말적 축제로 묘사될 수 있다. 의인은 이 축제를 즐길 것이지만 다른 이들은 어둠속으로 쫓겨날 것이다(8:11-12; 26:29; 막 14:25; 눅 14:15; 22:16, 18, 29-30; 참고, 사 25:6-8).

하나님 나라의 미래성은 창세로부터 하나님이 예비하신 "나라를 상속하라"는 부르심에 분명히 드러난다(마 25:34). 예수님은 그 나라가 완전한 형태로 그의 시대에 이르렀다고 믿지 않으셨다. 예수님은 하나님의 나라에서 메시아적 향연을 즐길 미래의 날을 기대하셨다(막 14:25; 눅 22:18). 분명히 예수님은 신자들이 하나님의 구원 약속의 성취와 그의 무서운 심판이 나타날 것을 기다리는 기간을 예상하셨다.

예수님의 사역과 가르침에 있어서 하나님 나라는 미래에만 국한될 수 없다. 이것은 현재적 실체이기도 하다. 그러나 하나님은 항상 변함없이 왕으로서 모든 것을 통치하신다는 관념이 있다. 이것은 시편 103:19에 의해 설명되고 있다.

> 여호와께서 그의 보좌를 하늘에 세우시고 그의 왕권으로 만유를 다스리시도다(시 103:19).

하나님은 역사상에 일어나는 모든 것을 언제나 그리고 모든 장소에서 통치하신다(참고, 시 47:8; 93:1; 97:1; 99:1). 그럼에도 불구하고, 하나님 나라에 대한 예수님의 가르침의 독특한 요소는 예수님의 사역 속에 있는 하나님 나라의 현재성이다. 다시 말해서, 새 언약, 새 창조, 새 출애굽에 대한 구약의 약속이 예수님의 사역 속에서 성취되기 시작했다는 것이다. 예수님의 사역 속에 있는 하나님 나라의 현재성과 다가올 하나님 나라에 대한 기도가 어떻게 조화를 이룰 수 있는가? 하나님 나라가 이미 예수님 안에서 도래했다면 우리가 왜 다가올 나라를 위해 기도하는가? 현재 많은 학자들이 예수님의 가르침 속에 있는 하나님의 나라는 현재적이며 또한 미래적이라는 데 동의한다. 달리 말하면, 그 나라는 이미 시작되었으나 아직 완성되지 않았다는 것이다.

    복음서의 가장 주목할 만한 진술 중 하나가 마태복음 12:28이다.

> 그러나 내가 하나님의 성령을 힘입어 귀신을 쫓아내는 것이면 하나님의 나라가 이미 너희에게 임하였느니라(마 12:28).

    여기서 주목할 만한 것은 예수님이 그의 귀신축출에서 하나님의 나라가 역사 속으로 침투해 들어온 증거를 보셨다는 것이다. 마태복음은 구약에서 약속된 종말론적 성령이 예수님의 사역 속에서 활동하시고 있다는 것을 보여준다. 여기에 신약을 특징 지우는 "이미-아직 아니"의 긴장(tension)에 대한 증거가 있다. 그 나라는 예수님의 인격과 사역 속에 이미 도래했지만 하나님의 대적들은 아직 완전히 제거되지 않았고 하나님의 백성들은 구약에서 그들에게 약속된 모든 복을 아직 소유하고 있지 않다.

    하나님 나라는 예수님의 기적적인 표적과 설교 속에도 현존했다. 전형적 본문은 누가복음 4:16-30인데 누가복음은 여기에서 예수님의 공적 사역의 출발을 묘사하고 거의 틀림없이 예수님의 통상적 메시지를 이야기하고 있기 때문이다. 예수님은 구약성경을 인용함으로 시작하셔서 그 말씀들이 자신과 자신의 사역에서 성취되었다고 주장하셨다(참고, 사 61:1-2; 58:6; 29:18). 유배로부터의 해방이라는 복음이 지금 그를 통해 실현되었다. 하나님의 은혜의 해와 하나님의 백성의 자유는 도래했다. 예수님이 여기에서 이 약속들이 단지 모든 것이 완성되는 때에 성취될 것이라고 말씀하시는 것같이 보이지 않는다. 현재에도, 그의 치료 사역을 통해 눈 먼 자는 다시 보게 되었던 것이다. 그가 선포한 복음은 가난한 자들이 현재 복된 좋은 소식을 듣고 있다는 것을 의미한다.

실제로 바울은 이사야 61장에서 하나님의 보응에 대한 절을 건너 뛰어 그의 은혜의 때만을 언급했다. 이것은 예수님의 사역의 시대는 보응의 때가 아니라 구원의 날이라는 것을 암시한다.

같은 방향을 가리키는 본문이 마태복음 11:2-6이다. 세례 요한은 예수님에 대한 의심을 표명했다. 아마도 그가 감옥에서 약해졌고 천국에 대한 그의 기대가 실현되지 않았기 때문일 것이다. 요한은 예수님의 사역의 정치적 영향이 상대적으로 미미했음을 인식하고 그가 진실로 "오실 그이"인지 묻기 시작했다. 예수님은 요한의 전령들에게 직접적인 대답을 주지 않고 그의 사역을 통해 성취되고 있는 것들을 그들에게 보이셨다. 소경이 보며 앉은뱅이가 걸으며 문둥이가 깨끗함을 받으며 죽은 자가 살아났다는 것이다. 진실로 복음은 가난한 자들에게 선포되고 있었다.

그러나 예수님은 다시 한 번 하나님이 그의 백성들을 유배에서 자유케 하실 때 행하실 일에 대해 말하는 이사야 본문을 인용하셨다(35:1-10; 참고, 40:9; 42:6-7; 52:7). 두드러진 것은 이사야서의 예언 중 많은 것들이 예수님의 사역에 의해 성취되지 않은 채 남아있었다는 것이다. 이스라엘은 영원한 기쁨을 가지고 예루살렘에 거하지 않았으며 그들의 적들로부터 자유를 얻지도 못했다. 로마인들은 예수님의 시대에 여전히 위협적으로 존재했다. 이스라엘의 원수들에게 보복이 이루어지지 않았다. 세상은 새 창조로 변형되지 않았다. 이 모든 요소들로 인해 요한은 예수님이 참으로 오실 그이인지 의심하게 되었음이 분명하다.

예수님은 그의 사역의 성격에 대해 요한에게 교훈하심으로써 대답하신다. 소경과 앉은뱅이, 귀머거리와 가난한 자들 사이에서의 그의 사역은 하나님이 예수님 안에서 하나님의 약속을 성취하고 계심을 보여준다. 이사야에 의해 약속된 새로운 출애굽과 유배로부터의 귀환은 복음의 좋은 소식이 선포되고 있다는 예수님의 메시지에 반응하는 자들에게는 실제가 된다. 그러나 예수님 스스로도 그 성취는 놀라움을 가져온다는 것을 인식하신다.

> 누구든지 나를 인하여 실족하지 아니하는 자는 복이 있도다
> (마 11:6).

이사야의 예언들은 성취되기 시작했으나 아직 완전히 성취되지는 않았다. 하나님 나라는 예수님의 사역에 존재하지만 하나님이 이루시기로 약속하신 모든 것이 현실화된 것은 아니다. 요한이 볼 수 있는 눈이 있었다면 종말론적 긴장을 감지할 수 있었을 것이다. 예상치 않았던 일이 일어났다. 약속들이 요한이나 다른 이들이 기대했던 것과 같은 방식으로 실현되지 않았다. 하나님은 예수님의 사역 속에 놀랍게 역사하고 계셨으나 예언된 것 중의 일부만 실현되었다. 하나님의 나라는 도래했다. 그럼에도 이스라엘은 보복의 날과 하나님이 약속하신 모든 것이 성취되는 날을 기다

려야만 한다(참고, 눅 17:20-21).

마태복음 13:11에서 예수님은 비유들이 하나님 나라의 "비밀"과 "신비"를 드러낸다고 말씀하신다. 네 종류의 땅에 대한 비유(13:1-9, 18-23)는 다양한 진리를 가르친다. 여기서 우리가 얻고자 하는 것은 이것이 하나님의 나라에 대해 무엇을 가르치는가 하는 것이다. 비유가 드러내는 놀라운 특징은 하나님의 나라가 선포되었을 때 모두가 그 메시지를 받아들이지는 않는다는 것이다. 네 가지 다른 종류의 땅이 있는데 오직 마지막 것만 진정한 열매를 맺는다. 다른 땅은 계속적으로 열매를 맺지 않으며 심판의 날에 구원받지 못할 사람들을 나타낸다.

여기에서 드러난 하나님 나라의 신비 중 하나는 하나님 나라의 말씀이 이 세상에서 즉각적으로 놀라운 성공을 거두지는 않을 것이라는 점이다. 많은 이들이 하나님 나라에 대한 복음을 거부할 것이지만 즉시 심판을 받지는 않을 것이다. 유대인들은 종말론적 능력으로 하나님 나라가 임하여 모든 대적들을 쓸어버릴 것을 기대했다. 그러나 이 비유는 하나님 나라의 메시지는 애초에 이런 방식으로 역사하지 않는다는 것을 드러낸다.

예수님의 설교를 통해 하나님 나라는 오직 일부 사람들의 마음속에 성공적으로 자리 잡을 것이다. 세상 전체가 극적으로 변화되지는 않는다. 그러나 하나님 나라는 일하고 있다. 그것은 세상 속에서 작용하며 마음들을 예수님의 메시지를 통해 변화시키고 있다(참고, 막 4:26-29; 마 13:24-30, 36-43).

하나님 나라의 특성은 겨자씨 비유와 누룩 비유에 잘 나타난다(마 13:31-33). 이 비유들도 하나님 나라의 신비를 드러낸다. 우리가 다시 기억해야 할 것은 유대인들은 하나님 나라가 그들의 원수들을 파멸시키며 놀라운 능력으로 임하고 모든 이들에게 명확하게 드러날 것이라고 생각했다는 것이다. 그러나 예수님은 하나님 나라가 느부갓네살의 나라처럼 땅위에 군림하는 거대한 나무로 임하지 않을 것임을 가르치셨다(단 4). 하나님 나라의 임함은 예수님 당시에 알려진 가장 작은 씨인 겨자씨처럼 미미하고 작다. 누룩 비유는 겨자씨 비유와 같은 식으로 해석되어야 한다. 그리고 누룩비유가 겨자씨 비유 바로 다음에 위치하고 있는 것은 이 둘이 근본적으로 같은 점을 드러낸다는 것을 암시한다.

하나님 나라는 명백하고 분명하게 임하지 않고 밀가루 속의 누룩처럼 거의 볼 수 없게 임한다. 다른 말로 말하면 세상은 하나님 나라의 현존을 인식하지 못한다. 여전히 예수님은 비록 하나님 나라는 감추어져 있고 눈에 띄지 않지만 그의 사역에서 이미 임했다는 것을 주장하셨다. 예수님은 현시대의 하나님의 나라의 모습과 다가올 시대에 완성될 하나님 나라의 모습을 대조시키신다. 종말에 가서야 하나님 나라는 모든 것을 다스릴 것이며 반죽에 두루 퍼진 누룩처럼 포괄적이고 완전한 모습을 갖출 것이다.

하나님의 나라는 거의 보이지 않지만 비교할 수 없이 소중하다. 하나님 나라의 가치는 감추인 보화 비유에 드러난다(마 13:44). 예수님은 마태복음 13장의 비유들을 하늘나라와 "그의 보물창고에서 새 것과 옛 것을 내어오는" 서기관을 비교하며 끝내셨다(13:52). 여기에서 예수님은 구약, 즉 하나님 나라에 대한 많은 예언들을 고려하셨다. 그러나 예수님의 제자는 새 것, 즉 예수님의 사역에서 동터온 하나님의 나라의 관점에서 그 예언들을 해석해야만 한다. 그렇다면 지혜로운 제자는 구약 예언의 의미를 파악하고 예수님 안에서 그것이 성취된 것을 분별한다. 새 것과 옛 것은 옳게 연결되어 있고 서로 상관되어 있다. 새 것과 옛 것은 각각 합당한 위치를 가지고 있으나 옛 것은 궁극적으로 그리고 마침내 예수님 안에 존재하는 새로움을 이해하는 자들에 의해서만 파악될 수 있다.

하나님 나라의 출범은 표적과 이적 그리고 치유에 의해 명백히 드러난다. 예수님의 기적은 하나님 나라에 대한 약속에 불과한 것이 아니다. 그것 자체가 적어도 부분적으로는 하나님 나라의 현실화이기 때문이다. 공관복음서의 많은 본문에서 복음의 선포는 육체적 치유와 귀신 축출을 동반한다(예, 마 4:23; 9:35; 10:7-8; 눅 9:11; 10:9, 17; 11:20). 예수님의 축귀는 사탄과 귀신에 대한 그의 승리를 예시하며 하나님의 나라는 지금 현존하고 예수님이 악의 지배를 이기셨다는 것을 나타낸다. 진실로 이사야 35장은 그러한 치유가 하나님 나라의 현존의 표시이며 그 나라는 이미 그 능력을 이 악한 현 시대에 행사하고 있음을 보여준다.

이성적 자유주의 추종자들은 기적적인 것들의 실체를 부인한다. 우주에 대한 하나님의 개입을 부정하는 그들의 계몽주의적 세계관 때문이다. 기적에 대한 이의제기는 그들의 철학적 관점에서 나온 것이며 본문 연구에서는 도출될 수 없는 것이다. 복음서 기자들은 기적이 실제로 일어났다고 믿은 것이 분명하다. 기적은 영적 교훈 또는 도덕적 진리로만 축소시킬 수 있는 영적 실체에 불과한 것이 아니다. 진정, 기적은 예수님의 사역에 실제로 일어났으며 기적 이야기는 역사적 예수에게로 거슬러 올라간다는 것을 믿을 만한 견실한 이유들이 있다.

마이어(Meier⟨1994: 630⟩)는 기적과 관련해서 다음과 같이 말했다.

> 초기 교회의 완전한 조작이라는 것은 실제적으로 말해서 불가능하다…예수님의 기적에 대한 전승은 잘 알려지고 자주 흔쾌히 받아들여지는 그의 삶과 사역에 대한 다른 전승보다 역사적 기준에 의해서 볼 때 더욱 확고한 지지를 받는다. 극적으로 그러나 지나

치게 과장하지 않고 말해서 만약 예수님의 공적 사역으로부터 나온 기적 전승을 비역사적인 것으로 완전히 배척한다면 예수님에 대한 다른 모든 복음서 전승도 배척해야 한다.

진실로, 마이어(1994: 773-873)는 주저하지 않고 역사적으로 문제를 결정지을 수 있는 한, 예수님이 죽은 자들을 살리셨다는 것을 믿을 견실한 근거가 있다고 말한다.[1] 그렇다면 기적은 하나님 나라의 "이미-아직 아니" 특성을 증거한다. 기적은 하나님 나라가 세상 속으로 들어왔음을 드러내지만 모든 사람이 치유받는 것은 아니다. 이 사실은 그 나라가 아직 완성에 도달하지 않았음을 보여준다. 사망과 악은 여전히 그들의 긴 그림자를 세상에 드리운다.

하나님 나라는 예수님의 사역의 중심 주제이며 그 개념의 의미는 구약에 의해 식별되어야 한다. 예수님은 어디에서도 그것을 정의하지 않기 때문이다. 예수님은 하나님 나라를 언급하실 때 하나님의 구원의 능력, 하나님의 구원 약속의 성취를 염두에 두시고 있었다. 여전히 예수님은 그의 백성을 위한 하나님의 구원 행위에 주목하셨다. 하나님 나라에 대한 예수님의 가르침에 나타난 놀라운 요소는 그 가르침의 모호한 특성이다. 하나님 나라는 이미-아직 아니의 관점에서 설명될 수 있다. 하나님 나라는 예수님의 사역에서 출범했지만 아직 완성되지 않았다. 이미 도래했지만 완

---

[1] Meier(1994: 968)는 이러한 서술들이 실제로 기적이라고 주장하지는 않고 일어난 일들을 예수님의 동시대인들 중 일부가 기적적이라고 생각했다고 주장한다. 지나치게 제한적이라고 생각되는 Meier의 철학적 접근법을 검토하는 것은 여기에서의 나의 목적이 아니다. 나의 주장은 단순히 그의 기준의 범위 내에서 조차도 예수님이 많은 기적들을 행하셨음을 믿을 견실한 이유가 존재한다는 것이다. 첨언하면 Meier(1994: 874-1038)는 기적적으로 먹이신 것을 제외하고 자연 기적에 대한 역사적 신뢰성에 대해서는 좀 더 회의적이다.

전한 구원과 약속된 심판은 아직 실현되지 않았다.

3. 영생과 종말론

요한복음의 주요 주제 중 하나는 생명이다. 요한복음의 생명은 추상적 실체가 아니며 요한의 유대적 세계관에 뿌리를 두고 있다. 생명은 오는 세대에 속하며 부활에 의해 시작된다. 요한복음을 읽을 때 주목할 만한 것은 그가 생명의 선물이 지금 주어지고 있다는 것을 강조하는 것이다. 요한은 부활이 일어날 미래 시대에 초점을 두지 않는다. 그리스도를 믿는 자들이 예수님을 그리스도로 믿음으로 인해 지금 현재에도 소유하고 있는 것에 그는 주목한다. 현 세대의 생명의 선물은 오직 예수님이 부활이요 생명이기 때문에 가능하다(11:25). 오는 세대의 생명은 나사렛 예수가 죽음에서 부활했기 때문에 시작되었다(요 20). 예수님의 부활로 오는 세대가 현 세대로 침입해 들어왔다. 오직 죽음만이 지배하는 곳에 생명이 침투해 들어왔다. 어두움이 모든 것을 뒤덮은 곳에 빛이 나타났다. 거짓을 정복하기 위해 진리가 왔다.

죽음에 대한 승리는 예수님의 부활로 성취되었고 요한복음에서 예수님의 부활은 역사에 뿌리를 두고 있다. 요한은 생명에 대한 그의 가르침을 어떤 천상계에 존재하는 생명에 대한 영지적 희망에 근거하고 있지 않다. 그는 생명을 물질적인 것에 대항하는 영적인 것으로 여기지 않는다. 생명은 시공계에서 예수님의 죽음으로부터 육체적 부활로 시작되었다.

하나님의 약속의 현재적 성취에 대한 요한복음의 강조는 예수 그리스도의 십자가와 부활에 근거하고 있다. 그러므로 현재 영생을 누리는 자들은 예수님의 살을 먹고 피를 마신다(6:53-54). 오는 세대에서의 생명은 오직 예수님, 즉 그 속에 생명을 가지셨고(5:26) 길이요 진리요 생명이신(14:6) 예수님을 통해서만 주어진다. 생명에 참여하는 것은 하나님에 대한 추상적인 믿음에 의해 되는 것이 아니라 예수님의 살을 먹고 피를 마시는 믿음에 의해 되는 것이다. 다시 말하면, 십자가에서 죽으시고 부활하신 주님이신 예수님의 사역을 믿을 때 오는 세대의 생명은 실체가 된다.

예수님 안에서 생명이 세상에 들어왔고 그 생명은 어두움 가운데 비친다(1:4-5). 예수님은 생명의 빛이며(8:12) 사람들이 생명을 얻게 하기 위해 오셨다(10:10). 그러므로 오는 세대의 생명은 철저히 그리스도 중심적이다. 영생은 예수 그리스도를 아는 것과 유일하신 참 하나님을 아는 것에 의해 주어진다(17:3). 인간은 영생을 얻기 위해 예수님께로 와야 한다(5:40). 이 복음서의 목적은 영생을 얻기 위해서는 반드시 예수님을 믿어야 한다는 주장에 명확히 공표되었다(20:30-31). 믿는 자들은 영생을 누린다는 것을 요한이 자주 강조하는 것은 놀랄 만할 일이 아니다(3:15-16, 36; 5:24; 6:47). 요한일서의 가르침도 이와 유사하다.[2] 예수님은 생명이시며 그 생명은 성육신을 통해 역사 가운데 나타났다(요일 1:1-2). 영생의 약속은 그 안에서 실현되었으며(2:25) 그러한 생명은 다른 사람들을 위해 생명을 버린 그의 죽음을 통해 보장되었다(3:16). 그러므로 아들을 믿는 모든 자들은 지금 영생을 누린다. 그런 생명이 예수님과 그의 자기 계시에 결속되어 있기 때문이다(5:11-13). 요한일서의 종결부가 말하고 있듯이 예수님 자신이 "참 하나님이시요 영생"이시다(5:20).

요한일서 2:8은 새 시대가 이르렀음을 보여준다. 왜냐하면 "어둠이 지

---

[2] 대다수 학자들처럼 나는 요한복음과 요한일-삼서의 저자가 동일인물임을 주장한다.

나가고 참 빛이 벌써 비취기 때문이다." 현시대와 미래 시대의 중첩은 이 구절에서 명백하다. 어둠과 빛이 공존하기 때문이다. 그리스도의 죽음과 부활에 의해 오는 세대는 도래했으나 그것의 도래가 악과 어둠의 즉각적 제거를 뜻하지는 않는다. 유대인들은 오는 세대가 시작될 때 악한 세대는 즉각적으로 사라질 것이라 기대했다. 그러나 구약 약속의 성취는 놀라운 방식으로 이루어진다. 즉각적으로 어둠을 제거하지 않으면서 빛은 빛난다. 그렇지만 빛과 어둠이 이제 동등해서 마치 그 두 가지가 동일한 세력을 가지고 균형을 이룬다고 결론을 내리는 것은 잘못이다. 요한은 악의 패배(그것은 사라져간다)와 빛의 승리(그것은 빛나고 있다)를 강조한다. 그리스도 안에서 시작된 빛은 궁극적으로 모든 것 위에 승리의 빛을 비칠 것이다.

유사한 주제가 요한복음 5:24-25에서 강력하게 제시된다. 최후의 심판은 미래를 위해 남아있지만 아들을 믿는 자들은 그러한 심판에 직면하지 않을 것이다. 그들은 이미 생명에 들어갔기 때문이다. 그들은 아들을 믿기 때문에 자신 있게 셈하는 날을 맞을 것이다. 흥미롭게도 요한일서 3:14은 동일한 진리를 드러낸다.

> 우리는 형제를 사랑함으로 사망에서 옮겨 생명으로 들어간 줄을 알거니와 사랑하지 아니하는 자는 사망에 머물러 있느니라 (요일 3:14).

동일한 동사(메타바이노⟨*metabainō*⟩)가 요한복음 5:24절에 사용되어 신자는 현재 생명을 소유하고 있다는 진리를 또 다시 표현한다. 위대한 일이 일어났으므로 비록 신자들이 여전히 육체적 죽음을 기다린다 해도 사망의 지배는 종결되었다. 그들은 현재 생명으로 옮겨졌고 생명에 거한다. 따라서 오는 세대는 이제 실체이다. 10:28에서 예수님이 "내가 그들에게 영생을 주노니"라고 선언하시듯이 말이다. 그러한 생명은 미래의 때를 위해 보존된 것이 아니라 하나님의 아들이 그의 양들에게 주신 현재적 선물이다.

오는 세대는 도래했다. 신자들은 그들의 죄를 용서받고 하나님을 알기 때문이다(요일 2:12-14). 그러므로 그들은 자신이 하나님의 자녀임을 확신한다(3:1-3). 세상은 여전히 존재하며 계속해서 신자들을 유혹한다. 그럼에도 신자들은 지금 믿음으로 세상을 이긴다(5:4-5). 공관복음은 하나님 나라에 대해 말함으로써 하나님의 약속의 성취를 강조하지만 요한복음에서는 초점이 하나님 나라에 있지 않고 영생에 있다. 그러나 여전히 두 개념은 놀랍도록 유사하다. 쾌스텐버거(Köstenberger〈2004:123〉)가 말하듯이 "그 '하나님 나라'와 '영생'이라는 표현이 본질적으로 동등한 것이라는 점이 마태복음 19:16, 24등에 그것이 평행적으로 사용된 것에 의해 암시된다." 예수님을 믿는 자들은 이 생명을 지금 얻을 수 있다는 것을 요한은 특별히 강조한다. 역으로 말하면 예수님을 믿지 않는 자들은 지금도 하나님의 심판 아래 있다.

4. 바울 서신의 시작된 종말론

공관복음과 요한문헌에서 확인된 시작된 종말론과 완성된 종말론 사이의 긴장은 신약의 나머지 부분에 대해서도 알려준다. 실제로 바울 서신에 "이미-아직 아니"가 현저하게 나타난다는 것은 종말론적 긴장이 신약신학의 특징적 요소임을 확증해준다.

유대 사상은 이 세대와 오는 세대를 구분했다. 이 세대는 죄와 질병과 죽음에 의해 손상된 반면 오는 세대는 생명과 풍성함과 기쁨을 가져온다 (2 Esd. 2:36, 39; 4:27; 7:113; 9:18-19). 두 세대 간의 구분은 우리가 이미 보았듯이 복음서에 나타난다. 마태는 "이 세상"과 "오는 세상"을 구분한다 (12:32). 마가와 누가는 영생을 오는 세대에 위치시킨다(막 10:30; 눅 18:30). 예수님은 결혼하는 "이 세상의 자녀들"을 결혼이 시행되지 않는 오는 세상에 "이르는" 사람들과 대조하신다(눅 20:34-35). "이 세대"에 속한 자들은 재물에 사로잡혀 있다(눅 16:8 NRSV). 그러므로 이 세대의 기간 동안 사람들을 자극하는 염려와 근심에 대해 예수님이 말씀하신다(마 13:22; 막 4:19). 오는 세대가 있기 때문에 현 세대는 일시적이며 끝이 올 것이다(마 13:39-40, 49; 24:3; 28:20).

"나라"라는 용어와 "하나님의 나라"라는 어구는 바울 서신에 흔하지 않다. 그러나 그것들이 나타나는 경우에 예수님의 가르침의 특징인 "이미-아직 아니" 주제가 바울의 본문에도 존재함을 보여준다(롬 14:17; 고전 4:20; 6:9-10; 15:24, 50; 갈 5:21; 엡 5:5; 골 1:13; 4:11; 살전 2:12; 살후 1:5; 딤후 4:1, 18). 대부분의 경우 "하나님의 나라"는 신자들을 기다리는 미래의 나라를 가리킨다. 그러나 골로새서 1:13에 의하면 신자들은 지금 하나님의 나라로 옮겨졌고 로마서 14:17은 하나님 나라의 능력이 지금 역사하고 있다는 것을 암시한다. 신자들이 성령의 은사를 누림으로 의와 희락과 평강이 그들의 것이기 때문이다.

바울 역시 현존하는 이 악한 세대와 다가오는 의의 세대라는 두 세대를 믿었다. 분명한 예가 에베소서 1:21이다. 여기에서 바울은 "이 세상"과 "오는 세상"을 명확히 구분하고 예수님이 현 세대 동안 모든 것을 지배하시며 그의 지배는 오는 세대에도 계속될 것임을 주장한다.

바울은 자주 이 세대에 사는 자들의 가치와 행동을 오는 세대 사람들의 그것과 비교한다. 사탄은 이 세상 신으로 묘사되는데(고후 4:4) 이것은 악마의 지배 아래 있는 자들은 거짓된 예배에 관여한다는 것을 보여준다. 사탄은 이 세상의 신으로서 지배하기 때문에 불신자들은 이 세상의 표준을 좇아 살아간다(엡 2:2). 옛 세계 질서의 영향이 학문과 지성의 영역에서 드러난다. 이 세대의 웅변가들과 논쟁자들은 칭송을 받는다(고전 1:20). 웅변 능력을 가진 자들은 지혜롭다고 여겨진다(1:20; 3:18-19). 그러나 바울은 웅변가들의 눈부신 기술에 감명을 받지 않았다. 왜냐하면 이 세대의 통치자들이 소위 그들의 지혜를 가지고 영광의 주를 못 박았기 때문이다(2:6, 8). 이것은 그들이 참된 지혜를 갖는 데 실패했음을 보여준다.

바울은 이 악한 세대가 잔존하고 있고 새로운 세대가 역사 속으로 침입해 들어왔기 때문에 그리스도인들은 이 두 세대의 중간에 살고 있다고 가르쳤다. "이 세대의 끝이 온 것"(고전 10:11 NRSV)은 적어도 부분적으로라도 하나님의 구원 약속의 성취를 의미한다. 그리스도의 십자가와 부활은 역사의 전환점이다. 신자들은 그리스도의 죽음으로 인해 "이 악한 세대로부터 해방"을 얻었다(갈 1:4 NRSV). 현 세상의 외형은 지나간다(고전 7:29-31). 그러므로 일상생활의 활동들은 다가오는 종말의 관점에서 상대화된다. 기쁨과 슬픔, 사고팖, 결혼과 교육, 이 모든 것들은 때의 짧음, 즉 인간 역사의 임시성에 비추어 바라보아야 한다(Schreiner〈2008: 755-801〉). 그러므로 바울은 부 자체를 비난하지는 않으나 정함이 없는 것에 그들의 소망을 두지 않도록 현 세대의 부를 경계했다(딤전 6:17).

그리스도인들은 말하자면 여명 지대에 살고 있다. 오는 세대의 구원 능력을 경험했으면서 여전히 악한 현 세대에 살고 있다. 지금도 예수님은 통치하고 계신다. 하지만 그의 통치의 절정과 모든 대적의 멸망은 아직 일어나지 않았다(엡 1:21; 고전 15:26-28). 그리스도의 십자가로 인해 신자들은 새로운 피조물이 되었다(갈 1:4; 6:14-15; 고후 5:17). 그러나 그들이 누리는 구속(롬 3:24)은 완성되지 않았다. 그들은 사망의 고통을 참으며 몸의 구속을 기다리고 있기 때문이다(8:23; 참고, 엡 1:14). 세상은 성령의 처음 익은 열매를 가진 자들조차도 유인하고 유혹한다. 그러나 성령을 모신 자들은 육적 욕망을 이기고 성령의 영역 안에서 살아야 한다(8:13).

성령은 하나님의 사역의 "처음 익은 열매"이시다(롬 8:23). 그리스도가 부활의 첫 열매가 되어(고전 15:20, 23) 신자들의 육적 부활을 보증하시듯이 성령을 선물로 주심은 하나님이 그의 구원 약속의 남은 것도 성취하실 것을 보증한다. 성령은 하나님이 마지막 날에 죽음에서 신자들을 일으키심으로써 그들의 몸을 구속하실 것이라는 약속이다(엡 1:14; 참고, 롬 8:23; 고후 1:22). 이 모든 것이 여기에서 논의된 핵심과 일치한다. 성령의 임재는 새로운 세대가 도래했으나 신자들이 아직 하나님이 약속하신 것을 모두 소유하지는 못했음을 지시한다.

현 세대에 시작된 새 창조(고후 5:17; 갈 6:15)는 미래를 지시한다. 그리스도인들은 확신과 기쁨으로 오는 세대의 삶을 고대하고 있고 그때 그들은 영생을 누리게 될 것이기 때문이다(예, 롬 2:7; 5:21; 6:23; 갈 6:8; 딛 1:2). 메시아적, 다윗적 왕으로서 예수님은 지금 모든 원수를 지배하고 계신다(엡 1:19-23; 고전 15:26-28). 그러나 그의 능력의 완전함은 마지막 심판과 구원의 날에 명백해질 것이다. 그때 신자들은 그리스도 예수 안에서 그들에게 주어진 은혜를 영원히 찬양하고 기념할 것이다(엡 2:7).

5. 사도행전에 나타난 성령의 선물

성령의 선물은 종말의 도래에 대한 신호이다. 선지자 요엘에 의하면 하나님은 그의 영을 부어주실 것을 약속했다(욜 2:28). 요엘은 주의 날을 고대했다. 그날에는 여호와가 그의 백성들을 신원하고 이스라엘을 압제하던 나라들을 벌함으로써 이스라엘의 운명을 바꾸실 것이다(욜 3). 아브라함에게 주신 하나님의 약속에 따라 이스라엘을 저주하는 자들은 저주를 받을 것이며 이스라엘을 축복하는 자는 축복을 받을 것이다(창 12:3). 요엘은 예루살렘이 거룩하게 되고 포도주와 젖이 풍성히 흐르고 샘이 여호와의 집에서 흘러 나옴으로 땅이 풍성한 수확으로 넘쳐나게 될 그날에 대해 예언했다(욜 3:17-18).

그러한 약속의 표시가 성령을 주신 것이다. 사도행전에 따르면 베드로는 성취의 날이 왔다고 선언했다(행 2:16-21). 성령은 십자가에 못 박히고 부활하신 주님이신 예수님에 의해 부어지셨다(2:33). 예수님이 승귀하심으로 주와 그리스도가 되셨고(2:36) 성령을 그의 백성들에게 주셨기 때문이다. 나사렛 예수가 주와 그리스도로 즉위하신 것은 다윗 언약을 성취하신 것이며 이것은 그가 다윗적 왕으로 통치하심을 가리킨다(참고, 삼하 7; 대상 17; 시 89; 132). 메시아적 왕으로 그는 성령을 그의 백성에게 주시며 성령을 주심은 하나님의 약속이 지금 성취되고 있음을 나타낸다. 그러나 누가는 성령이 오심을 모든 하나님의 약속의 완성으로 그리지는 않았다. 역사는 예수 그리스도가 오실 때 완성과 정점에 도달하게 될 것이며 그때 하나님은 선지서에서 약속하신 모든 것을 성취하실 것이다(행 3:20-21). 예수님은 지금 통치하고 계시며 성령은 신자의 마음속에 거하신다. 그러나 예수님은 다시 오시기 전까지 천상에서 통치하신다.

사도들은 예수님께 언제 이스라엘 나라가 회복될 것인가를 물었다(1:6). 이것을 민족적 이데올로기를 향한 잘못된 출발이라고 치부해버려선 안된다. 성령에 대한 예수님의 약속은 자연스럽게 이 질문을 촉발한 것이다. 왜냐하면 구약에서 이스라엘의 회복은 하나님이 그의 영을 부어주시겠다는 약속과 단단히 연결되어 있기 때문이다(참고, 사 32; 44:1-5; 겔 36-37). 제자들은 아직 예수님의 지상 사역을 특징짓는 이미-아직 아니를 이해하지 못했다. 예수님은 이스라엘의 회복과 모든 하나님의 약속의 성취가 성령을 허락하심과 인접한 것이 아니라는 것을 암시하심으로써 그 질문에 대답하셨다(행 1:7-8). 성령을 주심과 완성 사이에는 간격이 존재한다.

6. 히브리서

언뜻 보기에 히브리서는 신약의 다른 곳에서 분명하게 드러나는 것과는 다른 종말적 관점을 가지고 있는 것같이 보인다. 신약의 다른 데서 발견되는 직선적 종말론이 아래 것과 위의 것 사이의 수직적 대조에 의해 대치되는 것처럼 보인다. 실제로 히브리서는 플라톤적 방식으로 해석될 수 있다. 즉 천상의 것을 상징하는 지상의 것이라는 측면에서 보는 것인데 전자는 후자의 원형이다. 참 장막은 모세가 세운 장막이 아니다(8:2). 지상의 장막은 하늘에 있는 하나님의 존전을 가리키고 상징하기 때문이다(9:24). 거룩한 장소와 내부의 성소(지성소)는 하나님이 거하시는 곳의 모형이며 기대에 불과하다.

히브리서 저자는 출애굽기 25:40을 이용하는데 그 본문에 의하면 모세는 시내산에서 그에게 보이신 식양대로 장막을 만들라는 지시를 받는다.

장막의 지상적 기구들은(히 9:1-5) 천상의 실체를 비추는 것처럼 보인다. 마찬가지로 음식과 음료와 씻음에 관한 여러 규정들과 함께 희생제사와 예물들은 물질적, 상징적 영역에만 관련되어 있다(9:8-10). 그들은 더 위대하고 높은 어떤 것을 지시한다. 왜냐하면 그것들은 죄의 용서를 가져오지 못하기 때문이다. 지상적 희생제사는 하늘의 것의 모형을 정결케 하지만 하나님 앞에서의 용서를 보증하지는 못한다(9:23-24). 오직 그리스도의 희생만이 죄에 대한 완전한 속죄를 결정적으로 성취한다.

장막과 그 안의 기구들이 수직적 실체를 지시하듯이 레위 지파에서 나오는 지상적 제사장들은 멜기세덱를 따르는 더 나은 제사장직을 예견한다. 제사장들은 "하늘에 있는 것의 모형과 그림자를 섬긴다"(8:5; 참고, 10:1). 그래서 제사장들의 제의적 의무는 하나님의 존전에 나아감을 상징한다(9:6-8). 지성소에는 제사장들이 일 년에 한 번만 들어갈 수 있는데 이것은 일상적으로 거리낌 없이 하나님께 나아감이 불가능함을 나타낸다.

히브리서가 외관상으로는 플라톤 사상과 유사하지만 히브리서의 "수직적" 언어는 이 서신의 종말론적 세계관 속에 속하는 것으로 보아야 한다. 신약의 다른 곳에서 발견할 수 있는 이미-아직 아니의 긴장이 히브리서에도 충만하다. 종말론에 대한 초점은 이 서신의 첫 구절들에서 드러나는데 "이 모든 날 마지막"은 하나님의 아들의 오심(1:2)과 구약 예언의 성취와 함께(1:5-14) 이르렀다. 최종적이며 결정적인 죄용서는 그리스도의 사역에 의해 성취되었다(1:3; 10:12). 내세의 능력은 현 세대를 침투했다(6:5). 죄용서는 약속과 성취의 관점에서 종말론적으로 이해되어야 한다. 히브리서 저자는 용서는 새 언약의 성취를 보여준다고 주장한다(8:6-13; 10:16-18; 참고, 렘 31:31-34). 그러므로 옛 언약은 쇠퇴했고 그리스도인에게 더 이상 효력이 없다. 옛 언약과 새 언약 사이의 대조는 구속사의 시간표가 저자에게 중요하다는 것을 증명한다.

저자의 마음속에 있는 종말론적 색채는 히브리서 9:26에도 명백하다. 그리스도는 "자신을 제물로 드려 죄를 없게 하시려고 세상 끝에 단번에 나타나셨다." "세상 끝"(end of the ages)은 "이 모든 날 마지막"(1:2)을 말하는 다른 표현이다. "세상 끝"에 있는 죄용서는 예레미야에 나타나는 새 언약 약속의 성취를 확증한다. 구속사의 끝은 그리스도의 사역에 의해 시작되었다. 저자는 우리의 시선을 이 서신의 초두에서 밝힌 그리스도의 사역에 고정시킨다. 그리스도는 죄를 정결케 하는 일을 하시고 하나님 우편에 앉으셨다(1:3). 저자의 사상을 수직적 범주에만 제한시킬 수 없다. 그것은 구속사적 시간표에서 수평적으로도 작용하기 때문이다.

히브리서는 구약의 계시를 실수나 표준 이하의 것으로 물리치지 않고 역사를 약속과 성취의 관점에서 이해한다. 구약의 희생제사는 그리스도의 희생제사를 가리키고 예견한다. 하나님은 아론 계통의 제사장직을 제정하셨지만 그것이 영원히 계속되도록 의도하지 않으셨다. 아론 계통의 제사장직은 멜기세덱 계통의 제사장직의 예표이며 멜기세덱 계통의 제사장직은 하나님의 맹세에 근거하기 때문에 더욱 우월하다(7:11-28). 옛 언약은 새 언약의 도래를 예비하며 예언한다.

우리는 히브리서가 "아직 아니"를 "이미" 속에 동화시켰다고 결론지을 수도 있을 것이다. 히브리서가 예수님의 다스리심과 궁극적 죄 사함을 강조하기 때문이다. 그러나 히브리서는 신약의 다른 곳에서 발견할 수 있는 것과 동일한 종말론적 긴장을 유지하고 있다. 예수님은 지금 통치하고 계시지만 원수들은 여전히 남아있고 그의 발아래 복종하지 않았다(1:13; 10:12-13; 참고, 시 110:1). 그리스도는 죄를 한 번에(once for all) 결정적으로 처리하셨지만 심판의 날은 아직 시작되지 않았다. 신자들은 그리스도가 다시 오시기를 기다리는데 그때 그는 이미 성취하신 구원을 완성하실 것이다(히 9:26-28).

시편 8편은 우주에 대한 인간의 역할을 숙고한다. 그것은 온 세상을 하나님을 위해 지배하는 존귀한 역할이다. 히브리서 2장은 이 시편에 대해 주석하며 세상이 의도된 방식대로 인간의 지배를 받고 있지 않는다는 것을 인정한다(2:8). 사망으로 인해 세상은 빗나갔으며(2:14-15) 사망은 인간의 악함에 기인한다. 그러나 예수님은 아담과 나머지 인류가 실패한 그곳에서 승리하셨다. 죄가 없으신 분으로서 그는 완전한 "아담"으로 사셨다(4:15; 7:26). 이뿐 아니라 그의 고난과 죽으심을 인하여 높임 받으셨으며 이제 "영광과 존귀의 관을 쓰셨다"(2:9). 이미-아직 아니의 긴장이 히브리서 2장에 주입되어 있다. 예수님은 둘째 아담으로서 통치하시지만 그의 통치 사역은 완성되지 않았다. 그는 신자들을 위해 사망을 이기셨지만 신자들은 육체적 죽음에서 면제되지 않았다(2:14-15).

히브리서의 믿는 수신자들은 용서 받았다. 그들은 그리스도의 제사로 한 번에 거룩하게 되었다(10:14). 그럼에도 히브리서 전체는 종말론적 역전을 암시한다. 독자들은 그들이 받은 구원을 저버리지 말라는 긴급한 경고를 받는다. 그들은 "이같이 큰 구원"으로부터 흘러 떠내려가서는 안된다(2:1-4; 3:12-4:13; 5:11-6:12; 10:19-12:3; 12:25-29). 설교적 경고는 서신에 고루 퍼져있어 신자들이 이미와 아직 아니 사이의 기간에 살고 있음을 드러낸다. 구원은 종말론적이며 신자들은 구원의 절정을 기다린다. 그러므로 신자들은 믿고, 순종하며 이 중간 기간 동안 인내하라는 요구를 받는다. 천상의 도시와 나라는 아직 이르지 않았다(11:10, 13-16). 그리스도를 믿는 자들은 이 땅에서 영구한 도성을 찾지 못한다(13:14). 이미 받은 것과 마지막에 받을 구원 사이의 긴장이 하나님의 안식에 들어가는 것에 대한 가르침에 잘 반영되어 있다. 히브리서 4:3은 그리스도를 믿는 자들은 이미 하나님의 안식에 들어갔다고 주장한다. 더욱이 "오늘"(4:7)이라는 단어를 사용하여 부분적일지라도 약속의 현재적 성취를 강조한다. 그러나 3:12-4:11은 약속된 안식이 하나님의 백성 가운데 여전히 남아있다는 것을 거듭 강조한다(4:1, 6). 안식은 근본적으로 종말론적이다. 안식하는 자들은 하나님이 자기 일을 쉬심과 같이 자기 일을 쉬기 때문이다. 신자들은 천상 도시에 들어갈 때 활동을 멈춘다. 분투의 날이 끝났기 때문이다.

7. 신약의 나머지 부분

이미-아직 아니 주제는 신약의 나머지 부분(야고보서, 베드로전후서, 유다서 그리고 요한계시록)에는 동일한 정도로 광범위하게 퍼져있지는 않다. 책들의 목적과 특수성 때문이다. 요한계시록은 선지적-묵시적 작품이므로 자연히 미래에 다가올 심판과 구원의 날에 초점을 둔다. 그날에 하나님은 자기 백성을 의롭다 하시고 악한 자들을 정죄하신다. 현 시대에 교회는 고난을 받고 그리스도를 증거하다 죽임을 당한다. 짐승과 바벨론은 하나님의 백성을 억압한다. 그러나 여전히 신자는 두려워 말고 희망을 품어야 한다. 짐승이 승리하는 시간은 얼마 남지 않았기 때문이다. 그리스도인을 박해하는 사탄의 기회는 삼년 반에 불과하다(12:14). 이것은 마흔두 달(11:2; 13:6) 또는 일천이백육십 일이다(11:3; 12:6). 학자들은 그 기간을 문자적으로 이해해야 할 것인가 아니면 그 숫자가 상징적인 것에 불과한가 논쟁한다. 후자가 더 합당한 듯하다. "일곱"이라는 숫자는 1:4에서 완전과 완성을 상징하기 때문이다. 1:4에서 일곱 영은 성령을 상징한다. 일곱의 반은 악이 세상을 정복하고 지배하는 시간을 나타낸다. 그때는 그리스도가 십자가에서 승리하신 후 사탄이 하늘에서 땅으로 쫓겨난 시간이다(12:7-12). 사탄은 이 기간에 하나님의 백성을 핍박한다(12:14). 그러므로 칠 년의 반으로 지칭되는 악한 기간은 그리스도의 십자가와 그의 재림 사이의 전 기간을 가리킨다.

십자가와 부활 사이의 기간에 신자들은 고난을 받기 때문에 요한계시록은 하나님의 목적의 완성을 고대하고 사탄과 짐승과 거짓 선지자가 불 못에 던져지는 날을 고대한다(19:20; 20:10). 그날에 바벨론은 멸망할 것이며 성도의 피는 신원될 것이고(6:9-11) 세상 나라는 우리 주와 그 그리스도의 나라가 될 것이다(11:15-19). 완성의 때에 하나님은 새 하늘과 새 땅을 주실 것이다. 그는 언약을 성취하실 것이며 친히 그의 백성들과 함께 거하실 것이다(21:1-22:5).

요한계시록은 하나님의 언약적 약속의 완성에 초점을 두고 있지만 "이미"라는 주제가 전혀 없는 것은 아니다. 그리스도는 신자들을 "그들의 죄로부터 그의 피로 해방하셨고 우리를 그의 아버지 하나님을 위하여 나라와 제사장으로 삼으셨다"(1:5-6). 신자들을 위한 결정적 전투는 승리했다. 신자들은 "어린양의 피로" 이기었다(12:11). 신자들의 옷은 하나님의 어린양 예수님의 피로 희게 빛난다(7:14). 예수님은 사탄을 하늘에서 쫓아내셨고(12:9) 그의 십자가 사역으로 인해 하나님 우편과 그의 보좌로 올리우셨다(12:5). 하나님의 죽임당한 어린양이신 예수님은 일곱 인으로 봉한 책을 여셔서 구원 역사의 결정적이고 돌이킬 수 없는 일을 이루셨다(5:1-14). 사탄이 신자들을 공격하는 일시적 기간에 신자들은 고난을 견뎌야 하고(3:10; 13:10; 14:12) 최후의 상을 얻기 위해 "이겨야" 한다(2:7, 11, 17, 26; 3:5, 12, 21; 15:2; 21:7). 이미-아직 아니 도식은 요한계시록에 존재한다. 그리스도의 십자가는 역사의 받침점이다. 그리스도는 신자들을 죄에서 구원하셨다. 그러나 신자들은 그리스도가 다시 와서 그들의 원수들에게 갚을 때까지는 고난을 겪어야 하고 인내해야 한다.

야고보서와 베드로전서는 시험과 박해를 당하는 신자들에게 보낸 편지이다. 다시 말하건대, 우리는 두 서신의 목적과 상황적 특징을 상기해야 한다. 두 서신 모두 기독교 신학에 대한 논문이 아니기 때문이다. 두 저자는 믿음을 잃게 할 수 있는 고난에 직면한 신자들을 견고하게 하려는 의도를 가지고 있다. 야고보는 심판의 날을 신자는 높임 받고 불신자는 심판 당하는 날로 간주한다. 사실상 신자와 동의어로 쓰이는 용어인 "가난한 자"(저자의 번역)는 심판 때에 높임을 받을 것이나 "부자"는 멸망할 것이다(약 1:9-11). 남에게 긍휼을 베푼 자와 편애를 보이지 않은 자, 특히 경제적으로 부유한 자들에게 편애를 보이지 않은 자는 마지막 날에 긍휼히 여김을 받을 것이다(2:12-13). 사치스럽게 살려고 자기 노동자들을 억압하고 임금을 지급하지 않는 부자들은 결산의 날에 그들에게 임할 심판을 쌓는 것이다(5:1-6). 의로운 자는 인내해야 한다. 주님의 강림이 특별히 오래 지연되는 것으로 보여도 주님은 곧 오실 것이기 때문이다(5:7-8). 도덕적 교훈이 이 서신에 지배적이기 때문에 실현된 종말론에 대한 강조가 없는 것은 당연하다.

그러나 여전히 두 개의 본문은 실현된 종말론을 가리키는 듯하다. 첫째는 1:18이다.

> 그가 그 조물 중에 우리로 한 첫 열매가 되게 하시려고 자기의 뜻을 따라 진리의 말씀으로 우리를 낳으셨느니라(약 1:18).

이 말씀이 육적 창조를 가리킨다는 그럴 듯한 주장이 있긴 하지만 야고보는 그의 독자들의 영적 출생, 즉 그리스도 안에서의 새 생명을 말하는 것으로 보인다. 신자들은 마지막 날에 있을 심판을 기다리고 있지만 그의 모든 창조물 중에서 하나님의 약속된 사역의 첫 열매들이다. 궁극적으로 하나님은 새 하늘과 새 땅을 약속하신다(사 65:17; 66:22). 그리고 신자들의 새 생명은 모든 창조물에게 의도된 축복의 첫 번째 지급품이다.

실현된 종말론의 두 번째 표시는 야고보서 2:5에 있다.

> 내 사랑하는 형제들아 들을지어다 하나님이 세상에서 가난한 자를 택하사 믿음에 부요하게 하시고 또 자기를 사랑하는 자들에게 약속하신 나라를 상속으로 받게 하지 아니하셨느냐(약 2:5).

지금도 하나님은 가난한 자들을 "믿음에 부요하게 하시고 나라의 상속자들이 되도록" 선택하신다. 현 시대에 그들은 하나님의 백성이며 하나님을 신뢰한다. 그러나 그들은 종말론적 선물인 그 나라를 기다린다.

베드로전서에서 베드로는 고난받는 신자들에게 편지하며 환난 중에 인내하라고 격려한다. 최종적 구원 약속이 있기 때문이다. 고난은 근심을 가져오며 하나님의 양들에 대한 하나님의 순결케 하는 심판을 대표한다. 그러나 신자들의 슬픔은 예수님이 오실 때 그들이 받게 될 최종적 유산과 비교할 때 잠깐이다(1:4-7; 4:17; 5:10). 베드로는 구원을 신자들이 미래에 받을 유산으로 묘사하여 구원의 미래적 특성을 강조하였다(1:4). 남편과 아내는 "생명의 은혜의 공동 상속자"(3:7, 저자의 번역)로서 같은 운명을 나눈다. 현재 하나님은 신자들을 강하게 하신다. 그러므로 예수님이 다시 오실 때에 나타나게 될 구원을 그들이 얻게 될 것이다(1:5, 7).

어떤 의미에서 구원은 미완성이다. 신자들은 그들의 "믿음"의 "결국" 곧 그들의 "영혼"의 "구원"(1:9)을 기다리고 있고 양 무리를 치는 장로들은 예수님이 나타나실 때 영광스럽고 영원한 상을 얻게 될 것을 기대하기 때문이다(5:4). 생명을 사랑하고 좋은 날 보는 것에 대해 말하면서(3:10) 바울은 종말의 생명, 즉 의인들을 기다리는 미래의 상급을 언급한 듯하다. 이 해석을 지지하는 것은 3:12에 나오는 악인을 기다리는 심판이다. 그것은 주의 낯은 마지막 날에 영원히 그들을 대적하여 향하실 것이기 때문이다.

베드로는 자신을 미래적 종말론에만 국한시키지 않았다. 복음의 말씀으로 하나님이 신자들을 거듭나게 하셨기 때문이다(벧전 1:3, 23). 그들의 종말적 소망은 이미 얻은 새 생명에 근거하고 있다(1:3). 하나님은 그리스도의 피로 헛되고 무익한 삶에서 신자들을 구속하셨다(1:18-19). 결정적이며 근본적인 변화는 이미 그들의 삶 가운데 일어났다. 따라서 그들이 소유한 구속이 미래적 소망의 닻이 된다. 1:10-12에는 구약 예언에 대한 주목할 만한 본문이 있다. 이 본문은 신자가 약속의 성취적 측면에 살고 있음을 증명한다. 선지자들은 부지런히 살펴서 메시아에 대한 예언이 언제 성취될 것인지 상고했다. 선지자들은 그들의 사역이 그들 자신의 시대를 위한 것이 아님을 알았다. 그들은 베드로 시대의 신자들을 위해 예언했다. 분명히 독자들은 성취의 시대에 살고 있음을 인식해야 한다. 이 시대는 하나님의 약속이 실현되는 때이다. 종말의 시기는 도래했고 그것의 시작은 예수 그리스도가 오심으로 확증되었다(1:20).

베드로후서와 유다서는 교회 안에 있는 부도덕한 거짓 교사들에 대한 것이다. 그러므로 두 서신은 그런 대적자들의 종말적 심판을 강조한다. 베드로후서의 대적자들은 아직 아니를 이미에 완전히 통합시켜버린 듯하다. 따라서 그리스도의 재림을 부인한다(3:1-13). 그리스도의 변형(1:16-18)은 그리스도의 재림에 대한 선험적 예견의 기능을 한다. 그의 강림으로 심판의 날은 시작될 것이며 그날에 조롱자들은 멸망하게 될 것이다. 베드로와 유다는 이미에 대해서는 많이 말하지 않는다. 틀림없이 미래적 심판을 거부하는 교사들에 대항하는 교회의 상황 때문이다. 그럼에도 유다서는 신자들이 하나님의 사랑을 얻고 예수 그리스도에 의해 지키심을 입은 자임을 상기시킨다(1). 베드로는 신자들이 지금도 신성한 성품에 참여하고 있고 세상의 더러움을 피했다고 가르쳤다(벧후 1:3-4; 2:20). 두 저자는 하나님이 그의 소유된 자들을 지키시며 거짓 교사들의 공격으로부터 그들을 끝날까지 보호하실 것이라고 선포한다(벧후 2:9; 유 24-25).

8. 결론

이미와 아직 사이의 긴장은 신약에 널리 퍼져있다. 저자들은 다양한 방식으로 이 주제를 언급한다. 그러므로 고정된 용어는 없다. 어떤 경우에는 이 세대와 오는 세대 사이의 대조로 나타난다. 다른 본문은 새 창조, 나라의 도래, 또는 영생에 대해 말한다. "구원"이라는 단어는 하나님의 약속의 현재적 성취와 마지막 성취를 모두 표현하기 위해 사용된다. 어떤 문헌들은(예, 요한계시록) 마지막 성취에 대해 초점을 두는 반면 어떤 문헌들은(예, 에베소서와 골로새서) 실현된 종말론에 강조점을 둔다. 차이점은 저자의 의도와 독자의 상황에 의해 설명될 수 있다. 그럼에도 불구하고 모든 경우에 하나님은 예수 그리스도 안에서 그의 구원 약속을 성취하기 시작하셨다는 것과 신자들은 여전히 하나님이 약속하신 것의 완성을 기다린다는 것을 발견할 수 있다. 아브라함에게 주신 약속은 결정적 방식으로 예수 그리스도의 사역과 죽음 그리고 부활을 통해 성취되었다. 그러나 역사의 끝은 아직 오지 않았다. 극장의 예를 들어 설명한다면 오래 전 구약에서 선언된 연극에 대한 시작 커튼은 올랐다. 그러나 마지막 막에 대한 마지막 커튼은 아직 내려오지 않았다.

9. 목회적 반성

신약에 나오는 이미와 아직 아니에 대한 강조가 그리스도인의 삶과 사역에 어떤 차이를 가져 오는가?

첫째, 우리는 정치적 이상향 계획을 인식해야 한다. 막시즘(Marxism)은 아직 아니가 지금 실현될 것이라고 보장함으로써 이 땅에 천국을 약속하는 기독교적 이단이다. 우리는 이 세상을 결코 만족해 해서도 안되지만 이 세상을 천국과 같이 만들 수 있다는 생각도 하지 말아야 한다.

둘째, 신자들은 교회는 완벽하지 않다고 말한다. 그러나 자주 교회가 완벽하기를 기대하는 듯이 살아간다. 그러므로 서방교회에서 신자들은 하나님이 그들에게 주신 형제, 자매, 목회자들을 사랑하는 것을 배우기보다 이 교회에서 저 교회로 옮겨다니며 완벽하게 맞는 것을 찾는다.

셋째, 많은 결혼이 깨어진다. 결혼이 우리의 모든 필요를 채워 줄 것을 기대하기 때문이다. 실제적으로 우리는 아직 아니에 대해 잊어 버린다. 그리고 결혼이 줄 수 있는 이상의 것을 기대한다. 너무나 자주 완벽함이 선한 것의 원수가 된다.

넷째, 이미에 대한 지나친 강조는 그리스도인의 삶에 대한 우리의 관점을 완벽주의로 이끌 수 있다. 따라서 우리가 얼마나 부족한가에 대해 지나치게 낙담하게 될 수 있다.

다섯째, 위의 예들은 반대가 될 수도 있다. 아직 아니를 지나치게 강조하여 죄악된 이 세상과 타협하게 될 수 있다. 혹은 우리의 교회에 안주하여 교회 안에서 영광 받으시는 그리스도를 보려는 열망을 잃어버릴 수 있다. 또한 우리의 자녀들에 대해 지나치게 풀어져서 지혜롭게 훈계하지 않을 수 있다. 마찬가지로 우리의 삶 속에서 죄를 합리화할 수도 있다. 분명히 "이미-아직 아니"의 주제는 많은 실제적 파생물들을 갖고 있다.

Magnifying God in Christ

제2장
신약신학의 하나님 중심성

우리 앞에 언제나 서 있는 것을 우리는 못보고 지나가는 경향이 있다. 초록으로 뒤덮인 나무와 아름다운 노을, 그리고 해변에 부딪치는 강력한 파도를 매일 본다면 우리는 흔히 그것을 당연히 여긴다. 마찬가지로 신약을 읽을 때 신약이 하나님 자신에 대해 말하는 것을 보지 못하는 경향이 있다. 말하자면 하나님은 옆으로 제쳐두고 칭의, 화해, 구속사, 새 창조와 같은 다른 주제들을 탐구한다. 나는 그리스도 안에 있는 하나님 중심성이 신약에 펼쳐진 서사의 기본적 주제임을 제안한다. 그러나 하나님 자신을 신약이 전하는 이야기로부터 분리시키는 것을 조심해야 한다.

하나님께 초점을 두는 것은 조직신학에 관여하는 것을 의미하지 않는다. 성경신학은 신론의 철학적 함의를 추구하지 않는다. 그러한 활동은 조직신학의 특징적인 것이다. 신약신학에서 "하나님"에 대해서는 더 이상 말할 필요가 없다고 생각할 수 있다. 우리의 신학은 하나님에 대한 것임이 명백하고 그렇게 생각되기 때문이다. 그러나 명백하고 당연하게 여겨지는 것을 무시하면 신약신학의 가장 중요한 주제 중 하나를 간과할 수 있다. 우리 앞에 거대하게 솟아 난 것을 응시한 채 지나칠 수 있다. 그 풍경에 익숙해 있기 때문이다.

처음부터 또한 언급해야 할 것은 신약신학의 근본적 주제는 그리스도 안에서 하나님께 영광을 돌리는 것이라는 점이다. 하나님은 중심이고 그리스도는 부차적인 것처럼 신약에 나타난 하나님에 대한 계시를 그리스도로부터 분리시키는 것은 불가능하다. 하나님은 그의 구원 약속을 이루실 때 그리스도를 통해 자신을 계시하심으로 영광과 찬송을 받으신다. 그리스도의 오심은 하나님 중심성을 축소시키지 않고 강화한다.

성부, 성자, 성령에 대해 말하는 것은 조직신학과 후대의 삼위일체 신학의 포로가 되는 것이라는 반대가 있을 수 있다. 그러나 여기에서 나의 논지는 신약 자체에 대한 귀납적 연구는 성부, 성자, 성령이 신약신학의 근본이고 중심이라는 것을 보여준다는 것이다. 더욱이 성부, 성자, 성령에 대한 연구는 신약에서 "이미-아직 아니" 주제로 나타나는 하나님의 구원 약속의 성취와 통합되어야 한다. 성부 하나님은 그의 아들을 보내 그의 구원 약속을 역사 속에 성취하시고 아들의 사역은 성령을 보내심을 통해 정당화된다. 성부, 성자, 성령의 사역을 다룸에 있어 약속의 하나님과 그 약속을 성취하시는 하나님의 구원 사역에 초점을 둘 것이다.

본 장에서는 신약의 저자들이 하나님에 대해 무엇이라 말하는가를 간략히 탐구할 것이다. 두드러지는 것은 하나님은 만물의 주권적 창조자이며 모든 피조물을 다스리는 분이라는 것이다. 창조주 하나님은 신자들과 주 예수 그리스도의 아버지이기도 하다. 그의 긍휼과 은혜로 인간을 구원하신다. 주님께 순종하기를 거부하는 자들은 마지막 날 심판을 받게 될 것이다. 모든 영광과 찬송과 존경은 주님이시며 구원자이신 하나님께 속한다.

1. 공관복음

구약 첫 구절부터 시작해서 구약에 편만한 주제 중 하나는 하나님은 모든 존재하는 것들의 창조주시라는 것이다. 창조주로서 하나님의 역할은 실제로 구약의 거의 모든 문헌들에 나타난다. 만물의 창조주이시기 때문에 하나님은 주권적 주님이시며 우주의 만물과 만인 위에 경배를 받으셔야 할 분이시다(출 20:3). 하나님은 참되시고 살아계신 유일하신 하나님이시다. 피조물들은 말 그대로 그들의 창조주를 최우선에 두어야 한다. 신명기 6:4-5은 유대 사상의 근본이었고 쉐마(6:4)는 이스라엘 백성이 날마다 말하였다. 이스라엘 백성들은 이 말씀들을 통해 오직 한 하나님이 계시며 그분에게만 최상의 충성을 바쳐야 함을 상기했다. 하나님은 비인격적인 창조주가 아니시다. 하나님은 자기 백성들을 애굽의 노예상태에서 해방하심으로서 그의 긍휼과 사랑을 그들에게 보이셨다.

톰슨(Thompson〈2001: 54〉)은 하나님에 대한 구약의 묘사를 잘 요약한다.

> 하나님은 우선 존재하는 모든 것의 조성자와 창조주로 밝혀진다. 하나님은 만물의 창조주이시기 때문에 하늘에 있는 것이든 땅에 있는 것이든 모든 존재 위에 뛰어나신 분이다. "전능자", "지극히 높으신 분"이라는 명칭은 다른 모든 인물보다 뛰어나신 하나님의 우월성을 나타내며 하나님의 주권의 범위를 강조한다. 그러므로 창조주와 주권자로서 하나님은 예배와 영광을 받으시기에 합당하다.

이사야도 여호와는 하나이시며 유일하신 하나님이며 우상은 인간의 헛된 상상력에서 나온 것임을 반복해서 강조했다(예, 사 45:20-21). 여호와는 참되고 사신 하나님, 처음이며 나중되신 분이며 세상 나라의 통치자이시다. 이와 유사하게 다니엘서도 여러 곳에서 모든 열방에 대한 하나님의 주권과 통치에 대해 묘사한다(단 4:34-35). 신약의 저자들은 하나님에 대해 말할 때 구약에 계시된 참되고 사신 하나님, 열방을 다스리시는 하나님에 대해 언급한다. 하나님이 만물을 다스리시는 것은 그분이 하늘과 땅을 만드셨고 모든 만물의 창조주라는 사실에 근거한다.

공관복음이 말하는 하나님에 대해 살펴볼 때 선택적일 필요가 있다. 공관복음이 가르치는 하나님은 세 가지 주요 주제 아래 포괄될 수 있다. 즉 (1) 하나님의 주권, (2) 하나님의 긍휼, (3) 하나님의 영광이다. "하늘"이라는 용어는 하나님의 주권과 위엄을 강조한다. 하나님은 인간 위에 높은 분이시다. "하늘 나라"와 "하나님 나라"는 하나님께 속한 나라를 가리킨다. 공관복음에 이 주제가 얼마나 널리 퍼져 있는지 자세히 언급할 필요는 없다. 그러나 나라는 하나님의 것이라는 사실은 강조해야 한다. 하나님은 모든 것을 통치하시는 주권자이다.

하나님 나라는 만물에 대한 하나님의 지배와 통치를 암시하지만 공관복음에서의 하나님 나라는 또한 하나님의 구원 약속의 성취를 뜻한다. 예수 그리스도 안에서 하나님 나라의 도래는 하나님이 약속을 지키시는 하나님임을 증명한다. 따라서 하나님 나라의 도래는 자기 백성을 복 주시겠다는 하나님의 약속의 성취를 의미한다. 마태복음의 족보는 하나님이 약속의 수호자임을 표현한다. 예수님의 근원은 다윗과 아브라함에게 거슬러 올라가기 때문이다(마 1:1-17). 하나님은 온 세상을 복 주시겠다고 아브라함과 맺은 언약(창 12:3)과 다윗에게 약속한 영원한 왕조의 언약을 성취하신다(삼하 7; 대상 17). 마찬가지로 누가복음 1-2장에 있는 예수님의 유아 시절 이야기는 하나님이 그의 왕국과 관련된 언약적 약속을 이루신다는 것을 강조한다.

하나님의 나라는 하나님의 주권과 긍휼에 초점을 두고 있고 인간의 존재 목적에 대해서도 알려준다. 인간은 하나님 나라를 위해 살아야 하고 하나님 나라보다 우선되는 것이 있어선 안된다(예, 마 6:33). 이것은 인간의 삶 전체를 하나님께 드려야 한다는 것을 의미한다. 하나님은 하나님 나라를 발견할 때 우리가 받게 될 위대한 보화이다(13:44-46을 보라). 하나님 나라를 위해 산다는 것은 하나님을 위해, 다시 말해서 하나님의 영광을 위해 산다는 것이다.

1) 하나님의 주권

"주권"이라는 단어는 하나님이 만드신 세상에 대한 하나님의 통치와 지배를 의미한다. 하나님은 백합에게 아름다움을 주시고 들풀도 입히신다(마 6:28-30). 그분은 살아계신 하나님이시다(26:63). 그에게는 불가능이 없다. 그러므로 하나님은 처녀를 잉태하게 하시며(눅 1:37) 인간에게 영생을 주신다(마 19:26). 인간은 하나님을 제한한다. 죽은 자를 살리시는 그분의 능력을 알지 못하기 때문이다(22:29). 원하신다면 하나님은 돌들로도 아브라함의 자손이 되게 하실 수 있다(3:9). 원하셨다면 예수님이 십자가에 달리셨을 때 그를 죽음에서 구원하실 수도 있었다(27:43).

하나님은 그의 뜻을 말씀을 통해 권위 있게 선포하신다(예, 마 4:4; 15:6; 눅 3:2; 5:1; 8:11, 21; 11:28). 하나님의 권위는 그가 역사를 지배하는 것에서 드러난다. 하나님은 다윗을 일으키셔서 이스라엘 위에 왕으로 세우셨다(눅 1:32). 하나님은 천사들을 명하여 그의 뜻과 목적을 수행하게 하신다(예, 마

1:20, 24; 2:13, 19; 4:11; 눅 1:19, 26; 2:9-14). 참새 한 마리도 그의 뜻이 아니면 땅에 떨어지지 않는다. 그러므로 신자들은 하나님이 그들을 지키시고 돌보신다는 것을 확신할 수 있다(마 10:29-31). 예수님의 유아 시절 이야기도 하나님의 주권에 대해 말한다. 헤롯의 모략에도 불구하고 예수님은 그의 수중을 벗어나신다(마 2). 그 이야기는 바로의 시절에 모세와 이스라엘이 보존된 것을 기억나게 하고 독자들에게 하나님이 자신의 구원 계획을 이루기 위해 주권적으로 일하심을 보여준다. 하나님은 모든 사람의 마음을 틀림없이 아신다(눅 16:15). 하나님은 지혜있고 교만한 자들에게는 자신을 숨기시고 겸손한 자들에게는 자신을 나타내신다(마 11:25-26).

2) 하나님의 긍휼

성부 하나님은 만물을 다스리신다. 그리고 만물에 대한 그의 통치에 사랑과 긍휼이 나타난다. 하나님은 새들을 나날이 먹이시며(마 6:26) 꽃들을 화려하고도 고요한 아름다움으로 입히신다(6:28-29). 하나님의 사랑은 그의 백성에게만 국한되지 않는다. 불신자들에게도 햇빛과 비를 주심으로 그들에 대한 하나님의 사랑을 나타내신다(5:45). 기도하기 전에 하나님은 이미 사람들의 필요를 아신다. 그러므로 정신없이 미신적으로 중언부언하는 것은 피해야 한다(6:7-8; 눅 12:30).

이 본문들을 통해 하나님의 주권이 그의 사랑을 나타낸다는 것을 알 수 있다. 하나님의 주권은 전제적이며 비열한 폭군의 잔인한 통치를 뜻하지 않는다. 하나님은 구하는 자에게 좋은 것을 주신다(마 7:11). 다시 말해서 누가가 말하듯이 하나님은 구하는 자에게 성령을 주신다(11:13). 하나님은 자기 자녀의 점심 도시락에 물고기처럼 보이는 뱀을 몰래 집어 넣는 악독한 아버지와 비교할 수 없다(눅 11:11). 알을 달라고 할 때 하나님은 둘둘 말려서 알처럼 보이는 전갈을 대신 주시지 않는다(11:12). 하나님의 마음은 관대하며 주고 싶어 하신다. 그분은 심술궂고 인색한 아버지가 아니다. 하나님은 선하시며(막 10:18) 회개하고 그에게 나아오는 자의 죄를 용서하신다(2:7). 하나님의 선하심이 누가복음 12:32에 잘 나타난다.

> 적은 무리여 무서워 말라 너희 아버지께서 그 나라를 너희에게 주시기를 기뻐하시느니라(눅 12:32).

연약하고 결핍된 자기 백성들에 대한 아버지의 부드러운 돌보심이 나라를 그들에게 주시는 것에 나타난다. 하나님은 그 나라를 마지 못해서 또는 인색하게 주시는 것이 아니라 자기 백성들에게 즐겁게 주신다.

하나님의 사랑은 누가복음 15장에 놀랍게 묘사된다. 잃은 양, 잃은 동전, 잃은 아들들 비유는 모두 죄인들이 회개하고 돌이킬 때 하나님이 넘치도록 기뻐하신다는 것을 나타낸다. 바리새인과 서기관들이 불평할 때 예수님은 사회적 소외자들과 죄인들과 함께 나누는 자신의 식탁 교제를 변호하기 위해 이 세 가지 비유를 말씀하셨다(15:1-2). 잃어버린 두 아들에 대한 잊을 수 없는 이야기는 이 진리를 강력하게 말해준다. 이 비유에서 아버지는 아들이 자신의 유산을 어떻게 탕진했던가를 생각하며 돌아오는 작은 아들에게 악감을 품지 않는다. 팔레스타인 문화에서 달려가는 것은 채신없는 행동이었다. 그러나 아버지는 체면은 개의치 않는다. 연민에 가득차서 아버지는 달려가 아들을 맞이하며 얼싸 안고 입을 맞춘다. 아버지는 아들이 자신의 실패와 죄를 고백하는 것을 중단하게 한다(15:18-18와 15:21을 비교하라). 아버지는 아들의 귀환을 축하하기 위해 아들에게 최고의 옷을 입히고 신발을 신기며 가락지를 끼운다. 축하 잔치를 위해 살찐 소도 준비한다.

작은 아들은 하나님의 길을 버리고 삶을 낭비한 세리와 죄인들을 상징한다(15:1-2). 큰 아들은 보기에 고분고분하고 순종하는 자인데("아버지의 명을 어김이 없거늘"; 15:29) 바리새인과 서기관들을 상징한다. 큰 아들은 고된 하루의 노동을 마치고 돌아와 건달인 자기 동생의 귀환을 축하하는 잔치가 벌어진 것을 보고 분개한다. 그러나 아버지의 사랑은 확고부동하다. 아버지는 큰 아들에게 잔치에 동참할 것을 권한다. 예수님은 여기에서 바리새인들에 대한 하나님의 사랑을 말씀하신다. 그리고 이 비유는 독자들의 귀에 다음과 같은 질문을 울리며 끝난다. 바리새인들은 잔치에 올 것인가? 그리고 과연 독자들은 올 것인가?

하나님의 사랑은 하나님의 거룩과 심판을 떠나 이해할 수 없다. 하나님의 주되심에 복종하지 않는 자는 마지막 날에 심판을 받게 될 것이다(마 7:1-2; 10:15; 11:20-24; 눅 10:13-15). 좋은 열매를 맺지 못하는 나무는 찍혀 불에 던져질 것이다(마 7:19; 참고, 눅 3:19). 믿지 않는 자는 바깥 어두운데 쫓겨나 거기서 울며 이를 갊이 있을 것이다(마 8:12; 참고, 눅 13:25-30). 울며 이를 가는 것은 또한 결혼 예복을 입지 않은 자들, 즉 메시아의 잔치에 들어갈 옷을 입지 않은 자들에게도 해당된다(마 22:11-14). 인간을 지옥에 던지실 수 있는 하나님을 인간은 두려워해야 한다(10:28). 회개하지 않으면 멸망하게 될 것이다(눅 13:1-9). 죄를 이기지 못하면 결국 마지막 날에 꺼지지 않는 불에 들어가게 될 것이고(막 9:42-48) 용서하지 않는 자는 하나님의 용서를 받지 못할 것이다(마 6:14-15; 18:21-35). 하나님은 열매 맺지 않는 포도원 소작인들을 벌하실 것이다(21:40-41). 가난한 자를 돌보지 않고 회개하지 않는 부자는 영원히 고통받을 것이다(눅 16:19-31). 그러므로 하나님의 긍휼은 죄에 대한 하나님의 의로운 분노와 다가오는 심판을 배경으로 이해할 수 있다. 하나님 나라의 선포와 함께 긍휼의 날은 이르렀고 죄인들을 회개하라고 부르는 손은 펴졌다. 예수 그리스도의 복음과 하나님 나라의 선포를 통해 하나님의 "부드러운 긍휼"이 나타났다(1:78-79).

3) 하나님의 영광

하나님은 창조주이며 만물의 주권자이시므로 모든 사람의 삶에서 최고를 요구하신다. 하나님의 영광에 대해 말할 때 이 주제를 "영광"이라는 단어가 나타나는 곳에만 국한시킬 의도는 없다. "영광"이라는 단어는 모든 것에 대한 하나님의 우월성을 표현하는 데 폭넓게 사용된다. 달리 말하면 인간은 하나님께 순종하고 그를 믿고 그에게 영광을 돌리기 위해 존재한다. 예를 들어 예수님은 그의 가족에 대한 연민에 빠져들지 않으셨다. 예수님은 하나님의 뜻대로 하는 자가 하나님의 가족이라고 주장하셨다(마 12:50). 하나님은 모든 사람의 생명을 주장하신다. 그러므로 인생에 있어 가장 중요한 것은 하나님의 이름을 영화롭게 하며 거룩하게 하는 것이다(6:9). 마태복음의 주기도문에서 하나님의 이름을 거룩하게 하는 것은 하나님의 나라가 임하고 하나님의 뜻이 이루어질 때 실현된다(6:10).

예수님은 사탄이 성전 꼭대기에서 뛰어내리라고 할 때 거절하셨다. 그런 행동은 하나님을 시험하는 것이기 때문이다(4:7; 참고, 신 6:16). 사탄이 예수님께 자기를 경배하라고 유혹할 때 예수님은 또 다시 신명기 6장을 의지하여 하나님만 경배하고 섬겨야 한다고 대답하신다(마 4:8-10; 참고, 신 6:13). 죄는 나쁜 것임이 분명해 보인다. 죄는 하나님께 영광을 돌리지 않고 그를 믿기를 거부하는 것이기 때문이다.

하나님은 모든 것보다 우선되는 분이라는 것이 예수님의 가르침에 나타난다. 돈은 숨어 있는 큰 위험이다. 쉽게 우상이 될 수 있기 때문이다. 땅의 보물에 마음을 뺏긴 사람은 하늘의 보화는 잃어 버린다(마 6:19-21). 어리석은 부자 비유는 세상적 부의 위험을 설명한다(눅 12:16-21). 마치 사업의 이윤을 증대하는 방법을 계획하는 것이 비난을 받아야 할 것인 양 더 큰 곡간을 짓는 자본 투자 때문에 부자가 비난을 받은 것은 아니다. 예수님은 부자의 근본적 죄가 "하나님께 대하여 부요"하지 못한 것임을 밝히신다(12:21). 부자는 하나님을 생각하는 것을 완전히 잊었다. 그는 자신의 삶을 쉬면서 부를 즐길 수 있는 영원한 휴가라고 생각했다.

하나님은 경쟁자를 허용하지 않는다고 예수님은 가르치신다. 인간은 두 주인을 섬길 수 없다(마 6:24). 따라서 하나님 나라는 그들의 삶에서 최우선 순위가 되어야 한다(6:33). 천국이 마치 이 세상의 기쁨을 최고로 높인 것에 불과한 듯이 인간이 받게 될 최후의 상급을 세상적 축복과 동일시 할 수 없다. 마음이 청결한 자를 위해 예비된 최고의 기쁨은 하나님 자체를 보는 것이다(5:8). 신실한 자들에게 약속된 하나님을 보는 것과 비교될 기쁨은 없다.

젊은 부자 관원에게 주신 예수님의 대답은 하나님의 절대적 우선성을 드러낸다(마 19:11; 막 10:18; 눅 18:19). 세 본문에서 모두 예수님은 오직 하나님만이 선하시다고 선언하시며 하나님의 도덕적 완전하심의 아름다움에 주목하신다. 하나님은 높으신 분이므로 존재 전체와 힘을 다해 하나님을 사랑하는 것은 성경에서 가장 중요한 계명이 된다(마 22:37-40; 막 12:28-34; 참고, 눅 10:25-27). 이 계명은 쉐마에 뿌리를 두고 있다(신 6:4). 바리새인들이 실천하는 종교적 전통은 예수님을 화나게 했다. 왜냐하면 종교적 전통은 마음을 드리는 것을 의식으로 대체했고 인간의 전통을 하나님의 말씀보다 높였기 때문이다(마 15:1-11). 예수님은 인간의 마음이 하나님으로부터 멀리 떠나 있다면 바른 말을 하는 입술에 만족하지 않으셨다. 예수님은 하나님을 경배하는 데 있어서 진정성과 애정을 요구하셨다.

모든 것에 대한 하나님의 우월성은 하나님을 영화롭게 하는 것보다 더 중요한 것은 없다는 것을 뜻한다. 선행을 명령하는 이유는 그것이 단순히 다른 사람에게 도움을 주기 때문만이 아니다. 물론 그것도 중요하다. 그러나 또 다른 이유는 선행이 하나님께 영광을 가져다 주기 때문이다(마 5:13-16). 열 명의 문둥병자가 깨끗함을 받았을 때 사마리아인은 두드러졌다. 나은 것으로 인해 하나님께 감사하고 찬양했기 때문이다(눅 17:11-19). 주류인 유대교 밖에 있었던 사마리아인은 하나님은 그의 긍휼하심으로 인해 찬양받기에 합당하시다는 것을 인식했다. 감사하지 않은 아홉 사람은 정죄를 받았다. 인생에서 가장 중요한 것을 하지 못했기 때문이다. 예수님이 나인성 과부의 독자를 살리셨을 때 사람들은 놀라워하며 하나님께 영광을 돌렸다(7:16). 18년 동안 불구로 흉측해진 여인은 예수님의 고침을 받고 하나님께 영광을 돌렸다(13:13). 예수님의 치유를 보고 사람들은 자주 그리고 마땅하게 하나님께 찬송과 영광을 돌렸다(마 15:29-31).

누가복음은 하나님을 찬송하는 것으로 시작하고 끝난다. 마리아와 사가랴는 언약의 약속이 성취됨을 보고 주님을 높이고 축복했다(1:46-55, 68-79). 그리스도가 탄생하셨을 때 천사들은 하나님을 찬송하고 그에게 영광을 돌렸다(2:13-14). 그리고 목자들은 그리스도를 본 것으로 인해 하나님께 영광을 돌렸다(2:20). 시므온과 안나도 찬송과 감사로 응답했다(2:28, 38). 누가복음은 제자들이 성전에서 하나님을 찬송하는 것으로 끝난다(24:53). 이것은 성전이 존재하는 진정한 목적을 성취한 것이며 성전을 재정적 이익을 위한 장소로 바꾼 자들과 대조를 이루는 것이다(19:45-48).

하나님은 역사 속에서 그의 구원 약속을 이루기 위해 일하신다. 그리고 그런 구원 약속의 성취는 하나님이 얼마나 영화로우시며 위대하고 아름다운신가를 보여준다. 구원의 선물은 구원을 주신 분보다 더 귀하지 않다. 구원의 선물은 주신자의 능력과 사랑 그리고 선하심을 드러낸다. 그러므로 사람들은 받은 구원으로 인해 하나님을 찬송하고 경배함으로 응답했다. 신약신학의 핵심은 자기 백성을 구원하시는 그리스도 안에 있는 하나님의 사역이다. 그리고 그런 구원 사역은 하나님께 찬송과 존귀와 영광을 가져온다.

4) 아버지로서의 하나님

공관복음에서 눈에 띄게 두드러진 주제 하나는 하나님의 아버지 되심이다. 과거에 학자들은 예수님이 하나님을 "아버지"라고 부르시는 것의 독특함을 강조했다. 특히 예레미아스(Jeremias〈1967: 11-67〉)는 예수님이 "아버지"라는 용어를 사용하시는 것의 독특성을 예수님이 하나님을 경험하셨다는 측면에서 주목했다. 예수님 시대 이전에도 유대 문헌에 하나님을 "아버지"라고 언급하는 것이 있었다. 그러나 예수님이 그 용어를 사용하시는 빈도는 두드러진다. 예수님은 독특하면서도 강조적으로 하나님을 "아버지"라고 부르셨다. 어떤 학자들은 그 용어의 빈도와 친밀성을 볼 때 "아버지"는 "아빠"(Daddy)로 번역될 수 있는 "아바"(Abba)와 동등하다는 결론을 내렸다. 틀림없이 하나님과 예수님의 관계는 친밀하고 독특했다. 그리고 예수님이 하나님을 여러 번 "아버지"라고 부르시는 것은 독특하다. 그럼에도 불구하고 바(Barr〈1988〉)가 보여준 것처럼 "아버지"를 "아빠"와 동등한 것으로 여겨야 한다는 결론은 충분한 증거를 갖지 못한다.

하나님이 "하늘에 계신 아버지"라는 것 역시 하나님의 권위와 주권을 강조한다. 이 사실은 마태복음의 다른 곳에서 하늘을 하나님의 보좌라고 한 것을 볼 때 확실하다. 아버지는 "천지의 주재"이시다(11:25; 눅 10:21). 하늘은 초월적이며 보이지 않는 것을 상징한다. 그러므로 하나님이 하늘에서 말씀하시는 것은 놀라운 일이다(마 3:16-17). 하나님의 권위와 능력은 분명하다. 하나님은 사람이 은밀히 행하는 것을 보시고 그에 따라 보상하실 것이기 때문이다(6:4, 6, 18). 하나님의 눈앞에 숨겨진 것은 아무 것도 없고 아버지로서 하나님은 자기 백성에게 필요한 것이 무엇인지 그들이 구하기 전에 아신다(6:8, 32). 아들이 다시 오실 날은 오직 하나님만 아신다. 그 날은 천사들도, 심지어는 아들도 알지 못한다(24:36). 하나님은 주권자이신 아버지이시므로 인간은 하나님의 뜻을 행해야 하고 그가 말씀하시는 것에 순종해야 한다(7:21; 12:50; 참고, 10:32-33).

예수님은 하나님께 이 잔을 내게서 물리쳐 달라고 요청하심으로써 아버지의 권위를 증명하신다. 하나님이 다가오는 상황을 바꾸실 수 없다면 그와 같은 요청은 무의미한 것이었을 것이다(막 14:36). 이와 유사하게 예수님은 자신이 하나님께 요청하면 열두 군단의 천사들이 고난과 죽음을 막을 수 있다고 말씀하셨다(마 26:53). 따라서 예수님은 운명하실 때 자기 영혼을 아버지께 부탁하셨다(눅 23:46). 아버지로서 하나님은 독특하다. 하나님께 적용되는 중요성을 지닌 "아버지"라는 타이틀을 인간에게는 붙일 수 없기 때문이다(마 23:9). "아버지"라는 용어는 신적 이름의 한 부분이며(28:19) 인자는 아버지에게만 있는 영광으로 오신다(16:27).

2. 요한복음

요한복음은 구약에서 이룩된 유일신론을 당연한 것으로 여긴다(1:1; 17:3). 하나님을 본 사람은 없다. 하나님은 보이지 않고 하나님의 영광은 인간을 압도하기 때문이다(1:18). 바렛(Barrett〈1978:238〉)에 의하면 요한이 "하나님은 영이시다"(4:24)라고 할 때 그 의미는 하나님은 "보이지 않고 알 수 없으며" 따라서 인간이 지각할 수 없는 분이라는 것이다. 하나님은 영이시고 보이지 않지만 요한은 하나님을 알 수 없다고 가르치지 않는다. 요한복음의 전체 주제는 하나님이 자신을 그의 아들 안에 나타내셨다는 것과 아버지가 아들을 보내셨다는 것이다. 요한복음의 하나님은 침묵하시는 하나님이 아니다. 하나님은 구약성경을 통해 자기 백성들에게 말씀하셨다(예, 5:45-47; 참고, 9:29). 그리고 마침내, 그리고 탁월하게 예수님 안에서 말씀하셨다(1:18; 14:9). 하나님은 말씀하셨을 뿐 아니라 행동하셨다. 특히 세상을 구원하기 위해 자기 아들을 보내심으로 세상에 대한 자기 사랑을 보여주셨다(3:16; 20:30-31). 하나님은 세상을 정죄하기 위해서가 아니라 구하기 위해 아들을 보내셨다(3:17). 그러므로 아들은 하나님이 세상에 주신 최고의 선물이다(4:10).

자신을 인간에게 계시하신 하나님은 참되시며 신실하신 분이다(3:33). 하나님은 자기 아들을 세상에 보내어 세상 죄를 위한 하나님의 어린양으로 죽게 하심으로써 세상에 자기 영광을 나타내셨다(1:29, 36; 11:4, 40; 13:31-32; 17:1, 4, 5). 그러나 하나님의 사랑과 긍휼이 하나님에 대해 말할 수 있는 전부는 아니다. 요한은 실현된 종말론의 측면에서 불신자들은 이미 하나님의 심판 아래 있다는 것을 강조한다. 믿지 않는 자들은 이미 정죄를 받았고 하나님의 진노가 그들에게 머물러 있다(3:18, 36). 그러나 요한은 악을 행하는 자들에게 종말적 심판이 있다는 것도 가르친다(5:29).

요한은 구원은 하나님의 사역이며 인간이 성취하거나 유효하게 할 수 없다는 것을 강조한다. 구원받은 자들은 하나님께서 난 자들이다(1:13; 3:3, 5, 7). 새 생명은 하나님이 초자연적으로 주신다. 구원은 선물이라는 것을 요한복음이 강조한다. 믿고 아들에게 오는 자들은 아버지께서 아들에게 주신 사람들이다(6:37). 아버지께서 자신에게 주신 사람들에게만 예수님은 영생을 주시며(17:2) 예수님은 그들에게만 하나님의 이름을 나타내신다(17:6, 24).

예수님은 그의 기도를 아버지께서 주신 사람들에게 국한시키셨다(17:9). 아버지께서 자기에게 주신 모든 자를 끝까지 보존하기 원하시는 아버지의 뜻을 이루기 위함이었다(6:39). 예수님은 아버지께서 그들을 끝날까지 지키고 보호하시기를 또한 기도하셨다(17:11, 15). 그러므로 그들은 결코 신앙을 버리지 않을 것이며 마지막 날에 부활할 것이다. 아버지께서 아들에게 이끌지 아니하시면 사람들은 예수님께 나와 생명을 얻지 못할 것이다(6:44). 역으로 말해서 하나님의 가르침을 받은 사람은 틀림없이 예수님께 올 것이다(6:45). 그들은 아버지께서 예수님께 주신 양 떼의 일부이다(10:29). 반면에 믿지 않는 자들은 아버지께서 아들에게 주신 자들이 아니다(6:64-65).

인간은 하는 모든 일에서 하나님께 영광을 돌려야 한다. 그러므로 날 때부터 소경된 자를 예수님이 고치셨을 때 그는 나은 것으로 인해 하나님께 영광과 찬송을 돌렸다(9:24). 예수님은 나사로를 살리셨고(11:4, 40), 자신의 사역을 감당하셨으며, 하나님께 영광을 돌리기 위해 죽으셨다(13:31-32; 17:1, 4, 5). 하나님의 아들의 사역으로 하나님이 영광 받으시기 때문이다. 인간 존재의 목적과 목표는 하나님께 영광 돌리는 것이다. 그러므로 신약신학의 근본적 주제인 하나님의 영광이 요한복음에서도 핵심인 것을 볼 수 있다. 베드로의 죽음은 비록 오싹한 것이지만 하나님께 영광이 될 것이다. 예수 그리스도를 위해 죽을 것이기 때문이다(21:19). 예수님을 믿지 않은 유대인들은 정죄 받는다. 하나님의 영광을 소중히 여기는 대신 인간의 칭찬과 존경을 위해 살았기 때문이다(5:44; 12:43). 그들은 하나님에 대한 사랑을 위해서가 아니라(5:42) 사람을 기쁘게 하기 위해 살았다.

하나님의 아버지 되심은 공관복음에서와 마찬가지로 요한복음에서도 중심이 된다. 사실 요한복음은 공관복음보다 하나님의 아버지 되심을 더 강조한다. 그러나 특별히 인상적인 것은 요한복음이 하나님을 신자의 아버지로는 강조하지 않는다는 것이다. 대신에 예수님의 아버지로서의 하나님에 초점을 둔다. 예수님은 하나님과 친밀한 관계를 가지셨기 때문에 하나님을 자주 "나의 아버지"라고 부르신다. 예수님은 분명히 자신과 하나님 사이의 유일한 관계를 그의 제자들이 하나님과 누리는 관계와 구별하셨다. 예수님은 아버지의 독점적이고 유일한 아들이시다.

3. 사도행전

사도행전의 하나님은 구속사의 과정 속에서 자신의 계획을 성취하시는 주권적 하나님이시다. 성취의 때는 하나님의 손에 달려 있다. 하나님이 "자기의 권한"으로 "때와 시기"를 정하셨기 때문이다(1:7). 스데반은 사도행전 7장에 있는 그의 설교에서 하나님의 주권을 선포했고 그 설교에는 구약의 세계관이 반영되어 있다. 사도행전의 일관된 주제는 하나님이 그리스도의 사역, 죽음, 그리고 부활을 통해 예언을 성취하셨다는 것이다(2:17-36; 3:11-26; 4:9-12; 24:14-15; 26:6-7, 22-23; 28:23). 안디옥에서 설교할 때 바울은 예수님 안에서 성취된 하나님의 약속은 처음부터 이스라엘과 맺은 하나님의 언약의 본질적인 부분이라는 것과 다윗 언약이 예수님 안에서 성취되었다는 것을 강조했다(13:16-41). 구속사에서 실현된 구원 약속은 하나님의 약속이다. 하나님은 자신의 뜻와 목적을 이루기 위해 행동하신다.

사도행전의 이야기는 복음이 이방인에게 퍼져나가는 것을 그린다. 누가는 이방인이 복음을 받아들이는 것은 하나님의 주권에 달려있다는 것을 반복해서 설명한다. 하나님은 주권적으로 자신의 계획을 이루어 가신다. 이것이 사도행전 전체에 분명히 나타난다.

스데반의 순교는 큰 비극이었다. 그러나 그것이 신자들을 흩어지게 했고 복음의 확장을 가져왔다(8:1-4). 바울의 회심은 사도행전에 세 번 언급되었다(9:1-19; 22:1-16; 26:1-23). 바울의 회심 이야기는 바울을 구원한 것과 복음을 이방인에게 전하기 위해 그를 이방인의 사도로 임명한 것이 모두 하나님의 주권적 사역이라는 것을 증거했다. 누가는 바울과 바나바의 제1차 전도여행을 하나님이 "이방인들에게 믿음의 문을 여셨다"는 설명으로 결론짓는다(14:27; 참고, 15:4, 12). 예루살렘 공의회에서 베드로는 자신의 사역을 통해 이방인들(고넬료와 그의 친구들)이 복음을 들어 믿게 될 것을 하나님이 어떻게 정하셨는지를 회상했다(15:7). 하나님의 은혜의 우선성이 바울의 복음에 대한 이방인들의 반응이 기록된 13:48에 분명히 드러난다.

> 영생을 주시기로 작정된 자는 다 믿더라(행 13:48).

누가는 이방인들의 마음속에 믿음의 반응이 일어나도록 하는 것이 하나님의 은혜임을 부각시킨다. 사도행전은 하나님이 세상을 향한 자신의 구원계획을 이루고 계심을 강조한다. 하나님은 예수 그리스도를 통해 자신의 언약적 약속을 성취하고 계시며 약속하신 것을 실현하고 계신다.

하나님이 만물을 주권적으로 통치하신다는 것이 일어나는 모든 일이 본질적으로 선하다는 의미는 아니다. 예를 들면 사도행전 12장에서 헤롯은 교회를 대적하고 요한의 아들 야고보를 목 베어 죽였다. 누가는 그 사건을 갑작스럽게 자세한 설명 없이 기록한다. 야고보가 죽었다고 해서 하나님이 통제하고 있지 않다는 결론을 내리기는 어렵다. 베드로는 초자연적으로 놓임을 받았기 때문이다. 아마도 교회의 간절한 기도 때문이었을 것이다. 누가는 교회가 야고보를 위해 기도하지 않았음을 암시하고 있는 것이 아니다. 누가는 베드로의 구원과 야고보의 처형에 대해 설명하지 않는다. 왜 어떤 사람은 고난을 받고 어떤 사람은 구원받는가에 대한 잘 짜인 대답을 주지 않는다.

하나님이 세상을 통치하신다는 것이 악을 쉽게 설명할 수 있는 공식을 제공하지는 않는다. 누가의 세계관을 고려해 볼 때 누가는 틀림없이 하나님이 야고보도 구원하실 수 있었을 것이라고 믿었을 것이다. 그러나 그는 하나님의 행동에 대한 이유를 설명하지 않는다. 일어나는 일들의 대부분은 인간이 보기에 이유를 알 수 없는 것들이다. 그 이야기의 결론은 하나님이 모든 것을 통제하신다는 것을 강력하게 보여준다. 야고보를 처형했던 바로 그 헤롯이 하나님께 영광을 돌리지 않음으로 하나님이 치시매 죽었다(12:23).

만물을 하나님이 다스리신다는 것이 그리스도의 죽음에서 잘 드러난다. 사도행전 2:23이 보여주듯 그리스도의 죽음은 하나님의 미리 정하신 계획과 미리 아심에 따른 것이다. 처음부터 하나님의 계획은 그리스도가 자기 백성의 죄를 위해 죽는 것이었다. 그러나 2:23은 또한 그리스도를 죽인 자들은 그와 같이 하지 말았어야 하며 그들에게 그 악한 행동에 대한 책임이 있다는 것을 선언한다. 동일한 관점을 4:27-28에서 발견할 수 있다. 헤롯, 빌라도, 이방인들, 그리고 심지어 유대 지도자들도 예수님을 죽이는 일에 공모했다. 그럼에도 불구하고 예수님께 일어난 일은 하나님의 계획과 예정하신 목적에 따라 된 것이다(4:28).

그러므로 누가의 주제 중 하나는 하나님의 의도와 계획은 좌절되지 않는다는 것이다. 바리새인 가말리엘은 이러한 관점을 잘 요약한다. 가말리엘은 그리스도인들에게 전면적인 폭력을 휘두르지 않도록 동시대 사람들을 경고했다. 하나님을 대적하는 무의미한 싸움이 될 수 있다는 것이다(행 5:34-39). 누가-행전에서 하나님의 의도의 특성은 종종 "되어야 하리라"라는 말로 표현된다. 예수님의 죽음과 부활은 반드시 성취되어야 할 하나님의 계획이다(눅 9:22; 13:13; 17:25; 24:7). 실제로 예수님의 사역, 죽음 그리고 부활에서 일어난 모든 일은 성경에 나타난 하나님의 계획을 성취하는 것이다(22:7; 24:44). 하나님의 계획과 의도는 성취될 것이다. 하나님은 세상을 만드신 참되고 사신 하나님이기 때문이다(생 4:24, 28).

사도행전의 하나님은 선교의 하나님이시다. 하나님은 주권적으로 그리고 사랑으로 역사하여 구원 약속을 성취하신다. 아브라함을 통해 모든 민족을 복주시기 위해서이다. 하나님은 그의 목적을 이루기 위해 역사에 개입하신다. 바울을 회심시키기도 하고 베드로를 고넬료에게 보내어 복음을 전하게 하시기도 하며 바울의 사역을 끝나게 하려는 유대인들의 시도를 좌절시키기도 하신다.

4. 바울 서신

하나님 중심성이 바울 신학에 고동친다. 바울은 유대 전통에 따라 하나님은 한 분이심을 고백한다(고전 8:4, 6; 엡 4:6; 딤전 2:5). 한 분이신 하나님은 또한 땅의 모든 족속에게 이름을 주시는(엡 3:14-15) 아버지시다(엡 4:6). 그러므로 바울은 그의 고등 기독론에도 불구하고 유대교의 유일신론을 벗어나지 않는다.

바울은 하나님을 "하나님으로 인정하지 않는 것" 즉 하나님을 영화롭게 하지 않고 감사하지 않는 것이 죄라고 정의한다(롬 1:21). 근원적 죄는 창조주 대신 피조물을 경배하고 섬기는 것이다(1:25). 바울은 그의 동족 유대인들을 죄인이라고 정죄한다. 그들의 행동 때문에 하나님의 이름이 이방인 중에서 모독을 받기 때문이다(2:24). 그러므로 우상숭배는 반드시 피해야 한다(고전 10:14). 하나님은 경쟁자를 허용하지 않으시며(10:21-22) 하나님을 섬기려 하면서 우상의 신전에서 먹음으로 타협하는 자들을 관용하지 않으실 것이기 때문이다.

바울은 수없이 많은 다양한 방식을 통해 하나님의 우월성이라는 진리를 언급한다. 신자는 하나님을 위해 존재한다(고전 8:6). 그러므로 그들의 삶 전체는 하나님의 아름다우심을 나타내야 한다. 이것이 바울이 먹고 마시는 것을 포함하여 모든 것을 하나님의 영광을 위해 해야 한다고 말한 이유이다(10:31). 바울이 범사에 감사해야 한다고 선언하는 곳에서 동일한 사상을 발견할 수 있다(엡 5:20). 신자들이 삶의 모든 영역에서 하나님의 주권을 인정할 때 이 감사가 나타난다(롬 14:7-9). 감사의 중요성은 거의 모든 바울 서신이 감사로 시작된다는 사실에서 확인할 수 있다(고후 2:14; 8:16; 살전 2:13도 보라).

주 예수 그리스도의 아버지이신 하나님은 추상적 존재가 아니다. 하나님은 역사 전체를 구성하셨다. 그러므로 역사의 정점, 총괄, 통일은 그리스도 안에 있다(엡 1:9-10). 하나님은 "모든 시대의 왕"이시다(딤전 1:17). 라우(Lau〈1996:271〉)는 목회서신의 강조점은 "영원하고 볼 수 없으며 이해할 수 없는 하나님의 초월적 주권과 위엄"에 있다고 말한다. 바로와 같은 자를 강퍅하게 할 때에도 그는 여전히 의로우시다(롬 9:14-18). 하나님은 자신의 은혜로운 제안을 거절하는 자들을 둔하게 하신다. 따라서 그들은 진리를 분별하고 구원받을 능력이 없다(살후 1:11-12). 하나님은 주권적 주님이시다. 그분은 역사를 다스리고 통치하시며 어떤 자에게는 준엄하시고 어떤 자에게는 인자하시다(롬 11:22). 이스라엘의 선택, 복음에 대한 그들의 완악함, 이방인의 유입, 종말에 있게 될 이스라엘의 최종적 구원, 이 모든 것은 하나님의 지혜로운 계획의 일부이다(9:1-11:32).

하나님이 역사 가운데 일하심과 구원 약속을 성취하심으로 인해 바울의 마음속에는 하나님의 측량할 수 없는 지혜와 능가할 수 없는 지식에 대한 찬송이 솟아난다(11:33-35). 바울은 하나님이 모든 영광을 받으시기에 합당하다고 고백한다. "만물이 주에게서 나오고 주로 말미암고 주에게로 돌아감이라"(11:36).

하나님의 은혜는 그의 자비와 사랑을 드러낸다. 그 자비와 사랑은 너무 커서 신자들은 결코 하나님이 그리스도 안에서 그들을 위해 하신 일의 신비를 다 알지 못할 것이다(엡 2:7-8). 하나님은 교회와 그리스도 예수 안에서 성취하신 일로 인해 영원히 그의 지혜를 드러내신다(엡 2:7-8). 교회 안에서 하나님의 궁극적 목적은 교회가 하나님의 영광을 인식하게 하는 것이다(3:21). 그러므로 바울의 모든 서신에 하나님의 우월성이 드러난다. 바울은 일상생활과 분리된 추상적이며 철학적인 신론을 제안하지 않는다.

주 예수 그리스도의 아버지이신 하나님은 역사의 주인이시다. 하나님은 구원 역사를 성취하시는 분이며 범사에 찬양 받으실 분이다.

5. 히브리서

하나님은 온 우주의 주권적 창조주이시다(11:3). 하나님은 창조의 일을 마치신 후 쉬셨다(4:4). 피곤해서가 아니라 일이 끝났기 때문이다. 히브리서의 장엄한 서론은 독자들에게 그들이 경배하는 하나님은 인간의 말을 통해 자신을 권위 있게 계시하시는 분이라는 것을 상기시킨다. 과거에 하나님은 선지자들을 통해 말씀하셨다. 그러나 이제는 결정적이며 최종적으로 그의 아들을 통해 말씀하셨다(1:1-2). 히브리서 저자는 하나님이 구약성경을 통해 자신을 계시하셨고 말씀하셨다는 것을 확실히 믿는다. 저자는 구약을 인용하면서 하나님이 말씀하셨다는 것을 강조하는 많은 표현들을 사용한다(1:5-8, 13; 4:3, 7; 5:5-6; 7:21; 8:8; 10:5). 히브리서의 저자는 분명히 하나님을 "말씀하시는 하나님"으로 이해한다. 하나님은 계시며(11:6) 침묵하지 않으신다. 말씀하신 하나님은 거짓말 하실 수 없다(6:18). 그러므로 독자들은 하나님이 하신 말씀에 주의해야 한다(2:1; 참고, 11:7).

인간은 경건함과 두려움으로 하나님을 섬겨야 한다. 그는 "소멸하는 불"이시기 때문이다(12:29). 하나님은 자신을 버리는 자들에게 보복하시는 분이시므로 그의 손에 빠져드는 것은 두려운 일이다(10:27-31). 하나님의 말씀은 신속히 찔러 관통하며 아무도 창조주 하나님을 피해 숨을 수 없다. 그러므로 심판의 칼을 피하려면 인간은 계속해서 하나님을 신뢰해야 한다(4:12-13).

만물의 창조주로서(3:4) 살아계신 하나님은 만물을 그리스도께 복종케 하셨다(2:8). 하나님은 죽은 자를 살리는 능력을 갖고 계시다(11:19). 그리스도도 다시 살리셨다(13:20). 하나님은 장차 하늘의 도성을 세우실 것을 약속하셨다(11:10, 16; 12:22). 하나님은 장차 세상을 진동시키실 것이며 그의 나라는 세워지고 악한 자들은 보이지 않게 될 것이다(12:26-28). 그분은 구원과 심판의 하나님이시며 "만물은 그를 위하여, 그리고 그를 통하여 존재한다"(2:10 NRSV). 다시 말하면 모든 인간은 그에게 영광을 돌리기 위해 살아야 한다. 인간은 하나님의 이름을 찬미하며 선을 행해야 한다. 이것이 하나님을 기쁘게 하는 제사이기 때문이다(13:15-16). 인간이 하나님을 신뢰하고 그가 계심을 믿을 때 하나님은 기뻐하신다(11:5-6).

6. 야고보서

야고보가 하나님에 대해 말하는 것 중에 구약의 경건에 뿌리를 두고 있는 사람을 놀라게 할 만한 것은 없다. 하나님이 한분이심은 당연한 것으로 여겨진다(2:19). 그러나 하나님의 유일성에 동의하는 것으로는 충분하지 않다. 귀신들도 이 진리를 알기 때문이다. 야고보서는 신자의 도덕적 책임에 집중하기 때문에 하나님의 심판이라는 주제를 다룬다. 야고보서에서 하나님은 종말론적 심판자로 부각된다. 하나님은 가난한 신자를 높이시고 부유한 불신자들을 부끄럽게 하실 것이다. 왜냐하면 부자는 하나님의 백성을 억압하고 하나님의 이름을 모욕하기 때문이다(1:9-11; 2:6-7; 5:1-5). 궁핍한 자들에게 긍휼을 베푸는 자들에게만 하나님은 최후의 심판자로서 긍휼을 베푸실 것이다(2:12-13). 따라서 신자가 부유한 불신자들과 연합하면 하나님과 반목하는 것이다. 하나님의 이름을 모욕하는 부자가 그의 행동에 대해 심판을 받는다면 신자들은 경건한 생활 방식으로 하나님의 이름을 영화롭게 해야 한다.

고난을 당할 때 야고보는 하나님의 선하심에 주목하라고 권면한다. 지혜가 필요할 때 하나님은 모든 지혜의 근원이시므로 지혜의 선물을 후하게 꾸짖지 않고 주신다(1:5). 마찬가지로 시험을 당할 때 신자들은 하나님이 시험하신다고 생각하는 경향이 있다. 그러나 야고보는 하나님이 사람을 죄에 빠지도록 유혹하지 않으신다고 확신시킨다(1:13). 하나님은 죄를 혐오하신다. 그러므로 인간을 유혹하여 죄에 빠뜨리지 않으신다. 온갖 좋은 은사와 온전한 선물이 다 위로부터 내려온다(1:17). 신자는 인생의 고난 중에 있을 때 하나님께 매달릴 수 있다. 왜냐하면 하나님은 신자들에게 복주기를 원하시기 때문이다. 하나님의 선하심이 옛 창조와 새 창조에 나타난다.

하나님은 "빛들의 아버지"시다(1:17). 야고보는 여기서 아마도 창세기에 있는 해, 달, 별의 창조를 암시하는 듯하다(1:15-16). 해와 달과 별들의 사랑스러움은 하나님의 아름다우심을 증거한다. 마지막으로 야고보서 1:17은 하나님의 선하심은 변함이 없다는 것을 강조한다. 하나님은 변함이 없으시다. 하루는 관대하시고 하루는 인색하신 분이 아니다. 하나님의 성품은 동일하다. 계절이 바뀌고 해가 바뀌어도 하나님은 변함이 없으시다.

야고보서는 하나님의 의로운 심판과 풍성한 선하심을 강조한다. 이 두 가지 주제가 포함되어 있다. 그러므로 신자는 하나님을 떠나지 않을 것이며 그를 신뢰할 것이다.

7. 베드로전서

베드로는 그리스도에 대한 신앙 때문에 고난을 겪는 신자들에게 편지하여 인내하며 적대적 세상에서 선행을 통한 증거를 계속 하라고 격려한다. 하나님은 주권자이시므로 신자들의 고난은 하나님의 뜻에 따른 것임을 베드로는 자주 강조한다(3:17; 4:19). 통치와 주권은 영원히 하나님께 속한다(5:11). 하나님은 구속사에서 예수 그리스도께서 오실 때를 미리 아셨다(1:20). 그러므로 역사의 전 과정은 하나님의 감독과 관할 아래 있다.

신자는 하나님이 만물의 주권자이심을 알고 믿음(4:19)과 소망(1:13; 참고, 1:21)을 하나님께 두어야 한다고 베드로는 격려한다. 하나님은 겸손한 자를 높이고 교만한 자를 낮추시는 분임을 신자는 안다(5:5). 그러므로 신자는 모든 염려와 걱정을 하나님께 맡길 수 있다(5:7). 하나님은 마지막 날에 신자들을 변호하시며 종말론적 구원을 주실 것임을 확신하기 때문이다(1:3-9; 5:10). 신자들은 마지막 날에 그들에게 상급을 주시고(3:10-12) 공평하게 심판하실(1:17) 주권자이신 하나님과 아버지 앞에서 산다. 그러므로 하나님을 가볍게 여기지 말고 거룩하신 분으로 두려워 해야 한다(1:17; 2:17). 신자는 자신을 부르신 하나님을 따라 거룩한 삶을 살아야만 한다(1:15-16; 5:10). 신자는 이 시대의 즐거움 대신 하나님의 뜻을 위해 살도록 부르심을 받았다(4:2). 행하는 모든 일에 있어서 의식적으로 하나님 앞에서 살아야 한다(참고, 2:19).

신자들은 하나님의 구원의 긍휼을 얻은 자이다(1:3-9; 2:10). 그러므로 하나님의 사랑의 경이로움을 안다. 세상이 시작되기 전에 하나님은 구원을 위해 그들을 미리 아셨다(1:1-2). 이스라엘을 선택하셨던 것처럼 하나님은 신자들을 그의 자녀들, 악한 세상의 나그네로 선택하셨다(1:1). 그들에게 은혜를 주셨고 구원으로 부르셨다(5:10). 하나님의 부르심에 그의 백성들이 응답했다. 신자들은 복음의 말씀으로 거듭났다(1:3, 23).

베드로는 구원이 하나님의 것임을 다양한 방식으로 전해준다. 신자는 하나님의 택한 자, 미리 아신 자이며 거듭난 자라고 말한다. 하나님의 "능하신 손"(5:6)에 대한 언급은 하나님이 자기 백성을 애굽의 종살이에서 해방하신 출애굽을 암시한다(예, 출 3:19; 신 4:34; 5:15; 6:21). 예수 그리스도를 통해 주신 구원은 새로운 출애굽이며 애굽으로부터의 해방이 지시하는 것이다(참고, 벧전 1:10-12). 하나님의 능력은 지금도 신자들을 보호한다. 그러므로 그들은 종말론적 구원을 얻게 될 것이다(1:5). 응답으로 신자들은 하나님이 그들의 삶에 베푸신 특별한 긍휼과 은혜에 대해 하나님께 경배하고 찬송해야 한다(1:3). 신자들은 예배와 전도를 통해 하나님의 위대하심을 선포해야 한다(2:9).

8. 베드로후서와 유다서

베드로후서와 유다서를 함께 고찰하려 한다. 두 서신 모두 간결하며 유다서의 내용은 베드로후서 2장과 매우 중복되기 때문이다. 두 서신은 교회 안에 있는 거짓 교사들에게 대항하고 있다. 그러므로 두 서신의 주요 주제 중 하나는 죄인에 대한 하나님의 의로운 심판이다(유 4-16; 벧후 2:3-16; 3:7, 10). 하나님은 언제나 거룩하신 분이며 방탕한 삶을 사는 자들은 종말의 날에 그 앞에 서지 못할 것이다. 범죄한 천사, 홍수 세대, 소돔과 고모라, 이스라엘에 대한 심판은 거짓 교사와 그들의 자취를 따르는 자들에게 하나님이 베푸실 최후 심판을 예견하게 한다(유 5-7; 벧후 2:4-6). 그러나 하나님의 심판에 대한 메시지는 새로운 것이 아니다. 구약의 계시에 근거한 것이다. 구약에서 하나님은 자신을 경멸하며 자기 뜻을 행하지 않는 자를 심판하신다.

악에 대한 하나님의 최종적 심판은 그의 주권과 분리될 수 없다. 하나님이 주님이 아니라면 심판을 시행할 능력이 없을 것이다. 바울은 독자들이 이 사실을 주목하게 하려고 창조와 홍수를 상기시킨다(벧후 3:5-6). 창조와 홍수는 하나님이 우주를 통치하시는 것을 보여준다. 하나님은 최초에 말씀으로, 물을 통해 세상을 존재하게 하셨다. 마찬가지로 물과 말씀은 하나님이 대홍수로 세상을 멸망시키실 때 사용하신 도구이다. 그러므로 독자들은 하나님이 세상에 개입하실 능력이 있는 분임을 확신할 수 있다. 주께서 장차 강림하실 것을 부인하는 거짓 교사들(3:4)과 반대로 우주는 외부의 개입을 받을 것이다. 세상은 하나님으로부터 독립되어 있지 않고 그의 뜻, 심지어는 재앙을 통한 개입에도 복종한다. 사실 역사는 하늘과 땅이 불타는 것으로 끝날 것이다(3:7, 10, 12). 하나님은 역사의 주권적 통치자이시기 때문이다.

베드로후서와 유다서는 하나님의 은혜에 대해서도 말한다. 하나님의 은혜는 유다서의 뼈대를 이룬다. 유다는 독자들에게 하나님이 그들을 불러 하나님의 자녀 삼으셨다는 것을 상기시키면서 서신을 시작하기 때문이다. 하나님은 특별히 그들에게 사랑을 베푸셨으며 예수 그리스도께서는 그들을 보호하시고 침입자의 계략으로부터 지키셨다(1). 유다서는 하나님의 지속적인 사랑이라는 주제로 되돌아가는 송영으로 끝난다(24-25). 하나님은 신자들이 배교에 굴복하지 않도록 지키실 수 있다. 이것으로서 유다는 하나님이 독자들을 배교로부터 지키실 것임을 나타내는 듯하다. 하나님의 사랑에 대한 언급은 신자들을 자신에게 부르시는 하나님의 구원 사역을 암시하는 듯하다. 사실 긍휼과 평강과 사랑은 오직 하나님께로부터 나와 신자들의 삶으로 흘러간다(2). 그러므로 유다서의 주된 메시지 중 하나는 하나님은 구원하시는 분이라는 것이다. 하나님은 신자들을 사랑하시고 배교로부터 보호하신다.

은혜라는 주제는 베드로후서에서도 볼 수 있다. 신자들이 믿는 것은 하나님이 그들에게 예수 그리스도로부터 오는 구원의 의를 선물로 주셨기 때문이다(1:1). 여기의 "의"라는 용어는 구약적 배경을 가지고 있으며 하나님의 구원하시는 행위를 가리킨다(예, 시 88:12; 98:2-3; 사 42:6; 45:8; 46:13; 미 6:5; 7:9). 이런 해석은 거룩한 삶을 위해 필요한 모든 것을 하나님이 신자들에게 주셨다는 베드로후서 1:3-4의 말씀과 잘 맞는다. 베드로가 좋아하는 단어 중 하나는 "지식"(에피그노시스⟨*epignōsis*⟩)이며 구원은 하나님에 대한 지식이라고 그는 묘사하고 있다(1:2; 참고, 1:3, 8, 2:20). 자기 백성에 대한 하나님의 사랑이 하나님이 신자들을 선택하고 부르신 것에 나타난다(1:10). 선택은 하나님이 신자들을 구원하기 위해 선택하신 것을 뜻하고 부르심은 복음의 메시지에 대해 믿음으로 응답하게 하는 은혜를 언급하는 듯하다. 하나님의 사랑은 신자들을 보존하시는 것에서도 나타난다. 의로운 삶에 명백히 적대적인 환경에 살지라도 하나님은 신자들을 보존하실 수 있다는 것을 강조하기 위해 베드로는 노아와 롯의 예를 든다(2:5-9). 베드로는 "주님은 경건한 자를 시험에서 건지는 방법을 아신다"라고 결론짓는다. 하나님은 심판의 하나님일 뿐 아니라 은혜와 평강과 구원을 베푸시는 분이시다.

9. 요한일서

교회를 떠난 거짓 교사들(2:19)에 대한 방어수단으로 요한은 독자들에게 "하나님은 빛"이심을 상기시킨다(1:5). 요한일서의 문맥에서 이것이 의미하는 것은 하나님은 거룩하시다는 것이다. 왜냐하면 요한은 같은 절에서 하나님께는 어두움이 조금도 없다고 말하기 때문이다. 하나님은 빛나고 아름다울 정도로 선하시며 도덕적 부패로 인한 어떤 결점도 없으시다. 따라서 하나님을 안다고 하면서도 악을 행하는 자는 하나님께 대한 충성의 고백과 모순되는 것이다.

하나님의 사랑은 요한일서의 중심주제이다. 그의 아들 예수 그리스도를 주심으로 하나님은 그의 사랑을 최고로 나타내셨다. 예수 그리스도는 죄인들을 위해 죽으시고 그들의 죄를 속량하셨다(1:7; 2:2; 3:16; 4:9-10). 요한은 "하나님은 빛"(1:5)이며 "하나님은 사랑"이라고 선언한다(4:8, 16). 요한에게 있어서 하나님의 사랑은 그리스도를 보내심과 그의 십자가에서의 속죄에서 드러났다. 신자들이 먼저 하나님을 사랑한 것이 아니라고 요한은 특별히 강조한다. 신자들은 그들의 경건으로 하나님께 대한 헌신을 보여주지 않았고 하나님의 사랑을 받을 자격이 없다. 요한복음의 한 가지 특징적인 주제는 아버지가 아들을 보내셨다는 것이다. 동일한 주제를 요한일서에서도 볼 수 있다. 구원을 주시기 위해 아버지가 아들을 보내셨다. 하나님이 그의 아들을 보내셨으므로 인간은 새 생명을 얻는다(4:9). 죄의 댓가를 치르기 위해 하나님은 그 아들을 화목 제물로 보내셨다(4:10).

하나님의 사랑을 개인적으로 아는 자들은 하나님의 사랑하는 자녀들이며 하나님의 자녀가 되는 경이와 기쁨을 경험했다(3:1-2). 하나님은 그들에게 먼저 그의 사랑을 부으셨다. 신자들이 하나님께 표현하는 모든 사랑은 하나님의 사랑에 대한 반응이다(3:16; 4:10, 19). 요한일서의 주제 중 하나는 하나님의 사랑이 먼저고 인간의 사랑은 응답적 사랑이라는 것이다.

10. 요한계시록

요한계시록에서 요한은 로마의 박해를 받고 있고 타협하도록 그들을 유혹하는 사회적 환경 속에 있는 일곱 교회를 격려하고 견고하게 한다. 요한계시록은 철저히 하나님 중심적이다. 요한계시록의 메시지는 천사의 명령인 "하나님께 경배하라"에 요약되어 있다(19:10; 22:9). 신자는 하나님 앞에서 영원히 섬길 것이며 하나님의 보호하시는 사랑을 통해 위로를 경험할 것이다. 요한계시록에서 하나님이 경배를 받으시고 찬양을 받으실 주된 이유 중 하나는 그의 주권이다. 핍박받고 학대받는 교회에게 주는 요한의 메시지는 하나님이 통치하신다는 것이다.

요한계시록은 하나님을 "이제도 계시고 전에도 계시고 장차 오실 이"라고 부른다. 이것은 하나님이 모세에게 자신을 "스스로 있는 자"로 계시하신 출애굽기 3:14을 암시한다. 요한계시록은 하나님은 또한 "알파와 오메가"(계 1:8; 4:8)와 "전능한 자"(1:8; 4:8; 11:17; 15:3; 16:714; 19:6, 15; 21:22)라고 부른다. "알파와 오메가"라는 단어는 헬라어 알파벳의 첫 자와 마지막 자를 나타내며 하나님이 역사 전체를 다스리신다는 것을 의미한다. 역사의 어느 부분도 하나님의 통치를 벗어나지 못한다. "전능한 자"라는 용어 역시 만물에 대한 하나님의 지배를 강조한다. 로마가 역사에 대한 통제력을 행사하는 것처럼 보일지 모르지만 하나님이 전능하신 자로서 역사 속에 그의 뜻을 이루어가신다.

요한의 편지를 받고 있는 교회들은 자신들이 작고 연약하다고 느꼈을지 모르며 어쩌면 자신들을 그들의 통제 밖에 있는 능력들의 희생자로 보려는 유혹을 받았을 것이다. 이에 대하여 요한은 계속해서 만물에 대한 하나님의 우월성을 강조한다. 그러므로 요한은 하나님의 능력과 통치를 표시하기 위해 "보좌"라는 용어를 정기적으로 사용한다.[1]

요한계시록의 핵심 장 중 하나는 요한이 보좌에 앉으신 하나님에 대한 환상을 보는 4장이다. 그러나 요한에게 계시된 하나님은 인간의 눈으로 보기에는 너무나 영광스러우셨다. 하나님의 영광은 아름답게 빛나는 값비싼 보석과 비교되었다(4:3). 이것은 분명히 에스겔 1:26-28에 나오는 하나님에 대한 환상을 암시한다. 에스겔은 주님의 영광을 보고 비슷한 용어로 하나님을 묘사한다. 하나님의 존전 앞으로 나아가는 것은 두려운 것이다. 강렬한 뇌우와 같은 것이 그의 앞에서 발하기 때문이다. 보좌 주위의 천사들은 "거룩하다 거룩하다 거룩하다" 외치며 이사야 6:3의 스랍들의 말을 되풀이한다.

보좌에 앉으신 하나님은 초월자시며 두려우신 분이며 거룩함에 아름다우신 분이다. 거룩한 주권자이신 그분은 존재하는 모든 것의 창조주이시다(4:11). 진정으로 그분은 창조주이시기 때문에 주권을 가지신 주님이시다. 만물을 존재하게 하신 분은 또한 인간 역사의 방향도 결정하신다. 짐승과 열 왕에 의해 바벨론이 멸망되는 것도 하나님 자신이 행하신 일이다. 위대한 도시를 멸망시키려는 마음을 하나님이 그들에게 주셨기 때문이다(17:16-17). 요한에게 이 모든 것은 추상적 신학이 아니다. 왜냐하면 보좌에 앉으신 하나님에 대한 환상은 현실을 밝혀 주기 때문이다.

---

1 계 1:4; 3:21; 4:2, 3, 4, 5, 6, 9, 10; 5:1, 6, 7, 11, 13; 6:16; 7:9, 10, 11, 15, 17; 8:3; 12:5; 14:3; 16:17; 19:4, 5; 20:11, 12; 21:3, 5; 22:1, 3.

네 생물과 이십사 장로들은 하나님이 보좌로부터 다스리시기 때문에 하나님 앞에 엎드려 경배한다(4:8-11). 천사들의 경배는 인간에 의해 반복되어야 한다. 인간이 거룩하신 하나님을 보고 하나님을 왕으로 인식하며 그의 모든 영광을 자각하게 될 때 그들은 놀라움에 하나님을 창조주와 주님으로 경배하게 될 것이다.

우리가 이미 주목해 본 것처럼 요한계시록의 중심 주제 중 하나는 하나님을 경배해야 한다는 것이다. 구원은 하나님께로부터 나오기 때문에 하나님은 찬송을 받으시기에 합당하시다(7:10-12). 하나님은 그의 나라에 대한 약속을 성취하실 것이기 때문에 경배를 받으신다(11:15-19). 하나님은 악을 갚으시고 그의 종들에게 보상하신다. 회심은 구원받아 하나님께 영광을 돌리는 것이라고 말할 수 있다(11:13; 14:7). 구원받은 자들은 하나님을 창조주와 주님으로 경배한다. 믿지 않는 자들은 짐승을 경배한다(13:15). 그러나 하나님을 아는 자들은 황제 앞에 절하라는 경제적 압력에 굴복하지 않는다(14:9-12). 하나님을 아는 자들은 모세가 출애굽기 15장에서 부른 것과 동일한 경배의 노래를 부른다. 그들은 하나님이 그의 구원 행위, 말할 수 없는 아름다움, 정의, 선하심으로 인해 찬송을 받으시기에 합당하시다고 선언한다(계 15:3-4).

요한계시록에 편만한 주제 가운데 하나는 바로 하나님이 악인을 심판하신다는 것이다. 만물을 다스리시며 만물의 창조주이신 하나님은 악을 행하며 하나님의 권위를 거부하는 자들에게 의롭게 보응하실 것이다. 새 바벨론과 짐승으로 묘사된 로마와 로마제국은 하나님의 백성들을 황폐하게 한다. 요한계시록은 하나님을 모르는 자들에게 임하게 될 심판을 묘사한다(6:1-17; 8:1-9:21; 14:14-20; 15:1-16:21; 17:1-19:4; 20:11-15). 심판을 행하시는 거룩하신 하나님은 인간의 악 때문에 진노하신다(6:17; 11:18; 14:10,

19; 15:1, 7; 16:1, 19; 19:15).

하나님은 변덕스럽고 불의한 심판자이신가? 하나님은 부당하고 지나친 분노심을 가지고 심판을 행하시는가? 요한은 반복해서 사람들이 심판을 받기에 합당하다는 것을 강조한다(16:6-7; 18:5-6; 19:2). 인간은 임의의 기준이 아닌 그들이 행한 일로 심판을 받는다(20:11-15). 대접 심판이 부어지기 전에 하나님은 그의 길이 "의롭고 참"되시기 때문에 찬송을 받으신다(15:3). 주어진 벌은 죄의 정도와 일치한다. 실제로 심판은 회개하도록 하기 위한 것이다. 그러나 사람들은 그들이 행하는 일을 회개하기를 완강히 거부한다(9:20-21; 16:9, 11). 회개하는 자들은 하나님께 영광을 돌리며 범죄를 인정함으로써 하나님의 의를 존중한다. 그러나 반항하는 자들은 하나님을 배격하고 저주한다(16:8-11). 왜냐하면 그들은 하나님이 그들의 삶에 개입하시는 것을 싫어하기 때문이다. 그들은 회개하지 않는다. 하나님보다 그들의 우상을 더 경배하고 싶어하기 때문이다(9:20).

그러므로 하나님의 심판은 그의 의에 의문을 제기하게 만들지 않고 오히려 그의 의를 드러낸다. 따라서 하나님의 백성은 그의 심판에 찬양과 경배로 응답한다(19:1, 3-4). 네 생물은 "아멘 할렐루야"라는 말로 그 합창에 동참한다(19:4).

11. 결론

신약의 "하나님"에 대한 개관을 통해 드러나는 것은 하나님이 신약신학의 근본이라는 것이다. 신약의 하나님은 새로운 하나님이 아니라 구약의 하나님이다. 그는 창조주이시며 구속자이시다. 구약에서 아브라함과 그의 후손에게 주신 우주적 복에 대한 약속을 바로 이 하나님이 성취하신다. 그는 사랑과 긍휼의 하나님이시다. 그러므로 온 세상을 복 주는 그의 구원 약속을 성취하신다. 그는 예수 그리스도 안에서 자신을 계시하셨고 십자가에서 죽으시고 부활하신 자를 통해 모든 사람에게 구원을 주시는 하나님이시다. 그는 역사 전체를 다스리시는 주권적 하나님이시다. 그러므로 하나님이 하신 말씀은 신뢰할 만하며 참되다. 주권자이시므로 하나님은 그의 구원 약속을 성취하실 수 있다. 이와 동시에 주권적 하나님으로서 그는 악을 행하는 자들을 심판하시며 악은 최고가 될 수 없음을 보여준다. 모든 인간은 창조주 하나님을 높이며 경배해야 한다. 모든 힘과 능력을 하나님을 찬양하는 데 사용해야 한다. 인간이 하나님을 신뢰하고 그럼으로써 하나님께 순종할 때 특별히 하나님은 영광을 받으신다.

12. 목회적 반성

모든 인간은 세 가지 이유 때문에 하나님을 신뢰해야 한다.

첫째, 주권적 하나님으로서 하나님은 만물을 다스리신다. 따라서 하나님께 삶을 드리는 자들에게 하나님은 미래를 보장하신다. 하나님의 통제를 벗어난 것은 아무 것도 없다.

둘째, 아들을 보내심에서 나타난 하나님의 사랑은 하나님은 신뢰할 만하며 인간을 진실로 사랑하신다는 것을 드러낸다. 위대한 사랑 때문에 하나님은 그의 진노에서 우리를 구하기 위해 아들을 보내셨다.

셋째, 하나님을 신뢰하지 않고 순종하지 않는 것은 파멸을 초래한다. 하나님은 악한 자들을 심판하실 것이기 때문이다.

제3장

복음서의 그리스도 중심성

앞 장에서는 신약에서의 하나님 중심성을 탐구했다. 본 장에서는 예수 그리스도의 중심성을 고찰한다. 신약에 그리스도가 편만하다는 것이 하나님의 우월성과 상충되거나 그것을 약화시키는가? 신약 저자들은 하나님 자신의 영광을 위해 하나님이 예수 그리스도를 보내셨다는 것을 가르친다. 그리스도의 오심은 하나님의 영광을 감소시키는 것이 아니라 높여 준다. 앞으로 몇 장에 걸쳐서 예수 그리스도에 대한 신약의 가르침을 탐구하려 한다. 이것은 놀랄 일이 아니다. 예수 그리스도는 신약의 중심이기 때문이다. 사실상 신약의 모든 책은 그리스도께 조명을 집중한다. 그러므로 본문에 충실한 신약신학이라면 기독론에 상당한 주의를 기울여야 한다. 여기에서 기독론에 대한 연구는 기독론적 타이틀을 포함하긴 하지만 그것에만 국한되지는 않는다. 사실 이어지는 장들은 예수 그리스도께서 자기 백성들을 위해 하신 일도 살펴보게 될 것이다.

본 장에서는 복음서의 기독론을 다룰 것이다. 복음서는 예수 그리스도의 중요성을 여러 방식으로 소개한다. 예수님을 새로운 모세, 위대한 마지막 선지자, 메시아, 인자, 주님, 하나님의 아들, 말씀 그리고 하나님으로 묘사한다. 예수님은 또한 죄용서를 위해 자기 목숨을 내어준 주님의 종이시다. 그러나 사실 앞으로 보게 되겠지만 이 이름들은 예수 그리스도가 누구인지 완전히 설명하지는 못한다.

이어지는 장에서 사도행전의 기독론을 살펴볼 것이며 두 개의 장에서 바울의 가르침을 설명할 것이다. 바울의 기독론은 풍부하고 상세하기 때문이다. 기독론에 관련된 마지막 장에서는 기독론에 대한 신약의 나머지 부분의 공헌을 살펴볼 것이다. 이곳에서의 기독론에 대한 논의는 예수님은 누구신가하는 부분에 국한되지 않는다. 예수님이 그의 사역, 특히 죽음과 부활을 통해 이루신 일에 대해서도 주의를 기울일 것이다. 신약 문헌에서의 예수님 중심성, 예수님이 누구이며 무엇을 성취하셨는가를 고려해 볼 때 기독론이 이 책에서 다른 어떤 주제보다 많은 자리를 차지하는 것은 결코 놀랄 일이 아니다.

1. 선지자이시며 선지자보다 나은 분이신 그리스도

예수님은 모세보다 뛰어난 새로운 모세이다. 예수님은 산에 올라가 산에서 제자들을 가르치신다(마 5:1). 이것은 모세가 시내산에서 율법을 받은 것을 생각나게 한다(참고, 28:16-20). "반대명제"라고 불리는 부분에서 예수님은 모세 율법의 주권적 해석자로 드러난다(5:17-48). 모세 시대에 광야에서 백성에게 만나가 주어졌던 것처럼 예수님도 오천 명을 먹이실 때 백성에게 기적적으로 음식을 제공하셨다(14:13-21). 마태는 변화산 장면에서 어쩌면 예수님과 모세를 비교하며 대조하고 있는지도 모른다(17:1-9). 예수님의 얼굴은 빛이 났는데 모세도 그러했었다(출 34:29). 모세는 미래에 한 선지자가 일어나서 자신을 대신 할 것이라고 약속했다(신 18:15-22). 변화산 장면에서 이 본문에 대한 분명한 암시를 보게 된다. 왜냐하면 모세와 엘리야가 나타나 예수님께 말씀하고 있지만 예수님이 하나님의 계시의 초점이기 때문이다. 하나님의 음성은 현장에 있던 제자들에게 예수님의 말씀을 들으라고 명령한다(마 17:5; 막 9:7; 눅 9:35).

예수님의 사역 기간 동안 어떤 사람들은 예수님의 선지자적 역할을 인식했고 공관복음 저자들은 분명히 그것을 확증했다(마 13:53-58; 21:11, 46; 눅 7:11-17; 24:19). 예수님은 성취될 일들을 예언하심으로써 자신의 선지자적 권위를 나타내신다(마 16:21; 17:22-23; 20:17-19; 26:34; 요 13:38). 예수님은 그의 말씀의 권위를 주장하시며 그것들은 결코 없어지지 않을 것이라고 선언하신다(마 24:35). 예수님은 사람들의 생각을 읽는 능력을 통해 그의 선지자적 능력을 보이셨다(9:2-5; 22:18; 눅 7:39-43). 그리고 예수님이 성전에 들어가서 물건을 사고 파는 자들을 내어 쫓으시고 하나님의 집이 시장으로 변한 것에 대해 분노하셨을 때 예수님의 선지자적 권위가 분명히 드러났다(마 21:12-13). 무화과 나무를 저주하신 것에서 동일한 권위가 나타난다(21:19-21; 참고, 눅 13:6-7). 성전 청결과 무화과 나무 저주의 상징은 선지자적 상징과 이스라엘과 유다를 향해 경고한 선지자적 경고를 상기시킨다. 예루살렘과 성전이 한 세대 안에 파괴될 것이라는 예언(마 24)은 매우 중요했으며 이러한 예언들의 성취는 예수님의 선지자적 지위를 증명했다.

공관복음은 예수님의 독특성을 그의 기적과 축사, 그리고 죽은 자를 살리심을 통해 그려낸다. 예를 들어 갈릴리 바다에 풍랑이 불어왔을 때 예수님은 난폭한 바람과 파도를 향해 서 그의 권위를 행사하셨다. 그가 말씀하시자 풍랑이 즉시 잔잔해졌다(마 8:23-27). 구약에서는 오직 여호와만 풍랑 이는 바다를 잔잔케 하신다(시 65:7; 77:19; 107:23-32, 특히 29; 참고, 욥 9:8; 사 43:16; 51:9-10; 합 3:15). 풍랑을 잔잔케 하시는 예수님의 능력을 본 제자들은 옳게 외쳤다. "그가 누구이기에 바람과 바다도 순종하는가?"(막 4:41). 유사한 기적이 일어났다. 예수님이 바다 위를 걸으시는 것이었다(마 14:25; 막 6:48; 참고, 요 6:19). 이것 역시 여호와를 연상시킨다. 여호와는 바다 위를 걷는 분이시다(욥 9:8, 70인역; 참고, 시 77:19; 사 51:9-10; 합 3:15).

제자들을 부르시는 것에서 예수님의 권위가 명백히 드러난다. 제자들을 부르실 때 현저하고 독특한 방법으로 그의 권위를 주장하신다. 예수님은 제자들에게 자신을 따르라고 요구하고 계시며 단순히 하나님께 헌신해야 한다고만 말씀하지 않으신다. 남아있는 증거자료에 의하면 랍비들은 다른 사람들에게 자신을 따르라고 요구하지 않았다. 제자 지망생들이 랍비들을 찾아 다녔고 그들의 제자로 섬기기를 요청했다. 그러나 예수님은 주도적으로 사람들을 그의 제자로 부르셨으며 자신을 따르기를 원하는지 그들에게 묻지 않으셨다. 예수님은 주권적으로 권위 있게 그들을 제자로 부르셨다. 예수님은 랍비의 제자들처럼 그의 제자들이 졸업하고 그 다음에 그들 자신의 학생들을 끌게 될 시간을 마음에 그리지 않으신다.

예수님은 심지어 제자들의 가족보다 우월하셔야만 했다. 이것은 예수님 당시의 문화에서는 놀라운 메시지였다. 왜냐하면 다른 랍비들은 사람들에게 가족을 떠나라고 요구하지 않았기 때문이다. 예수님의 가르침에서 발견할 수 있는 것과 같은 충격스러운 선언을 다른 사람들은 하지 않았다(마 10:37). 예수님의 독특성은 분명하다. 왜냐하면 예수님께 순종하는 자들은 그의 가족의 일원으로 간주되기 때문이다(12:46-50; 막 3:31-35; 참고, 눅 8:19-21; 11:27-28).

예수님이 다음과 같이 선언하실 때 그의 권위는 분명하게 드러났다.

> 나는 의인을 부르러 온 것이 아니요 죄인을 부르러 왔노라
> (마 9:13; 막 2:17).

예수님은 하나님의 이름으로 말씀만 하시는 것이 아니라 예수님 자신이 인간을 불러 죄를 버리게 하신다. 예수님은 또한 인간은 자기 십자가를 기꺼이 지고 예수님을 따라야 한다고 주장하시며(마 10:38-39) "나와 복음을 위하여"(막 8:35) 자기 목숨을 버리는 자는 마지막에 그것을 도로 얻게 될 것이라고 말씀하신다(마 10:39; 16:25; 눅 9:24). 그러나 예수님은 자신이 하나님을 대신하는 것으로 생각하지 않으신다. 왜냐하면 예수님을 영접하는 자는 예수님을 지명하여 보내신 아버지를 영접하는 것이기 때문이다(마 10:40; 참고, 눅 10:16; 요 13:20). 예수님은 사람들이 "주여, 주여"라로 부르는 것을 피하지 않으시며(마 7:21-23) 하나님 나라에 포함될 자와 제외될 자를 결정하는 권한이 자신에게 있음을 인정하신다.

신자들이 모여 기도할 때 예수님은 그들과 함께 계신다고 말씀하신다(마 18:20). 이스라엘의 선지자, 왕, 제사장이 조금이라도 비슷한 말을 한 적이 없다. 이 사실은 마태복음의 놀라운 고등 기독론을 보여준다. 예수님의 중심성과 독특성은 죄용서에서 나타난다. 예수님이 죄를 용서하신다는 주제는 중풍병자를 고치시는 기록에서 대두된다(9:2-8). 오직 하나님만 죄를 사하실 수 있다는 비난에 대한 예수님의 반응을 관찰해 보라. 예수님은 자신의 권세로 죄를 사하지 않으셨고 옛 선지자들처럼 하나님의 이름으로 죄 사함을 선언하셨을 뿐이라고 항의할 수 있었을 것이다. 그러나 예수님은 인자로서 자신이 하나님만이 가지신 특권인 죄 사함의 권세를 가지셨다는 것을 일부러 보여주신다. 예수님은 죄인을 용서하는 권세가 있음을 보여주기 위해 중풍병자를 치료하신다. 예수님이 중풍병자를 고치신 것과

죄용서를 주장하신 것은 신적 행동을 나타내며 여호와는 죄를 사하시며 병을 고치신다고 말하는 시편 103:3에 귀를 기울이게 한다(참고, 사 33:24; 역시 참고, 눅 7:36-50).

막 9:24은 예수님께 드려진 기도를 기록한다. 귀신들린 소년의 아버지는 예수님께 소리친다.

> 내가 믿나이다. 나의 믿음 없는 것을 도와 주소서(막 9:24).

그의 기도를 이해하는 가장 자연스러운 방식은 그가 예수님 자신에게 기도하며, 예수님께 믿음을 달라고 요청하는 것으로 보는 것이다. 그러나 오직 하나님만 사람들에게 믿음을 불러 일으킬 수 있다. 따라서 본능적으로, 그리고 자기 행동의 중요성에 대한 어떤 숙고 없이 소년의 아버지는 사람들이 하나님께 간구하듯이 예수님께 간구한다. 마가는 이것을 그의 복음서에 포함시킨다. 왜냐하면 그 남자의 본능이 예수님의 지위와 어울리고 일치되기 때문이다.

예수님 앞에 있을 수 없는 큰 죄인이기 때문에 예수님께 자신을 떠나 달라고 간청하는 베드로의 이야기는 빛을 비춰준다. 그 본문은 하나님 앞에서 절망하는 이사야가 등장하는 이사야 6장의 말씀을 상기시킨다. 베드로는 예수님 앞에서 이사야와 비슷한 반응을 한다. 이 이야기는 예수님이 여호와와 같으며 그 앞에 죄인은 머물 수 없음을 암시한다. 따라서 이 이야기는 예수님을 인간이 아닌 하나님의 위치에 둔다.

성경적 사상에서 이름은 흔히 그 사람의 특성과 본질을 나타낸다(출 34:5-7). 그러므로 하나님의 이름을 아는 것은 굉장한 중요성을 갖는다. "하나님의 이름을 마술이나 거짓 맹세등에 잘못 사용하는 것은 금지되었다(출 20:7). 왜냐하면 여호와의 이름은 인간이 마음대로 사용할 수 없는 계시의 선물이기 때문이다"(Bietenhard〈1976: 650〉). 하나님의 이름은 놀랍다. 왜냐하면 "하나님의 이름을 아는 자는 하나님을 알되 하나님이 자신을 계시하시는 만큼 알기 때문이다"(Hartman〈1991: 520〉).

그러므로 공관복음에서 예수님의 이름의 중요성을 파악하는 것은 중요하다. 선지자들은 자신의 이름이 아닌 여호와의 이름으로 예언해야 한다(렘 11:21; 14:15; 23:25). 그러나 사람들이 예수님의 이름으로 예언할 것이 당연시되고 있다(마 7:22). 마찬가지로 이방인들은 예수님의 이름에 소망을 둘 것이다(12:21). 예수님의 이름의 천상적 능력은 의심의 여지가 없다. 귀신들도 예수님의 이름에 굴복하기 때문이다(눅 10:17). 어쩌면 더 놀라운 것은 예수님의 이름으로 죄 사함을 얻게 하는 회개가 전파된다는 것이다(24:47). 참으로 세례는 하나님의 이름으로만 시행되지 않고 아들과 성령의 이름도 포함되어 행해진다(마 28:19). 예수님은 하나님의 백성들이 자신의 이름으로 모일 것을 예견하시며(18:20) 그런 모임에 함께할 것을 약속하신다. 분명히 예수님은 육체적으로 함께 있을 것을 보증하지 않으셨다. 공간적 제한을 넘어서는 신적 능력을 약속하신 것이다(28:20).

2. 메시아

"메시아"라는 용어는 단순히 "기름 부음을 받은 자"라는 뜻이다. 동사적 형태로든 명사적 형태로든 어떤 사람을 "메시아"라고 부르는 것이, 많은 사람이 생각하듯, 그렇게 불리는 사람이 하나님이라는 의미는 아니다. 메시아는 단순히 특별한 과업을 위해 하나님의 기름 부음을 받은 사람을 가리킨다. "기름 부음을 받은 자"라는 용어가 반드시 왕을 뜻하는 것도 아니다. 구약에서 제사장들은 하나님의 기름 부음을 받았다.[1] 사실 무생물도 거룩히 구별되기 위해 기름 부음을 받을 수 있었다. 무교병(출 29:2; 레 2:4; 7:12), 속죄제를 위한 단(출 29:36) 등과 같은 것들이다. 선지자들은 "기름 부음을 받은 자"라고 불리는 것이 그리 흔하지는 않았지만 그런 호칭은 나타나고 있다(왕상 19:16; 사 61:1; 참고, 대상 16:22; 시 105:15). 왕들은 종종 기름 부음을 받거나 여호와의 기름 부음 받은 자로 지칭되었다.[2]

학자들은 구약성경이 미래에 오게 될 기름 부음 받은 자에 대해서는 거의 언급하지 않는다고 말한다. 메시아에 대한 신약의 기대는 그렇다면 근본적 오해인가? 그러나 실제로 신약에서 일어난 것은 이해할 수 있는 일이며 구약과 일치한다.

첫째, 다윗과 그의 후계자들이 기름 부음 받은 자로 자주 묘사된 것을 주목해야 한다.[3]

둘째, 다윗과 그의 후계자들은 하나님의 보다 큰 구원 계획과 관계없이 단지 개인적으로 기름 부음 받아 왕이 된 것이 아니었다. 여호와는 다윗과 언약을 세우셨다. 여호와는 다윗 왕조가 끝나지 않을 것이며 그의 아들 중 한 사람이 보좌에서 항상 다스리게 될 것을 약속하셨다.[4]

구약의 독자들은 다윗 언약의 약속들과 왕들이 기름 부음을 받은 사실

---

1 출 28:41; 29:7; 30:30; 40:13, 15; fp 4:3, 5, 16; 6:20; 7:36; 8:12; 16:32; 민 3:3; 35:25.
2 예를 들어 사 9:8, 15; 삼상 2:10; 10:1; 15:1; 16:3, 6, 12, 13; 삼하 2:4, 7; 3:39; 5:3, 17; 12:7; 19:10; 왕상 1:34, 39; 시 2:2; 45:7; 89:20; 132:10.
3 삼상 16:12-13; 삼하 2:4, 7; 3:39; 5:3, 17; 12:7; 왕상 1:34, 39, 45; 5:1; 시 89:20, 38, 51; 132:10, 17을 보라.
4 삼하 7:11-29; 대상 17:10-27; 시 89; 132; 사 9:6-7; 11:1, 10; 55:3-4; 렘 23:5-6; 겔 34:23-24; 호 3:5; 미 5:2.

을 자연스럽게 연결시켰다. 구약이 메시아의 오심을 약속하고 있다고 말하는 것은 구약을 곡해하는 것이 아니다. 왜냐하면 다윗 언약의 약속들과 다윗 계통의 왕이 기름 부음 받은 것을 결합시켜 볼 때 구약이 다윗 계보에서 기름 부음 받은 자가 올 것을 고대한다고 말하는 것은 합당한 것이기 때문이다.[5]

메시아에 대한 신약의 가르침은 구약의 전례에서 유래한다. 그럼에도 복음서에서 예수님이 자신을 메시아로 밝히는 것을 자제하시는 것은 상당히 놀랍다. 예수님은 사역을 시작할 때 자신을 메시아로 공개적으로 선포하지도 그 이름을 정기적으로 사용하지도 않으셨다. 그의 사역의 전환점이 가이사랴 빌립보에서 일어났다(마 16:13-20). 예수님은 사적으로 제자들에게 자신을 누구라고 알고 있는지 물으셨다. 왜냐하면 사람들은 예수님을 선지자, 세례 요한, 예레미야나 그와 같은 자라고 생각했기 때문이다. 베드로는 예수님은 그리스도시며 메시아라고 대답했다. 공관복음의 모든 기록에서 이 이야기는 그들이 지금 알고 있는 것을 다른 사람에게 퍼뜨리지 말라고 예수님이 제자들에게 엄히 경고하시는 것으로 끝난다.

예수님은 자신이 메시아라는 것을 실제로 믿지 않으셨기 때문에 자신이 메시아임을 알리지 말라고 하셨다고 설명해서는 안된다. 예수님이 자신을 메시아로 선언하시거나 그 이름을 공개적으로 받아들이기를 주저하시는 이유는 메시아라는 이름의 폭발적인 정치적 함의 때문이다. 유대교 전통 속에서 메시아는 왕으로 다스리며 그의 최대의 임무는 이방인을 이스라엘에서 추방하는 것이다. 이 주제는 특별히 솔로몬의 시편 17-18에 나타나며 이외 다른 문헌에서도 나타난다. 예수님이 자신

---

5 제2성전기 유대교의 메시아관에 대해서는 Schreiner 2008: 201-5을 보라.

을 메시아로 밝히셨다면 소요를 일으킬 정치적 혼란을 조성했을 것이다. 무엇보다 중요한 것은 예수님이 그의 동시대인들이 기대했던 것과 같은 방식으로 약속을 성취하기를 원하지 않으셨다는 것이다. 예수님은 군사적 능력과 힘이 아닌 고난과 죽음을 통해 승리하기 원하셨다. 하나님 나라의 약속은 칼끝이 아닌 희생적 사랑을 통해 성취된다.

공관복음은 제자들 중 아무도 예수님의 사명을 이해하지 못했다는 것을 분명히 보여준다. 제자들은 예수님이 메시아시라는 것에 대해서는 베드로와 의견을 같이했다. 그러나 예수님이 고난과 죽음을 포함한 자신의 사명을 이야기하실 때 베드로는 예수님께 그리하지 마시라고 항변했다(마 16:21-23). 이에 예수님은 베드로의 간섭과 관점을 사탄적이라고 하셨다. 예수님의 가장 가깝고 충성스러운 추종자들조차 예수님의 메시아적 사명의 성격을 이해하지 못했다면 나머지 사람들이 메시아가 고난당할 것이라는 생각 앞에 전적으로 당혹하게 될 것은 의심의 여지가 없다. 예수님은 자신의 사명을 위태롭게 하지 않은 채 "메시아"라는 이름을 사용하실 수는 없었다. 예수님의 가르침을 듣는 사람들이 예수님은 정복자로서 왕이 될 것이라고 결론내릴 것이기 때문이었다. 그러므로 예수님이 자신이 메시아임을 드러내기를 주저하신 것은 자신이 메시아임을 스스로 의심하셨다는 것을 의미하지 않는다. 그것은 그의 추종자들과 군중들의 심각한 오해를 미리 방지하기 위한 예수님의 의도였다.

때때로 예수님은 자신이 메시아임을 선언하셨다(요 4:25-26). 그러나 그의 주장이 정치적 운동을 야기하지 않을 상황에서만 그렇게 하셨다. 나다나엘이 예수님을 이스라엘의 왕이요 하나님의 아들이라고 칭송했던 일(1:49)은 여기서의 논의와 모순되는 듯이 보일지 모른다(참고, 1:42, 45). 그러면 제자들은 예수님의 사역 초기부터 예수님이 메시아이시며 하나님의 아들이심을 알았는가? 나다나엘은 그의 열정 때문에 아는 것 이상을 말했을 것이다. 제자들은 처음부터 예수님을 메시아로 인식했으나 의심하기도 했다. 메시아는 어떠해야 한다는 그들의 생각과 예수님이 맞지 않았기 때문이다. 예수님에 대한 제자들의 관점을 마치 그들이 시험에서 정답을 쓴 것처럼 생각해서는 안된다. 예수님과 함께 여행하며 가르침을 받는 동안 예수님에 대한 제자들의 이해는 밀물과 썰물처럼 왔다 갔다 했다. 어떤 때는 예수님을 메시아라고 생각하다가 어떤 경우에는 그의 정체에 대해 의구심을 가졌다.

어떤 경우에 예수님은 공개적으로 다윗의 자손 또는 유대인의 왕이라는 환호를 받으셨다(예, 마 9:27; 20:30-31; 21:9). 재판 받을 때 메시아인가 묻는 질문에 예수님은 자신이 메시아라고 대답하셨다(26:63-64; 막 14:61-62; 눅 22:66-70). 십자가가 가까이 다가올 때 예수님은 자신의 정체성을 더욱 직접적으로 드러내셨다. 그러므로 예수님은 자신이 메시아임을 부인한 적이 없으시다. 유대교에 널리 유행하는 승리자로서의 메시아 관념과 자신의 메시아적 사명에 대한 예수님의 관념 사이에 충돌이 있었을 뿐이다. 예수님이 "메시아"라는 명칭을 공개적으로 사용하셨다면 그는 틀림없이 오해를 받으셨을 것이다. 따라서 예수님은 그의 사역의 끝 부분에서, 즉 죽음이 임박한 때에 공개적으로 메시아라는 이름을 자유롭게 사용하셨다.

어떤 사람은 예수님이 바리새인들에게 메시아에 대해 질문하신 것은 메시아가 다윗의 자손임을 부인한 것이라고 해석했다(마 22:41-46). 예수님은 메시아가 다윗의 주라는 것을 지적하기 위해 시편 110편의 첫 번째 절을 제시하셨다. 그러나 분리시켜서 본다면 이 구절은 메시아가 다윗 계보에 속한다는 것을 반박하는 것으로 이해될 수 있다. 그러나 예수님이 의미한 것에 대한 또 다른 해석이 복음서 전체의 내러티브에 잘 맞는다. 즉 예수님은 메시아가 다윗의 자손이며 동시에 다윗의 주님이라고 이해하셨다는 해석이다.

예수님을 메시아로 보는 것의 중요성은 요한복음에서도 분명히 나타난다. 왜냐하면 요한은 독자들이 예수님을 메시아이며 하나님의 아들이라고 고백하게 하기 위해 요한복음을 기록했다고 분명히 말하기 때문이다(요 20:30-31). 이 구절은 요한복음의 목적 진술과 결론 역할을 하며 예수님을 메시아로 밝히는 서문을 떠올리게 한다(1:17). 진실로 영생은 하나님을 아는 것과 예수님을 메시아로 아는 것이다.

3. 인자

복음서에서 예수님에 대한 가장 중요한 칭호 중 하나는 "인자"이다. 결과적으로 비평적 연구가 시작된 이래 신약학계에서는 이 용어의 의미에 대한 집중적 논의가 있었다. 히브리어에서 "인자"(벤 아담, *ben 'ādām*)는 단순히 "인간"을 말하는 다른 표현일 뿐이다. 많은 본문에 나오는 히브리어 시적 대구법을 보면 분명하다(민 23:19; 시 8:4; 참고, 욥 25:6; 시 80:17; 사 51:12; 56:2; 렘 49:18, 33; 50:40; 51:43). 에스겔서에는 "인자"라는 용어가 93번 사용되었다(예, 겔 2:1, 3, 6, 8). 에스겔의 문맥에서 이 용어를 사용하여 강조하는 것은 하나님의 영광과 위엄에 대조되는 에스겔의 유한성과 연약함인 듯하다.

구약에서 가장 논쟁이 되는 "인자"에 관한 언급은 다니엘서 7장에 있다. 여기에서 "인자"는 아람어 바르 에나쉬(*bar 'ĕnāš*)이다. 다니엘 7장의 "인자"의 의미를 해독하는 것은 문맥을 통해 이루어진다. 다니엘 7장에서 4개의 서로 다른 나라가 짐승으로 묘사된다. 바벨론은 독수리의 날개를 가진 사자로 묘사되고 메데 바사는 곰으로, 헬라는 표범, 로마는 표현할 수 없이 포악한 짐승으로서 모든 나라의 야수적 특성이 무섭게 조합된 것으로 묘사된다. 한편 하나님의 나라가 "인자"에게 주어진다. 우리는 위에서 "인자"는 구약에서 단순히 인간을 뜻하는 하나의 표현 방식이라는 것을 보았다. 이런 해석이 NRSV 영어성경의 7:13 번역에 반영되어 있다.

> 사람 같은 이가 하늘 구름을 타고 오는 것을 보았다(단 7:13, NRSV).

이 인자에게 나라가 영원히 주어지고 다른 모든 나라는 인자의 나라에게 복속한다. 짐승의 나라가 황폐를 가져온 것과 달리 인자의 나라는 자애롭고 친절할 것이다.

특히 흥미로운 것은 네 짐승과 인자의 환상에 대해 다니엘에게 주어진 해석이다. 짐승들은 네 왕들을 상징한다고 7:17은 설명한다. 이 왕들은 여러 나라들의 대표적 왕이라고 결론지을 수 있다. 환상에서 인자에게 주어진 나라는 성도들에게 주어진 나라라는 관점에서 설명될 수 있다.

> 지극히 높으신 자의 성도들이 나라를 얻으리니 그 누림이 영원하고 영원하고 영원하리라(단 7:18).

정복당한 성도들은 이스라엘 백성이며 그들은 이 악한 지배자에게 억압받고 박해를 받았다(7:22, 25, 27). 이방 나라들은 역사의 어느 기간 동안 지배할 것이다. 그러나 궁극적으로 승리하지는 못할 것이다. 하나님이 개입하셔서 악한 자들을 심판하시고 그 나라를 세우시며 그것을 그의 백성에게 주실 것이다.

그럼에도 불구하고 하나님의 백성, 즉 지극히 높으신 자의 성도들은 한 개인에 의해 대표된다. 다니엘 7:13-14에서 한 개인에게 초점이 있음을 보았다. 그러나 그 환상에 대한 설명이 나타날 때 인자는 성도들과 동일시 된다. 네 나라가 그 나라를 다스리는 네 왕에 의해 대표되듯이 "인자"도 이스라엘을 대표하는 왕으로서 이스라엘을 가리킨다. 실제로 인자의 신성을 암시하는 것이 있다. 7:27에 있는 "섬기다"(*plḥ*)에 해당하는 아람어 동사는 다른 곳에서 하나님을 섬기고 예배할 때 사용되었다(3:12, 14, 17, 18, 28; 6:16, 20; 7:14). 게다가 하늘 구름을 타고 오는 7:13의 내용은 신성을 암시한다. 구약의 다른 곳에서 오직 하나님만 하늘 구름을 타시기 때문이다.

1) 공관복음에서의 인자

"인자"라는 용어의 놀라운 특징 중 하나는 이 이름이 거의 복음서에서만 나타난다는 것이다.[6] 마태는 이 표현을 30번, 마가는 14번, 누가는 25번 요한은 13번 사용한다. 복음서 이외에 이 용어가 예수님과 관련하여 사용된 곳은 사도행전 7:56, 히브리서 2:6, 요한계시록 1:13, 14:14뿐이다.

"인자"라는 용어는 흔히 세 가지 범주로 분류된다. 즉 첫째, 인자의 지상 사역을 언급하는 것들, 둘째, 인자의 고난을 언급하는 것들, 셋째, 미래를 언급하는 것들이다. 학자들이 전형적으로 지상사역에 대한 언급이라고 부르는 것부터 시작해 보자. 인자는 핍박을 받고 따라서 머리 둘 곳도 없

---

6 제2성전기 유대교에서의 인자 사용과 복음서의 인자에 대한 좀 더 깊이 있는 논의는 Schreiner 2008: 216-29을 보라.

다(마 8:20; 눅 9:58). 비방자들은 과도히 먹고 마시는 자라고 그를 비난한다(마 11:19; 눅 7:34). 제자들이 인자로 인해 핍박을 받으면 복이 있다(눅 6:22). 인자는 죄를 사할 권세가 있다(마 9:6; 막 2:10; 눅 5:24). 인자는 안식일의 주인이다(마 12:8; 막 2:28; 눅 6:5). 말로 인자를 거역하는 것은 사하심을 얻을 수 있다(마 12:32; 눅 12:10). 하나님의 말씀의 좋은 씨를 뿌리는 자는 인자이다(마 13:37). 인자는 잃어버린 자를 찾아 구원하러 왔다(눅 19:10). 인자의 권세가 이 말들을 통해 표현된다. 인자는 죄를 사하며 안식일의 주인이며 하나님의 말씀을 말하며 잃어버린 자를 찾아 구원하는 사명을 하나님께로부터 받았기 때문이다. 인자에 대한 다른 언급들은 핍박에 초점을 둔다. 따라서 고난받는 인자의 범주에 둘 수 있다.

인자 언급의 두 번째 범주는 고난과 관련이 있다. 세례 요한이 헤롯의 손에 고난을 당한 것처럼 인자도 고난을 받을 것이다(마 17:12; 막 9:12-13). 고난을 예고하면서 예수님은 인자가 유대교의 종교 지도자들에 의해 당국에 넘겨질 것이며 조롱과 핍박을 받아 죽임을 당하고 제3일에 살아날 것이라고 말씀하셨다.[7] 이 본문들 중 대부분에서 인자의 고난은 인자의 미래적 승리와 중첩된다. 인자는 고난을 받을 뿐 아니라 죽음에서 부활할 것이기 때문이다(마 17:9; 막 9:9도 보라). 예수님은 우연히 사형에 처해지시는 것이 아니다. 인자로서 예수님은 섬기려 하고 "많은 사람의 대속물로 자기 목숨을 주러" 이 땅에 오셨다(마 20:28; 막 10:45).

마지막 범주는 미래와 연관된 인자에 대한 말씀들이다. 제자들은 "인자가 오기 전에" 이스라엘 복음화를 끝내지 못할 것이다(마 10:23). 인자는 그의 천사들을 명하여 그의 나라에서 모든 불의한 자들을 제하실 것이다

---

7 (1) 마 16:21; 막 8:31; 눅 9:22; (2) 마 17:22-23; 막 9:31; 눅 9:44; (3) 마 20:18-19; 막 10:33-34; 눅 18:31-33; (4) 마 26:2; (5) 마 26:45; 막 14:41; (6) 눅 24:6-7.

(13:41-43). 인자는 미래에 오셔서 모든 사람에게 그들의 행위대로 갚으실 것이다(16:27). 심판 날에 인자는 예수님을 부끄러워하는 자들을 부끄러워 하실 것이다(막 8:38; 눅 9:26). 마찬가지로 사람들 앞에서 예수님을 시인하는 자들을 예수님도 하나님의 천사들 앞에서 시인하실 것이다(눅 12:8).

예수님은 인자가 올 때에 사람들이 계속해서 믿음을 가질 것인지 질문하신다(눅 18:8). 제자들은 끝까지 깨어 있어야 하고 마지막 날에 "인자 앞에 설" 수 있도록 기도해야 한다(21:36). 예수님의 제자들 중 일부는 "인자가 왕권을 가지고 오는 것을" 보기 전에는 죽지 않을 것이다(마 16:28). 오는 세상에서 인자가 자기 보좌에 앉을 때에 열두 제자들도 보좌에 앉아 하나님의 백성을 다스릴 것이다(눅 17:22). 장차 제자들은 "인자의 날 하루" 보기를 원할 것이다(눅 17:22).

인자는 번개가 하늘 전체를 가로질러 번쩍이는 것처럼 분명하게 오실 것이다(마 24:27; 눅 17:24). 사람들은 "인자가 구름을 타고 능력과 큰 영광으로 오는 것을 볼 것이다"(마 24:30; 막 13:26; 눅 21:27). 노아와 롯의 때에 사람들이 심판을 대비하지 못했던 것처럼 인자의 임함도 대비하지 못할 것이다(마 24:37-39; 눅 17:26-30). 사람들이 기대하지 않았던 때에 인자는 올 것이다(마 24:44; 눅 12:40). 인자는 찬란한 영광으로 올 것이며 자기 보좌에서 다스릴 것이다(마 25:31). 예수님은 재판 받으실 때 종교 지도자들에게 "인자가 권능의 우편에 앉아 있는 것과 하늘 구름을 타고 오는 것을 보리라" 말씀하신다(26:64; 막 14:62; 참고, 눅 22:69). 미래와 관련된 말씀은 인자가 땅에 오실 때의 영광을 강조한다. 인자는 다스리고 지배할 것이며 땅에 있는 사람들의 최종적 운명을 결정할 것이다.

예수님은 왜 "인자"라는 타이틀은 그렇게 자주 사용하시고 "메시아"라는 타이틀은 그렇게 적게 사용하셨을까? 우리가 보았듯이 "메시아"라는 타이틀은 예수님의 사명과는 정반대로 군국주의적이며 정치적인 용어로 이해되기가 쉬었다. 한편, "인자"라는 용어는 모호했다. 비록 구약에서 이 용어가 사용되긴 했지만 그 의미에 대해서는 불확실한 것이 있었다. 요한복음 12:34에서 볼 수 있듯이 예수님의 동시대인들은 예수님이 이 용어를 사용하실 때 당혹해 했고 이해하지 못했다. 이 용어를 사용함으로서 예수님은 자동적으로 의심과 적대감을 불러일으키지 않으셨고 천천히 그의 추종자들에게 "인자"의 중요성과 의미를 가르칠 수 있으셨다. 예수님의 가르침과 사역이 진전되면서 "인자"에 대한 그들의 이해는 새롭게 방향을 잡을 수 있었다.

2) 요한복음에서의 인자

요한복음의 인자는 이 복음서 전체의 고등 기독론과 조화를 이루며 요한 신학 특유의 특징을 지닌다. 그러나 공관복음의 인자와 요한복음의 인자를 지나치게 구분하는 것은 잘못이다. 보쉬(Borsch〈1992: 142〉)는 공관복음과 요한복음의 인자가 중복되는 것에 대해 이렇게 말한다.

> 이 전통들에 관해 주목할 만한 것은 그것들이 상당히 독특한 언어로 인자에 관해 동일한 것을 많이 말한다는 것이다.

예수님은 나다나엘이 자신이 메시아인 것에 대해 열정적으로 환호했을 때 그가 더 큰 일도 볼 것이라는 주장으로 응답하신다(1:50-51). 하늘이 열리고 천사들이 "인자 위에 오르락내리락 하는 것"을 볼 것이다. 이 구절의 의미를 파악하는 것은 쉽지 않다. 요한은 창세기 28:12을 암시한다. 거기에 보면 야곱은 벧엘에서 꿈을 꾸며 한 사닥다리를 본다. 아마도 지구라트 같은 것이었을 것이다. 그것은 하늘에 닿았고 천사들이 그 사닥다리 위를 오르락내리락하고 있었다. 요한은 그 사닥다리를 인자이신 예수님으로 대치하고 있다. 하나님께 나아가는 것이 예수님을 통해 실현되었다는 것을 가르치는 것이다. 1:51과 3:13, 6:62 사이에도 어쩌면 연관성이 존재한다. 인자이신 예수님은 하늘에서 내려오시고 하늘에 오르시는 분이다(3:13). 모든 사람이 생명을 얻을 수 있다. 예수님이 하늘에서 내려오셨고 하나님의 존전으로 돌아가셨기 때문이다.

어쩌면 예수님의 승천(참고, 6:62)은 다니엘 7:13-14을 상기시킨다. 그 구절에서 인자 같은 이는 왕국을 받기 위해 옛적부터 항상 계신 이의 존전으로 들어간다. 만일 그렇다면, 요한은 시작된 종말론의 예를 우리에게 보여준다. 요한복음 6:62은 예수님의 제자들 중 일부도 그의 가르침에 대해 어려워하는 맥락에서 인자에 대해 말하고 있다. 예수님은 오직 성령만이 생명을 주시고 자신의 가르침을 이해할 수 있게 하신다는 것을 강조하신다(6:63). 소위 그의 제자들이라고 불리는 자들 중 일부도 그의 말에 걸림이 된다면 인자가 하늘에 올라가는 것을 볼 때 그들은 어떻게 반응할 것인가(6:62)? 요한신학에서 예수님의 승천과 영광은 십자가를 통해 나타난다. 예수님은 그들의 꺼림칙한 감정은 예수님이 하나님 존전으로 돌아가는 것을 본다 하더라도 사라지지 않을 것임을 강조하신다. 예수님이 인자로서 높아지시는 방법은 십자가에서 고난받는 것이기 때문이다.

요한은 인자가 들릴 것이요(3:14; 8:28; 12:34) 영광을 얻을 것이라고 자주 강조한다(12:23; 13:31). 들리는 것과 영광을 얻는 것은 모두 십자가를 가리킨다. 예수님의 죽음에 대해 긍정적인 용어를 사용하는 것은 그것이 예수님의 높아짐과 영광 받음의 통로이기 때문이다. 예수님은 십자가에도 불구하고 높아지시는 것이 아니라 정확히 그것 때문에 높아지신다. 요한은 고난받고 높아진 인자를 본다는 점에서 공관복음과 일치한다.

4. 하나님의 아들

구약에 있는 복수형 "하나님의 아들들"은 특히 천사들에게 적용되는 표현이다(시 89:6). 이스라엘을 가리키는 단수 "하나님의 아들"은 자기 백성에 대한 하나님의 특별한 언약적 관계를 나타낸다. 출애굽기 4:22에서 이스라엘은 하나님의 "장자"(firstborn son)라고 불린다(참고, 렘 31:9; 호 11:1). 비록 자주 사용되지는 않는 용어이지만 하나님은 이스라엘의 아버지라고도 표현되고(신 32:6; 렘 3:4), 모성적 이미지로서 그의 백성을 낳으시는 분으로도 묘사된다(신 32:18). 복수 "아들들"은 이스라엘에 대해 하나님의 아버지로서의 관계를 나타내기도 한다(신 14:1; 사 43:6). 다윗 계통의 왕(Davidic king)은 다윗언약을 통해, 그리고 아들로 지명됨을 통해 특별히 하나님과 연관된다. 하나님은 다윗 계통의 왕과 아버지와 아들의 관계를 맺으시고 왕에 대한 언약적 사랑을 결코 그에게서 빼앗지 아니하신다(삼하 7:14-15; 대상 17:13-14; 22:10; 28:6-7; 시 2:6-7; 89:26-27; 사 9:6).

구약의 배경을 염두에 두고 공관복음을 펼치면 예수님은 하나님의 참된 아들-참 이스라엘-이라는 주제가 명백해진다. 마태는 호세아 11:1을 통해 예수님은 참 이스라엘, 하나님의 아들이심을 제안한다. 그러나 "하나님의 아들"이라는 타이틀은 예수님이 참 이스라엘이시라는 개념에만 제한되는 것은 아니다. "하나님의 아들"은 또한 예수님이 이스라엘의 왕 다윗과 맺은 언약을 성취한다는 것을 나타낸다. 예수님이 풍랑을 잔잔케 하실 때 제자들은 그를 하나님의 아들이라고 고백한다(마 14:33). 어쩌면 제자들은 예수님과 하나님의 관계를 어렴풋이 이해했을 테지만, 이런 환호를 통해 예수님은 참으로 메시아이며 다윗에게 주어진 언약적 약속이 가리키는 분임을 의미하였을 것이다. 동일한 결론이 16:16을 통해 도출되어야 한다. 마태복음의 결정적 시점에서 베드로는 예수님이 "그리스도시며 살아계신 하나님의 아들"이시라고 말한다. 베드로가 그의 사고의 이 단계에서 예수님이 하나님이시라는 것을 이해했는지는 의심스럽다. "그리스도"라는 타이틀은 "하나님의 아들"과 동의어이며 예수님은 이스라엘의 메시아이시라는 것을 나타낸다.

우리는 "하나님의 아들"이라는 타이틀은 예수님이 참 이스라엘, 메시아, 약속된 다윗의 아들이심을 의미한다는 것을 보았다. 그러나 복음서 저자들은 "하나님의 아들"이라는 칭호에서 더 깊은 의미를 본다. 예수님은 하나님과 독특하고 특별한 관계를 나누기도 하신다. 예수님은 신적 특권까지도 공유하신다. 사실, 이 마지막 범주는 복음서 저자들이 강조하는 것이다. 예를 들어, 마가는 그의 복음서를 예수님은 그리스도시며 "하나님의 아들"이시라는 선언과 함께 시작한다(막 1:1). 천상적 존재로서 귀신들은 예수님의 동시대인들보다 예수님이 누구인지 더 잘 알았고 그를 하나님의 유일한 아들로 인식했다(마 8:28; 막 3:11; 5:7). 예수님의 세례와 변형 때 하나님의 소리도 예수님을 하나님의 아들로 선언했다(막 1:11; 9:7). 마가복음은 백부장의 입에서 나오는 동일한 말로 결론을 내린다(15:39). 백부장은 예수님이 죽음으로 하나님께 복종하셨고 하나님의 순종하는 아들로 죽으셨다는 것을 인지했다. 중요하게도, 예수님이 그의 사역을 십자가에서 완성하신 후에야 백부장이 예수님을 알아보았다는 것은 십자가에 비추어서만 예수님을 하나님의 아들로 옳게 이해할 수 있다는 것을 보여준다.

하나님의 아들로서의 예수님의 독특성은 마태복음 1:23에 나타난다. 아들이신 예수님은 임마누엘, "우리와 함께하시는 하나님"이시기 때문이다. 그러한 언어는 단순히 상징적인 것만은 아니다(참고, 눅 1:35). 마태는 예수님이 그의 백성들과 영원히 함께하실 것이라는 약속으로 끝을 맺기 때문이다(28:20). 예수님이 하나님과 갖는 관계의 독특성(uniqueness)은 11:27에서 명백히 드러난다. 아버지와 아들은 서로를 독점적으로(exclusively), 상호적으로(mutually) 그리고 친밀하게(intimately) 안다. 오직 아버지만이 참으로 아들을 알고 오직 아들만이 참으로 아버지를 안다. 아버지의 우선성은 유지되고 있다. 왜냐하면 아버지는 아들에게 그가 향유하는 모든 것을 주셨기 때문이다. 그러나 아들이 아버지를 계시하기를 원하지 않으면 아무도 아버지를 알 수 없다.

본문은 분명히 예수님의 신적 위치를 암시한다. 예수님과 아버지는 공통의 지식을 가지고 있고 아들은 아버지를 아는 유일한 분이기 때문이다. 게다가, 이 본문은 예수님이 천상의 신적 협의회의 참여자이시며, 따라서 모든 인간들과 분리된 범주에 속하신다는 것을 분명히 드러낸다.

하나님의 아들로서 예수님의 독특성은 세례 양식(baptismal formula)에서 두드러진다(마 28:19). 세례는 아버지와 아들과 성령의 이름으로 시행되어야 한다. 세례 때 불려야 할 이름은 하나이지만 세 개의 다른 존재가 있다. 여기에서 분명한 것은 "아들"이라는 타이틀은 신성을 나타낸다는 것이다. 예수님은 아버지와 동등하시다.

공관복음에서 보았듯이 "하나님의 아들"은 "메시아"와 동등하다는 몇몇 증거가 요한복음에 있다. 앞에서 나는 나다나엘이 예수님을 "하나님의 아들"이시며 "이스라엘의 임금"(요 1:49)이시라고 환호하였을 때 그가 "하나님의 아들"이시라는 말을 통해 예수님이 하나님이심을 의미한 것은 아니었다는 것을 제안했다. "하나님의 아들"은 이 경우에 단지 예수님이 메시아 시라는 것을 말하는 다른 방식일 뿐이다. 우리는 어쩌면 11:27에 있는 마르다의 고백으로부터 동일한 결론을 도출해 낼 수 있을 것이다(참고, 19:7).

그러나 그러한 진술들을 요한신학 전체의 배경에서 살펴보면, 핵심은 이런 사람들은 그들이 아는 것 이상을 말했다는 것이다. 예수님은 그들이 전혀 상상하지 못했던 방식으로 하나님의 아들이시다. 요한이 그의 복음서를 기록한 목적은 예수님이 그리스도시요 하나님의 아들이심을 믿게 하는 것이다(20:31). 이 목적 진술에서 "그리스도"와 "하나님의 아들"이라는 용어는 단순히 동일한 것이 아니다. "그리스도"는 예수님이 메시아이심을 가리키고 "하나님의 아들" 역시 하나님과의 특별한 관계, 즉 그의 신성을 나타낸다. 예수님의 아들되심이 신성을 나타낸다는 것은 많은 본문이 분명히 증거한다. 예를 들어, 아버지와 아들은 서로를 친밀히, 그리고 독점적으로 안다(10:15).

아들의 신분은 요한복음의 가장 주목할 만한 진술 중 한 곳에서 명백히 드러난다. 아버지를 공경하는 것과 동일한 방식으로 아들을 공경해야 한다(5:23; 참고, 8:19). 참으로, 아들을 공경하지 않는 자는 아버지도 공경하지 못한다. 그렇다면, 요한은 하나이며 유일하신 하나님께 드려져야 할 공경은 아들에게도 드려야 하기 때문에 아버지를 예배하듯이 아들을 예배해야 한다는 것을 주장하고 있는 듯하다. 요한이 복음서를 쓰고 있는 일신교적 체제 안에서 아들을 그와 같이 공경한다는 것은 아들은 완전한 신성을 가진 분임을 의미하는 것이 틀림없다. 피조물이나 천사를 예배하는 것은 유대교에서 생각할 수 없는 일이기 때문이다.

아들의 신분은 그의 영광을 고려할 때 확증된다. 예수님은 아버지의 아들로서 하나님의 영광을 독특하게 드러내신다(요 1:14). 아들의 영광은 이 세상 삶에 제한되지 않고 그것을 초월한다. 그는 창세 전에도 영광을 가지셨기 때문이다(17:5). 그의 영광은 결코 끝나지도 않을 것이다. 아들은 신자들이 그의 영광을 영원히 보게 될 미래를 예견하기 때문이다(17:24).

요한은 아버지의 우선성을 주장한다. 예수님은 아버지는 만유보다 크시며 심지어 자신보다 크시다고 주장하신다(10:29; 14:28). 그러나 동시에 그는 아들과 아버지는 하나라고 가르치신다(10:30). 동등성은 목적과 목표의 동일성에 제한될 수는 없다. 유대인들은 신성모독의 이유로 돌을 들어 예수님을 죽이려 했기 때문이다(10:31-33).

우리는 요한복음 5:17-18에 대해 생각한다. 거기에서 예수님은 하나님을 자기 아버지라고 말씀하셨고 자신을 하나님과 동등으로 삼으셨다. 유대인들은 신성모독으로 인해 그를 돌로 치려 했다(참고, 8:58-59). 요한복음 10장에서 인간을 신이라 한 말씀을 예수님이 언급하신 것도 아들의 신성에 대한 진술을 무효로 만들지 않는다. 왜냐하면 예수님은 큰 것에서 작은 것으로(from greater to lesser)의 논증을 하고 계시기 때문이다. 인간도 파생적 의미에서 신이라고 불릴 수 있다면 예수님이 자신을 하나님의 아들이라고 부르시는 것은 신성모독이 될 수 없다. 하나님이 그를 그렇게 성별하셨기 때문이다(10:36).

5. 요한복음의 "나는…이다"(I am) 말씀

요한의 기독론의 또 다른 차원은 "나는…이다" 진술("I am" statements)에서 두드러진다. 이 진술은 요한복음 전체에 균형있게 분포되어 있다. "나는…이다"(에고 에이미⟨*egō eimi*⟩) 말씀은 이스라엘을 애굽으로부터 해방시키기 위해 하나님이 모세를 부르실 때 그에게 자신을 나타내신 것에 의존하고 있으나(출 3:6, 14) 가장 근접한 전례는 이사야에 나타난다. 이사야에서 여호와는 "나는…이다"를 사용하여 자신을 우상과 대조하고, 두 번째 출애굽을 통해 그들을 자유케 할 것을 이스라엘에게 확신시키신다(사 41:4; 43:10, 25; 45:8, 18, 19, 22; 46: 4, 9; 48:12; 52:6 LXX). 이사야에 있는 이 본문들은 유일신 신앙이 강조적으로 가르쳐지고 창조주 하나님이 우상과 대조되는 문맥에서 나타난다.

"나는…이다"(에고 에이미⟨*egō eimi*⟩)라는 단어는 반드시 또는 항상 구약의 여호와 계시를 상기시키는 것은 아니다. 요한복음 9:9에서 예수님에 의해 시력을 회복한 사람이 자신을 밝힐 때 "나는…이다"(에고 에이미⟨*egō eimi*⟩)라고 하는데, 그는 자신의 신성을 주장하고 있는 것이 분명 아니다. 요한복음에 있는 예수님의 "나는…이다"(I am) 진술의 일부는 단순한 신분을 밝히는 것일지 모른다(4:26; 6:20). 이것도 중요한 의의를 가지는 것이지만 말이다.

"나는…이다" 진술은 사건과 종종 연결되어 있어서 담화와 사건은 서로를 해석한다. 예수님은 오천명을 먹이신 후에(6:1-15) "나는 생명의 떡"이라고 선포하셨다(6:35, 48; 참고, 6:41, 51, 58). 예수님은 "나는 세상의 빛"(8:12)이라고도 선언하셨다. 이 선언과 연관된 사건은 초막절에 일어나는 빛축제(lighting festival)이다(*m. Sukkah* 4.1, 9-10; 5.2-4을 보라). 이것은 또한 요한복음 9장에 있는 소경의 시력을 회복한 것과도 조화를 이룬다. 예수님은 하나님의 참된 계시로서 소경의 영적인 눈을 뜨게 하신다.

요한복음 10장에서 예수님은 "선한 목자" 담화를 하시며(10:1-30) 자신을 양의 "문"(10:7, 9)이며 "선한 목자"(10:11, 14)라고 밝히셨다. 예수님은 이스라엘의 거짓 목자들과 대조된다(겔 34:1-6). 여호와는 스스로 그들의 목자가 되실 것을 약속하신다(34:15-16). 오는 다윗이 양 떼를 먹일 것이라는 말씀이 몇 절 뒤에 나온다(34:23-24). 여호와께서 목자로서 양 떼를 먹이실 것이라는 에스겔의 예언은 선한 목자이신 예수님에게서 성취된다(참고, 시 23:1; 사 40:11).

예수님은 "나는 부활이요 생명"(요 11:25)이라고도 선언하셨다. 이 선언 뒤에 예수님은 나사로를 죽은 자 가운데서 살리신다. 그러므로 이 선언은 행하신 표적과 밀접히 연결된다. 예수님은 "나는 포도나무"(15:1)라고도 하셨다. 구약에서 이스라엘은 여호와의 포도원으로 묘사되며(시 80; 사 5:1-7; 참고, 렘 12:10) 이것은 그들이 여호와의 택한 백성임을 암시한다. 구약에 대한 암시는 요한복음 15:1을 해석하는 데 필요한 배경을 제공한다. 예수님이 자신을 참 포도나무로 선언하셨을 때 그는 자신이 참 이스라엘임을 가르치셨다. 예수님은 하나님께로 가는 유일한 길이다.

> 내가 곧 길이요 진리요 생명이니 나로 말미암지 않고는 아버지께
> 로 올 자가 없느니라(요 14:6).

가장 인상적인 "나는…이다" 진술은 8:58에 있다. 예수님은 여기에서 "진실로 진실로 너희에게 이르노니 아브라함이 나기 전부터 내가 있느니라"(I am)라고 주장하신다. 유대인들은 이 말씀이 신성모독이라고 믿었다. 그들이 즉시 돌을 들어 그를 쳐 죽이려고 했음을 보아 알 수 있다. 예수님을 주와 하나님(20:28)으로 고백하는 자들은 하나님께 속한다. 아들을 공경함으로써 그들은 아버지도 공경한다(5:23).

"나는…이다" 진술은 요한 기독론(Johannine Christology)에 중요한 공헌을 한다. 그 진술은 이스라엘에 대한 구약의 소망을 예수님이 성취하신다는 것을 보여준다. 예수님은 하나님을 독특하게 계시하신다. 예수님 안에서 하나님

은 스스로를 백성들 가운데 나타내셨다. 예수님을 본 자는 아버지를 보았다(14:9). 왜냐하면 예수님이 아버지를 인간들에게 해명하셨기 때문이다(1:18).

6. 로고스(Logos)

예수님을 가리키는 요한의 또 다른 독특한 용어는 "말씀"(로고스⟨logos⟩)이다. 학자들은 로고스 주제가 헬레니즘을 반영하는지 아니면 유대적 배경을 반영하는지 논쟁을 해왔다. 그러나 오늘날에는 대부분의 학자들이 유대적 배경이 근본적인 것이라고 생각한다(Schreiner⟨2008: 254-57⟩). 구약에서 하나님의 말씀은 효력 있는 것이어서 하나님이 말씀하시는 것을 존재하게 했다. 창세기 1장에서 하나님의 말씀의 능력은 명백히 드러난다. 하나님이 말씀하시는 것은 무엇이든지 존재하게 되기 때문이다. 하나님이 "빛이 있으라" 하시자 빛이 생겨났다(창 1:3; 참고, 시 33:6; 107:20; 147:18; 사 55:10-11). 하나님의 창조적 말씀은 지혜와도 밀접하게 연관된다. 잠언 8:22-26이 이것을 증언하고 있다(Sir. 24:1; Wis. 9:1-2).

요한복음은 창세기 1:1과 동일한 말인 "태초에"로 시작한다. 창세기 1장에서는 만물이 하나님의 말씀으로 생겨나는데 반해, 요한복음에서는 모든 피조 생명체가 로고스로 말미암아 존재한다(1:3). 요한은 틀림없이 태초 이전의 태초를 반영한다. 세상이 창조되기 전에 "그 말씀이 하나님과 함께 계셨기 때문이다"(1:1).

요한은 구약이나 구약 이후 시기의 유대교보다 발전된 것을 보여준다. 왜냐하면 로고스는 인격적이며 신적이기 때문이다. 요한은 요한복음 1:1의 로고스를 "이 사람"(this one) 또는 "그는"(후토스⟨houtos⟩)으로 바꾸어 감으로서 로고스가 인격적 존재임을 강조한다. "말씀이 육신이 되어 우리 가운데 거하시매"(1:14)라는 요한의 주장에 요한복음의 독특성이 드러난다. 영원 전부터 하나님과 함께 계셨던 인격적 "말씀"이 육신을 입으시고 인간이 되셨다. 요한에게 있어 로고스는 단지 인격화된 것이 아니라 실제적으로 인간이 되신 분이며, 단순히 하나님과 영원히 함께 계시기만 했던 분이 아니라 인간으로서 역사 가운데 들어오신 분이기도 하다. 이러한 충격적인 주장이 요한복음을 하나님의 말씀에 대한 다른 이전 저술과 차별화시킨다.

요한복음 1:1의 사상은 발전하여 절정에 도달한다.

첫째, 말씀은 영원히 존재했다. 그가 존재하지 않았던 태초는 없다.

둘째, "그 말씀은 하나님과 함께 계셨다." 로고스와 하나님은 동일하지 않다. 그들은 구분될 수 있기 때문이다. 말씀은 하나님과 영원히 함께 존재했고 하나님과 교제했다.

셋째, 가장 놀랍게도 요한은 우리에게 "그 말씀은 하나님이셨다"라고 말한다. 이 문장을 "그 말씀은 하나의 신(a god)이었다"라고 해석해서는 안된다. 서술적 주격이 연결동사에 선행할 때 이 연결사에 선행하는 명사는 속성을 강조한다. 그러므로 "이셨다"(was)를 선행하는 서술적 "하나님"(데오스 ⟨*theos*⟩)은 로고스가 하나님임을 나타낸다. 그는 완전한 하나님이시다.

우리는 이것으로부터 요한이 양태론(modalism)에 빠져서, 말하자면 하나님은 말씀 안으로 사라져 버린다라고 결론지을 수 있는가? 우리는 틀림없이 양태론을 배격할 수 있다. 선행하는 절에서 요한은 "이 말씀이 하나님과 함께 계셨다"라고 말하기 때문이다. 말씀과 하나님은 모두 영원 전부터 존재하셨고 서로 교제하셨다. 우리는 여기에서 예수님은 완전한 하나님이시며 하나님은 한 분이지만 예수님은 다른 두 분 없이 하나님이 아니시라는 삼위일체의 역설에 직면한다. 아버지도 역시 하나님이시다. 로고스는 하나님과 함께 있었으며 또한 하나님이라는 역설을 우리는 가지고 있다.

요한복음은 예수님에 대한 도마의 선언, 즉 "나의 주님이시요 나의 하나님이시니이다"(20:28)라는 선언으로 절정에 이른다. 예수님이 죽은 자 가운데서 부활하셨을 때 제자들은 예수님이 참으로 누구이신가를 알았다. 예수님의 신성에 대한 환호성은 요한복음 1:1과 함께 수미상관구조(inclusio)를 이루고 요한복음 전체의 틀을 만든다. 동일한 구조적 장치가 요한복음 서문 자체에도 존재한다. 요한복음 1:18에 대한 최고의 사본은 예수님을 "독생하신 하나님"(모노게내스 떼오스〈monogenēs theos〉)이라고 선언한다.

7. 복음서에 나타난 예수님의 구원 사역

신약에서 기독론은 항상 구원론을 돕는다. 신약의 저자들은 기독론 그 자체에 관심을 나타내지 않는다. 예수님의 사역에 대한 구약의 결정적 본문은 이사야 52:13-53:12에 있는 여호와의 종 본문이다. 구약학자들은 이사야서에 있는 종의 노래에 대해 열띤 논쟁을 벌였으나 여기에서 우리가 할 일은 그것을 정경적으로, 즉 그것들이 이사야서에 최종적으로 나타나는 대로 해석하는 것이다.

어떤 사람들은 종을 왕, 선지자 그리고 새로운 모세로 생각했으나 이사야는 분명히 이스라엘, 즉 아브라함의 자손을 하나님의 택한 종이라고 밝히고 있다(41:8-9; 44:1-2; 45:4). 그럼에도 불구하고 종은 항상 이스라엘과 동일한 것은 아니다. 이사야 49:5-6에서 종을 단순히 이스라엘로 보는 것은 불가능하다. 이 종은 또한 야곱과 이스라엘을 하나님께 돌아오게 하기 때문이다. 이 종은 이스라엘을 여호와께 돌아오게 할 뿐 아니라 "이방의 빛을 삼아 나의 구원을 베풀어서 땅끝까지 이르게 하리라"는 말씀을 이루는 기능도 할 것이다(49:6; 참고, 42:1).

이사야 50장의 종도 이스라엘을 초월한다. 이스라엘과 다르게 그는 거역하지 않는다(50:5). 비록 사람들이 그를 수치스럽게 했지만 하나님 자신이 그를 변호하여 수치를 당하지 않게 할 것이다(50:7-9). 종은 이스라엘을 초월한다는 것이 50:10에서 확증된다. 왜냐하면 하나님의 백성은 여호와의 종의 목소리를 청종하라는 명령을 받기 때문이다. 종의 노래는 52:13-53:12에서 절정에 이른다. 종은 이스라엘과 동일시될 수 없다. 왜냐하면 그는 이스라엘의 고뇌와 슬픔을 담당하며(53:4-5) 이스라엘의 죄를 짊어지기 때문이다(53:6, 8). 종은 이스라엘과 반드시 구분되어야 한다. 그는 죄 없는 자로서 백성들의 죄를 속하기 때문이다. 그는 자기 백성의 죄를 희생적으로 담당한다(53:4, 11-12). 그는 자기 백성의 죄악으로 인해 상처받고 징계받으며 여호와는 백성의 죄를 그에게 담당시키셨다(53:5-6).

공관복음은 예수님이 이사야의 고난받는 종의 성취인가 하는 질문을 직접 다루지는 않는다. 그러나 인용, 암시, 단서들을 볼 때 긍정적 동일시를 하고 있음이 분명하다. 게다가 복음서의 내러티브는 예수님의 부활과 죽음에서 정점에 이른다는 것을 우리는 잊지 말아야 한다. 확장된 수난기사가 이야기의 절정임을 보여준다. 공관복음에서 예수님은 정규적으로 자신의 미래의 고난, 죽음, 부활을 예언하시며 자신의 죽음과 부활이 성경이 일어날 것이라고 예언한 것을 성취한다고 가르치신다(마 26:54, 56; 막 14:49; 눅 24:25-27, 44-46). 누가복음 9:51에서 예수님은 예루살렘에 올라가서 죽을 것을 "결심하신다"(set his face). 이것은 이사야 50:7에 대한 암시로 볼 수 있다. 왜냐하면 이사야 50:7에서 종은 고난을 견디기 위해 "내 얼굴을 부싯돌 같이 굳게 하였으므로"(I have set my face like a flint)라고 말하기 때문이다.

다른 많은 상세한 것들은 공관복음의 저자들이 예수님의 죽음을 이사야 52:13-53:12의 고난받는 종의 성취로 보았음을 암시한다. 예수님의 세례와 변형 때(마 3:17; 17:5) 하나님은 그를 기뻐하신다는 것으로 승인을 표현하셨는데 이것은 이사야 42:1의 여호와의 종을 암시하는 듯하다. 마태(8:17)는 예수님의 치유 사역에서 이사야 53:4의 성취를 본다. 누가(22:37)도 이사야 53:12을 인용하여 예수님의 죽음을 예견한다.

예수님은 재판받을 때 자신을 변호하지 않으셨고 심문 받을 때 침묵하셨다(마 26:62-63; 27:12-14). 그러한 행동은 이사야 53:7에 대한 성취이다. 이사야 53:7에서 종은 도살자에게 끌려가는 양과 같이 끌려가지만 자신을 변호하기 위해 입을 열지 않는다.

예수님이 종의 역할을 하는 것을 보여주는 핵심 본문은 마가복음 10:45이다.

> 인자의 온 것은 섬김을 받으려 함이 아니라 도리어 섬기려 하고 자기 목숨을 많은 사람의 대속물로 주려 함이니라(막 10:45; 참고, 마 20:28).

이 구절은 이사야 53장을 인용하지는 않지만 "많은"(폴로이⟨polloi⟩)은 그것에 대한 암시인 듯하다(사 52:14-15; 53:11-12). 게다가, 섬기기 위해 오는 인자 개념은 여호와의 종을 가리킨다. 마지막으로, 그의 생명을 많은 사람의 대속물로 묘사하는 것은 이사야 53장에 충만한 다른 사람을 위한 죽음의 개념을 잘 재생하고 있다. 예수님의 마지막 유월절 만찬에 유사한 암시가 존재하는 듯하다.

> 이것은 많은 사람을 위하여 흘리는 바 나의 피 곧 언약의 피니라
> (막 14:24; 참고, 마 26:28).

"많은"(폴로이⟨*polloi*⟩)이라는 용어의 사용과 예수님의 죽음이 죄를 용서한다는 개념은 이사야 53장의 주제들을 반향한다. 여기에서 예수님의 죽음은 용서를 가져오는 희생으로 나타난다. 그러므로 그의 죽음에 구원론적 중요성이 부과된다.

종에 대한 암시는 예수님의 죽음이 "들림"(lifted up)으로 이루어진다는 요한의 개념(3:14; 8:28; 12:32, 34)에 나타난다.[8] 왜냐하면 이사야 52:13에서 종은 "들릴 것"(be lifted up)이기 때문이다. 요한은 이사야의 사상 세계를 뚜렷하게 공유한다. 요한복음과 이사야의 설명에서 종의 높아짐은 고난을 통해 실현되기 때문이다. 요한(12:38)은 예수님의 공적 사역을 묘사하며 왜 많은 유대인들이 그를 믿지 못했는가를 설명하는 중요한 본문에서 이사야 53:1을 인용한다. 그들의 불신에 놀라서는 안된다. 왜냐하면 많은 사람이 선포된 말씀을 믿지 않을 것이 줄곧 예언되었기 때문이다(요 12:40; 사 6:10).

요한복음에서 예수님은 "세상 죄를 지고 가는 하나님의 어린양"이시다(1:29; 참고, 1:36). 이 진술은 복음서 전체에 비추어 해석되어야 하며, 내러티브는 자기 백성을 위한 예수님의 죽음에서 절정에 이른다. 따라서 이것의 배경은 양이 제사로 드려지는 구약에서 찾아야 한다. 양이 유월절 양을 가리키는지, 희생 제사의 한 부분으로 드려지는 양들을 가리키는지 아

---

8 요한은 또한 예수님이 아버지께로 "간다"(going to)는 말을 통해 은연중에 십자가를 가리킨다.

니면 이사야 53:7의 양을 가리키는 지는 구분하기 어렵다. 어쨌든, 요한복음의 후반부에서 예수님은 유월절 양을 잡는 때에 희생이 되심으로(요 18:28; 19:14) 예수님이 유월절 양이심을 암시한다. 그러나 요한복음 1장에서 하나님의 어린양의 의미를 파악하기는 어렵다. 그것이 지칭하는 것이 무엇인지 명확하지 않기 때문이다. 하나님의 어린양이 지시하는 것이 애매하기 때문에 그것은 희생제사, 유월절 양, 그리고 이사야 53:7의 양을 언급하는 것으로 볼 수 있게 한다.

예수님의 죽으심의 중요성은 요한복음에서 "때"(hour)와 "영광스럽게 하다"(glorify)라는 용어를 통해 나타난다. "때"라는 용어는 예수님을 통한 구속 역사의 성취를 표현한다(4:21, 23; 5:25, 28). 역사에 대한 하나님의 계획은 예수님의 죽음으로 귀결된다. 그러므로 요한복음에서 때는 예수님이 죽으시는 때를 종종 나타낸다(2:4; 7:30; 8:20; 12:23; 13:1, 31-32; 17:1). 예수님의 때는 그가 영광을 얻게 될 때를 나타내기도 한다(12:23, 27-28). 요한에 따르면, 예수님의 죽음은 부끄러움을 당하는 것이 아니라 영광을 얻는 것이다(13:31-32; 17:4-5). 왜냐하면 그것은 자신의 제자들에 대한 예수님의 영원한 사랑을 나타내기 때문이다(13:1). 예수님의 죽음은 그가 영광을 얻는 것이기도 하다. 왜냐하면 그것은 하나님의 아들로 그가 높여지는 길이기 때문이다.

예수님의 구원사역은 "생명의 떡" 강화에서 생생하게 전해진다. 영생을 위해 필요한 양식은 바로 예수님이다(6:27). 예수님은 하나님의 참 떡이시며 그는 세상에 생명을 주신다(6:32-33, 48). 생명을 얻는 유일한 길은 그 떡, 즉 예수님을 먹는 것이다(6:50-51).

내가 줄 떡은 곧 세상의 생명을 위한 내 살이니라(요 6:51).

이것은 거의 틀림없이 예수님이 십자가에서 죽으심을 가리킨다. 그리고 나서 예수님은 영생을 얻기 위해서는 그의 살을 먹고 그의 피를 마실 필요가 있음을 생생한 언어로 말씀하셨다(6:52-59). 이 언어는 유대인들에게 극단적으로 충격적이었을 것이다. 왜냐하면 피를 마시는 것은 구약 정결법에 위배되기 때문이다. 그러므로 십자가에 대한 거부감이 나타났다(6:61). 인간이 생명을 얻는 유일한 길은 십자가에 달리신 예수님을 먹는 것이다. 영생을 누리는 유일한 근거로서 인간은 예수님의 몸과 피를 의지함으로 그를 신뢰해야 한다.

8. 결론

복음서는 "예수님은 누구시며 우리를 위해 무엇을 하셨는가?"라는 핵심 질문을 던진다. 그는 새로운 모세이며 하나님의 마지막 선지자이다. 그러나 그는 선지자 이상이신 분이다. 그는 최고의 권위를 행사하시기 때문이다. 실제로, 예수님은 약속된 다윗의 자손, 메시아이시다. 1세기 팔레스타인 유대교의 정치적 환경에서 오해될 수 있었기 때문에 예수님 자신은 그 타이틀을 자주 사용하지 않으셨다. 그러나 예수님의 추종자들은 서서히 그가 메시아임을 알게 되었다.

"메시아"라는 용어에 대해 일어난 오해 때문에 예수님은 "인자"(Son of Man)라는 용어를 선호하셨다. 예수님은 자신의 지상사역, 고난, 그리고 미래의 영광을 가리키기 위해 이 용어를 사용하셨다. 고난에 대한 말씀조차도 영광을 예견한다. 그 말씀은 미래의 부활을 약속하기 때문이다. 따라서 예수님의 권세와 통치는 인자에 대한 모든 언급을 통합하는 주제이다. 인자라는 타이틀은 단지 예수님의 겸손을 강조하기 위해 사용된 것은 아니다. 지상의 인간으로서도 예수님은 죄를 사하는 권세를 가지셨으며 안식일의 주인이셨다.

"하나님의 아들"(Son of God)이라는 용어는 예수님이 참 이스라엘이시며 참된 다윗의 자손이심을 나타낸다. 그러나 "하나님의 아들"이라는 타이틀은 복음서에서 조차도 메시아 직분에 제한되어서는 안된다. 이 타이틀은 하나님과 갖는 예수님의 특별하고 친밀한 관계, 즉 그의 하나님 되심을 나타내기도 한다. 틀림없이 예수님의 하나님 되심은 요한복음에서 "나는…이다"라는 말씀에 분명히 드러난다. 마지막으로, 예수님은 인간에게 주신 하나님의 말씀이며 메시지이다. 말씀이 육신이 되었다. 하나님의 로고스로서 예수님은 처음부터 하나님과 함께 존재하셨고 그 자신이 바로 하나님이시다. 그러므로 예수님은 인간에게 하나님을 계시하시며 도마는 그를 주와 하나님으로 고백한다.

복음서 저자들은 또한 이사야 53장으로부터 예수님이 여호와의 종이심을 밝혀낸다. 예수님은 자기 백성을 저희 죄에서 구원하기 위해 자기 목숨을 많은 사람을 위한 대속물로 주셨다. 주의 만찬에서 예수님은 그의 피는 죄 사함을 얻게 하기 위해 흘리게 될 언약의 피라는 것을 설명하셨다. 요한은 예수님은 세상 죄를 희생적으로 지고 가는 하나님의 어린양이시라고 가르친다. 가야바는 예언적 선언을 하였는데 예수님의 죽음은 민족 전체를 대신한 죽음이라는 것이다. 그러므로 예수님은 자기 백성들을 대신하여 죽으셨다(요 11:49-52). 예수님의 몸과 피는 세상의 생명을 위해 쏟아졌다. 인간은 예수님의 살을 먹고 피를 마실 때에만, 즉 그의 대속적 죽음을 믿을 때에만 생명을 얻을 수 있다.

예수님의 죽음은 부활과 별도로 구원하지 않는다. 십자가와 부활은 함께 구원 사역을 이룬다. 모든 복음서의 내러티브는 부활로 끝이 난다는 것을 필수적으로 보아야 한다. 십자가만으로는 죄 사함을 얻게 하기 위해 불충분하다. 십자가는 승리로 가는 길임을 요한은 특별히 강조한다. 왜냐하면 요한은 십자가를 들려짐, 예수님이 영광 받으심, 아버지께 가심으로 묘사하기 때문이다. 달리 말하면, 십자가는 예수님의 높아지심과 분리될 수 없다. 사실 십자가는 예수님이 모든 것 위에 높아지고 승리하신 바로 그 수단이다. 십자가에 죽고 부활하신 주님은 그의 존재됨 때문에 구원하신다. 예수님의 죽음과 부활은 구원한다. 왜냐하면 그는 메시아, 인자, 하나님의 아들, 위대한 "나는…이다"(I Am), 그리고 참 하나님이시기 때문이다.

9. 목회적 반성

예수님의 신분과 삶의 목적을 이해하는 것은 역사적 질문이다. 그러나 복음서 저자들은 그것은 또한 뜨거운 실존적 질문이기도 하다고 주장한다. 왜냐하면 만일 우리가 아버지를 공경하듯이 예수님을 공경하지 않으면 영생을 누리지 못할 것이기 때문이다(요 5:23). 우리는 예수님을 우리의 선지자, 메시아, 그리고 하나님, 우리가 죄 사함을 누릴 수 있도록 자기 생명을 내어주신 분으로 인식해야 한다. 예수님은 하나님께 이르는 유일한 길이다. 베드로와 함께 우리가 "주여 영생의 말씀이 주께 있사오니 우리가 누구에게로 가오리이까"(요 6:68)라고 말할 때 우리는 예수님을 이해하고 있음을 안다.

Magnifying God in Christ

제4장

사도행전에 나타난 예수님의 구원 사역

1장에서 우리는 새 시대가 동텄고 하나님은 예수 그리스도 안에서 그의 언약적 약속을 성취하셨다는 것을 보았다. 3장에서 복음서의 기독론을 살펴보았다. 사도행전은 구원사의 새로운 시기, 즉 예수님의 죽음과 부활 이후의 시기를 그리고 있다. 비록 사도행전은 예수님의 사역 이후 기간을 반영하지만 예수님의 신분과 그가 이루신 일은 사도행전에서 여전히 중요한 역할을 한다. 그러므로 복음서의 기독론을 공부한 후에 사도행전이 예수 그리스도에 대해 무엇이라 말하는가를 고려해 보는 것은 자연스럽다.

1. 사도행전의 기독론

사도행전의 기독론을 연구할 때 누가복음과 사도행전은 동일한 저자가 쓴 것임을 기억하는 것이 필요하다. 그러므로 누가복음과 사도행전의 기독론을 함께 살펴 볼 때 우리는 누가의 신학의 가닥을 한데 모을 수 있다. 그러나 기독론을 고려할 때 우리는 누가복음을 마태복음, 마가복음과 함께 조사했다. 왜냐하면 세 복음서 사이의 일치점이 매우 놀랍기 때문이다.

누가복음과 사도행전이 동일 저자에 의해 기록되었다는 것을 상기하는 것은 해석적 실수를 미연에 방지하게 할 수 있다. 어떤 점에서 사도행전의 기독론은 다소 미성숙한 듯 보인다. 그러나 사도행전의 기독론이 누가복음의 기독론보다 한 단계 낮다고 이해해선 안될 것이다.

공관복음을 공부할 때, 예수님은 높임 받은 인자이시며 하나님의 유일한 아들이시라는 것과 그는 신적 특권을 가진다는 것을 보았다. 사도행전의 기독론은 우리가 누가복음에서 발견한 것과 잘 조화를 이룰 것이다. 비록 일부 같은 주제들은 동일한 정도로 특색을 이루지는 않지만 말이다. 예를 들어, 사도행전에서 예수님은 인자이시며 하나님의 아들이시라는 것이 각각 한 본문에서만 밝혀진다. 그러나 이러한 명칭이 드물게 나타난다는 점이 예수님이 인자 또는 하나님의 아들이신지 아니신지에 대해 누가가 의문을 품었다는 결론을 내리게 하지는 않는다.

사도행전의 목적은 사도행전의 기독론에 대한 연구로부터 나와야 한다. 누가는 신학 논문을 쓰지 않았고 그의 신학을 약술하려 하지도 않았다. 최근에 학자들은 누가를 신학자로 옳게 보고 있다. 비록 일부는 그가 신학자이므로 역사가가 아니라는 설득력 없는 결론을 내렸지만 말이다. 누가는 신학적 관점에서 역사를 기술한 역사가라고 말하는 것이 더 좋다.[1]

사도행전을 읽으면 우리는 예수님을 높임 받고 부활하신 주님으로 강조하고 있는 것을 볼 수 있다. 누가는 성경적으로, 역사적으로 예수님의 부활을 강조하는 설명을 종종 포함한다. 예수님이 무덤에 머물러 있었다면 메시아와 주 그리고 죄 사함을 얻게 하는 분이 될 수 없었을 것이다.

---

[1] 누가는 역사가이며 신학자라는 사상을 변호하는 것으로는 Marshall 1970를 보라. Gasque 1989; Hemer 1989도 참고하라.

누가는 예수님의 부활과 관련된 "많은 증거"를 말한다(행 1:3). 베드로와 바울 모두 시편 16편은 다윗의 삶에서 성취되지 않았으며 기록된 말씀은 예수님의 부활에만 어울린다고 주장했다(행 2:24-31; 13:35-37). 성경 자체는 예수님의 죽음과 부활을 가리킨다(13:31-33; 26:22-23). 누가복음에서는 바리새인들이 주된 대적자들이지만 사도행전에서는 사두개인들이 전면에 등장한다. 특별히 사도들이 부활을 선포했기 때문이다(4:1-2; 참고, 5:17). 우리가 알듯이 사두개인들은 부활 개념을 배격했다(마 22:23; 막 12:18; 눅 20:27; 행 23:8).

그렇다면 사도행전의 핵심 주제들 중 하나는 예수님이 이제 승귀하신 주님이시라는 것이다. 하나님은 십자가에 못 박히신 분의 정당성을 입증하셨다. 부활하신 자로서 예수님은 이제 "임금"과 "구주"로 높임을 받으셨다(5:31). 예수님은 죽음에서 일으킴을 받고 높아지셨는데 이것은 하나님 자신이 그를 "영화롭게" 하신 것이다(3:13). 예수님의 부활 때, 하나님은 "그를 주와 그리스도가 되게 하셨다"(2:36). 우리는 누가복음을 통해 예수님은 그의 지상 사역 동안에도 그리스도이셨음을 알고 있다. 그러므로 이 구절은 예수님이 죽음에서 부활하셨을 때에만 주와 그리스도가 "되셨다"라고 가르치지 않는다. 이 구절의 요점은 예수님은 그의 높아지심을 통해서만 높아지신 주와 그리스도가 되셨다는 것이다. 예수님은 죽은 자 가운데서 부활하여 하나님의 오른편으로 높아지실 때까지는 주와 그리스도로서 **통치**(reign)하시지 않았다.

부활하신 주님으로서 예수님은 그의 백성들에게 성령을 부으시는 분이다(2:33). 주님으로서 예수님은 권세 있는 말씀을 하신다(20:35; 22:18). 저벨(Jervel〈1996: 29〉)이 말하듯이, "누가는 어떤 의미에서 예수님을 하나님과 같은 수준으로 간주했다." 게다가, 22:18에서 높아지신 예수님은 환상 중에 바울에게 말씀하셨다. 높아지신 예수님은 다메섹으로 가는 길에서 바울에게 나타나셨다. 그러한 현현과 위임명령은 예수님의 신성을 보여준다(9:5, 17, 27; 22:8, 10; 26:15). 천사들도 사람에게 나타나고 명령을 준다며 이의를 제기할 사람이 있을 것이다. 그러나 사도행전에서 베드로는 예수님을 "만유의 주"(10:36)라고 부르고 있는데 이러한 묘사는 천사와 같은 존재에는 어울리지 않는다. 벅월터(Buckwalter〈1998: 117〉)가 말하듯이 18:9-10에서 "예수님은 환상 중에 바울에게 나타나셔서 구약의 신현(theophany)과 선지자를 부르심을 연상시키는 언어로 그를 격려하고 계신다."

높아주신 주님으로서 예수님은 주의 날에 다시 오실 것이다(욜 2:31을 인용하는 행 2:20). 이것은 주목할 만한 본문이다. 왜냐하면 구약에서 주의 날은 여호와의 날이기 때문이다. 그러나 여호와의 특권이 이제 오실 예수 그리스도께 부여된다. 심지어 더 놀라운 것은 허타도(Hurtado〈2003: 181-82〉)가 언급하듯이 "누구든지 주의 이름을 부르는 자는 구원을 얻으리라"(욜 2:32를 인용하는 행 2:21)는 선언이다. 구약에서 구원을 위해 부르는 주님은 분명히 여호와이시다. 그러나 사도행전에서 구원을 위해 호소하는 주님은 바로 예수 그리스도이시다.

> [누가는] 부활하신 신분으로서의 예수님은 구약의 여호와와 동등하게 되셨다는 것을 암시한다. 왜냐하면 그리스도 이전 세기(pre-Christian centuries)의 마지막에 팔레스타인 유대인들은 "주"(Lord)를 여호와에 대한 칭호로 사용했기 때문이다(Fitzmyer 1998: 260).

부활하고 높아지신 분, 그러나 죄용서를 위해 고난도 받으신 분(아래를 보라)인 예수님은 그리스도이시다. "그리스도"라는 단어는 사도행전에서 직함적 중요성을 갖는다. 이것은 단순히 이름에 붙은 성(last name)이 아니다 (참고, 3:20; 5:42; 9:22; 17:3; 18:5, 28). 예수님의 메시아 되심은 그의 주되심과 긴밀히 엮여 있다. 예수님은 부활로 인해 주와 그리스도가 되셨다는 진리가 선포된다(2:36).

사도행전에서 누가는 예수님이 이사야 53장의 고난받는 종이라는 것을 분명히 가르치며 이전에 누가복음에 대한 논쟁에서 다루었던 내용을 확증한다. 에디오피아 내시는 빌립이 그의 병거로 다가가라는 지시를 받았을 때 "때마침"(happened) 이사야 53장을 읽고 있었다(행 8:28-34). 사도행전에 사용된 "종"(파이스〈pais〉)이라는 단어에 대해서는 논쟁이 있으나 아마도 이사야의 고난받는 종을 연상시키는 듯하다. 종이 영화롭게 됨은 이사야 52:13과 같이 그의 높아짐을 가리킨다(행 3:13). 종에 대한 언급은 사도행전 3장의 문맥이 확증해주는데 이 문맥에서 예수님은 예언된 대로 자기 백성에 의해 범죄자로 넘겨져서 고난을 당하신다(3:13-18). 사도행전과 이사야의 문맥은 고난 후에 영광이 온다는 것을 나타낸다. 종의 영광은 그의 부활을 암시하며(3:13), 3:26은 "하나님이 그의 종을 일으키셨다"라고 말한다. 이 말씀은 종이 고난을 겪은 이후에 변호 받을 것을 암시하는 이사야 53:11-12 본문을 반향한다.

그리스도이신 예수님은 높아지신 주님이므로 사도행전은 예수님의 이름을 강조하며 그의 권세와 신성을 나타낸다. 허타도(Hurtado〈2003: 197〉)는 이와 관련하여 다음과 같이 말한다.

> 이름 신학(name theology)은 구약의 용례에서 직접 온 것으로서 구약에서 이름 신학은 특별히 여호와(*Yahweh*)께 드려진 기도와 희생 제사를 나타내는 기술적 표현으로 사용된다.

그렇다면 신자들이 예수 그리스도의 이름으로 세례를 받는 것을 보는 것은 상당히 놀라운 일이다(2:38; 10:48). 세례는 그리스도의 죽음에 근거한 죄용서와 분명히 연관된다(2:38). 베드로는 "나사렛 예수 그리스도의 이름으로" 걷지 못하는 자를 치유했으며(3:6) 그리스도의 이름을 믿는 것이 이 사람의 치유의 근거임을 강조했다(3:16; 4:10; 참고, 8:12; 9:34; 15:26; 16:18). 가장 중요한 것은 구원받는 자들은 구원을 경험하기 위해 예수님의 이름을 부른다는 것이다(2:21; 9:14, 21; 22:16). 실로 그의 이름은 구원을 주는 유일한 이름이며(4:12) 그렇기에 신적 기능이 분명히 예수님께 있다. 누가의 이름 신학은 예수님의 신성을 가리킨다. 허타도(Hurtado〈2003: 198-99〉)는 사도행전에서 그와 같이 이름 신학이 사용된 것과 관련하여 다음과 같이 결론짓는다.

> 예수님의 이름 자체가 경배를 받았고 이들 신자들의 헌신적 삶에 그 이름이 작용했다는 것을 나타낸다.

사도행전에서 "하나님의 아들"은 오직 한 번만 사용되었고(9:20; 8:37에 있는 이문〈variant〉은 원문이 아니다) 이것은 "메시아"와 동등한 것으로 볼 수 있다. 그러나 누가복음의 용례를 볼 때 "하나님의 아들"은 예수님이 그리스도시라는 것만을 의미하지는 않는다는 것을 암시한다. "하나님의 아들"이라는 타이틀은 예수님이 하나님과 유일하고 특별한 관계를 갖고 계심을 나타낸다. 예수님의 신적 지위는 사도행전에서 명백하다. 왜냐하면 스데반(7:59-60)과 바울(22:19-20) 모두 예수님께 기도했는데 경건한 유대인들은 하나님께만 기도하기 때문이다. 고린도에서 환상 가운데 바울에게 나타났던 주님은 예수님이심이 거의 확실하다(18:9-10). 동일한 신적 권위가 예수님이 아나니아를 만나실 때 나타난다. 예수님은 환상 중에 그에게 나타나셔서 바울을 찾아가라고 명령하셨다(9:10-16). 그 환상에 대한 아나니아의 반응은 이사야가 환상 중에 주를 보았을 때 보인 반응과 일치한다. 이사야는 "내가 여기 있나이다. 나를 보내소서"(사 6:8)라고 소리쳤다. 아나니아는 그 환상에 대해 "주여 내가 여기 있나이다"(행 9:10)라고 말했다.

누가가 예수님의 주되심에 대해 말한 것들은 예수님의 신성을 분명히 암시한다. 예수님은 바울에게 높아지신 주님으로 나타나셨고, 인간들은 그를 믿으며, 신자들은 주 예수님의 이름으로 세례를 받고, 예수님은 만유의 주로 높아지셨다. 이름 신학 역시 두드러진다. 그러기에 예수님은 세례, 치유, 구원에 있어서 신적 지위를 갖으신다. 예수님의 신성은 명백하다. 왜냐하면 그는 하나님의 아들이며 신자들은 그에게 기도를 드리기 때문이다. 그는 이사야 53장에서 예언된 여호와의 종이며 하나님은 죄용서를 얻게 하리라는 약속을 그 안에서 그리고 그를 통하여 성취하신다.

2. 그리스도의 구원 사역

예수님은 그리스도이시며 만유 위에 높아진 주님이시며, 하나님의 아들, 그 선지자, 여호와의 종이시기 때문에 모든 사람에게 전파되고 선포되어야 한다(행 5:42; 8:5, 12; 9:22; 18:5, 28; 28:31). 예수님은 우주적 주님이시므로 구원은 오직 그를 통해서만 주어진다(4:12). 그는 마지막 날에 산 자와 죽은 자를 심판하실 것이다(10:42; 17:31). 따라서 사람들은 주 예수 그리스도를 믿고 신뢰함으로써 죄용서함을 받게 된다(11:17; 16:31; 19:4; 20:21; 24:24).

누가는 예수님의 죽음과 부활이 어떻게 죄용서의 근거가 되는지에 대해서는 상세히 설명하지 않는다. 그 관계는 교훈적이기보다는 주로 암시적으로 그려진다. 사도행전 2:38은 용서가 십자가에 죽고 부활하신 주님이신 예수님의 사역에 근거한다는 것을 보여준다. 마찬가지로, 베드로는 그들의 죄를 제거하기 위해 회개하라고 사람들에게 요구한다(3:18). 생각건데, 그리스도의 고난이 제공되는 죄용서의 근거이다.

5:30에서 베드로는 종교지도자들이 예수님을 죽였다는 것을 지시하며(참고, 3:14-15; 4:10; 7:52; 10:39; 13:28) 예수님이 나무에 달리셨다는 것을 강조했다. 나무에 대한 언급은 아마도 신명기 21:23을 암시하는 듯하다. 그러므로 배경을 통해서 우리는 예수님이 하나님의 저주를 받으셨음을 상기하게 된다. 십자가에 달리신 예수님은 하나님 자신에 의해 높임 받으셨으며(행 5:31) 회개와 죄용서는 이제 이스라엘에게 가능해졌다. 베드로는 예수님이 하나님의 저주를 몸소 받으셨으며 예수님이 십자가를 지신 사역과 부활하심/높아지심에 근거해서 용서가 주어짐을 암시한다.

기독론과 구원론 모두에 특별히 놀라운 구절은 사도행전 20:28이다. 하나님은 교회를 "자기 자신의 피로"(with his own blood) 얻으신다. "하나님의 피"에 대한 언급은 다소 놀랍다. 그러나 이것은 신약의 다른 곳에서 본 신약의 기독론, 즉 예수님은 하나님이시면서 인간이시라는 것과 일치한다. 이 본문은 또한 교회는 예수님의 죽음을 통해 심판으로부터 구원 또는 구출된다는 것도 확립한다. "얻었다"(obtained)라고 번역된 동사는 하나님의 백성을 획득함을 의미한다(참고, 사 43:21 LXX; 눅 17:33; 참고, 엡 1:14; 벧전 2:9). 그리스도의 죽음은 용서를 보증한다. 왜냐하면 그의 죽음은 하나님 자신의 죽음을 나타내기 때문이다.

3. 결론

사도행전에는 예수님이 그리스도이시며 부활을 통해 주와 그리스도로 높아지셨다는 주제가 두드러진다. 복음 전파적 문맥에서 예언의 성취와 예수님을 통해 가능하게 된 죄용서가 강조되고 있다. 그리고 예수님은 신적 지위를 가지셨다는 암시도 많다. 예수님은 만유의 주시며, 인간은 예수님께 기도하고, 신자들은 그의 이름으로 세례를 받으며, 구원은 주 예수 그리스도를 믿고 그에게 돌이킴으로써 얻게 되고, 신자들은 구원을 얻기 위해 주의 이름을 부른다. 반면에 인용된 구약의 본문에서는 여호와의 이름이 불린다(욜 2:32). 누가는 기독론의 존재론적 측면에 대해서는 깊은 숙고를 하지 않는다. 그러나 여기에 포함된 자료들은 팔레스타인 기독교와 일치하며, 하등 기독론(low Christology)으로 무시해 버릴 수 없다.

누가에게는 깊이 있는 속죄 신학이 결여되어 있다고 종종 말하여지며 이러한 판단은 바울에게서 발견되는 좀 더 충분한 진술과 대조해 볼 때 용인될 수도 있을 것이다. 그러나 사도행전 전체가 구원은 주 예수 그리스도를 통해서, 오직 그를 통해서만 온다는 것을 강조하고 있고 누가는 죄 사함을 예수 그리스도의 죽음과 부활에 결부시키고 있음을 보여준다. 구원의 은혜적 특성이 전해지고 있다. 왜냐하면 죄의 용서는 훌륭한 삶을 통해서가 아니라 믿음과 회개를 통해 주어지기 때문이다. 예수님의 죽음은 죄용서를 보증하고 용서는 오직 예수님의 이름으로 온다. 누가는 죄용서의 근거에 대해 자세히 설명하지 않는다. 그러나 이것은 놀랄 일이 아니다. 왜냐하면 사도행전의 설교들은 특성상 복음 전파적이며, 말하여진 것들을 요약 압축하여 보여주기 때문이다. 근본적 요점은 용서는 예수 그리스도의 죽음과 부활을 통해 보증된다는 것이다. 그리고 이것이 어떻게 그러한가에 대한 좀 더 상세한 설명은 다른 신약의 저자들이 제공하도록 그들에게 남겨졌다.

4. 목회적 반성

사도행전의 복음 전파적 메시지는 기독론과 분리될 수 없다. 땅끝까지 선포되어야 할 메시지는 예수 그리스도에 초점을 두고 있다. 그는 만유의 주시며, 죄용서를 위해 그의 이름을 부르는 모든 자들의 구원자이시다. 누가에 의하면, 용서는 예수 그리스도의 죽음, 부활 그리고 높아지심에 정초한다. 용서가 그리스도로 인해 가능하고 따라서 인간은 그들을 묶고 있는 죄와 헛됨으로부터 해방될 수 있다는 흥분과 기쁨으로 사도행전은 고동친다. 인간의 삶은 의미와 중요성을 갖는다. 그리고 죄용서함을 받은 자들은 기쁨으로 충만하여 이 동일한 메시지를 사망으로 향하는 다른 이들과 나누기를 갈망한다.

제5장

바울의 기독론

방향을 사도 바울에게 돌려 우리는 이제 서신서에 나타난 기독론을 살펴보려 한다. 우리는 구속사에서 바울이 어디에 서 있는지 살펴볼 필요가 있다. 바울 서신과 대조적으로 복음서는 십자가와 부활에서 정점에 달한 예수님의 삶에 대해 자세히 말한다. 사도행전은 예수님의 죽음으로부터 바울이 60년대에 로마에 구금될 때까지의 기간에 대해 진술한다. 바울 서신은 예수님이 성취하신 것의 의의를 좀 더 상세하게 숙고한다. 바울의 경우 우리는 다양한 상황에 대해 쓴 열세 개의 서신을 가지고 있고, 따라서 그의 기독론에 대해서는 상대적으로 완전한 그림을 가지고 있다고 좀 더 확신할 수 있다. 이 장에서는 바울 저작에 나타나는 예수님의 정체성을 탐구하고, 다음 장에서는 예수님이 그의 사역을 통해 성취하신 것에 대해 숙고한다.

1. 그리스도와의 연합

바울의 기독론의 가장 중요한 요소 중 하나는 "그리스도 안에"(in Christ)

있음에 대한 그의 가르침이다. 그리스도와의 연합 또는 그리스도에 참여함은 분명 그의 신학의 가장 근본적 주제 중 하나이다. 옛 아담과 옛 시대에 속해 있던 신자들은 이제 그리스도 안에서 시작된 새 시대의 구성원들이다. 그리고 그들은 아담 안에 있지 않고 그리스도 안에 있다. "그리스도 안에"라는 말은 다양한 방식으로 사용되었으며 언제나 그리스도와의 연합을 의미하는 것은 아니다. 비록 많은 경우 그리스도에 참여함(participation in Christ)에 초점을 두고 있긴 하지만 말이다.

예를 들어 그리스도와의 연합은 에베소서에 많이 나타난다. 신자는 그리스도 안에서 "모든 신령한 복"을 향유한다(1:3). 그들은 "그 안에서" 택하여졌고 그로 "말미암아" 자녀가 되었다(1:4-5). 구속은 그를 통해 성취되었고 하나님의 뜻의 비밀을 드러냄도 마찬가지이다. 결국 하나님은 "모든 것이 그 안에서 통일되게" 하려는 목적을 가지셨다(1:7-10). 신자는 그 안에서 상속을 향유하고(1:1) 또한 그 안에서 성령의 인치심을 받았다(1:13). 그리스도 안에 한 새 사람이 있다(2:15). 교회는 그리스도 안에 있는 하나님의 성전이고 "하나님이 성령으로 거하시는 처소"로서 그리스도와 연합한 것이다.

그리스도와의 연합 개념은 고등 기독론을 가리킨다. 왜냐하면 모든 신령한 복은 신자들이 그리스도에 참여함으로 인해 그들의 것이 되기 때문이다. 복의 특성(새 창조, 구속, 선택, 그리고 칭의)은 예수 그리스도가 하나님과 동등한 지위를 가지셨다는 것을 암시한다. 그렇지 않다면 구원과 모든 부수적인 복이 어떻게 그리스도와의 연합을 통해 확보되는지 설명하기가 어렵다.

2. 메시아

바울은 예수님을 다윗의 후손으로 자주 말하지는 않는다(롬 1:3; 15:12; 딤후 2:8). 어떤 사람들은 이것으로부터 예수님이 다윗의 후손이시라는 것은 바울 신학에서 중요하지 않다는 결론을 도출해 낸다. 그러나 다른 결론을 내리는 것이 바람직하다. 바울이 선교적 설교를 통해 교회들을 세울 때 예수님의 다윗 혈통에 대해서 선포했을 것으로 보인다(행 13:22-23, 34-37). 예수님의 메시아적 혈통은 바울 서신에서 자주 언급되지는 않았다. 왜냐하면 바울의 서신들은 특성상 상황적이며, 예수님의 다윗 혈통은 틀림없이 논쟁이 되지 않았기 때문이다. 흥미롭게도, 로마서에서 바울은 예수님이 다윗의 후손이심을 강조한다(롬 1:3; 15:12). 그가 세우지 않은 교회에 편지하면서 말이다.

바울이 예수님을 그리스도로 밝힐 때, 아마도 그는 예수님의 다윗적 배경을 당연한 것으로 여겼을 것이다. 그는 종종 "예수 그리스도"(80회) 또는 "그리스도 예수"(89회)를 언급한다. 바울에게 있어서 "그리스도"라는 용어는 칭호상의 의미는 사라지고 형식상의 이름이 되었다는 주장이 흔히 제기된다. 바울의 유대적 배경을 고려해 볼 때 그러한 결론은 합당치 않아 보인다. 그 타이틀은 정기적으로 나타난다. 왜냐하면 예수님의 메시아적 신분은 바울에게 기정 사실이었기 때문이다. 바울은 예수님이 메시아이심을 변호할 필요가 없었다. 그의 교회들 가운데 그 타이틀은 논쟁을 불러 일으키지 않았기 때문이다.

3. 구주와 아들

"구주"(Savior)라는 용어 역시 예수님이 하나님과 동등되심을 나타낸다. 라우(Lau〈1996:122〉)는 "그것은 구원 계획을 제정(enactment)할 때 하나님과 그리스도(구주)가 하나였음을 분명히 선언한다"라고 말한다.

"구주"라는 말은 목회서신에서 특히 자주 등장하는데 6번 성부 하나님을 가리킨다(딤전 1:1; 2:3; 4:10; 딛 1:3; 2:10; 3:4). 이것은 아마도 황제숭배 또는 대적자들의 거짓된 가르침에 대항하는 것인 듯하다. 어쨌든, 목회서신에서 4번(딤후 1:10; 딛 1:4; 2:13; 3:6), 그리고 빌립보서(3:20)와 에베소서(5:23)에서도 "구주"라는 타이틀이 그리스도에게까지 적용되었다는 것은 상당히 놀라운 일이다. 디도서에서의 용례는 특히 흥미롭다. 왜냐하면 세 경우에 바울은 "우리 구주 하나님"(1:3; 2:10; 3:4)과 구주이신 예수 그리스도(1:4; 2:13; 3:6)를 번갈아 사용하기 때문이다. 모든 경우에, 하나님이 구주로 제시된 거의 직후에, 그리스도도 구주로 진술된다. 하나님과 그리스도는 신자들을 죄의 위험으로부터 구해내셨다. 하나님과 그리스도 사이의 엄밀한 동등성은 예수님이 하나님과 같은 지위를 가지셨다는 것을 암시한다.

"하나님의 아들"(또는 단순히 "아들")이라는 용어 역시 예수님이 아버지의 유일한 아들이심을 지시한다. 바울은 이 용어를 자주 사용하지는 않는다. 그의 13권의 서신에서 17번 사용할 뿐이다. 복음은 하나님의 아들 중심이며(롬 1:3) 부활을 통해 예수 그리스도는 "능력으로 하나님의 아들로 지명(appointed)되셨다"(1:4, 저자의 번역). 이 본문은 몇몇 번역본(예, ESV, NRSV)에서 "지명되셨다"(appointed) 대신 "선포되셨다"(declared)로 잘못 번역되었다. 호리조(*horizō*)라는 동사는 결코 "선포하다"를 의미하지 않는다. 번역본들은 이것을 채택했는데 아마도 양자론적 기독론(adoptionistic Christology)을 염려했기 때문인 듯하다. 그러나 본문은 하나님의 아들과 "능력으로" 하나님의 아들로 예수님이 지명되신 것 사이를 구분한다. 예수님의 지상 사역 이전에 로마서 1:3의 말씀대로 하나님의 아들은 선재하셨다. 예수님이 "능력으로 하나님의 아들"로 지명되신 것은 부활 때 일어났다. 그때 그는 높아지셨으며 이제 하나님 우편에서 왕으로 다스리신다.

하나님의 화목의 사역은 "그의 아들의 죽으심으로 말미암아"(롬 5:10) 일어났다. 예수님이 죄인들을 위해 죽으신 것은 하나님 자신이 주도하신 일이다. 하나님은 죄의 속박으로부터 사람들을 구원하기 위한 속죄물로 그의 아들을 "보내셨다"(8:3; 갈 4:4; 참고, 롬 8:32). 믿는 자들은 "나를 위하여 자기 몸을 버리신 하나님의 아들"(갈 2:20)을 믿고 신뢰한다. 그리스도의 십자가 사역의 결과로 하나님은 그의 자녀들의 삶 속에 "그의 아들의 영을 보내셨고"(4:6) "그의 아들의 형상을 본받게"(롬 8:29) 하신다. 성령을 가진 자들은 "그의 아들과 교제하도록 부르심"(고전 1:9)을 받은 자들이다.

선행하는 본문들에서 우리는 "아들"이 종종 예수님의 속죄 및 구원 사역을 지시하기 위해 사용되었음을 본다. 이에 더하여, "아들"은 개인적 관계를 나타낼 때에도 사용된다. 따라서 바울은 아들과의 교제, "아들을 아는 일"(엡 4:13), 죽기 위해 아들을 보내신 하나님의 사랑에 대해 말한다. "하나님의 아들"이라는 타이틀의 높아진 특성을 고려해 볼 때, 이 타이틀은 예수님의 선재성(preexistence)도 암시하는 듯하다. 하나님이 그의 아들을 "보내셨다"는 것을 언급하는 두 개의 본문이 특히 선재성을 가리키고 있음을 지지한다(롬 8:3; 갈 4:4).

4. 빌립보서 2:6-11

예수님의 주되심은 바울신학의 일반적 특징(약 180회)이며 빌립보서의 찬송시(2:6-11)에서 강력하게 드러난다. 찬송시는 두 부분으로 나누어질 수 있는데 첫 부분은 예수님의 낮아지심(2:6-8)을, 둘째 부분은 그의 높아지심 (2:9-11)을 상술한다. 예수님의 신분이 빌립보서 2:6에서 전면에 부각된다. 그는 "하나님의 형상이셨다"(in the form of God). "형상"(모르페⟨morphē⟩)이라는 단어는 예수님이 외적으로는 하나님의 형상이셨지만 하나님의 내적 특성은 결여되어 있었다는 것을 의미하지 않는다. 동일한 단어가 빌립보서 2:7에 나타나는데 바울은 예수님이 "종의 형상"을 취하셨다고 말한다. 이 본문은 예수님이 종처럼 보였지만 실제는 종이 아니었다는 것을 의미하지 않는다. 예수님은 참으로 종이 되셨다. 그것은 인성을 취하신 것에서 드러났다. 따라서 예수님은 "하나님의 형상이셨다"는 말은 그가 하나님이셨다는 것을 달리 표현한 말이다.

예수님의 신성은 2:6의 "하나님과 동등됨"이라는 어구에서 확증된다. 왜냐하면 예수님의 하나님과의 동등되심은 "하나님의 형상"에 대한 또 다른 표현이기 때문이다. 영어성경 NRSV는 2:6의 마지막 말을 옳게 번역했다. 예수님은 "하나님과 동등됨을 이용해야 할 어떤 것으로 여기지 않으셨다"(참고, HCSB). 우리는 잠시 멈추어 이 번역의 중요성에 주목해야 한다. 바울은 예수님이 하나님과 동등하시다는 것을 당연시한다 (assume). 이 구절은 예수님이 하나님과의 동등됨을 취하려는 시도를 중단했다고 가르치지 않는다. 그보다 바울이 강조하는 것은 예수님은 이미 그가 가지고 있는 하나님과의 동등됨을 이용하거나 사용하지 않으셨다는 것이다. 게다가, 예수님이 자신을 비우셨다는 것은 예수님 편에서 자의식적인 결정을 하셨다는 것을 암시한다. 그리고 그러한 결정은 의식을 가지고 있고 존재하는 자만이 할 수 있는 일이다. 그렇다면 이 찬송시는 예수님의 선재성을 가리키고 있는 것이다.

2:7도 예수님이 인간이 되실 때 신성을 포기하셨다는 것을 가리키지 않는다. 이 본문의 헬라어 분사를 주의해서 보면, 예수님은 종이 되시고 인성을 취하심으로써 자신을 비우셨다는 것이 분명해진다. 비우심은 그리스도의 신성을 버리심이 아니라 도리어 인성을 더하심이다. 바울은 그리스도의 비우심을 더하심이라는 관점에서 묘사함으로써 역설적 언어를 사용한다. 빌립보서의 찬송시는 틀림없이 예수님의 인성을 증거한다. 예수님의 신성은 그의 인성에 의해 가리워졌다. 그리고 그의 신적 능력의 일부분은 행사되지 않았다. 그러나 이것이 예수님이 신성을 포기하셨다는 것을 뜻하는 것은 아니다.

하나님의 아들로서는 사람이 되는 것이 자신을 낮추는 것이다. 2:8이 보여주듯이 낮아지심은 성육신에서 끝나지 않았다. 어쩌면 예수님은 왕으로 환영을 받으실 수도 있었고 죽지 않는 것을 선택하실 수도 있었다. 예수님은 인간이 되는 것에 동의하셨을 뿐 아니라 다른 사람을 위해 죽음의 고통을 겪는 것도 자원하셨다. 예수님은 죽는 것에 동의하셨을 뿐만 아니라, 그레꼬-로만 세계에서 가장 모욕적이고 수치스러우며 극도로 고통스러운 죽음인 십자가에서의 죽음에 자신을 내어주기까지 하셨다.

빌립보서 2:9-11은 낮아지심 때문에 예수님이 이제 주님으로 높아지셨음을 설명한다. 선재하신 하나님의 아들로서 예수님은 아버지와 함께 영원히 통치하셨다. 그러나 하나님이며 인간인(God-man) 나사렛 예수는 부활을 통해서만 주님으로 높아지셨다. 모든 무릎이 굽혀질 것이며 모든 혀가 예수님의 주되심을 인정할 것이다. 예수님의 주되심은 아버지의 영광을 축소시키지 않고 도리어 증대시킨다. 왜냐하면 예수님의 낮아지심과 높아지심은 "하나님 아버지께 영광"(2:11)을 돌리기 위한 것이기 때문이다.

빌립보서 2:9-11은 이사야 45:20-25을 암시한다. 이사야 본문은 우상숭배에 대항하여 논쟁을 벌이며, 이스라엘의 하나님이 유일하신 참 하나님임을 강하게 주장한다(45:21-22). 그리고 나서 여호와께서 선언하신다.

> 내가 나를 두고 맹세하기를 내 입에서 공의로운 말이 나갔은즉 돌아오지 아니하나니 내게 모든 무릎이 꿇겠고 모든 혀가 맹세하리라 하였노라(사 45:23).

모인 주제들을 통틀어 고려해 볼 때 우리는 놀라운 것을 보게 된다. 이사야와 마찬가지로 바울은 오직 한 분 하나님이 계신다는 것을 고백한다. 그럼에도, 바울은 이사야가 여호와께 돌렸던 것을 예수님께 적용한다. 즉 모든 무릎이 굽히고 모든 입이 고백하는 것 말이다. 틀림없이 바울은 예수님이 여호와와 동일한 신적 특성을 가지신다고 가르친다. 그러나 바울은 이것을 유일신 신앙 또는 아버지와 아들 사이의 구분을 부인하면서 하지는 않는다.

5. 골로새서 1:15-20

또 하나의 놀라운 그리스도 찬송시는 골로새서 1:15-20에 있다. 이 찬송시도 두 개의 연으로 나누어질 수 있다. 예수님은 창조물의 주님(1:15-17)이시며 교회의 주님(1:18-20)이시다. 예수님은 "보이지 아니하시는 하나님의 형상"이시라는 주장이 예수님의 신적 본질을 암시한다(1:15; 참고, 고후 4:4). 아담과 하와는 하나님의 형상"으로"(in) 창조되었다(창 1:26-27). 그러나 예수님은 유일하게(uniquely) 보이지 아니하시는 하나님의 형상이시다.

"모든 창조물보다 먼저 나신 자"라는 말은 처음 볼 때 예수님이 첫 창조물임을 암시하는 것처럼 보일 수 있다. 그러나 "먼저 나신"(firstborn)이라는 용어는 구약에서 온 것이다. 구약에서 처음 난자는 장자권을 갖는다. 이스라엘은 하나님의 "처음 난"(firstborn) 아들(출 4:22)이며 아담에게 주어진 것과 동일한 위임명령을 받는다. 즉 하나님을 위해 세상을 다스리라는 것이다. 다윗 계통의 왕은 하나님의 백성을 위해 다스리라는 명령을 대표적으로 수행한다. 따라서 우리는 다윗에게 주신 하나님의 약속을 읽게 된다.

> 내가 또 그를 장자로 삼고 세계 왕들에게 지존자가 되게 하며
> (시 89:27).

다윗은 이스라엘의 첫째 왕이 아니었다. 그러한 특권은 사울에게 속했다. 다윗은 그의 집안의 장자도 아니었다. 사실, 그는 말째였다. 다윗을 "처음 난"이라고 부른 것은 그의 주권을 의미하며, 이것은 히브리어 평행법에 의해 확증되고 있다.

"처음 난"이라는 용어의 구약적 의미를 골로새서 본문에 적용하면, 예수님을 먼저나신 자라고 밝힌 것은 그가 창조물임을 지시하는 것이 아님이 분명해진다. 그보다, 예수님은 주권자이시며 모든 것의 통치자이시며 주님이시라는 것이다. 참으로, 예수님은 창조물이 될 수 없다. 왜냐하면 골로새서 1:16은 모든 창조물이 그리스도를 매개로 존재하게 되었다고 선언하기 때문이다. 만물이 "그를 통하여"(through him) 창조되었을 뿐 아니라,

만물은 또한 "그를 위해"(for him) 창조되었다. 예수님은 모든 창조물의 매개자이시며 목적이시다. 유일하신 참 하나님께 속하는 영광은 창조주이시며 주님이신 예수님께도 속한다.

"먼저 나신"이라는 단어는 주권뿐 아니라 어쩌면 예수님의 시간적 우선성을 나타내는 듯하다. 어쨌든, 예수님이 창조된 존재라는 개념은 없다. 예수님은 세상이 창조되기 이전에 영원히 존재하셨다. 일부 사람들의 주저함에도 불구하고, 이 본문은 선재성에 대해 분명히 가르치고 있다. 바울은 창조시의 예수님의 역할에 대해 밝히면서 지혜 전승을 의지한다(잠 8:22-31; Wis. 7:25-27). 구약과 제2성전기 문헌에 나타나는 지혜 언어는 의인화의 예를 보여준다. 따라서 지혜는 독립적 존재를 가리키지 않는다. 비록 지혜 전승이 골로새서의 기독론을 특징짓지만, 선행되는 것이 성취된 것의 의의를 결정하지 않는다.

예수님은 지혜를 초월하신다. 왜냐하면 그는 인간이시기 때문이다. 그리고 창조물을 그의 덕택으로 돌리는 것은 그의 선재성을 암시한다. 바울이 "그[그리스도]가 만물보다 먼저 계신다"(골 1:17)라고 했을 때, 이 고백적 진술은 예수님의 주권과 시간적 우선성을 동시에 가리킨다. 그는 항상 존재하셨고, 그는 우주의 주님이시다. 이러한 해석은 유대적 배경과 잘 맞는다. 왜냐하면 전형적으로 한 가족의 장자는 장자의 모든 특혜를 누렸기 때문이다. 창조물에 대한 예수님의 주되심은 모든 창조물이 그 안에서 통일된다는 표현에서도 나타난다.

> 만물이 그 안에 함께 섰느니라(1:17).

물리적 세계는 "저절로 움직이지" 않는다. 마치 자신을 지탱하는 내적 메카니즘(internal mechanism)을 가지고 있는 것처럼 말이다. 세계는 예수 그리스도에 의해 유지되고 지탱된다.

골로새서 1:18-20은 교회에 대한 예수님의 주되심을 해명한다. 예수님은 우주의 주님일 뿐 아니라 하나님의 백성들의 주권자이시다. 예수님은 하나님의 새로운 백성의 원천이시며 근원이시다. 왜냐하면 그는 "죽은 자들 가운데서 먼저 나신 자"이기 때문이다. 예수님은 죽음을 지배하신다. 왜냐하면 그는 죽음을 처음으로 이기신 분이셨기 때문이다. 부활하신 주님은 교회의 머리이며 만물 위에 "으뜸"이 되시려고 죽은 자들 가운데서 일어나셨다. 예수님의 주되심은 그의 신성과 화목케 하는 사역에 근거한다(1:19-20). 그것은 그의 신성에 근거한다. 왜냐하면 하나님의 모든 "충만"이 예수님 안에 거했기 때문이다. 마치 하나님의 영광이 장막과 성전 안에 거했던 것처럼 말이다(참고, 2:9). 달리 말하면, 예수님은 완전한 신성을 가지셨다. 하나님이 그 안에 완전히 거하시기 때문이다. 게다가, 예수님은 주님이시다. 그의 화목하게 하는 사역이 온 우주를 감싸고 있기 때문이다.

6. 예수님의 주되심

예수님의 주되심은 바울의 신학에 가득하다. 그리고 예수님은 정규적으로 부활하신 주님으로 칭송받고 전파된다(고후 4:5). 하나님은 예수님을 죽은 자들 가운데서 일으키셔서 자신의 오른편에 앉히셨다(엡 1:20-23). 우편에서의 신적 회의는 시편 110:1과 일치한다. 예수님은 모든 사탄적 세력 위에 군림하시고(엡 1:21; 참고, 골 1:16) 교회의 머리로서 교회를 다스리신다(엡 1:22; 참고, 5:23; 골 1:10, 19). 교회는 그리스도의 충만으로 나타난다(엡

1:23). 예수님은 승천하신 주님이시며 원수들을 물리치시고 교회에 속한 자들에게 선물을 주셨다(4:8). 예수님이 높이 오르신 것은 빌립보서 2:6-11에서 볼 수 있는 것처럼 그의 이전의 내려오심과 성육신을 가정한다(4:9-10; 참고, 롬 4:24). 이제 승천하신 주님으로서 그는 "만물"을 충만케 하신다(엡 4:10; 참고, 롬 10:12).

아버지는 유일하신 하나님이며 만유의 창조자와 근원으로 고백된다. 예수 그리스도는 주와 만유를 존재하게 한 중재자로 고백된다(고전 8:6). 성령의 사역이 아니고는 아무도 "예수를 주"라고 참으로 인정할 수 없다(12:3). 믿게 된 자들은 "그리스도 예수"를 주로 받음으로서 새 삶을 시작했다(골 2:6). 그리고 그를 주로 고백하는 자들만이 구원을 얻을 것이다(롬 10:9). 왜냐하면 그들은 예수님을 유일한 주로 인정하기 때문이다(엡 4:5). 세상의 모든 그리스도인들은 동일하게 예수님의 주되심을 인정하는 것이 특징이다(고전 1:2). 그들은 예수님을 기쁘게 하기 위해 산다(7:32-34; 참고, 6:13). 그들은 "이 세대의 통치자들"에게는 감추어진 것을 본다. 즉 십자가에 달리신 예수님이 "영광의 주"이신 것을 본다(2:6,8).

바울은 종종 "주"(Lord)라는 용어를 그의 서신에 사용한다.[1] 바울이 구약을 암시하거나 인용할 때, "주"는 일반적으로 신적 이름인 "여호와"를 번역한 것이다(롬 4:7-8; 9:27-29; 11:34; 15:9-11; 고전 3:20; 고후 6:18). 더 중요한 것은 많은 본문에서 바울은 "주"를 예수 그리스도와 동일시한다. 비록 구약의 암시나 인용이 분명히 여호와를 가리킴에도 말이다(롬 10:13; 14:11; 고전 1:31; 2:16; 10:22, 26; 고후 10:17; 빌 2:10-11; 살전 3:13; 4:6; 살후 1:7-8; 딤후 2:19).

여기에서 언급한 몇몇 본문들도 하나님을 가리킬 수 있으나 대부분은

---

[1] 이 부분은 Capes 1992에 의존하고 있다.

분명히 그리스도를 염두에 두고 있다. 그러므로 구약에서 여호와를 가리켰던 본문이 예수 그리스도께 적용된다는 것은 의심의 여지가 없다. 그러한 변동의 의의는 놀라운 것이다. 왜냐하면 유대인이며 바리새인인 바울은 유대 유일신론 아래 양육을 받았기 때문이다. 바울은 여호와에 대한 본문을 예수님께 돌림으로써 자신이 예수님 자체를 하나님과 동일시하고 있음을 알고 있었다.

케이프스(Capes〈1992: 164〉)는 예수님의 주되심의 의의를 6개의 진술로 옳게 요약한다.

(1) 교리적 진술에서 예수 그리스도는 예배의 대상이셨다(롬 1:3-4; 10:9-10).
(2) 신자들은 그리스도의 재림을 위해 기도했고(고전 16:22) 자신들을 "주 예수 그리스도의 이름을 부르는 자들"이라고 밝혔다(1:2).
(3) 그리스도의 인격과 사역에 초점을 둔 찬송시들이 만들어졌다(빌 2:6-11; 골 1:15-20).
(4) 예배 중에 초기 그리스도인들은 예수님의 이름으로 모였다(고전 5:4).
(5) 새로운 신자들은 예수님의 이름으로 세례를 받았다(롬 6:3; 갈 3:27).
(6) 초기 그리스도인들은 "주의 만찬"이라고 불리는 식사를 기념함으로써 예수님께 영광을 돌렸다(고전 11:20).

그러므로 케이프스(Capes〈1992: 164〉)는 옳은 결론을 내렸다. 즉 예수님의 주되심은 예배와 관련되었고 이것은 필연적으로 바울과 초기 그리스도인들은 "하나님에 대해 생각하는 것과 같은 방식으로" 그리스도에 대해 생각했다는 것을 암시한다는 것이다. 그럼에도 성부 하나님은 여전히 예수님과 구분되며 바울은 자신의 유일신 신앙을 견지하고 있다(고전 8:6). 틀림없이 바울은 예수님을 하나님으로서 경배하고 예배하는 것이 자신의 유일신 신앙을 타협하는 것이라고 믿지 않았고, 하나님과 예수님을 일종의 양태론(modalism)으로 통합시켜 버리지도 않았다.

7. 예수님의 신적 지위

스테틀러(Stettler〈1998:333〉)는 그리스도의 신성에 대한 중요한 증거들을 목회서신에서 모으고 있다. 즉 예수님의 참으심(딤전 1:16), 예수님을 믿을 필요성(3:16), 그의 영광(딛 2:13), 그의 나라(딤후 4:1, 18), 그에게 기도가 드려짐(4:22), 송영이 그에게 드려짐(4:18), 하나님께 감사하듯이 예수님께 감사를 드림(딤전 1:12), 구약에서 하나님께 돌려진 구원 사역이 예수님께 돌려짐(4:17; 딛 2:14), 예수님만이 최후의 재판장이심(딤후 4:1, 8)이 그것이다.

바울에 따르면 예수님은 신적 지위를 공유하신다. 왜냐하면 기도가 그에게 드려지기 때문이다. 예를 들어, 바울은 고린도전서를 "우리 주여, 오시옵소서!"(16:22)라는 기도로 마친다. 바울은 하나님께 예수님을 보내주시도록 탄원하지 않고 오히려 주님 자신에게 다시 오시도록 요청한다. 다른 예는 육체의 가시에 대한 설명에서 나타난다. 세 번 바울은 "주님"께 가시를 제거해주시도록 간청하지만 주님은 그에게서 그 가시를 떠나게 하지 않았다. 주의 능력이 바울의 삶에서 극대화되도록 하기 위해서였다(고후 12:8-9). 그러면 바울이 간청했던 이 주님의 정체는 무엇인가? 문맥은 "주님"이 그리스도 자신임을 드러낸다. 주님은 바울의 탄원에 "내 **능력**(My power)이 약한 데서 온전하여 짐이라"(12:9, 저자의 강조)라고 대답한다. 바울은 이어서 자신은 약한 것들(difficulties)을 자랑할 것인데 "이는 그리스도의 능력으로 내게 머물게 하려 함이라"라고 말한다(12:9, 저자의 강조). 강조된 단어들은 바울이 그의 기도에서 언급하는 분이 예수님 자신임을 보여준다(참고, 살전 3:11-13; 살후 2:16-17).

하나님과 그리스도 사이의 평행은 만일 그것들이 그렇게 일반적이지 않다면 아마도 좀 더 놀랍게 보일 것이다. 하나님과 그리스도 사이의 평행은 하나님의 영과 그리스도의 영으로서의 성령(롬 8:9), 하나님의 교회와 그리스도의 교회로서의 교회(고전 1:2; 롬 16:16), 하나님과 그리스도로부터 오는 은혜와 사랑(롬 5:15; 고후 8:9/롬 8:39; 롬 8:35), 하나님의 날과 그리스도의 날(롬 2:5; 고전 1:8), 하나님의 심판대와 그리스도의 심판대(롬 14:10; 고후 5:10), 하나님을 믿음과 그리스도를 믿음(롬 3:22; 4:24), 마지막 때의 심판주로서 기능하는 하나님과 그리스도(2:16; 고전 4:4-5), 하나님뿐 아니라 그리스도도 섬기는 신자들(살전 1:9; 롬 14:18), 그리고 하나님과 그리스도에 의해 사도로 임명된 바울(갈 1:15-16; 롬 1:5)에 나타난다. 바울이 예수 그리스도를 신적으로 보지 않았다면 이러한 연결을 상상하기 어렵다.

삼위일체적 진술이 성령의 은사에 대한 논의에서 나타난다(고전 12:4-6). 성령, 주 예수 그리스도, 그리고 하나님이 여기에서 동일한 지위를 갖는다는 결론을 배제하기 어렵다. 고린도후서 13:14에서도 유사한 현상을 본다. 에베소서 4:4-6에서 바울은 "한 성령", "한 주", "한 하나님이시며 만유의 아버지"에 대해 언급한다. 이 진술이 두드러지는 것은 성령과 그리스도가 동시에 하나님과 같은 신적 지위를 공유함에도 불구하고 유일신론이 확증되고 있기 때문이다.

바울신학의 삼위일체적 특성은 다른 여러 본문에서도 엿볼 수 있다. 에베소서 1:3-14에서 하나님은 그리스도 안에서 선택하시고 예정하시며 그의 성령으로 인치시고 보증하신다. 마찬가지로, 고린도후서 1:21-22에서 하나님은 "그리스도 안에서" 바울과 그의 동역자들을 견고케 하시고 기름 부으시며 성령으로 인치시고 보증하신다. 로마서 5:5-11에서 하나님은 성령으로 그의 사랑을 부으시며 성령을 통해 주어지는 사랑은 십자가에서 자신을 주신 그리스도의 사랑에 정초한다. 성령은 동시에 "하나님의 영"과 "그리스도의 영"(8:9)으로 밝혀진다. 또한 예수님의 부활은 하나님이 성령을 통해 이루신다(8:11). 신자들은 하나님의 상속자이며 그리스도와 공동 상속자이다. 그리고 성령은 신자들이 하나님의 자녀임을 증거하신다(8:14-17; 참고, 갈 4:6). 아버지와 성령과 아들의 연결은 상당히 주목할 만하다.

바울이 예수님을 구체적으로 "하나님"(떼오스⟨theos⟩)이라고 불렀는가 하는 문제는 두 개의 본문, 즉 로마서 9:5과 디도서 2:13과 관련된다. 로마서 9:4-5에서 바울은 유대 민족의 복을 항목별로 나열하며 그들로부터 메시아가 온다는 사실에서 정점에 이른다. 바울은 "만물 위에 계시는 분, 세세에 찬양을 받으시는 하나님(God blessed for the ages), 아멘"(저자의 번역)이라는 말로 결론을 맺는다. 이 마지막 구절은 계속되는 논쟁의 주제이다. 왜냐하면 학자들은 이 구절에서 "하나님"이라고 불린 것은 예수님인가 아버지인가 논쟁하기 때문이다.

바울이 그의 일반적 관행에서 벗어나 여기서 그리스도를 "하나님"이라고 부른다고 생각할 만한 몇 가지 이유가 있다.

(1) "육신으로 하면"(according to the flesh)이라는 어구는 명백한 대조적 어구를 필요로 하지는 않는다. 그러나 여기에 만일 대조적 어구가 포함되었다면 더 잘 어울렸을 것이다. 이스라엘이 가진 일련의 유익함은 놀라운 결론에 이른다. 왜냐하면 비록 그리스도가 민족적으로는 이스라엘의 후손이지만 그는 신적 특성도 가진다는 점에서 그 정체

성을 초월하기 때문이다.

(2) 호 온(ho ōn⟨…하는 자⟩)의 자연스러운 선행사는 "그리스도"이다. 왜냐하면 송영은 거의 인접한 선행사에 연결되기 때문이다(참고, 고후 11:31).

(3) 만일 이것이 성부 하나님께 드려지는 독립적 송영이었다면 "찬양을 받으시는"(blessed)이라는 단어는 다른 모든 70인역이나 신약의 경우에서 그렇듯이 맨 처음에 나왔을 것이다.

(4) 이스라엘에 대해 슬퍼하는 문맥에서 갑자기 하나님께 대한 찬송을 발하는 것은 문맥상 어색하다. 그리스도를 하나님으로 밝힌 후 그리스도께 찬송을 돌리는 것이 더 자연스럽다. 왜냐하면 신적 특성을 공유하고 있는 메시아는 이스라엘이 가진 특권의 극치이기 때문이다.

(5) 바울이 그리스도를 "하나님"이라고 부르는 것은 위에서 언급한 다른 본문들, 즉 고등 기독론(high Christology)을 가진 본문들에 비추어 볼 때 전혀 놀라운 것이 아니다.

디도서 2:13이 누구를 가리키는가도 비슷한 논란을 일으킨다. 즉 학자들은 떼오스(theos)가 하나님을 가리키는가 아니면 그리스도를 가리키는가 논쟁한다. 이 구절의 관련 부분을 문자적으로 읽으면 "크신 하나님과 우리 구주, 예수 그리스도의 영광이 나타나심"이 된다(저자의 번역). 문법적으로 볼 때, 가장 설득력있는 논증이 지지하는 것은 예수 그리스도가 "크신 하나님"으로 불리고 있다는 주장이다. 그러나 나는 이 입장에 대해 해리스(Harris⟨1992: 173-85⟩)가 제시한 상세한 논증을 되풀이하지는 않을 것이다. 가능한 대안적 주장에 대한 상세한 논의를 보려는 독자들도 그의 설명을 참조하기 바란다. 해리스가 제시한 두 가지 이유가 바울이 예수 그리스도를 여기에서 하나님으로 부르고 있다는 것을 보여준다.

첫째, "하나님과 구주"(떼오스 카이 소테르⟨theos kai sōtēr⟩)는 그레코-로만 세계에서 일반적 상투 어구(forumula)였고, 그것은 그러한 상투 어구를 통해 하나의 신적 존재를 일상적으로 가리킨다. 바울이 여기에서 표준적 관행으로부터 벗어났다고 생각할 만한 이유가 없다. 그러므로 바울이 예수 그리스도를 하나님이시라고 밝히고 있다고 결론내리는 것이 이 표현을 가장 자연스럽게 이해하는 방법이다.

둘째, 하나의 관사 투(tou⟨그⟩)는 "하나님"과 "구주"(떼우⟨theou⟩와 소테로스⟨sōtēros⟩) 모두를 이끈다고 보는 것이 가장 좋은 설명이다.[2] 바울이 만일 "하나님"과 "구주"를 구분하기 원했다면 아마도 명사 "구주" 앞에 두 번째 정관사를 삽입했을 것이다. 두 번째 명사 앞에서 관사를 생략함으로써 바울은 두 명사가 모두 같은 존재, 즉 예수 그리스도를 가리킨다는 것을 나타낸다.

8. 결론

예수 그리스도가 바울 신학의 중심이라고 말하는 것은 논쟁의 여지가 거의 없다. 그리고 그리스도 중심성은 일상생활과 분리되는 것이 아니다. 왜냐하면 바울이 먹는 것이나 마시는 것 또는 남편과 아내가 서로 어떻게 관계해야 하는지에 대해 말하든 간에, 그리스도의 주되심은 바울 신학의 모든 국면에서 맥박치고 있기 때문이다. 바울은 예수님은 이스라엘의 메시아이셨다고 가르친다. 그러나 예수님은 또한 하나님의 아들이시며 부활

---

2 이것이 유명한 그랜빌 샤프(Grandville Sharp) 법칙이다. 현대판 최고의 설명은 Wallace 1996: 270-90을 보라.

을 통해 하나님 우편으로 높아지신 분이다. 하나님이 이스라엘을 위해 통치하시겠다는 약속은 예수님이 주님으로 등극하심으로써 성취되었다. 예수님의 주되심은 또한 그의 신성을 나타낸다. 여러 방식으로 바울은 예수님이 하나님과 동등한 지위를 가지신다는 것을 보여준다. 바울의 사고에 나타나는 몇 가지 독특한 특징에도 불구하고, 바울은 복음서 저자들과 사도행전과 예수님의 우월성을 놀랍게 공유한다. 따라서 그 이름에 합당한 모든 기독교 신앙은 예수 그리스도를 주와 구주로 높일 것이다.

9. 목회적 반성

예수님의 우월성은 신자들의 일상생활 속에 나타난다. 우리가 예수님을 믿고 순종하며 소중히 여길 때, 우리는 그가 진실로 우리 삶에서 존귀하신 분임을 드러낸다. 바울에 의하면 그리스도의 중심성은 지적인 것에만 제한될 수 없다. 그리스도의 우월성을 참으로 "이해"하는 자들은 바울과 함께 "사는 것이 그리스도니 죽는 것도 유익함이라"(빌 1:21)라고 말한다. 그들이 하는 모든 일에서 그들은 주님이신 예수님께 감사한다(골 3:17). 우리가 가진 은사를 그리스도의 주되심 아래에서 우리는 발휘한다(고전 12:3). 우리는 바울과 함께 그리스도는 우리의 생명(골 3:4)이라고 고백하며, 사나 죽으나 우리의 생명이 그에게 속함을 인정한다(롬 14:7-9). 따라서 우리는 어떻게 하면 주님이신 예수님을 기쁘시게 하는 삶을 살아갈 수 있을까 우리 자신에게 질문한다.

Magnifying God in Christ

제6장
바울이 말하는 하나님과 그리스도의 구원사역

이전 장에서는 바울신학에 나타난 예수님의 정체성을 탐구했다. 이번 장에서는 그리스도가 성취한 일에 대해 바울이 무엇이라 말하는가를 고찰해 보려 한다. 그리스도의 사역의 풍요로움과 깊이를 한 가지 범주로 완전히 파악할 수는 없다. 우리는 사실상 바울의 생각 속에 있는 하나님의 미리 아심, 선택, 자기 백성을 부르시는 사역으로 시작한다. 하나님의 선택은 그리스도 안에서 이루어진다. 하나님이 택하신 자들은 의롭다 함을 얻으며, 구원받고, 화목케 되며, 양자가 되고, 구속함을 얻으며, 거룩하게 되고, 영화롭게 될 것이다. 자기 백성에 대한 하나님의 구원 사역은 모두 그리스도 안에서, 그리스도를 통하여 성취되었다. 이러한 주제들을 풀어내는 것이 이번 장의 과업이다.

1. 미리 아심, 선택 그리고 부르심

우리는 로마서 8:29에서 바울이 시작하는 것으로부터 시작한다. 처음부터 하나님은 그의 아들 예수 그리스도를 닮게 하기 위해 예정하실 자들을 미리 아셨다. "미리 아심"이라는 용어는 하나님이 처음부터 예수 그리스도께 속할 자들을 아셨다는 것을 의미한다(참고, 행 26:5; 벧후 3:17; Wis. 8:8; 18:6). 하지만 이 용어를 하나님과 관련하여 생각할 때 이것보다 더한 것을 의미하는 듯하다. 구약에서 하나님이 자기 백성을 아신다는 것은 그의 언약적 사랑을 가리킨다. 하나님은 언약적 사랑으로 자기 백성에게 호감을 품으신다(창 18:19; 렘 1:5; 암 3:2). 구약적 배경은 로마서 8:29 해석을 돕는다. 동사 "미리 아심"의 목적어가 사람임을 주목하라. 하나님은 그리스도와 같이 될 "자들"(후스⟨hous⟩)을 미리 아셨다. 하나님은 그의 은혜의 신비에 따라 어떤 사람들에게는 그의 언약적 사랑을 베푸셨다.

11:2에서 바울은 하나님이 자기 백성인 이스라엘을 버리셨는가에 대해 논의한다. 바울은 "하나님이 그 미리 아신 자기 백성을 버리지 아니하셨다"라고 주장한다. 이 구절에서 "버리셨다"와 "미리 아셨다"라는 단어는 반의어의 기능을 한다. 바울은 갈라디아서 4:9에서 갈라디아 그리스도인들의 회심을 언급하면서 회심은 하나님을 알게 되는 것으로 표현한다. 그러나 그는 즉시 그의 진술을 수정하여 회심은 근본적으로 그들이 하나님을 아는 것이라기보다는 "하나님의 아신 바 되는 것"이라고 말한다. 회심은 주로 하나님 알기를 선택하는 인간의 의지 문제라기보다는 인간에 대한 하나님의 아심의 문제이다(참고, 고전 8:3).

바울에게 있어 하나님의 사랑은 종종 하나님이 그의 백성을 선택하시거나 부르시는 것과 연결된다(롬 1:7). 데살로니가에 있는 택함 받은 자들은 "하나님의 사랑하심을 받은 자들"이라고도 불린다(살전 1:4; 참고, 골 3:12; 살후 2:13). 죄 중에 죽었던 신자들에게 새 생명이 주어진 것은 하나님의 자비와 "하나님이 우리를 사랑하신 그 큰 사랑"(엡 2:4-5)에 기원한 것이다. 하나님의 선택과 사랑은 성경에 종종 긴밀히 연결되어 있기 때문에 에베소서 1:4-5의 "사랑 안에서"라는 어구는 그 앞 구절보다는 뒤 이어 나오는 구절에 연결되어 해석되어야 할 듯하다. 즉 "우리로 사랑 안에서 그 앞에 거룩하고 흠이 없게 하시려고"보다는 "사랑 안에서 우리를 예정하사 아들들이 되게 하셨으니"로 해석되어야 할 듯하다. 하나님의 택하심은 "내가 야곱은 사랑하고 에서는 미워하였다"(롬 9:13)는 본문에서처럼 그의 사랑의 관점에서 묘사될 수 있다.

하나님의 선택과 부르심이 종종 하나님의 사랑에 근거하듯이 그것은 하나님의 긍휼(mercy)에도 근거한다(출 33:19; 롬 9:15, 18, 23). 로마서 11:30-32에 따르면 하나님은 유대인과 이방인 모두에게 그의 긍휼을 베푸시는 방식으로 구원사를 구성하셨다. 바울은 자신의 구원을 하나님의 긍휼 덕택으로 돌린다. 왜냐하면 그는 죄인 중에 "괴수"였기 때문이다(딤전 1:13-16; 참고, 딛 3:5).

바울은 하나님이 어떤 사람 대신 다른 사람을 선택하시는 것에 대해 완전히 설명하지는 않는다. 그는 악의 문제에 대한 해결책을 찾으려 하지도 않는다. 그러나 선택에 있어서의 하나님의 긍휼과 사랑의 강조는 누군가가 선택 받는 것이 받을 만해서가 아니라는 것과 구원을 받는 것은 놀라운 선물이라는 것을 보여준다. 죄인들은 심판과 형벌을 받을 만하다. 그러나 바울은 하나님의 긍휼과 친절한 사랑에 놀라며 감사한다. 그것이 나타나 일부를 구원한다. 동시에 바울은 믿지 않는 자들에게는 그들의 차갑고 저항하는 마음에 대한 전적 책임이 있음을 주장한다. 그들은 믿음으로 반응하고 순종할 모든 이유를 가지고 있지만 그렇게 하기를 거부한다. 바울은 이 문제에 대한 철학적 해결책을 제공하지 않는다. 어쩌면 우리는 너무 놀라지 말아야 할 것이다. 왜냐하면 과학에서조차도 우리는 아직 왜 전자들이 때로는 파동처럼 움직이고 때로는 입자처럼 움직이는지 해명하지 못했기 때문이다. 또한 우리는 인간의 몸과 영혼이 어떻게 상호작용하는지에 대해서도 완전히 이해하지 못한다. 우주의 가장 심오한 본질은 우리의 이성적 능력을 벗어나는 듯하다.

에베소서 1:4에 의하면 하나님은 거룩하고 신성한 삶을 살게 하기 위해 신자들을 창세 전에 택하셨다. 선택이라는 주제는 신자들이 받은 복 중의 하나로 소개되며(1:3) 그들은 이제 하나님께 영광을 돌려야 한다. 세 번이나 바울은 선택을 포함하는 하나님의 구속 사역으로 인해 신자들은 하나님을 찬송해야 한다고 주장한다(1:6, 12, 14).

일부 학자들은 에베소서 1:4의 선택은 공동체적이어서 개인이 아닌 교회를 가리킨다고 주장한다. 틀림없이 공동체적 선택은 고려되고 있다. 특히 예수 그리스도의 교회에 초점을 두고 있는 에베소서에서는 그러하다. 하지만 다른 한편으로 우리는 공동체적인 것과 개인적인 것 사이를 가르지 말아야 한다. 둘 다 포함되기 때문이다. 구속, 죄용서, 그리스도를 믿음, 성령의 인치심, 이 모든 것은 하나의 긴 문장(1:3-14) 속에서 언급된 것인데, 이것들이 공동체적인 것일 뿐 개인적인 것이 아니라고 할 수는 없다. 하나님이 그리스도 또는 교회를 선택하셨고 그 다음에 인간이 그리스도 또는 교회에 속할 것을 선택한다는 것이 이 구절의 초점이라고 말하는 것도 정당하지 않다. 본문은 구체적으로 하나님이 인간을 선택하셨다고 말한다(1:4).

로마서 9장에서 바울은 이삭과 야곱의 구원은 하나님의 특별한 사랑과 부르심 때문임을 강조한다. 야곱이 에서보다 더 도덕적 삶을 살았기 때문에 하나님이 에서가 아닌 야곱을 선택하셨다는 개념을 바울은 배제한다. 하나님이 야곱을 선택하신 것은 오직 자신의 의도에 따른 것이다. 하나님이 에서 대신 야곱을 택하신 것은 불의하지 않다. 왜냐하면 누군가를 선택하는 것은 하나님의 긍휼에 근거한 것이기 때문이다(9:14-18). 더군다나 주권적 토기장이이신 하나님은 그가 원하는 자에게 긍휼을 보이실 권한을 가지고 계신다(9:19-23). 따라서 하나님의 긍휼은 그의 진노의 배경에 대항하여 빛을 비출 것이다.

어떤 사람들은 주장하기를 바울은 로마서 9장에서 구원에 이르는 선택을 염두에 두고 있는 것이 아니라 이스라엘과 열방의 역사적 운명에 관해 논의하고 있다고 한다. 따라서 바울은 이스마엘과 에서의 아들들의 역사상 위치에 대해 생각한다는 것이다. 많은 사람에 의하면 바로를 언급하는 것 역시 열방의 운명을 고려하고 있다는 것을 나타낸다(9:17). 이 장들에서 실로 바울은 민족들의 운명에 대해 숙고하고 있다. 그러나 그러한 운명이 구원과 분리될 수는 없다. 왜냐하면 바울은 이스라엘이 구원받지 못함으로 인해 슬퍼하기 때문이다(9:1-5; 10:1). 바울은 구원에서 방향을 틀어 이어지는 절에서 역사적 운명에 대해서만 논의하지 않는다. 세 장 모두 이스라엘과 이방인의 구원에 초점을 두고 있다.

또 다른 흔한 견해는 로마서 9-11장이 개인적 선택이 아닌 공동체적(corporate) 선택을 언급한다는 것이다. 이들 장에서 공동체적 선택이 고려되고 있다는 것은 분명하다. 왜냐하면 바울은 유대인과 이방인을 전체적으로 언급하기 때문이다. 그럼에도 불구하고, 바울이 공동체적 그룹을 강조한다고 해서 개인을 배제하지는 않는다. 공동체적 선택과 개인적 선택이 모두 고려되고 있다고 보는 것은 다음과 같은 이유 때문이다.

(1) 복수가 아닌 단수가 9:16, 18에 사용되었다.
(2) 9:30-10:21에서 이스라엘의 믿음 없음이 비난을 받는다. 그러나 믿음 없음은 공동체적 실체로서의 이스라엘에게 국한될 수 없다. 그것

은 믿지 않은 자들의 개인적 실패이기도 하다.

(3) 남은 자에 대한 강조는 큰 그룹 안에 믿었던 개인들이 있음을 지시한다(11:1-6).

(4) 공동체적 그룹은 개인으로 구성된다. 따라서 전자는 후자 없이 존재할 수 없다.

선택에 대한 바울의 신학은 추상적으로 고려되어선 안된다. 남은 자를 하나님이 택하심은 구원이 하나님의 은혜임을 보증한다(11:1-6). 우리가 만일 선택을 구원론적 문맥에서 제거해 버린다면 바울의 가르침은 멀리계신 하나님을 보여주게 된다. 그러나 바울의 관점에서 선택은 하나님의 자유와 복음의 은혜에 대한 그의 가르침을 지지해주었다.

하나님의 "부르심"이라는 주제는 바울에게서 흔히 나타난다. 몇몇 구절들은 정의를 내린다. 복음은 유대인이든 이방인이든 모든 사람에게 선포되고 예고된다(캐뤼소⟨kēryssō⟩). 그러나 그 메시지를 듣는 사람들 중 일부만 "부르심"을 받는다(클래토스⟨klētos⟩; 1:24). 실제로, 이어지는 구절에서 "부르심을 받음"이라는 용어는 하나님이 "택하신"(에클레고마이⟨eklegomai⟩; 1:26-28) 자들이라는 관점에서 설명된다. 선포된 말씀을 통해 부르심은 일어난다(살후 2:13-14). 그렇지만 부르심은 선포된 말씀과 완전히 인접하지는 않는다. 왜냐하면 말씀을 듣는 자들 중 일부만이 부르심을 받기 때문이다. 그렇다면 부르심은 구원받기 위해 초청을 받는 것과 같은 것이 될 수 없다. 왜냐하면 선포된 말씀을 듣는 자들은 모두 믿음과 순종으로 호출되기 때문이다. 그렇다면 부르심이라는 말은 복음을 듣는 일부 사람들을 구원의 믿음으로 이끄시는 하나님의 효과적 사역을 가리킨다.

앞의 정의는 로마서 8:30에 의해 확증된다.

또 미리 정하신 그들을 또한 부르시고 부르신 그들을 또한 의롭다 하시고 의롭다 하신 그들을 또한 영화롭게 하셨느니라.

로마서 5:31은 사람들이 믿음으로 의롭다 함을 얻는다는 것을 주장하지만 바울은 부르심을 받은 자들이 의롭다 함을 얻는다고 선언한다. 그렇다면 결과적으로 부르심은 믿음을 창조하고(참고, 4:17), 부름 받은 자들은 모두 의롭다 함을 얻는다. "부르심을 받음"이라는 용어는 단지 믿음으로 초대되거나 소집되는 것을 의미할 수 없다. 왜냐하면 회개로 초대된 모든 자들이 실제적으로 믿는 것은 아니라는 것이 명백하기 때문이다.

2. 칭의

로마서 8:30에 부르심 다음에 칭의(justification)가 나온다. 바울학자들은 칭의에 대해 오래 동안 토론해왔다.

브레데(Wrede〈1962:122-23〉)는 칭의는 바울이 그의 대적자들을 대항하기 위해 사용한 논쟁적 교리라고 밝히며 칭의는 비논쟁적 문맥에서는 자주 나타나지 않는다고 했다.

슈바이처(Schweitzer〈1931:225〉)는 칭의가 윤리와 성령 안에서의 삶의 근거로서의 역할을 하는가에 대해 의구심을 품었으며 칭의를 바울의 "그리스도 안에"(in Christ) 신학에 종속시켰다. 즉 칭의를 그리스도 안에 있음이라고 하는 주 분화구(main crater)에 있는 보조적 분화구로 보았다.

샌더스(Sanders〈1977:502-8〉)는 법정적 칭의 교리 대신 그리스도와의 연합을 바울의 사고의 중심으로 선포한다.

던(Dunn⟨1992:2⟩)은 루터가 칭의에 대한 자신의 관점을 형성할 때 바울을 오해했다고 주장한다.

바울에게 있어 칭의의 지위에 대한 논의를 중재하는 것이 여기에서 나의 목적이 아니다. 그러나 칭의의 중심성에 회의적인 사람들은 그들의 주장을 과장해서 말하는 듯하다(Seifrid⟨2000⟩가 옳게 보고 있다).

어떤 학자들은 칭의를 하나님의 구원의 의로 제한하며 보복적 징벌이라는 어떠한 개념도 배제한다. 그러한 관점은 증거들을 적절하게 다루지 않는다. 왜냐하면 로마서 3:5에서 의는 죄인들을 심판하시는 하나님의 정의를 가리키기 때문이다. 1:17-18에 있는 하나님의 의와 진노의 연결은 같은 경향을 보여주며, 2:5은 특히 하나님의 "의로우신 심판"(righteous judgment) 개념을 포함한다. 의는 항상 관계적임을 강조하는 자들은 관계가 따라야 할 외적 기준을 경시하는 경향이 있다(참고, 3:25-26).

칭의는 심판의 날에 죄가 없다는 하나님의 판결을 가리킨다(2:3). 하나님의 종말론적 판결은 예수 그리스도를 믿는 자들에게 지금 미리 선언되었다. 그리스도의 피로 의롭다 함을 얻은 자들은 종말에 하나님의 진노로부터 구원을 얻을 것이다(5:9). 하나님은 죄 없다는 판결을 마지막 날에 세상을 향해 공개적으로 선언하실 것이다. 비록 이 판결은 예수 그리스도께 속한 자들에게 이미 유효하지만 말이다.

"의롭다 하다"(디카이오오⟨dikaioō⟩)라는 용어의 법정적이며 법률적 특성은 구약의 동사 형태인 싸다크(sdq)에서 유래한다. 재판장은 의인을 죄없다 하고 악인을 정죄해야 한다(신 25:1; 참고, 삼하 15:4; 왕상 8:31-32; 대하 6:23; 잠 17:15; 사 5:23). 재판장은 사람을 의롭게 "만들지"는 않는다. 그들은 사실상 진상에 대해 선언한다. 그들이 만일 의로운 재판장이라면 말이다. 달리 말하면, 동사 형태는 법정적 영역에 속한다. 예를 들어, 하나님은 바울이 심판 날에 주 앞에서 무죄한가에 대해 판결을 언도하실 것이다(고전 4:4). 바울이 율법을 행하는 자는 의롭다 하심을 얻는다라고 말할 때(롬 2:13) 의롭다는 선언을 의미한다. 하나님은 사람들이 의로운가, 그들이 옳고 선한 일을 행했는가에 대해 판결을 언도하실 것이다. 바울 복음의 독특성은 죄인들이 구원을 위해 예수 그리스도를 믿는다면 하나님은 그들을 자신 앞에서 의롭다고 선언하신다는 사실에서 표면화된다.

학자들은 계속해서 바울에게 있어서의 의와 칭의의 의미에 대해 논쟁해왔다.[1] 그들의 일부는 하나님의 의는 언약에 대한 그의 신실성으로 정의되어야 한다고 주장한다. 여기에서 구약적 배경은 필수적인 역할을 한다. 왜냐하면 구약에서 의는 종종 하나님의 진리, 긍휼, 그리고 구원에 대한 히브리적 평행법에서 나타나기 때문이다(시 31:1; 36:10; 40:10; 71:2; 88:10-12; 98:2-3; 143:1; 사 46:13; 51:5-8). 하나님의 구원행위는 아브라함에 대한 그의 언약적 약속들을 **성취한다**(fulfill). 그러나 의가 언약적 신실성으로 **정의되어야**(defined) 한다는 증거는 없다. 예를 들어, 히브리 평행법은 "긍휼"이 "진리"를 의미하고, 그리고 "구원"과 "의"가 정확히 같은 정의를 갖는다는 것을 나타내지 않는다. 만일 모든 단어에 평행법 안에 함께 나타나는 다른 용어와 같은 의미를 부여한다면 모든 단어는 같은 의미를 갖는다고 말하는 것과 거의 가까운 위험한 일이고 이것은 모든 것은 아무 것도 의미하지 않는다고 말하는 것과 거의 같다.

다른 사람들은 하나님의 의는 그의 변화시키는 의(transforming righteousness)를 가리킨다고 주장한다. 그들은 여러 가지 논증으로 이 견해를 변호한다.

---

[1] 이 문제에 대한 좀 더 상세한 논의는 Schreiner 2008: 351-62을 보라.

(1) 하나님의 의는 "드러났다"(revealed, 롬 1:17)와 "나타났다"(manifested, 3:21) 라고 말하여 진다. 따라서 하나님의 의는 단순한 선언에 국한시킬 수 없는 종말론적이며 효과적인 하나님의 사역이다. 하나님의 의는 개인뿐 아니라 창조 전체를 포함한다.

(2) "능력"(1:16), "의"(1:17), 하나님의 "진노"(1:18) 사이의 평행관계는 명백하다. 변화시키는 의라는 견해는 언약적 신실성을 지지하기 위해 위에서 언급한 증거와 동일한 증거를 지적한다. 구약에서 하나님의 의는 종종 하나님의 구원, 진리, 그리고 긍휼과 일치한다. 이러한 배경은 하나님의 의는 자기 백성을 위한 하나님의 구원적 행위이며, 하나님의 선물과 하나님의 능력은 서로 분리될 수 없기 때문에 하나님의 의는 그의 법정적 선언으로 제한되어선 안된다는 것을 드러낸다.

(3) 3:24에서 하나님의 의는 "그리스도 예수 안에 있는 구속으로 말미암아" 이루어진 것이다. 구속은 예수 그리스도를 통한 죄에서의 자유와 해방을 의미하며 하나님이 그의 백성들을 애굽에서 해방시키신 것이 전례가 된다. 만일 예수 그리스도가 이루신 죄에서의 해방을 통해 의가 우리의 것이 된다면 의는 죄로부터의 자유의 개념을 포함해야 한다.

(4) 학자들은 칭의와 성화를 너무 엄격히 분리시켜왔다. 이것은 6:7을 볼 때 명백하다. "죽은 자는 죄로부터 의롭다 함을 받았기 때문이다"(저자의 번역). 이 말씀은 그리스도와 함께 죽은 자들은 죄의 권세로부터 해방되었다는 것을 말하는 것으로 해석된다.

(5) 바울은 의로 지배하는 은혜(롬 5:21), 의의 섬김(6:18-19; 고후 3:9), 그리고 하나님의 의에 복종함에 대해 말한다(롬 10:3). 고린도후서 3:8-9절도 동일한 논증을 제시한다. "의의 직분"으로부터 유익을 얻은 사

람은 "영의 직분"도 즐거워한다. 성령의 효과적 사역은 하나님의 의의 본질적 부분이다.

의가 변화시키는 의라는 개념이 가진 몇몇 유효한 통찰력에도 불구하고 그 견해에 대한 주장은 과장되었으며 바울이 말하는 의와 칭의는 법정적인 것으로 이해되어야 한다.

(1) 우리는 위에서 구약의 동사 형태(*ṣdq*)는 하나님의 선언의 관점에서 이해해야 한다는 것을 주목했다. 그 용어의 법적 성격은 다른 많은 구약본문에서도 명백하다(욥 4:17; 9:2, 14-15, 20; 13:18; 시 54:1; 사 43:9, 26).

(2) 동사형태 "의롭다 하다"(디카이오오⟨*dikaioō*⟩는 거의 예외없이 하나님의 선언을 가리키고 법정적으로 사용되었다(롬 2:13; 고전 4:4). "의롭다 하다"의 법정적 배경은 로마서 8:33에서 어쩌면 가장 분명히 나타난다. "누가 능히 하나님께서 택하신 자들을 고발하리요 의롭다 하신 이는 하나님이시니." 마지막 날에 누군가가 하나님의 법정에서 하나님의 택한 자들을 고소할지도 모른다. 그러나 모든 혐의는 기각될 것이다. 왜냐하면 하나님이 그의 백성들은 그의 앞에 의롭다고 선언하셨기 때문이다.

(3) 바울은 종종 인간은 믿음으로 의롭게 된다고 말한다(예, 롬 1:17; 3:22, 26; 4:3, 5, 9, 13; 9:30; 10:4; 갈 2:16; 3:6, 11; 5:5; 빌 3:9). 그러한 문맥에서 바울은 믿음에 의한 의와 행위에 의한 의를 대조한다. 하나님 앞에 의로운 자는 행하는 자가 아니라 믿는 자라고 바울은 주장한다(롬 4:4-5). 실제로 아무도 행위로 하나님 앞에 의롭다 함을

얻을 수 없다. 모두가 하나님이 요구하시는 것에 도달하지 못했기 때문이다(3:23). 그렇다면 믿음에 의한 의는 하나님에 의해 인간에게 주어진 의의 선물을 가리키는 것이 틀림없다. 인간은 행위가 아니라 믿음에 근거해서 의롭다 함을 얻는다. 바울은 또한 믿음을 의롭다는 선언을 가져오는 "행함"으로 보지 않는다. 믿음은 구원한다. 왜냐하면 믿음은 하나님이 그리스도 안에서 믿는 자들을 위해 하신 일을 온전히 바라보기 때문이다. 믿음은 죄용서를 위한 그리스도의 죽음과 그들을 의롭게 하기 위한 그의 부활에 기초한다(3:21-26; 4:25). 그렇다면 신자들에게 주어진 의는 외적인 것이다. 그들이 행한 어떤 것에 근거하지 않고 그리스도 안에 있는 하나님의 행위에 근거하기 때문이다.

(4) 의가 법정적 선언이라고 하는 것은 의와 용서의 관계에 의해서도 지지된다. 우리는 4:25와 8:33에서 의와 용서 사이의 연결을 이미 보았다. 바울은 4:1-8에서 칭의로부터 용서로 쉽게 전환한다. 다윗이 죄용서를 받은 것이 바로 그의 칭의, 즉 하나님 앞에 의롭다 함을 얻은 것이다(4:6-8).

(5) 믿는 자들에게 의로 여겨진다(로기조마이⟨*logizomai*⟩)는 사상은 의가 신자들의 고유한 것이 아니라 하나님이 그들에게 주신 것임을 나타낸다(3:28; 4:3-6; 8-11, 22-24; 9:8; 갈 3:6). 행하는 자가 아니라 믿는 자에게 의로 여겨진다는 점은 이 논증을 강화한다. 하나님은 그리스도를 믿는 자에게 죄를 "돌리지"(count) 않으신다(고후 5:19). 악을 행한 자들을 의롭다고 여기는 것은 실로 이상한 계산이다. 그러나 이것은 신자들은 "은혜로운 의의 선물"(the free gift of righteousness)을 받았다는 개념과 일치한다(롬 5:17).

(6) "하나님의 의"도 법정적인 것으로 이해해야(특히 1:17; 3:21-22; 10:3; 고후 5:21) 하는가? 어떤 학자들은 의가 하나님의 "신실함"과 참되심과 평행을 이루는 로마서 3:5이 하나님의 의를 언약적 신실성으로 해석해야 한다는 것을 지지한다고 주장한다. 그러한 해석은 3:1-8에서 결코 분명하지 않다. 왜냐하면 여기에서 하나님의 의는 죄인에 대한 그의 심판을 가리키기 때문이다.

"하나님의 의"는 하나님의 선물을 가리킨다는 것이 빌립보서 3:9에서 분명하다. 빌립보서 3:9에서 바울은 "하나님께로서 난 의"(텐 에크 떼우 디카이오쉬넨⟨tēn ek theou dikaiosynēn⟩)에 대해 말한다. 그 의는 율법 준수에서 나온 바울 자신의 의가 아니다. 그 의는 하나님 자신에게서 나온 의이며 예수 그리스도를 믿음으로 얻는다. 그러므로 빌립보서 3:9은 로마서 1:17과 3:21-22에 있는 하나님의 의를 어떻게 해석할 것인가에 대한 중요한 단서를 제공한다. 그것은 신자들에게 선물로 주어지는 하나님의 구원의 의를 가리킨다. 로마서의 본문들에 전치사 "-로부터"(에크⟨ek⟩)가 없다는 것은 결정적인 것이 아니다. 왜냐하면 두 경우에 동일한 주제가 다루어지기 때문이다. 즉 믿는 자들에게 주어지는 하나님의 구원의 의가 다루어진다. 매우 유사한 본문들에서 "의"라는 단어에 대한 다른 정의를 바울이 사용했을 것 같지 않다.

그러나 어떤 사람들은 1:17에서 의는 변화시키는 의(transformative)라고 주장한다. 왜냐하면 그것이 하나님의 능력과 진노와 평행을 이루기 때문이라는 것이다. 각각의 소유격(떼우⟨theou⟩)을 근원의 소유격으로 보아야 한다는 것은 옳다. 하나님의 진노와 능력과 의는 모두 하나님으로부터 나온다. 그러나 용어들의 결합으로부터 그 단어들이 모두 하나님의 행위를 가리킨다고 볼 수는 없다. 만일 그것에 의해서 누군가가 하나님 의는 변화시키는 의미임이 틀림없다고 결론내린다 할지라도 말이다. "능력" "진노" "의"라는 단어는 모두 같은 의미를 가지지 않는다. "하나님의 의"라는 어구는 하나님의 의의 선물을 가리킬 때 온전한 의미를 갖는다. 이러한 관점을 지지하는 강력한 논증은 로마서 10:1-5과 빌립보서 3:2-9 사이에 많은 유사점이 있음을 보여준다. 다음과 같은 유사점이 존재한다.

(1) 하나님의 의에 대한 언급
(2) 율법에서 난 의와 믿음에서 난 의의 대조
(3) 자신의 의를 세우려는 이스라엘의 추구와 같은 것을 하려는 바울의 추구 사이의 유사점
(4) 특히 "율법에서 난 나 자신의 의를 가진 것이 아님"을 강조하는 것(빌 3:9)과 자신의 의, 즉 "율법에 근거한 의"(롬 10:5)를 세우려는 이스라엘의 시도(롬 10:3).

요점은 유사한 문맥들은 로마서 10장의 의가 빌립보서 3장에서 볼 수 있는 의와 다른 정의를 가질 수 없다는 것을 지적한다는 것이다. 빌립보서 3장에서 의는 분명히 죄인에게 주어진 선물이다. 즉 율법을 지키는 데 실패했지만 예수 그리스도를 믿는 자는 하나님 앞에서 의롭다는 선언이다. 그러므로 이와 동일한 의의 선물적 특성이 로마서 10장에도 드러난다.

우리는 더 나아갈 수 있다. 만일 그와 같은 것이 로마서 10장의 의미라면, 바울이 1:17; 3:21-22에서 다른 어떤 것을 의미했을 가능성은 거의 없다. 죄인들을 그리스도에 대한 믿음에 의해 의롭다고 선언하는 하나님의 의에 대해 말할 때 바울은 의의 선물, 즉 "무죄"라는 하나님의 선언을

염두에 두고 있다. 어떤 경우에는 바울이 "하나님의 의"라는 용어를 사용하여 하나님으로부터 주어지는 의로운 신분이라는 선물을 가리키고 다른 경우에는 신자들을 변화시키는 하나님의 행위라는 선물을 가리킨다면 바울은 독자들을 혼란에 빠뜨릴 것이다. 바울은 자신이 그러한 구분을 가지고 움직이고 있다는 것을 훨씬 더 분명히 설명해야 할 필요가 있을 것이다. 바울이 의의 선물을 언급하고 있다는 것은 고린도후서 5:21에서도 분명하다. 예수님은 죄가 없으셨지만 하나님은 그리스도를 죄가 되게 하셔서 신자들이 "하나님의 의가 되게" 하셨다. 하나님의 의의 의미는 죄용서를 언급하는 5:19에 의해 해명된다. 이 구절 역시 하나님이 어떻게 의의 선물을 죄인들에게 주실 수 있었는가를 설명한다. 의의 선물은 그리스도께서 십자가에서 죽으심을 통해 보증된다. 하나님은 "그를 죄로 삼으셨고" 그 결과 악한 자들은 의롭게 될 수 있었다. 그리스도와 죄인들 사이의 교환(interchange)이 여기에 가정되고 있다.

로마서 3:21-26은 주요한 구절이며 고린도후서 5:21과 매우 유사하다. 이 단락은 로마서의 중심점의 기능을 하며 로마서에서 가장 중요한 부분 중 하나이다. 로마서에서 이 본문의 위치를 주목해야 한다. 바울은 모든 사람이 죄인이며 심판을 받아 마땅하다는 논증을 끝냈다(1:18-3:20). 바울은 이 진리를 3:23에서 요약한다.

> 모든 사람이 죄를 범하였으매 하나님의 영광에 이르지 못하더니
> (롬 3:23).

하나님은 완전한 순종을 요구하시지만 모든 사람이 하나님의 기준에 이르지 못했다. 그렇다면 어떻게 사람들이 하나님과 올바른 관계를 맺을

수 있는가? 바울은 3:21-22에서 하나님과의 올바른 관계는 율법을 지킴으로가 아닌 예수 그리스도를 믿음으로 얻게 된다고 주장한다. 하나님은 그리스도를 믿는 모든 자를 의롭다 하신다. 그리스도 예수께서 이루신 구속 때문이다(3:24).

로마서 3:25-26은 우리의 주제를 위해서 특별히 중요하다. 하나님은 예수님의 피흘려 죽으심으로 인한 화목제물로 그리스도를 세우셨다. "화목"과 "피"라는 용어는 구약의 제의와 희생제사 제도를 상기시킨다. 논의의 초점은 힐라스테리온(hilastērion)이라는 용어의 의미에 있다. 이것을 "속죄"(expiation)로 보아야 하는가? 아니면 "화목"(propitiation)으로 보아야 하는가? 화목의 개념을 옹호하는 자들이 논쟁에서 이기고 있다. 왜냐하면 이 용어가 하나님의 진노를 돌린다는 의미, 즉 달램 또는 하나님의 의를 만족시킨다는 의미를 포함하기 때문이다. 이것은 하나님의 진노가 죄에 대해 나타난다는 1:18과 잘 어울리며 최후심판이 하나님의 진노의 날로 묘사되고 있는 2:5과 잘 맞는다. 1:18-3:20의 논증의 맥락은 독자들에게 어떻게 하나님의 진노를 피할 것인가 하는 질문을 불러일으킨다. 3:25에 있는 대답은 하나님의 진노가 그리스도의 죽음을 통해 만족 또는 달래졌다는 것이다.

"화목" 다음에 나오는 단어들은 여기에서 제공하는 해석을 확증한다. 바울은 그리스도가 하나님의 의를 나타내기 위해 속죄소로 세워졌다는 것을 설명한다. 문맥이 보여주는 것은 "의"를 통해 바울은 하나님의 거룩 또는 정의를 가리킨다는 것이다. 왜냐하면 바울은 즉시 하나님이 이전 시대에 간과하신 죄에 대해 언급하기 때문이다. 하나님이 "죄를 간과하셨다"는 것을 통해 바울은 역사상 이전에 행해진 죄들이 마땅한 형벌을 완전히 받지 않았음을 의미한다. 따라서, 하나님이 행동하지 않으심은 그의 정의에 의문을 던지게 한다. 바울의 해결책은 하나님의 진노가 달래지며 정의를 만족시킬 그리스도의 십자가를 하나님이 미리 내다보셨다는 것이다. 대리자로서 그리스도는 죄에 대한 완전한 대가를 치르신다.

앞에서 말한 해석은 3:26절에 의해서도 확증된다.

> 이때에 자기의 의로우심을 나타내사 자기도 의로우시며 또한 예수 믿는 자를 의롭다 하려 하심이라(롬 3:26).

따라서 하나님은 "의로우시며" 그리스도를 믿는 자들을 "의롭다 하시는 분"이다. 하나님의 정의는 만족된다. 왜냐하면 그리스도가 죄에 대한 완전한 대가를 지불하셨기 때문이다. 그러나 하나님은 또한 의롭다 하시는 분이다. 왜냐하면 그리스도의 십자가에 근거해서 죄인들은 예수님에 대한 믿음을 통해 용서함을 받기 때문이다.

갈라디아서 3:10-14절의 논증은 로마서 3:21-26과 눈에 띄게 유사하다. 갈라디아서 3:10은 하나님의 법을 완전하게 지키지 못하는 모든 자들에게 하나님의 진노가 있다는 것을 가르친다. 그런 저주가 어떻게 제거될 수 있는가? 갈라디아서 3:13절이 그 질문에 대답한다.

> 그리스도께서 우리를 위하여(휘페르⟨*hyper*⟩) 저주를 받은 바 되사 율법의 저주에서 우리를 속량하셨으니 기록된 바 나무에 달린 자마다 저주 아래 있는 자라 하였음이라(갈 3:13).

인간이 받아야 할 저주를 그리스도께서 담당하셨다. 그리스도는 죄인을 대신해서 죽으셨다. 죄 없으신 분이 하나님의 저주를 스스로 받으셨다.

변화시키는 의(transformative righteousness)를 지지하는 몇몇 논증에 대해서는 논의 과정 속에서 대답을 주었다. 그러나 우리는 잠시 멈추어 지금까지 검토하지 않은 몇몇 논증에 대해서 논평할 필요가 있다. 그리스도와 함께 죽은 자들은 "죄에 대해 의롭다 하심을 얻었다"(롬 6:7)고 말하는 것은 언뜻 보기에 변화시키는 의의 관점을 위한 설득력 있는 논증처럼 보인다. 다른 한편, 사실상 모든 학자들은 "의롭다 하다"(디카이오오⟨dikaioō⟩)라는 단어는 대다수의 경우 법정적이라는 것에 동의한다. 따라서 여기에서 다른 정의를 가정하는 것은 추정상 그럴 듯하지 않다.[2] 더욱이 바울은 하나님의 의의 선언과 변화된 삶을 두 개의 분리된 구획으로 나누지 않는다. 바울은 그 둘이 정확히 같은 것이라고 말하지 않으면서도 서로 관련되어 있다고 믿는다. 죄인이 하나님 앞에서 의롭다는 하나님의 선언은 변화된 삶의 근거이다.

고린도후서 3:8-9에 있는 "의의 직분"과 "영의 직분"이라는 결합에 대해서도 비슷한 논증을 할 수 있다. 바울은 성령에 의해 변화되지 않고 사람이 하나님 앞에 의롭게 될 수 있다고 결코 믿지 않았다. 그럼에도 그것이 성령의 변화시키는 능력과 의가 정확히 같은 것이라는 말이 아니다. 변화시키는 의의 견해를 옹호하는 사람들 중 너무나 많은 사람들이 용어의 평행성에 근거해서 같은 의미임을 주장한다. 그와 같은 접근은 잘못된 것이다. 그러한 접근은 단어의 의미를 붕괴시켜 사실상 구분이 불가능하게 만들기 때문이다.

그러므로 신자들은 그리스도의 사역에 근거해서 의롭다 함을 받는다. 칭의는 신자들 안에 있는 성령의 계속적 사역을 묘사하지 않는다. 그리스

---

2 비록 여기에서 바울은 죄로부터의 자유를 말하고 있지만, 그것이 그 용어는 바울의 다른 문맥에서도 그런 식으로 설명되어야 한다는 것은 아니다.

도와의 연합으로 인해 신자들은 현재 이 악한 세대에서도 칭의를 누리고 있다. 칭의의 근거는 신자들의 도덕적 변화가 아니다. 비록 성령의 변화시키는 사역이 영생을 얻기 위해 필요하지만 말이다.

3. 구원, 화목, 그리고 양자됨

바울에게 있어 구원 또는 구출은 심판의 날에 하나님의 진노로부터 구출되는 것에 중점을 두고 있다. 이와 같은 사실은 다음의 두 말씀을 볼 때 분명하다.

> 장래 노하심에서 우리를 건지시는 예수시니라(살전 1:10).
> 하나님이 우리를 세우심은 노하심에 이르게 하심이 아니요 오직 우리 주 예수 그리스도로 말미암아 구원을 받게 하심이라(살전 5:9).

또한 구원은 근본적으로 종말론적이다. 하나님의 진노는 마지막 날에 쏟아질 것이다. 예수님의 피로 의롭게 된 자들은 그날에 하나님의 진노에서 구원받을 것이다(5:9). 마찬가지로 예수님의 죽음으로 화목케 된 자들은 그의 생명으로 인해 구원을 얻을 것이다(5:10). 그러므로 구원의 종말론적 특성은 명백하다.

> 이는 이제 우리의 구원이 처음 믿을 때보다 가까웠음이라(롬 13:11).

비록 구원은 종말적 선물이지만 신자들이 지금 소유하고 있는 것이다.

신자들은 하나님의 은혜로 인하여 믿음으로 말미암아 구원을 얻었다(엡 2:5, 8). 신자들은 그들의 행위로 인해서가 아니라 하나님의 긍휼하심 때문에 구원을 받았다(딛 3:5). 마찬가지로 바울은 디모데후서 1:9에서 구원은 역사가 시작되기 이전에 있었던 하나님의 목적과 의도 때문에 실현되었다고 말한다. 따라서 신자들이 누리는 구원은 신자들의 행위 덕택으로 돌릴 수 없다. 하나님은 신자들을 흑암의 권세에서 "건져내사"(delivered) 그의 아들의 나라로 인도하셨다(골 1:13). 구원은 미래와 과거뿐 아니라 현재적 차원을 가지고 있다. 신자들은 하나님의 능력으로 "구원을 얻었다"(are being saved, 고전 1:18).

화목은 현재는 극복된 이전의 반목(enmity)을 전제로 한다(참고, 마 5:23-24; 행 7:25-26; 고전 7:11). 인간과 하나님 사이의 단절은 인간의 범죄 때문이다(고후 5:19; 골 1:21). 인간은 하나님의 원수이며(롬 5:10) 문맥은 그들의 경건치 않음과 죄 때문에 하나님의 원수가 됨을 분명히 드러내고 있다(6:6-8). 그들의 경건치 않음 때문에 하나님의 진노가 그들 위에 머물고 있다.

에베소서의 상황은 좀 더 복잡하다. 이방인들은 이스라엘과 분리되었기 때문에 하나님으로부터 "멀리 떨어져"(far off) 있다(2:11-13). 유대인과 이방인 사이에 적대감이 존재하는데 이방인은 언약의 일부가 아니기 때문이다. 유대인과 이방인 사이에 문화적인 단절이 존재하는 한 에베소서 2장에서 적대감은 분명히 사회학적인 것이다. 그러나 여전히 그 적대감은 단지 사회학적, 문화적 긴장에 근거해서 설명될 수만은 없다. 유대인과 이방인 모두 하나님과도 화목해야 할 필요가 있다. 그리고 바울은 그들의 적대감을 "법조문으로 된 계명의 율법"(2:15)에서 찾는다. 이것은 그들이 하나님의 법을 지키는 데 실패했음을 언급하는 듯하다. 또한 회개할 필요가 이방인에게만 있는 것도 아니다. 평화의 메시지가 "가까운데 있는" 자들인 유대인에게도 선포되기 때문이다(2:17).

하나님과 인간 사이의 화목은 그리스도의 십자가로 이루어진다. 화목의 전 과정은 하나님 자신에 의해 시작되었고 수행되었다(고후 5:18). 그리스도의 십자가로 화목이 이루어지며 그것으로 인해 하나님은 더 이상 신자들의 죄를 그들에게 돌리지 않으신다(5:19; 골 1:20). 그들의 죄는 그리스도께 놓여졌고 하나님은 그리스도를 죄로 삼으셨다(고후 5:21). 그러므로 칭의와 화목은 밀접히 연관된다(참고, 롬 5:9-10). 하나님이 의롭다고 선언하신 사람들은 친구로 여겨지고 하나님의 사랑을 받는다.

신자들은 하나님의 친구이므로 하나님의 자녀이며 양자이다. 성령의 선물을 받은 자들은 동일한 성령의 인도함을 받으며 그들은 하나님의 아들, 딸들이다(롬 8:14; 참고, 갈 3:26; 4:5). 하나님의 자녀로 입양된 자들은 죄의 노예로 살지 않는다(롬 8:15). 그들이 하나님을 소중한 아버지로 사랑한다는 사실이 이것을 증거한다. 성령은 신자들에게 그들이 진정으로 하나님의 "자녀"임을 확증하신다(롬 8:16; 갈 4:6). 신자들은 지금 하나님의 자녀이므로 미래의 유업(inheritance)을 확신한다(롬 8:17).

4. 구속과 악한 세력에 대한 승리

신자들을 죄에서 해방(구속)시키는 그리스도의 사역은 근본적으로 종말론적이다. 그리스도는 "이 악한 세대에서 우리를 건지시려고 우리 죄를 대속하기 위하여 자기 몸을 주셨"다(갈 1:4). 에베소서 1:7과 갈 1:14에서 구속(redemption)은 죄용서라는 관점에서 정의되고 있다. 죄용서에 대한 동일한 강조가 롬 3:24에도 존재하는 듯 보인다. 갈라디아서 3:10에서 바울은 모든 인간은 하나님의 법을 지키지 못함으로 저주 아래 있다고 주장한다. 그리스도 예수는 그를 믿는 자들을 저주로부터 해방시키신다. 그가 그들을 대신해 저주가 되었기 때문이다(3:13). 인간이 필요로 하는 근본적 해방은 그러므로 죄용서이다.

신자들의 자유는 그리스도의 십자가를 통해 성취되었다. 율법 아래에서 죄의 종이 되었던 자들은 그리스도의 죽음을 통해 죄에 대한 속박에서 해방되었다(4:4-5). 구속은 신자들이 행한 어떤 것에서 기원된 것이 아니다. 오직 예수 그리스도를 통해 성취된 것이다(고전 1:30). 신자들은 죄에게서 해방되어 이제는 의에게 종이 되었다(롬 6:18; 참고, 6:22). 의에게 종이 되는 것은 짐이 아니다. 옳은 것을 행하려는 부단한 열망은 사실상 자유이기 때문이다(갈 5:13). 그리스도 안에 있는 자들은 더 이상 정죄 아래 살지 않는다(롬 8:1). 그들은 죄에 대한 형벌과 죄책으로부터 자유하다. 성령의 능력으로 인한 죄로부터의 해방은 그리스도께서 죄에 대한 대가를 지불하셨다(8:2-3)는 것과 그 육신에서 죄를 정죄했다는 것을 증거하는 기능을 한다. 그리스도 안에 있는 하나님의 칭의의 사역은 신자들의 새로운 삶의 근거가 된다는 또 다른 증거를 우리는 본다. 예수님에 의해 성취된 구속은 신자들을 "불법"에서 해방시키고 "선한 일에 열심"을 내게 만든다(딛 2:14). 그러나 이 자유의 완전함은 최종적 구속의 날에 가서야 신자들에게 속하게 될 것이다(롬 8:21).

이따금씩 바울은 "구속"(redemption)이라는 단어를 신자들에 대한 하나님의 사역의 절정을 가리킬 때 사용한다. 성령은 "구속의 날을 위해" 신자들을 인치신다(엡 4:30). 역사의 끝에 신자들의 몸은 구속될 것이다(롬 8:23). 하나님의 구원 사역은 완성이 되고, 그러면 완전한 구속은 그리스도를 믿는 자들의 소유가 될 것이다.

구속을 설명하기 위해 사용된 용어들은 구속의 비용을 포함하고, 결과적으로 구속을 얻게 하는 값도 고려되고 있는가? 어떤 경우에는 틀림없이 구속을 얻게 하는 값도 고려되고 있다. 바울은 신자들은 값으로 산 것이 되었다고 선언한다(고전 6:20; 7:23). 다른 본문에서 구속은 구체적으로 그리스도께서 피 흘리신 덕택으로 돌려진다(엡 1:7). 비록 골로새서에 있는 평행본문은 그리스도의 피에 대한 언급을 생략하지만 말이다(골 1:14). 피에 대한 언급이 없다는 것이 반드시 값이 배제되었다는 것을 뜻하지는 않는다. 로마서 3:24이 적절한 예이다. 칭의는 "구속을 통해" 일어난다. 구속의 값에 대해서는 전혀 언급되지 않았다. 여전히 이 구절에서 바울은 칭의는 무료라고 주장하며 칭의는 신자들에게 값없이 주어진다는 것을 암시한다. 그 다음 구절에서 그리스도의 피는 하나님의 노를 달랜다(3:25). 3:25에 있는 "피"에 대한 언급과 3:24에 있는 값없이 주어지는 그의 은혜는 구속이 그리스도의 피의 대가로 얻게 되는 것임을 암시한다.

다른 본문들은 덜 명확하다. 갈라디아서 3:13이나 4:5에는 구속의 값에 대한 언급이 없다. 그럼에도 문맥에서 명백한 것은 사람들을 저주와 율법 아래 있는 종 됨으로부터 자유하게 하는 것은 그리스도의 죽음이라는 것이다. 고린도전서 1:30에서 바울은 예수님이 "우리의 구속"이심을 다른 것들과 함께 확증한다(저자의 번역). 이 구절에 십자가에 대한 언급은 전혀 없다고 주장할 사람이 있을 것이다. 그러나 주변 문맥을 볼 때 그러한 주장은 성립되지 않는다. 주변 문맥에서 십자가에 못 박히신 그리스도는 하나님의 지혜와 능력을 나타낸다(1:17-25; 2:2, 6, 8). 분명히 지혜, 의로움, 거룩함과 구속함(1:30)은 십자가 위에서의 그리스도의 사역으로 인해 신자들에게 주어진다. 디도서 2:14은 이점에서 매우 유사하다. 그 본문은 구속의 대가로 그리스도의 피를 언급하지는 않지만, 그가 자신을 주신 것, 다른 사람을 위해 생명을 주신 것에 대가가 내포되어 있다.

구속의 완성에 대해 말하는 두 본문(롬 8:23; 엡 4:30)은 구속의 대가에 대해 침묵하고 있으며 그리스도의 죽음조차도 언급하지 않는다. 이 본문에 특정한 주제가 나타나지 않는 것 때문에 정당하지 못한 결론을 이끌어 내기 쉽다. 바울은 하나님의 구속 사역의 완성에 주목하고 있으며 그가 구속이라는 용어를 사용할 때마다 구속의 모든 측면에 대해 상세히 해명할 필요를 느끼지 않았다. 바울은 그의 독자들이 로마서와 에베소서의 이전 부분에서 그가 말했던 것을 통해 그리스도의 구원 사역에 대해 잘 알고 있을 것으로 생각한다.

결론적으로 바울에게 있어서 구속은 그리스도의 사역을 통해 이루어진 죄로부터의 해방(liberation)을 가리킨다. 근본적으로 이 해방은 죄용서를 통해 신자들의 것이 된다. 그러나 구속받은 자들은 거룩과 경건으로 특징지어지는 새로운 삶을 살아갈 능력을 지금 가지고 있다. 모든 경우에 구속은 그리스도 안에서 신자를 위해 하나님이 이루신 해방(deliverance)에 초점을 둔다. 그러한 구속의 대가는 그것이 진술되지 않은 곳에서도 암시되어 있는 것으로 여겨진다. 왜냐하면 신자들이 누리는 구속은 그리스도의 생명과 피 흘리심의 대가로 주어졌기 때문이다.

그리스도의 십자가 사역은 죄의 권세를 깨뜨렸을 뿐 아니라 악과 사탄적 세력의 패배를 초래했다. 싸움에서 하나님이 승리하신다는 개념은 출애굽을 상기시키는데 출애굽 할 때 용사이신 여호와는 애굽인들을 무찌르셨다(출 15:3). 선지자들은 자주 주의 날을 선언하는데 그날에 여호와의 모든 원수들은 패망할 것이며 그의 평화적 통치가 이스라엘에게 임할 것이다(예, 사 13:6, 9; 겔 30:3; 욜 2:1, 11, 31; 3:14; 암 5:18, 20; 옵 15; 습 1:7; 말 4:5).

악한 세력에 대한 그리스도의 승리를 말하는 중요한 본문이 골로새서

2:15이다. 이 구절의 상세한 내용이 어떻게 해석되든, 이 원수들을 복종시킨 것은 그리스도의 십자가와 부활을 통해 이루어졌다(2:11-15). 신자는 그리스도의 승리에 동참한다. 왜냐하면 그들의 죄는 용서받았고 부채 증서는 말소되었으며 그들의 죄는 결정적이며 최종적으로 십자가에 못 박혔기 때문이다.

5. 성화와 최종적 유업

"성화"(sanctification)는 제의적 영역에서 나온 것으로서 거룩을 위해 구별된 것을 의미한다(예, 딤전 4:5; 고전 7:12-16). 바울은 이 용어를 신자들을 거룩의 영역으로 전환시키는 하나님의 결정적 사역을 언급하기 위해 일반적으로 사용한다. 이것은 고린도전서 1:2에서 명백한데 이 본문에서 고린도인들은 "예수 그리스도 안에서 거룩하여 졌다"라고 말하여진다. 서신의 나머지 부분을 고려해 볼 때 바울은 거룩에서의 주목할 만한 진전에 대해 거의 말하기 어려웠다. 그럼에도 불구하고 고린도인들은 그들의 회심 때문에 거룩해졌다. 그리스도 안에 있기 때문에 그들은 거룩의 영역에 속한다. 비록 그들이 개인적 행동의 관점에서는 완전히 거룩해지지 않았지만 그들은 결정적으로 또는 단정적으로 거룩해졌다(참고, 골 3:12).

고린도전서 6:11도 같은 것을 언급하는 것으로 해석해야 한다.

> 주 예수 그리스도의 이름과 우리 하나님의 성령 안에서 씻음과 거룩함과 의롭다 하심을 받았느니라(고전 6:11).

동사들의 순서가 여기에서 주목할 만하다. 성화가 그리스도인의 삶의 점진적인 성장을 가리킨다면 바울은 거의 틀림없이 성화를 칭의 다음에 두었을 것이다. 성화를 칭의 앞에 두는 것을 볼 때 이것은 결정적 성화, 즉 신자들이 그리스도와 성령 안에 있기 때문에 갖게 되는 성화를 가리킨다는 것을 암시한다(참고, 살후 2:13).

지금까지 신자들은 회심 때 결정적으로 거룩의 영역에 놓이게 되고 마지막 날에 완전히 거룩하게 될 것임을 보았다. 바울은 또한 신자들은 그들의 회심과 완성 사이에 하나님을 기쁘게 하는 방식으로 살아야 할 것을 강조한다. 여기에 바울 서신의 거의 모든 교훈을 포함시킬 수 있다. 바울은 신자들에게 부르심에 합당하게 생활하라고 교훈한다(참고, 엡 4:1; 빌 1:27). 죄의 종에서 해방되어 의의 종이 된 자들은 거룩하게 살아야 한다(롬 6:19, 22). 씻음과 거룩함의 은유는 고린도후서 7:1에 집중되어 있다. 이 본문은 신자들에게 "하나님을 두려워하는 가운데서 거룩함을 온전히 이루어 육과 영의 온갖 더러운 것에서 자신을 깨끗하게"하라는 교훈을 준다. 분명히 바울은 신자들이 새로운 방식으로 살아 그들이 진정으로 하나님께 성별되었다는 것을 나타내기를 기대한다(참고, 살전 4:3-8).

그렇다면 바울에게 있어 성화는 일반적으로 하나님이 신자들을 예수 그리스도 안에서 거룩의 영역 속에 구별한 결정적 사역을 가리킨다. 이 종말론적 사역은 회심 때 성취되었고 그 결과 신자들은 하나님 앞에서 거룩 또는 성화되었다고 말할 수 있다. 그러나 여전히 바울은 거룩에 있어서의 성장이 필요하다는 것과 변화는 과정임을 인식하고 있다(참고, 고후 3:18). 왜냐하면 완전한 성화와 거룩은 그리스도께서 다시 오실 때까지 주어지지 않을 것이기 때문이다. 신자는 그리스도 안에서 이미 거룩하다. 그러나 구속의 날까지 그들은 그 거룩의 완전함을 갖지는 못할 것이다.

신자들에게 주어지는 마지막 보상은 "유업"(inheritance)과 "영화"(glorification)라는 용어로 나타낼 수 있다. "유업"이라는 용어는 신자들에게 약속된 미래의 보상을 흔히 가리킨다. 바울은 죄를 계속해서 짓는 자들은 종말론적 유업을 얻지 못할 것이라고 경고한다(엡 5:5). 역으로, 그리스도를 섬기는 종들은 마지막 날에 유업을 얻을 것이다(골 3:24).

갈라디아서에서 바울은 유업을 얻는 것은 은혜에 의한 것이지 율법을 통해서가 아니라는 것을 강조한다(참고, 3:18, 29; 4:7; 딛 3:7). 유업은 그렇다면 행함이 아니라 믿음으로 얻는 것이다. 유업은 약속에 의해 받은 것이지 무엇인가 획득한 결과가 아니다. 유업은 믿음으로 말미암는 의와 결부되어 있다(딛 3:7). 그러므로 그것은 은혜의 선물이며 신자들을 위한 확실한 보상이다. 그리스도께 속한 자들은 그리스도와 함께한 후사이다(롬 8:17). 달리 말하면 모든 하나님의 자녀들은 틀림없이 유업을 얻게 될 것이다(롬 8:17; 갈 4:7). 에베소서 1:3-14에서 성령을 주심은 분명히 하나님의 은혜의 사역의 결과인데, 성령을 주심은 신자들이 최종적 유업을 얻고 그들의 죽을 몸으로부터 자유를 얻게 될 것을 보증한다(1:14).

신자들의 종말론적 영화(glorification)는 그들이 이미와 아직 사이의 기간을 살아갈 때 일상생활에 활기를 주는 소망이다(롬 5:2; 골 1:27; 참고, 딤후 2:10). 그것은 신자들에게 하나님이 그들 안에 시작하신 구원을 이루실 것이라는 확신을 준다(참고, 빌 1:6). 신자들의 영화는 그리스도께서 영광중에 다시 오실 때 일어날 것이다(골 3:4; 참고, 롬 8:17). 영광의 소망은 신자들에게 활기를 준다. 왜냐하면 그들을 기다리는 것은 비교할 수 없이 아름다우며 상상할 수 있는 것보다 뛰어나기 때문이다(롬 8:18). 바울은 신자들에게 예정된 "영원한 영광의 중한 것"(고후 4:17-18)을 지금 보이고 관찰할 수 있는 것과 대조한다. 영광은 새 창조가 도래할 때 신자들에게 속할 것이다(롬 8:18-25). 현재 약함과 부패로 얼룩진 몸은 부패로부터 해방될 것이다(고전 15:43; 참고, 빌 3:21).

신자들은 위로를 얻는다. 왜냐하면 영광의 소망은 하나님이 그가 시작하신 구원 사역을 완성하실 것이라는 틀림없는 확신을 나타내기 때문이다(롬 8:30). 하나님이 미리 아시고 정하시고 부르시고 의롭다 하신 자들은 모두 틀림없이 영화롭게 될 것이다. 신자들은 확신으로 충만하다. 왜냐하면 유효하게 그들을 부르신 하나님은 그들이 그 나라를 상속하도록 하실 것이기 때문이다(살전 2:12; 살후 2:14).

6. 결론

바울은 하나님과 그리스도의 구원사역을 다양한 비유와 표현으로 찬양한다. 어쩌면 구원의 완전함을 하나님의 구원사역의 한 가지 측면만으로 묘사할 수는 없었기 때문일 것이다. 만일 바울의 구원론을 요약하는 핵심 주제가 있다면 그것은 구원은 주님에 관한 것이라는 것이다. 하나님은 신자들을 미리 아셨고 택하셨으며 예정하셨고 자신에게로 부르셨다. 그의 은혜는 너무 강력해서 죄를 정복하고 신자들을 구원의 영역으로 인도한다. 하나님이 선택하신 자들은 약속된 마지막 유업을 얻을 것이며 마지막 날에 죽음에서 일으킴을 받을 것이다.

바울은 하나님의 구원 사역은 그리스도 안에서 그리고 그리스도를 통하여 유효하다는 것을 강조한다. 칭의, 화목, 구속, 속죄, 구원 또는 성화 중 어느 것을 생각하더라도 각각의 것들은 그리스도 안에 있는 하나님의 구원 행위를 나타낸다. 악한 세력에 대한 승리는 그리스도 안에서, 그리스도를 통하여 일어났다. 신자들은 그리스도 안에서 하나님을 찬양한다. 왜냐하면 그리스도께서 승리하셨고 그들을 화목하게 하셨으며 그들을 하나님과의 올바른 관계 속에 있게 하셨기 때문이다.

바울의 구원론은 이 책에 있는 다른 핵심주제와도 일치한다. 즉 바울의 구원론은 바울 신학의 이미-아직 아니의 특성과 어울린다. 신자들은 지금 의롭게 되었고 화목 되었으며 양자가 되었고 거룩하게 되었다. 그럼에도 불구하고 어떤 의미에서 신자들은 이러한 선물들을 완전하게 경험하지는 못하고 있다. 그러한 선물들을 현재 소유하고 있는 것과 그것들이 최종적으로 실현될 것 사이에 긴장이 존재한다. 따라서 바울의 구원론은 1장에서 묘사한 "이미-아직 아니" 주제를 설명한다. 그러한 구원의 최종적 실현은 확실하다. 왜냐하면 신자들을 자기 백성으로 삼으신 하나님은 결코 그들을 버리지 않으실 것이며 마지막 때까지 강하게 하실 것이기 때문이다. 그리고 그리스도 안에서 하나님이 구원하신다면 신자들은 자신들을 구하신 구원으로 인해 영원히 감사하고 찬양한다. 그들은 그리스도 안에서 하나님께 영광을 돌린다. 왜냐하면 선물은 선물을 주신 자보다 결코 높아질 수 없기 때문이다.

7. 목회적 반성

바울의 구원론으로부터 분명한 것은 예수님의 사역은 그리스도께서 모범이 되신다는 것에 한정되어서는 안된다는 것이다. 신자들은 분명 예수님과 같이 되고 그를 본받으라고 부르심을 받았다. 그러나 만일 신약의 메시지가 그리스도를 본받음에 제한된다면 그것은 새로운 도덕론이 되고 말며 바울이 선포한 구원의 메시지는 상실된다.

바울의 신학은 구원은 경건하지 못한 자들에게 의를 주는 것과 연관된다는 것을 강조한다. 인간의 악의 극단적 특성과 구원의 위대함이 바울 복음의 근본이다. 또한 반드시 언급해야 할 것은 바울의 메시지는 복음서에서 발견할 수 있는 것과 크게 다르지 않다는 것이다. 예수님은 단순히 모델로서 죽으러 오신 것이 아니라 죄용서함을 이루기 위해 새 언약의 제물로 오셨다. 인간은 생명을 필요로 하는 썩은 나무이다. 십자가의 구원 메시지에 중점을 두지 않은 채 예수님께 주목하는 것은 사실상 역사적 예수께서 오셔서 행하신 일을 왜곡하는 것이다.

제7장
히브리서-요한계시록의 기독론

신약의 나머지 부분의 기독론은 바울의 기독론처럼 그렇게 상세하지는 않은데 부분적 이유는 바울 서신과 비교해 볼 때 다른 저작들이 간결하기 때문이다. 기독론은 예수님이 누구시며 무슨 일을 이루셨는가를 포함한다는 것을 우리는 기억하고 있다. 히브리서, 베드로전서, 요한일서, 그리고 요한계시록은 가장 심도 깊은 내용을 포함하고 있으나 야고보서, 베드로후서, 요한이-삼서와 유다서는 이들 서신들의 목적이나 간결성을 고려해 볼 때 기독론적 숙고가 제한되어 있다. 어쨌든 그리스도 중심성은 신약의 후반부에서도 빛을 발하고 있어서 복음서, 사도행전 그리고 바울 서신들과 근본적으로 일치하고 있음을 보여준다.

1. 히브리서

히브리서에 기독론은 풍부하게 나타나며 핵심적 주제이다. 이 서신은 신약에서 가장 아름답고 고양된 기독론적 본문으로 시작한다(히 1:1-4). 하나님은 마지막 날에 결정적으로, 그리고 마침내 그의 아들을 통해 말씀하신다(1:2). 여기에서 저자는 예수님이 다윗의 아들인 메시아적 왕이심을 강조한다. 아들은 "만유의 상속자"(1:2)로 묘사되는데 이것은 시편 2:8에서 다윗 계통의 왕에게 약속된 유업을 분명히 암시한다. 사실, "아들"이라는 이름은 예수님께 주어진 유업의 일부이며 그 이름으로 예수님은 천사보다 더욱 위대해지셨다(히 1:4). 그러한 사상은 히브리서 1:5에 있는 시편 2:7 인용에 의해 확증된다. 저자는 이 시편을 다윗의 아들로서 예수님 자신에게 적용한다. 예수님은 "땅끝까지" 통치하실 아들이시다. 달리 말해서, 예수님은 아브라함에게 주어진 약속을 성취할 자이시며 그것은 온 세상에 대한 복이 된다. 아들을 낳음(히 1:5)은 예수님이 부활을 통해 메시아적 왕으로 취임하심을 가리킨다(참고, 히 5:5; 행 13:33).

예수님은 천사들보다 뛰어나시다. 왜냐하면 그의 죽음과 부활로 예수님은 메시아적 왕으로 등극하셨기 때문이다. 그러나 예수님의 아들 되심은 부활을 통해서만 시작되는 것은 아니다. 여호와의 기름 부음 받은 자로서의 예수님의 지위에 대해서 대부분의 사람들은 알지 못했지만 예수님은 땅에 계실 때에도 여전히 메시아적 왕이셨다. 그러나 히브리서가 강조하는 것은 예수님의 높아지심, 즉 그의 부활과 승천을 통해 시작된 천사들과 온 우주에 대한 통치이다. 예수님은 하나님의 "맏아들"이며 다윗의 후손으로서 하나님의 백성에 대한 주권을 행사하신다(1:6).

히브리서 2장에서 인용된 시편 8편은 하나님의 위엄과 피조세계의 경이로움에 대해 고찰한다. 그토록 거대하고 장엄한 세상에서 명백히 중요하지 않은 인간이 가진 역할은 무엇인가? 창세기 1-2장에 있는 창조 기사를 숙고하면서 시편기자는 하나님이 인간에게 세상을 하나님을 위해 통치하도록 명하셨다고 대답한다. 비록 인간은 지금 천사들보다 낮지만 온 세상은 인간들에게 복종하도록 정해졌다. 히브리서의 저자(2:6-8)는 시편 8편을 인용하고 그것에 대해 해설한다. 세상은 현재 인간들의 지배아래 있지 않다는 것을 그는 인정한다. 사망이 모든 사람을 지배하고 있다는 것은 인간이 악한 세력의 지배 아래 고통받고 있다는 것을 보여준다(히 2:14-15). 아담과 하와로부터 시작해서 인간은 세상을 길들여 하나님을 찬송하도록 추구하는 일에 실패했다. 세상은 축복이 되는 대신 파멸이 되었다.

인간의 실패는 이야기의 끝이 아니다. 예수님은 인간의 대표자이시다. 예수님은 인류의 나머지 사람들이 실패한 곳에서 승리하셨다. 그런 의미에서 예수님은 참된 인간이시며 하나님 아래서 인간들이 살도록 의도된 바로 그런 삶을 진정으로 사신 유일한 분이다. 히브리서는 아담의 아들(인간성)이며 다윗의 아들이신 예수님의 진정한 인간되심을 강조한다. 인간으로서 예수님은 잠깐 동안 천사들보다 낮아지셨다(2:9). 세상은 아직 그에게 복종하지 않았지만 그는 지금 "영광과 존귀로 관"을 쓰셨다(2:9). 예수님은 지금 높아지신 분으로서 하나님 우편에 앉아계신다(1:3, 13). 왜냐하면 그는 죄를 완전히 속하셨으며 그의 사역은 완성되었기 때문이다. 인간에게 항상 약속되었던 통치는 예수님의 높아지심과 함께 시작되었다.

예수님은 아담이 실패한 그 일을 성취하셨고 다윗에게 주어진 약속을 성취하신 충성스러운 아들일 뿐 아니라 모세와 같은 하나님의 충성스러운 종이시다(3:2, 5). 모세는 하나님의 "형상"을 보았고 하나님이 그에게 직접 말씀하셨다는 점에서 하나님과 모세의 관계는 독특하다(민 12:6-8). 모세의 이와 같은 높은 지위에도 불구하고 예수님은 모세보다 위대하시다. 왜냐하면 예수님은 하나님의 충성스러운 종이실 뿐 아니라 하나님의 충성스러운 아들이시기 때문이다(히 3:6). 다윗과 모세는 모두 예수님의 오심을 가리키고 예견한다. 마찬가지로 정복시대에 여호수아에 의해 주어진 안식은 하나님이 주시는 최종적인 안식이 될 수 없다. 왜냐하면 여호수아의 시대

훨씬 이후에 쓰인 시편 95편은 하나님의 백성이 상속 받게 될 안식에 대해 말하고 있기 때문이다(히 3:12-4:11).

히브리서는 예수님이 참된 인간, 참된 아담이시라고 주장한다. 충성스러운 아들로서 예수님은 모세보다 위대하시다. 그리고 그는 여호수아보다 위대하시다. 왜냐하면 예수님은 종말론적 안식을 주시기 때문이다. 예수님은 다윗에게 주어진 약속을 성취하신다. 그러므로 지금 메시아적 왕으로 통치하신다. 그러나 히브리서는 또한 예수님은 **제사장-왕**(priest-king)으로서 통치하신다는 것을 강조한다. 이 주제를 시작하면서 우리는 기독론이 구원론을 돕는다는 것을 상기한다. 제사장-왕으로서 예수님은 구원을 성취하시고 자기 백성을 위한 완전한 속죄를 이루신다.

히브리서에 따르면 예수님은 일반적인 대제사장이 아니다. 사실 그는 구약 율법에 의하면 대제사장의 역할을 할 수 없었다. 왜냐하면 대제사장은 레위 지파 출신이어야 하는데 예수님은 유다 지파 출신이시기 때문이다(7:13-14). 예수님은 레위 계통의 제사장직보다 더 높고 위대한 제사장직을 갖고 계시다. 왜냐하면 예수님은 멜기세덱의 반차를 좇는 제사장이시기 때문이다(5: 6, 10). 히브리서의 저자는 멜기세덱의 반차를 좇는 제사장직이 레위 계통의 제사장직보다 위대하다는 것을 길게 설명한다. 그는 멜기세덱이 아브라함을 축복했고 복을 비는 자가 복 빎을 받는 자보다 위대하기 때문에 멜기세덱은 레위보다 위대하다고 주장한다(7:1, 6-7). 게다가 아브라함은 멜기세덱에게 십일조를 드림으로써 멜기세덱의 우월함을 인정했다(7:2, 4, 6, 8). 어떤 의미에서 레위는 멜기세덱에게 십일조를 바쳤다고 히브리서는 주장한다. 왜냐하면 레위는 아브라함의 후손이었기 때문이다(7:9-10). 달리 말해서, 멜기세덱의 반차를 좇는 제사장직이 레위 계통의 제사장직을 대체하는 것은 하나님의 일관된 의도였다. 레위 계통의 제사장직은 결코 영원히 존재하도록 의도되지 않았다. 레위 계통의 제사장직을 통해 온전함이 이루어질 수 있었다면 멜기세덱의 반차를 좇는 제사장직에 대한 예언은 결코 일어나지 않았을 것이다(7:11-12).

시편 110:4에 있는 예언은 이 논쟁에 기초가 된다.

> 너는 멜기세덱의 반차를 좇아 영원한 제사장이라(히 5:6; 7:17; 시 110:4; 참고, 7:21).

시편 110편은 어쩌면 히브리서 저자에게 가장 중요한 구약본문이었을 것으로 인식되고 있다. 왜냐하면 시편 110편은 제사장이면서 동시에 왕인 자에 대해 언급하고 있기 때문이다. 히브리서 5:6(참고, 7:17, 21)에서 저자는 시편 110:4로부터 온 "영원히"라는 단어를 붙잡아 멜기세덱의 반차를 좇는 제사장직과 레위 계통의 제사장직을 대조한다. 예수님은 부활로 멜기세덱의 반차를 좇는 제사장으로서 자격을 받으신다. 그의 생명은 "파괴할 수 없다"(히 7:16). 그에게는 "생명의 끝"이 없다(7:3). 레위 계통의 제사장들은 그들의 제사장 직무를 계속할 수 없었다. 그들은 죽었기 때문이다. 그러나 예수님은 영원한 제사장이시다. "그는 영원히 계시기 때문이다" (7:23-24). "그는 항상 살아 계신다"(7:25; 13:20-21). 예수님의 제사장직의 우월성은 명백하다. 왜냐하면 예수님은 죽음을 정복하신 유일한 제사장이시며 의심할 바 없이 살아있는 제사장직이 우위에 있기 때문이다.

예수님의 제사장직의 우월성은 멜기세덱의 반차를 좇는 제사장직은 맹세에 의해 승인되는 반면 레위 계통의 제사장직은 맹세가 없다는 이유에 의해서도 확증된다(7:20-21). 하나님은 레위 계통의 제사장직을 제정하셨지만 그 제사장직이 영원할 것이라는 신적 맹세는 주시지 않았다. 하나님이 맹세하시는 것은 매우 이례적이다. 왜냐하면 그의 말씀 자체가 진리이기 때문이다. 멜기세덱의 제사장직과 관련해서는 맹세가 추가되었는데 이것은 그 제사장직의 영속성과 우월성을 강조하기 위해서이다.

예수님의 제사장 직이 레위 계통의 제사장 직보다 우월하다면 예수님의 제사가 레위 계통의 제사, 특히 속죄일에 드려진 제사보다 낫다는 것은 놀랄 일이 아니다. 왜냐하면 예수님의 제사는 단번에 영원한 속죄를 이루기 때문이다. 사실 예수님은 자신의 죄를 위해서는 제사드릴 필요가 없으셨다. 그는 죄가 없으시기 때문이다(4:15; 7:26). 대제사장들은 자신의 죄와 백성들의 죄를 위해 예물을 드린다(5:3; 7:27). 그러나 죄 없는 자로서 예수님은 한 영원한 제사로 자기 자신을 드리신다(7:27; 참고, 4:15). 예수님의 죽음으로 시작되고 중재된 새 언약은 옛 언약을 능가한다. 왜냐하면 속죄는 새 언약 아래 보증되었기 때문이다(8:7-13; 10:15-18; 12:24). 예수님의 제사장적 희생제사는 "영원한 속죄"(9:12)를 이루셨고 양심을 죄로부터 깨끗하게 한다(9:14). 예수님은 자신의 죽음을 통해 성소 안에 있는 하나님 존전에 들어가셨을 뿐만 아니라 또한 속죄를 이루기 위해 하늘에 있는 하나님 존전에 들어가셨다(9:12, 24). 속죄일에 드려진 것과 같은 구약의 제사는 반복해서, 적어도 매년 드려졌지만 예수님은 단번의 제사로서 최종적인 죄용서를 확보하셨다(9:25-28).

예수님의 성육신은 10:5-10에 암시되고 있다. 이 본문에서 예수님이 세상에 오신 의도는 자신을 드리는 것이었다(히브리서 저자는 시편 40:6-8의 언어를 사용하고 있다). 예수님은 하나님의 "사도"이셨다(히 3:1). 즉 하나님의 뜻을 성취하기 위해 하나님이 세상에 보내신 분이다. 시편 110편 역시 저자의 논증에 중요한 역할을 하고 있다. 왜냐하면 이 시편은 하나님 우편에 앉아 영원히 다스리시는 왕을 언급하고 있기 때문이다(시

110:1). 예수님은 왕의 역할과 제사장의 역할을 모두 성취하신다. 사실 히브리서는 어떻게 두 역할이 조화를 이루는가를 분명하게 보여준다. 예수님은 지금 높임 받은 왕으로서 통치하시며 하나님 우편에 앉아 계신다. 왜냐하면(because) 예수님은 자신의 죽음을 통해 단번에 영원한 속죄를 이루셨기 때문이다(1:3, 13; 8:1; 10:12; 12:2). 예수님의 왕적 사역과 제사장적 사역은 분리할 수 없이 상호 결합되어 있다.

모세가 세운 장막은 더 위대하고 완벽한 어떤 것, 즉 하늘에 있는 하나님이 거하시는 곳을 가리킨다(8:2, 5; 9:11-12, 24). 옛 언약 아래에서 드려진 제사는 죄용서를 가져올 수 없었다. 속죄일(Day of Atonement)에 일 년마다 드려지는 제사조차도 최종적인 용서를 가져오지는 못했다(레 16장). 사실 장막의 다양한 구획과 대제사장이 속죄일에만 지성소에 들어갈 수 있었다는 사실은 하나님께 자유롭게 나아가는 것이 아직 허락되지 않았다는 것을 보여준다(히 9:8). 명백한 것은 옛 언약 아래 있는 가구와 제물들은 더 나은 어떤 것을 예견하는 외적인 것들을 다루었다는 것이다(9:9-10). 예수님은 짐승의 피가 아닌 자신의 피를 하나님 앞에 드림으로써 죄용서를 얻으셨다(9:11-14).

히브리서의 저자는 옛 언약의 제사장직과 제사들의 불완전성을 강조한다(7:11, 18-19). 율법은 실체가 아니라 그림자일 뿐이다. 그러므로 드려진 제사들로는 온전함과 양심의 참된 정결을 이룰 수 없었다(10:1-4). 동물 제사가 참으로 용서를 가져왔다면 동물 제사를 반복할 필요가 없었을 것이다. 그러한 제사가 반복된 것은 옛 언약을 통해서는 죄용서를 얻을 수 없었다는 것을 확증한다. 왜냐하면 죄용서가 주어졌다면 제사는 중단되었을 것이기 때문이다. 게다가 동물 제사(10:4)는 자발적인 인간 제물(10:5-10)의 제사와는 결코 비교될 수 없다(10:5-10). 동물들은 다른 이에 의해 억지로 그들의 피를 드리게 되며 그들의 죽음의 목적을 인식하지 못한다. 한편 예수님의 죽음은 인간의 죽음이었으며 예수님이 세상에 오신 목적은 다른 사람들을 위해 자신의 생명을 자발적인 제물로 드리시기 위한 것이었다. 동물 제사를 대제사장이신 예수님의 화목하게 하는(2:17) 자발적인 사역과 견줄 수 있을 것이라고 생각하는 사람은 아무도 없을 것이다.

옛 언약 아래에서 대제사장은 서서 반복해서 속죄의 제사를 드렸으나 예수님은 하나님의 우편에 앉아 계신다. 왜냐하면 그의 사역은 영원히 끝났기 때문이다(10:11-18). 제사장들은 계속해서 매일 제사를 드렸다. 이것은 최종적 용서가 아직 성취되지 않았음을 뜻한다. 그러나 예수님은 한 번의 제사로 완전하고 최종적인 죄용서를 확보하셨다(10:14). 예수님의 제사는 새 언약에서 약속된 것, 즉 완전한 죄 사함을 성취하셨다(렘 31:34).

히브리서에 의하면 예수님은 아담의 죄로 인해 실패했던 인간이 피조물을 지배하는 것을 성취하셨다. 그러나 이 승리를 이룩하기 위해 하나님의 제사장-왕이신 예수님 자신이 인간이 되셔야만 했다. 인간은 혈과 육이므로 예수님은 동일한 것을 가지셔야만 했다(2:14, 17). 예수님은 인간을 괴롭히는 모든 시험을 경험하셨고 그러므로 인간의 상태를 동정하신다(2:18; 4:15). 실제로 예수님은 온전케 되기 위해 고난을 받으셔야만 했다(2:10). "그는 받으신 고난으로 순종을 배웠고" 그것에 의해 "온전하게" 되셨다(5:8-9; 7:28).

예수님이 온전하게 되셨다는 개념은 예수님의 불완전함을 암시하는데 이것은 히브리서에 나타나고 있는 예수님을 높이 보는 태도를 고려해 볼 때 다소 이상하게 보인다. 예수님은 죄에 오염되었다는 의미에서 불완전한 것이 아니었다. 히브리서는 예수님이 온전하고 죄 없는 제물이심을 분명히 가르치고 있다(4:15; 7:26). 히브리서를 조심스럽게 살펴보면 예수님의

"온전함"은 인간으로서 고난받으심을 통해 성취된다는 것을 보여준다. 그러나 이러한 온전함은 미셸(Michel⟨1966: 224⟩)이 말하듯이 "시험당할 때 자신을 증명하심, 제사장적 요구조건을 충족하심, 천상 세계의 구속자로서 높아지심"을 포함한다.[1]

실험적으로 생각을 해보면 히브리서의 신학을 이해하는 데 도움이 될 것이다. 예수님은 10세 된 소년으로서 우리의 죄를 대속할 수 있었을 것인가? 당연히 이것은 히브리서에서 구체적으로 던져지지 않은 질문이다. 그러나 그 대답은 아니라는 것이 분명해 보인다. 예수님은 그렇게 미숙한 나이에는 그의 백성들을 위해 고난받을 인간으로서의 성숙함과 경험이 부족했을 것이다.

예수님은 대속 제물로서의 자격을 갖추기 위해서 모든 종류의 시험을 경험하고 죄의 유혹에 대항해야만 했다(4:15). 인간 실존에 있는 고통의 심연이 그의 것이 되어야만 했는데 "심한 통곡과 눈물로 간구와 소원"을 올리는 것이 무엇인지를 알 수 있기 위해서였다(5:7). 더욱이 다른 사람들의 죄를 대속할 수 있는 자의 자격을 갖추기 위해 예수님은 모든 고통스러운 상황에서 그의 아버지에게 순종하실 필요가 있었다. 예수님이 어린아이로서 전혀 죄를 짓지 않으셨다는 것은 충분하지 않다. 예수님은 고난의 도가니에서 시험받을 때 그가 하나님께 충실하셨음을 보여주는 것도 역시 필요했다. 예수님은 십자가를 참지 않고서는 온전한 제물이 될 수 없으셨다(12:2). 하나님께 대한 예수님의 순종은 죄인들이 무자비한 적대감으로 예수님을 대할 때에도 드러났다(12:3).

히브리서 첫 장은 예수님의 신성 역시 분명히 가르치고 있다. 예수님은

---

[1] 이 인용과 번역은 Peterson 1982: 71에 근거한 것이다.

하나님이시다. 왜냐하면 예수님은 피조물의 동인(動因)이며 지탱자로 묘사되시고 있기 때문이다(1:2-3). 3절은 예수님의 특성에 초점을 맞추고 있다. 그는 하나님의 영광의 빛을 발하시며 그 영광을 나타내신다. 진실로 예수님은 하나님의 본질이시며 인간들에게 하나님이 정확히 어떤 분인가를 보여주신다. 히브리서의 기독론을 고찰할 때 우리는 저자가 예수님이 인간이며 하나님이심을 강력하게 강조하고 있음을 알 수 있다. 이 두 주제는 서로 결부되어 있고 서로를 보충한다. 저자는 인성에서 신성으로 그리고 신성에서 인성으로 쉽게, 그리고 그러한 전환에 주의를 끌지 않으면서 옮겨가고 있다. 이것을 볼 때 죄를 위해 제사장-왕으로서 예수님이 드린 제사는 효과적이다. 왜냐하면 예수님은 인간이면서 하나님이시기 때문이다. 예수님이 하나님의 구원 목적을 성취하시기 위해서 신성과 인성은 모두 필요하다.

실제로 예수님의 신성은 히브리서 1장의 나머지 부분에서 울려 퍼진다. 히브리서의 저자(1:6)는 70인역 신명기 32:43을 끌어와서 천사들에게 아들을 경배하라고 명한다. 70인역에서 경배를 받기 합당한 자는 바로 하나님 자신이다. 히브리서는 이 본문을 아들에게 적용한다. 이것은 틀림없이 예수님이 하나님이심을 암시한다. 천사들은 하나님에 의해 창조되었고 하나님의 뜻을 수종 들지만(히 1:7) 아들은 하나님 자신이다(1:8-9). 1:8-9에서 저자는 시편 45:6-7을 인용한다. 원래의 문맥에서 시편은 혼인식 노래(wedding song)로서 왕의 결혼을 축하한다. 신약에서 가장 놀라운 것은 히브리서 1:8에서 아들은 직접적으로 "하나님"이라고 불리어진다는 것이다.

히브리서 1장에서 저자가 기독론적 논의를 위해 사용하는 또 다른 본문은 시편 102: 25-27이다. 구약의 문맥에서 시편기자는 창조 질서 속에 있는 여호와의 창조 사역을 찬송한다. 창조물은 시간이 지남에 따라 낡아진다. 영원하시고 동일하신 여호와와 대조적으로 창조물은 임시적이며 사라질 것이다. 히브리서는 여호와를 언급하는 본문을 취하여 예수 그리스도께 적용한다(1:10-12). 아들은 아버지와 동일한 지위를 가지고 있다는 것이 또다시 분명하다. 오직 하나님만 창조하시며 영원하다. 예수님은 세대가 바뀌어도 동일하시다. 우리는 여기서 자연스럽게 히브리서 13:8에 있는 유명한 말씀을 기억한다.

> 예수 그리스도는 어제나 오늘이나 영원토록 동일하시니라
> (히 13:8).

기독론과 구원론은 히브리서에서 분리할 수 없이 결합되어 있다. 그것들은 저자의 설교적 목적을 돕는다. 그리고 그것으로 인해 저자는 독자들에게 배교의 어리석음을 경고한다. 배교한다면 모세, 여호수아 그리고 레위 계통의 제사장들보다 더 위대하신 분을 거부하는 것이 될 것이다. 그들은 새 언약의 약속들을 성취하신 분으로부터 돌아서는 것이 될 것이다. 그들은 신적 제사장-왕으로서 최종적이며 결정적인 죄용서를 이루신 분을 거절하게 될 것이다. 예수님의 신성과 인성은 예수님이 드린 제사의 유효성과 예수님 이전에 왔던 모든 것보다 예수님이 우월하심을 가리킨다. 그러므로 히브리서는 독자들에게 예수님을 모세보다 위대한 선지자, 다윗보다 위대한 왕, 멜기세덱의 반차를 좇은 제사장, 그리고 참 사람이시며 참 하나님으로 확신할 것을 요구한다.

2. 야고보서

　야고보서의 기독론은 상세하지 않으나 어떤 학자들이 주장하듯 무시해도 될 만한 것도 아니다. 야고보서는 "하나님과 주 예수 그리스도의 종 야고보"라는 진술로 시작한다(1:1). 야고보는 이 진술에 대해 해설하지는 않지만 이 서두는 암시적이며 고등 기독론을 가리킨다. 야고보는 하나님과 예수 그리스도의 "노예"(slave)이다. 그리고 이것은 하나님과 예수 그리스도가 하나님으로서의 동등한 지위를 공유하고 계심을 암시한다. 야고보가 단정하고 있는 동등성은 매우 중요하다. 왜냐하면 그의 편지는 유대적 특성을 지니고 있으며 유일신론을 명백히 주장하기 때문이다(2:19). 야고보는 하나님과 그리스도가 공유하신 지위에 대한 암시를 이끌어내지는 않는다. 그러나 야고보서의 유대적 풍미를 고려해 볼 때 야고보가 자신을 하나님과 그리스도의 종으로 생각하는 것은 예수 그리스도가 어떤 의미에서는 하나님 자신과 동등한 지위를 가지신다는 것을 보여준다.

　1:1과 2:1에서 야고보는 예수님을 그리스도라고 밝힌다. "그리스도"라는 칭호는 여기서 성을 사용하는 것과 마찬가지이기 때문에 칭호에 따르는 중요성은 사라진다고 말하는 것은 거의 설득력이 없다. 야고보서가 쓰여진 유대적 환경은 그러한 관념을 강하게 반대한다. 야고보는 유대인이었기 때문에 그가 "그리스도"라는 칭호를 사용했을 때 구약에서 나온 메시아적 소망을 예수님이 성취하셨다는 것을 생각하지 않고 사용했을 것 같지는 않다. 그렇다면 예수님은 약속된 다윗 계통의 왕이며 다윗 언약에 나타나는 약속들의 성취이시다.

　야고보는 또한 메시아이신 예수님을 "주"라고 말한다(1:1, 2:1). 주님으로서의 예수님의 지위는 "영광의 주"라는 칭호에 의해 확증된다(2:1; 참고,

2:7). 전형적으로 하나님과 관련된 영광이 여기에서 예수 그리스도께 돌려진다(참고, 출 16:7; 10; 24:17; 레 9:6; 시 24:8, 10도 보라). 그러한 언어는 예수님의 승귀와 최종적 심판자로서의 그의 역할을 암시하며 따라서 그의 높아진 지위를 가리킨다. 야고보서의 다른 곳에서 아버지는 "주"라고 불리어진다(1:7; 3:9; 4:10, 15; 5:4, 10, 11). 이 본문들 중 어떤 것들은 확실하지 않다. 그러므로 이들 중 어떤 경우는 예수님이 "주"로 불리어진 것일 수도 있다. 야고보는 어떤 구절에서는 거의 확실하게 예수 그리스도를 주로 간주하고 있다(5:7, 8, 14, 15). 보캄(Bauckham〈1999: 138〉)은 다음과 같이 말한다.

> 야고보서 5:7-11에 있는 몇 문장 속에서 "주"(호 퀴리오스)가 지칭하는 대상이 바뀌는 것은 고등 기독론을 보여준다. 예수님은 하늘에 있는 하나님의 보좌를 공유하고 있으며 하나님의 종말론적 심판을 시행하기 위해 오실 것이다.

"주의 강림"(5:7, 8)이라는 표현은 종말적 심판자의 역할을 가지고 예수님이 다시 오심을 가리키며 이것은 예수님이 영광의 주라는 개념과 어울린다. 왜냐하면 예수님은 주권자로서 다시 오실 것이기 때문이다.

그리스도의 주되심은 5:14-15절에도 나타나는 듯하다. 병든 자에게 주의 이름으로 기름을 바른다. 그리고 주께서 그를 일으키신다. 주의 이름으로 사람들에게 기름을 바른다는 것은 아마도 예수 그리스도를 가리키는 듯하다. 그러므로 주님으로서 예수님이 병든 자를 일으키신다(5:14-15). 공관복음과 사도행전에 있는 유사한 본문들도 예수 그리스도는 치료하는 분이시며 그의 이름으로 병든 자에게 기름을 바른다는 것을 암시한다(참고, 마 7:22; 막 6:7; 눅 10:17; 행 3:6-8, 16; 4:9-12). 야고보서 2:7에서 신자들과 관련하여 일컬어지는 이름은 예수 그리스도의 이름인 듯하다. 구약에서 주의 이름은 분명히 여호와를 가리킨다(참고, 신 28:10; 사 43:7; 렘 14:9; 암 9:12).

따라서 여기에서 주의 이름이 예수님을 가리키는 것은 예수님의 신성을 지적해 준다. 이 두 가지 본문에서 예수님의 신적 권위를 명백히 볼 수 있다. 왜냐하면 예수님의 이름으로 치료를 구하며 예수님은 병든 자를 치료하는 주권적 권위를 가지고 계시기 때문이다. 더욱이 신자들이 예수님의 이름을 부르는 것에서 그의 신적 지위가 암시되고 있다. 예수님이 믿음의 대상이라는 것에서도 예수님의 중심성이 드러나고 있다(약 2:1). 야고보가 믿음과 행함이라는 중요한 주제에 대해 말할 때 그는 그리스도에 대한 믿음을 뜻하고 있다(2:14-26). 유대적 문맥에서 그리스도가 믿음의 대상이라고 말하는 것은 비록 은연중이지만 고등 기록론을 암시한다.

야고보서에는 바울, 히브리서, 요한, 그리고 심지어 공관복음에 있는 것과 같은 발전된 기독론은 결여되어 있다. 그러나 상황적 편지에서 너무 많은 것을 기대하고 야고보의 세계관 전체를 읽어내려는 것은 위험하다. 예수 그리스도에 대한 언급이 제한적이라고 하더라도 고등 기독론에 대한 암시가 있다. 예수님은 분명히 만유의 주시며 세상을 심판하기 위해 다시 오실 자로서 하나님과 동등한 지위를 공유하고 계신다. 그를 믿고 일상생활 속에서 그 믿음 대로 살아가는 자만이 마지막 날에 구원받을 것이다.

3. 베드로전서

베드로전서의 기독론은 실제적, 구원론적 관심에 의해 형성되었다. "그리스도"라는 칭호는 베드로전서에서 불필요한 것이 아니다. 왜냐하면 "그리스도"라는 용어는 베드로가 구약 예언의 성취에 초점을 두고 있는 어떤 경우에, 또는 역시 예언의 성취와 긴밀히 연관된 그리스도의 고난과 영광을 강조할 때 사용하고 있기 때문이다(3:18; 4:1, 13, 14; 5:1, 10, 14). 그러한 성취의 중요성은 1:20절에서 확증되고 있다.

> 그는 창세 전부터 미리 알리신 바 되신 이나 이 말세에 너희를 위하여 나타내신 바 되었으니(벧전 1:20).

하나님은 역사가 시작되기 전에 장차 일어날 일을 예정하셨다. 그리스도께서 창세 전에 미리 알려지셨다는 진술은 그리스도의 선재성(preexistence)을 암시하는가? 이 구절은 짧기 때문에 대답하기 어렵다. 비록 모든 것을 고려해 보면 "그리스도"의 미리 아심은 아마도 선재성을 암시하는 듯하지만 말이다.

예수님은 또한 높아지신 주님이기 때문이 신자들은 "그리스도를 주로 삼아 거룩하게" 해야 한다(3:15). 예수님은 하나님의 백성들의 "목자와 감독" 또는 "목자장"의 역할을 하신다. 그리스도인들은 예수 그리스도를 그들의 주로 "믿고" "사랑한다"(1:8). 그리고 그들의 "신령한 제사"는 "예수 그리스도로 말미암아 하나님이 받으실 만하다." 높아지신 자로서 주 예수님은 미래에 다시 나타나실 것이다(1:7, 13; 5:4). 예수님은 자기 백성에게 상을 주고 역사를 예정된 종말에 이르게 하실 것이다.

베드로도 여호와를 가리키는 구약본문을 예수 그리스도께 적용한다. 시편기자는 독자들에게 "여호와의 선하심을 맛보아 알 것"을 촉구한다(시 34:8). 베드로전서 2:3은 이 본문을 예수님께 적용한다. 베드로는 유일신론을 타협하지 않으면서 예수님이 여호와와 동등한 지위를 공유하신다는 신약의 공통된 관점을 지니고 있음을 알 수 있다. 그리스도의 탁월함은 아버지를 낮추지 않는다. 왜냐하면 그리스도의 사역은 아버지께 영광을 돌리기 때문이다(4:11).

베드로는 믿음 때문에 고난당하는 교회에게 말하고 있다. 따라서 그는 예수님의 고난과 뒤이은 영광에도 주목한다(1:11). 예수님이 자기 백성을 위해 견뎌낸 고난은 베드로전서에서 자주 언급된다. 특히 예수님의 죽음에 대한 언급을 포함해서 그러하다(1:2, 11, 18-19, 21; 2:21-24; 3:18; 4:1, 13; 5:1). 고난과 영광은 선지자들에 의해 예언되었다(1:10-12). 그러므로 예수님은 줄곧 예수님에 관해 예정되었던 것을 성취하신 것이다. 구약의 양 제사는 다가올 더 위대한 제사를 미리 가리켰다(1:19). 여기에서의 양에 대한 언급은 유월절 양, 정기적인 레위인들의 양 제사, 또는 이사야 53:7의 양에만 국한할 수는 없다. 우선 베드로는 예수님이 하나님의 흠 없고 보배로운 양이며 그의 피가 사람들을 헛된 삶에서 구속하셨다는 것을 가르치기 위해 양에 대한 구약적 배경에 폭넓게 의존한다. 흠 없고 점 없는 양에 대한 언급은 예수님이 죄가 없으시며 온전한 제물이심을 암시한다. 베드로는 예수님은 "죄를 범치 않으셨고 그의 입에 속임수도 없으셨다"라고 명백히 선언한다(2:22). 예수님은 "불의한 자를 위해" 고난당하시고 죽은 "의인"이시다(3:18).

구약에서 피 뿌림(민 19:4, 18-19, 21; 참고, 출 24:6-8)은 예수님의 피 뿌림을 예견했고 예수님의 피 뿌림을 통해 죄용서가 이루어진다(벧전 1:2). 또 다시 우리는 예수님이 구약이 예시한 것을 성취하셨음을 알 수 있다. 구약 예언의 가장 극적이며 중요한 성취의 예는 여호와의 종으로서의 예수님의 역할이다. 베드로는 이사야 53장이 예수님을 가리킨다는 것을 의심하지 않는다. 예수님이 죄가 없으시며 거짓도 없으시다는 것(벧전 2:22)은 이사야 53:9을 성취한다. 자기 백성의 죄를 짊어지신 것(벧전 2:24)은 이사야 53:4, 12을 돌아보게 한다. 그가 상처를 받음으로 나음을 얻는 것은 이사야 53:5에서 전례를 찾아볼 수 있다. 그의 백성들이 양과 같이 방황하는 것(벧전 2:25)은 이사야 53:6을 상기시킨다. 그리스도께 예정된 고난은 구약의 제사와 여호와의 종 본문에 예시되어 있다.

죄용서는 그리스도께서 피 흘리심으로, 자기 백성의 대리인으로서 죽으심으로 성취된다. "의인으로서 불의한 자를 대신한" 그의 죽음은 신자들이 하나님 앞에 나아가기 위한 방법이다(벧전 3:18). 베드로전서에서 그리스도의 죽음은 대리적인 것이었다. 그리스도는 불의한 자를 대신해서 죽으신다. 여호와의 종으로서 그리스도는 그들의 죄를 대속하기 위해 죽으신다. 그러므로 그들이 받아야 할 형벌이 예수님께 부여된다. 예수님의 죽음은 속량의 죽음으로 볼 수도 있다. 예수님은 자기 피로 신자들을 그들의 죄로부터 해방시키셨다. 그러므로 속량의 대가가 분명히 드러난다. 구약에서 헛된 삶의 방식은 이교도의 우상숭배와 연관되어 있다(예, 레 17:7; 왕상 16:2; 왕하 17:15; 시 24:4). 그리스도의 죽음을 통해 신자는 헛된 신들을 섬기는 데서 해방되어 참되고 살아계신 하나님을 섬기게 되었다.

예언은 그리스도의 고난뿐 아니라 높아지신 분으로서 그리스도께 속하는 영광에서도 성취된다. 베드로전서는 현재 고난받는 자들에게 그들 역시 고난 이후에 영광을 경험할 것을 격려하기 위해 고난 그리고 이후의 영광이라는 패턴을 언급한다(1:6-7; 4:12-14; 5:6, 10-11; 참고, 5:1-4). 신자들을 강건하게 하는 소망은 그리스도의 부활에 근거한다(1:3; 3:21). 그리스도의 부활은 하나님이 그리스도를 변호하셨고 그를 주로 높이셨다는 것을 모든 이들에게 보여주었다. 예수님은 지금 하나님 우편에 앉아 계시고 모든 천사들이 그에게 순복한다는 주장(벧전 3:22)에는 시편 110:1에 대한 암시가 있다. 하나님이 죽은 자 가운데서 일으키신 분께 "영광"도 주어졌다 (1:21). 그리고 3:22은 예수님이 가지신 영광 속에는 하나님 우편에서 다스리는 것도 포함된다는 것을 암시한다. 베드로는 "돌" 예언에서도 예수님의 부활을 암시한다. 베드로가 예수님을 "산 돌"(2:4)이라고 할 때 "산"이라는 단어는 예수님의 부활을 가리킨다. 예수님은 "모퉁이 돌"이라는 주장 역시 그의 부활과 높아지심을 연상시킨다(2:6-7; 참고, 시 118:22; 사 28:16).

요약하면 베드로전서는 기독론에서 예언이 성취되었음을 강조한다. 그리고 이 서신은 기독론과 구원론을 긴밀히 연결시키는 신약의 패턴을 따르고 있다. 예수님은 그리스도, 주, 그리고 주의 종이시다. 그리고 그의 고난과 죽음은 신자들에게 구속과 용서를 얻게 해주었다. 예수님은 다윗의 자손으로서 구약의 예언을 성취하며 흠 없는 어린양으로서 희생되셨다. 고난받은 자는 또한 영화롭게 되었고 주로서 하늘에서 다스리신다. 그는 미래에 영광 가운데 다시 오실 것이다. 사실, 베드로는 여호와를 가리키는 구약본문을 예수님께 적용하기까지 하여 아버지와 예수 그리스도가 동일한 지위를 나누어가짐을 암시한다. 예수님의 고난과 영광은 중요하다. 왜냐하면 신자들이 고난받은 후에 영광을 받을 것을 예견하기 때문이다. 예수님의 죽음은 베드로에게 고귀하다. 왜냐하면 그의 죽음은 헛된 삶에서 구원해주기 때문이다. 따라서 베드로의 고등 기독론은 종말적 구원을 얻기 위해 그리스도를 믿으라는 요청을 지지해준다.

4. 베드로후서

베드로전서와 베드로후서의 기독론을 같이 검토할 수도 있을 것이다.

왜냐하면 많은 신약학자들의 견해와 대조적으로 두 서신의 베드로 저작권에 대한 훌륭한 변론이 가능하기 때문이다.² 베드로후서의 간결함과 제한된 목적을 고려할 때 기독론에 관해서는 별로 기대감을 갖지 않을지도 모른다. 비록 베드로후서는 간결하지만 기독론은 매우 비중이 있다. 먼저 베드로는 예수님이 메시아시라는 전제를 가지고 있음을 볼 수 있다. 그는 본 서신에서 "예수 그리스도"를 자주 언급한다(1:1, 8, 11, 14, 16; 2:20; 3:18). 베드로는 "그리스도"라는 칭호의 중요성에 대해 설명하지 않지만 이 용어를 반복해서 사용하고 있는 것은 베드로에게 있어서 예수님의 메시아적 지위는 당연한 것이었음을 시사한다.

예수님의 주되심 역시 본 서신에 두드러진다. 베드로가 선호하는 표현 중 하나는 "주 예수 그리스도"이다(1:8, 11, 14, 16; 2:20; 3:18; 참고, 3:2). 비록 우리가 곧 보게 되겠지만 어떤 본문에서는 베드로가 이 표현에 "구주"를 덧붙이지만 말이다. 예수님은 자신의 죽음으로 백성을 "사신 주인"(The Master who bought)로도 묘사된다(2:1). 예수님은 주권적 주님(Lord)이시다. 그는 하나님에 의해 메시아와 주인(Master)으로 높아지신 분이다. 예수님은 주님이시기 때문에 베드로는 그의 종이며 사도이다(1:1). "영원한 나라"는 주되신 예수 그리스도께 속한다(1:11). 어떤 본문에서는 "주"라는 칭호가 하나님께 적용된다(2:9, 11; 3:8-10, 15). 비록 베드로후서 3장에 있는 본문들에 대해서 어떤 사람은 그것이 그리스도를 가리키는 것이라고 주장할 수도 있겠지만 말이다. "주"라는 용어가 "하나님"과 "그리스도" 사이에 오고 가고 있는데 이것은 베드로후서에 있는 예수 그리스도의 높은 지위를 드러낸다.

---

2 저작권 변호에 대해서는 Schreiner 2003: 21-36, 255-76을 보라.

예수님의 높아지신 지위를 증명하는 좀 더 설득력 있는 증거가 있다. 주님으로서 예수 그리스도는 능력으로 다시 오실 것이다(1:16). 아버지는 변화산에서 그에게 "존귀"와 "영광"을 주셨다(1:17). 예수님을 하나님이 기뻐하심은 이사야에 있는 여호와의 종을 상기시킨다(사 42:1). 베드로는 예수님의 변형을 언급한다. 왜냐하면 그것은 예수님이 장차 오실 것을 예견하며 그의 오심의 전주곡 역할을 하기 때문이다. 예수님의 변형은 예수님이 미래의 주인되심과 영원히 그의 것이 될 영광과 존귀를 증거한다. 예수님의 "위엄"(메갈레이오테스⟨*megaleiotēs*⟩)을 보았다는 것은 아마도 그의 신성을 가리키는 듯하다(1:16). 메갈레이오테스는 반드시 신성을 뜻하지는 않지만(참고, 1 Esd. 1:4; 4:40; 70인역 렘 40:9=한글 33:9) 이 용어는 누가복음에서 하나님에 대해 사용되었다(9:43). 베드로는 이 용어를 예수님의 주되심과 신성을 나타내기 위해 사용한 듯하다.

베드로의 고등 기독론은 본 서신의 첫 구절에서 예수님을 "하나님"이라고 말하는 것에서 나타난다("우리 하나님과 구주 예수 그리스도의 의"; 벧후 1:1). 영어성경을 읽는 사람들은 자연스럽게 두 다른 분이 의도되었고 따라서 하나님과 예수님은 구분되고 있다고 생각할지 모른다. 그러나 헬라어 본문에서 "하나님"과 "구주"는 같은 관사 "그"(the)의 이끌림을 받고 있다(투 떼우 헤몬 카이 소테로스 예수 크리스투⟨*tou theou hēmōn kai sōtēros Iēsou Christou*⟩). 최근 연구에 의해 옹호된 그랜빌 샤프 법칙(Granville Sharp rule)은 두 단수 명사가 카이(*kai*)에 의해 연결되고 같은 관사의 지배를 받을 때 그 두 단수 명사는 같은 존재를 가리킨다는 것을 명시한다(Wallace⟨1996: 270-91⟩). 이 법칙은 보통 명사에만 적용이 되고 고유 명사에는 적용되지 않는다. 영어번역본의 독자들은 이 점에서 쉽게 오해할 수 있다. 왜냐하면 "하나님"과 "구주" 둘 다 헬라어에서는 고유명사가 아니기 때문이다. 그렇다면 문법적으로 이보다 더 명확할 수 없다. 예수님은 이 구절에서 하나님이며 구주로 밝혀지고 있다.

또 다른 증거가 예수 그리스도와 하나님의 동등성을 지지한다. 베드로후서의 교훈 전체를 요약하는 베드로후서의 마지막 절은 독자들에게 "우리 주 곧 구주 예수 그리스도의 은혜와 저를 아는 지식에서 자라가라"(3:18)라고 명령한다. 베드로는 즉시 "영광이 이제와 영원한 날까지 그에게 있을지어다"라는 말을 덧붙인다. 예수님이 직접적인 선행사이므로 베드로는 모든 영광을 예수님께 돌리고 있다. 그러나 영광은 오직 하나님께만 속한다. 그러므로 우리는 예수님께 하나님 자신과 동등한 지위와 존귀가 주어졌음을 볼 수 있다(참고, 1:17).

베드로는 예수 그리스도의 신성에 대한 추상적 논의에는 관심이 없다. 예수님의 메시아, 주, 하나님으로서의 지위는 매우 중요하다. 왜냐하면 그는 구주이기 때문이다. 하나님의 구원의 의는 "구주 예수 그리스도"를 통해 신자에게 주어졌다(1:1, 11; 참고, 3:2). 베드로는 구약에서 나온 표현을 사용한다. 그리스도인들은 믿음의 선물을 받기 위해 선택되었으며(제비뽑기 하듯이) "의"도 구약적 배경에 의해 이해되어야 한다. 따라서 여기에서의 의는 자기 백성을 위한 그리스도의 구원 사역을 가리킨다. 구절들은 구원의 선물적 특성을 강조한다. 그리스도는 신자들에게 오는 세대에서의 삶을 위해 필요한 모든 것을 주셨으므로 그들은 하나님을 기쁘시게 할 수 있다. 그리스도는 그의 유효한 은혜로 신자들을 새 생명으로 "부르셨다"(칼레산토스⟨*kalesantos*⟩; 1:3).

신자들은 신성한 성품에 참여하게 될 것이라는 약속을 받았다. 베드로는 그들이 마치 "작은 신들"이 되는 것처럼 신자들이 신격화되는 것을 말하지 않는다. 신성한 성품을 공유한다는 것은 그들이 도덕적으로 하나님과 같이 된다는 것을 의미한다. 이 악한 세대에서 조차도 신자들은 세상의 타락으로부터 피하였다는 점에서 하나님과 같이 되었다(참고, 2:20). 그러나 도덕적 온전함이 완성되는 것은 예수 그리스도께서 다시 오시는 때에만 이루어진다. 그리스도의 사역은 그가 신자들을 죄로부터 "산다"(아고라조⟨agorazō⟩)라는 관점으로도 묘사된다. 달리 말해서 신자들은 그리스도에 의해 죄의 속박으로부터 속량되고 해방된다. 그리스도의 죽음은 하나님과 그리스도를 아는 자들을 위해 새 생명을 사는 방법이다.

베드로후서는 예수님이 메시아이시며 따라서 다윗에게 주어진 언약적 약속을 그가 성취하신다는 것을 강조한다. 베드로는 그러한 성취에 대해 깊이 살펴보지는 않지만 그의 서신에서 그것을 당연히 여기고 있다. 베드로는 또한 예수님은 주시며 심지어 하나님이시라는 것을 강조한다. 그리스도의 주되심과 신성은 그가 미래에 영광중에 오실 것을 확증한다. 거짓 선생들은 예수님의 재림을 부인했기 때문에 이것은 논쟁적 주제였다. 더 나아가 베드로는 예수님이 자기 백성의 구주이심을 특히 강조한다. 그러한 구원은 하나님과 예수 그리스도를 앎으로써 경험하게 된다. 이로써 하나님의 구원 약속은 성취된다(1:4).

5. 유다서

유다서의 간결함에도 불구하고 유다서의 기독론은 주목할 만하다. 구약에서 모세와 다른 사람들은 여호와의 종으로 묘사된다. 유다는 자신을 "예수 그리스도의 노예(slave)"로 묘사함으로 시작한다(1절, 저자의 번역). 유다가 그리스도의 노예라면 예수님은 그의 주인(Master)이시며 주님(Lord)이시다.

예수님의 주되심은 분명 유다서의 기독론의 핵심적 특성이다.

침입자들은 "우리의 유일한 주인이시며 주님이신 예수 그리스도를 부인"(4절)하기 때문이다. 유다서에서 아무것도 그리스도의 주되심에 대한 어떠한 교리를 부인하지 않는다. 그보다 침입자들은 그들의 삶을 통해 그리스도의 주되심을 부인한다. 그들의 방탕한 삶의 방식은 은혜의 메시지를 방종을 위한 강령으로 바꾸어 버린다.

"우리 주 예수 그리스도의 사도들"(17절)이라는 표현은 그와 같은 권위를 지닌 자들이 그들의 가르침을 그리스도의 지도 아래 전하고 있다는 것을 암시한다. 오직 주님의 긍휼을 받은 자들만 마지막 날에 영생을 얻을 것이다(21). 실로 끝까지 인내하는 자들은 영생을 얻을 것이다. 왜냐하면 예수 그리스도께서 넘어지지 않도록 그들을 "지키실"(21절) 것이기 때문이다.

하나님께 속하는 영광과 존귀는 "우리 주 예수 그리스도로 말미암아"(25절) 그에게 돌려진다. 하나님은 그리스도를 무시하거나 떠나서가 아니라 그리스도를 통해 영광을 받으신다.

높임 받은 주로서 예수님은 미래에 다시 오실 것이며 경건치 않은 자들을 심판하실 것이다(14-15절). 유다서는 여기서 에녹 1서 9장을 인용한다. 에녹 1서에서 그 예언은 분명히 하나님을 가리키고 있다. 하나님의 심판에 관한 본문을 취하여 그리스도의 심판에 적용함으로써 유다는 다른 신약성경 저자들의 전례를 따르고 있다(참고, 살전 3:13; 살후 1:7; 계 19:13, 15; 22:12). 그리스도의 오심은 "일만 성도"와 함께 오신 시내산에서의 하나님의 현현을 모범으로 삼고 있다(신 33:2; 참고, 슥 14:5; 마 16:27; 살전 3:13).

유다서는 비교적 자주 예수님을 그리스도로 부르고 있다(1, 4, 17, 21, 25절). 유다서에서 "그리스도"라는 칭호는 틀림없이 중요하다. 왜냐하면 유다는 팔레스타인 유대 진영 출신이라는 암시가 유다서에 많이 있기 때문이다. 유다는 모세의 유언(*Testament of Moses*〈유 9〉)과 에녹 1서(유 14-15절)의 전통을 인용하고 있다. 중요한 구약 전통이 유다서에 가득하다(5-7, 11절). 그러므로 유다가 예수님을 그리스도라고 밝힐 때 그 칭호는 자체의 중요성을 간직하고 있으며 예수님은 약속된 다윗의 자손이심을 나타낸다.

6. 요한일-삼서

요한의 서신들은 요한복음과 밀접하게 연관되어 있다. 비록 일부 학자들은 주저하지만 스타일의 유사성은 동일한 저자가 기록했음을 가리킨다. 기독론은 요한일-이서에서 중요한 역할을 한다. 왜냐하면 서신들을 통해 볼 때 대적자들은 다른 기독론, 즉 가현설적 특징을 가진 기독론을 가르쳤으며 그리스도는 참 인간도 완전한 인간도 아니었다고 주장했다.

요한일서의 이탈자들이 예수님의 참 인간됨을 부인했기 때문에 요한은 역사적 예수에 주목한다. 요한일서의 첫 구절은 과거를 회상하며 요한이 들었고 보았고 만진 바를 상기한다(1:1). 이 회상의 대상은 "생명의 말씀", 즉 예수님이다. 첫 구절의 동사들은 만진다는 것에서 절정을 이룬다. 따라서 각각의 동사들을 통해 예수님의 역사적 실제성은 한층 더 강조된다. 우리는 들을 수 있지만 누군가를 볼 수는 없다. 그리고 들을 수는 있지만 누군가를 만질 수는 없다. 그러므로 요한은 들음으로부터 시작해서 봄으로 나아가고 만짐에서 절정을 이룬다. 요한은 그의 독자들에게 예수님은 환영이 아니었음을 상기시킴으로써 일어난 사건의 4차원적 특성을 확증한다. 즉 요한은 들었고 보았고 그를 만졌다. 예수님이 역사 속에 오심, 즉 요한복음 1:14에서 선언된 성육신은 환상이 아니다. 요한이 요한일서 1:2

에서 두 번 선언하듯 "이 생명이 나타내신 바 되었다." "생명의 말씀"과 "나타내셨다"는 말의 결합은 이것이 단지 "말씀이 육신이 되었다"(요 1:14)는 말을 달리 표현한 것에 불과하다는 것을 암시한다.

예수님의 혈과 육의 나타남은 요한일서의 다른 곳에서도 표현된다. 죄 용서는 예수님이 피 흘리심으로 오게 된다(1:7). 예수님은 자기 백성들을 위해 자기 목숨을 버리셨다(3:16). 예수님은 역사의 특정한 시점에 오셨는데 "그는 죄를 없애려고 나타나셨고"(3:5) "마귀의 일을 멸하려고 나타나셨다"(3:8). 요한복음에서 우리는 아버지가 자주 아들을 "보내시는 분"으로 묘사되는 것을 보았다. 동일한 용어가 요한일서에도 나타난다. "하나님이 자기의 독생자를 세상에 보내셨다"(4:9; 참고, 4:10, 14; 5:20). 이 본문들을 요약하면 우리는 요한이 하나님의 아들의 성육신과 죽음에 초점을 두고 있음을 볼 수 있다. 게다가 하나님이 그의 아들을 보내심과 하나님의 아들의 오심에 대한 진술들은 예수님의 선재성을 암시하는 듯하다. 육신을 입으신 그리스도이신 예수님은 또한 하나님의 아들이시며 태초부터 아버지와 함께 계셨던 분이다(1:1-2).

역사적 예수가 그리스도시라는 진리를 부인하는 자들은 적그리스도라고 밝혀진다(2:22). 그러한 부인은 단순히 그리스도와 그들의 관계에만 영향을 미치는 것이 아니다. 인간 예수가 그리스도이심을 부인할 때 그들은 또한 아버지도 부인한다. 그들이 만일 예수님이 하나님의 참 아들이심을 부인하면 이것은 그들이 인식하든 못하든 아버지도 부인하는 것과 동일한 것이다(2:23). 예수님이 하나님의 아들이심을 인정하는 자들만 아버지께 속한다. 예수님을 그리스도로 인정하기를 부인하는 것은 사소한 잘못이 아니다. 그것은 단순히 일시적으로 잘못 판단한 것도 아니다. 그리스도를 역사적 예수로부터 분리시키는 자는 누구든지 적그리스도이다(참고, 4:2-3).

성육신의 역사적 실제성은 5:6-8에서 생생히 표현되었다. 예수님은 그리스도로서 "물과 피로" 세상에 오셨다. 물은 여기에서 예수님의 육적 탄생을 가리키는 것이 아니라 그의 세례를 가리킨다. 1:7에서처럼 피는 예수님의 죽음을 가리킨다. 예수님이 세례 받으실 때만 그리스도시라고 주장하는 것은 불충분하다. 예수님은 그의 죽음의 때, 즉 죄인들을 위해 그의 피를 쏟으셨을 때에도 그리스도시라는 것 역시 인정해야 한다.

분명히 요한서의 대적자들은 거짓된 기독론으로 교회를 위협했다. 요한은 이 새로운 가르침을 내놓는 자들을 미혹하는 자라고 규정하며 "많은" 순회자들이 그러한 잘못을 퍼뜨렸다고 경고한다. 그들의 오류가 가진 특성은 정확하게 밝혀졌다. 그들은 "예수 그리스도께서 육체로 오심을 시인하지 않는다"(7절). 그들은 그리스도의 오심을 받아들였다. 그리고 그들은 아마도 예수님을 그리스도로 인정하기까지 했다. 그들이 허용하지 않는 것은 예수님이 참 인간이셨다는 관념이다. 그러나 역사적 예수를 그리스도와 분리시키는 자는 다시 한 번 "적 그리스도로" 규정된다(7절). 신학에서 "진보"(호 프로아곤⟨*ho proagōn*⟩)하고 있다고 생각하지만 정통적 가르침을 간직하지 못하는 자들은 하나님으로부터 자신들을 분리시켰다(9절, 저자의 번역). 요한은 우리가 요한일서 2:23에서 보았던 것을 반복한다. 오직 예수님이 그리스도이심을 받아들이는 자들만이 "아버지와 아들"에게 속한다(요이 9절). 요한은 이 문제에 대한 반대를 허용하지 않으며 역사적 예수가 그리스도임을 부인하는 자들은 하나님께 속하지 않는다고 주장한다.

요약하면 요한은 그리스도인들은 예수를 그리스도로 받아들여야 한다는 것을 분명히 강조한다. 예수님이 메시아시라는 것은 요한신학의 근본이다. 왜냐하면 요한은 "예수께서 그리스도이심을 믿는 자마다 하나님께로부터 났다"고 말하기 때문이다(참고, 요일 3:23; 5:1).

요한은 그의 가르침을 인간 예수는 메시아시라는 주장에 국한시키지 않는다. 그는 또한 예수님은 하나님의 아들, 즉 하나님의 독생자시라는 것도 받아들인다(요일 1:3, 7; 3:8, 23; 4:9, 15; 요이 3절). 이전에 주목했듯이 오직 아들을 시인하는 자만이 아버지에게 속한다(요일 2:22-24; 요이 9절). 요한은 하나님의 아들 자신이 하나님이라고 가르친다(참고, 요일 5:20). 요한일서의 첫 구절은 요한복음의 첫 구절에 있는 말씀(Word)을 상기시킨다. 요한복음 서문과의 유사성을 고려해 볼 때 "생명의 말씀"은 요한복음이 "말씀"에 대해 말하는 것을 반향한다. "말씀"이 요한복음에서 하나님인 것처럼 여기에서도 그러하다. "태초부터 있는"이라는 어구는 요한복음에서처럼 말씀이 영원하다는 것을 나타낸다. 아버지가 "보내신"(4:9-10, 14) 자는 하나님의 영원한 말씀으로 보냄 받기 전에 아버지와 함께 있었다.

예수 그리스도의 독특성을 요한은 다른 용어로도 표현한다. 요한은 예수님을 "의로우신" 분(2:1, 29; 3:7), "깨끗하신" 분(3:3), 죄가 없으신 분(3:5)으로 명시한다. 의로우신 자로서 예수님은 아버지를 향해 "대언자"(파라클레토스⟨*paraklētos*⟩)의 자격을 가지셨다. 그러므로 그의 죽음은 완전한 죄 사함을 가져온다(2:1). 예수님의 죽음은 온 세상의 죄에 대한 보상 또는 속죄를 가져온다(2:2; 4:10). 그러므로 그는 "세상의 구주"이시다(4:14; 참고, 요 4:42). 예수님은 지각을 주시며 신자들은 영생을 얻게 될 것이다(요일 5:20). 예수님은 신자들을 그의 능력으로 지키신다(5:18). 요한복음은 자주 예수님의 이름을 믿음 또는 그의 이름으로 기도함에 대해 언급한다(1:12; 2:23; 3:18; 14:13, 14, 26; 15:16, 21; 16:23, 24, 26; 20:31). 이와 유사하게 우리는 요한일서가 "죄가 그의 이름으로 말미암아 사함을 받음"(2:12)과 또한 예수님의 이름을 믿음(3:23; 5:13)에 대해 기록하고 있음을 볼 수 있다.

7. 요한계시록

비록 종종 무시되지만 신약의 기독론 중 가장 놀라운 것이 요한계시록에 있는 기독론이다. 요한계시록에서 예수님은 세 번 "나는 처음이요 나중"(1:17; 2:8; 22:13)이라고 선언하시며 특히 죽음에 대한 그의 주권을 강조하신다. 그러나 두드러지는 것은 그와 동일한 표현이 구약에서 여호와에 대해 사용되었다는 것이다(사 41:4; 44:6; 48:12). 요한은 구약적 배경에 대해 무지하지 않았을 것이다. 왜냐하면 요한계시록에는 구약에 대한 암시와 반향이 가득하기 때문이다. 우리는 동일한 현상을 "알파와 오메가", "처음과 나중"이라는 어구에서도 볼 수 있다. 하나님 스스로가 요한계시록의 시작(1:8)과 결말(21:6)에서 나는 "알파와 오메가"라고 선언하신다. 이와 유사하게 하나님은 자신이 "처음과 나중"(21:6)임을 확증하신다. 후자의 경우, "시초부터 종말"을 하나님이 선언하신다고 말하는 이사야 46:10을 반향하는 듯하다. "알파와 오메가"와 "처음과 나중"은 둘 다 역사에 대한 하나님의 주권을 가리킨다.

역사는 하나님과 함께 시작하고 끝나기 때문에 하나님의 지배를 벗어나 전개되는 역사는 없다. 하나님은 전 역사를 다스리시므로 하나님의 목적은 좌절되지 않을 것이다. 따라서 예수님이 "나는 알파와 오메가…처음과 나중"이라고 말씀하시는 것의 중요성을 독자는 놓치지 않는다(계 22:13). 하나님이 역사에 대해 행사하시는 주권은 예수 그리스도께도 속한다. 예수님은 신적 기능을 수행하신다. 예수님은 "하나님의 창조의 시작"(아르케 〈archē〉)이시다(3:14). 이것은 예수님이 창조질서의 일부임을 의미하지 않는다. 만일 그렇다면 그것은 예수님이 알파와 오메가이심과 명백히 모순되기 때문이다. 이것은 모든 것이 예수님께 기원을 두고 있다는 것을 의미한다(참고, "the origin of God's creation", NRSV).

하나님과 예수 그리스도가 동일한 존귀와 영광을 받으시는 주목할 만한 또 다른 본문들도 인지해야 한다. 예를 들어 요한계시록 4장은 요한계시록 전체의 프로그램을 제공한다. 요한은 창조주로서 보좌에서 다스리시는 하나님에 대한 환상을 본다. 그리고 천사의 무리들은 엎드려 만유의 주이신 그를 경배한다. 요한계시록 5장에서 초점은 창조주이신 하나님으로부터 구원자이신 예수 그리스도로 옮겨간다. 예수 그리스도는 다스리는 사자이시며 죽임당한 어린양이시다. 4:11에서 천사들은 하나님께 경배하며 그는 창조주로서 경배를 받으시기에 합당하다고 고백한다. 5:9-10에서 천사들은 합당함을 어린양에게 돌리며 어린양은 구원자로서 경배를 받으시기 합당하다고 인정한다. 한편으로 하나님은 "영광과 존귀와 권능"을 받으시기 "합당"하고(4:11) 한편으로 그리스도는 "능력과 부와 지혜와 힘과 존귀와 영광과 찬송"을 받으시기에 "합당"하다(5:12). 명백히 하나님의 어린양으로서 예수 그리스도는 하나님과 동일한 존귀와 영광을 받기에 합당하다. 실제로 하나님과 예수 그리스도는 요한계시록 5장 끝에서 함께 경배를 받으신다.

> 보좌에 앉으신 이와 어린양에게 찬송과 존귀와 영광과 권능을 세세토록 돌릴지어다!(계 5:13; 참고, 5:14).

하나님과 더불어 어린양 예수 그리스도를 경배하는 것이 유일신론을 희석시키는 것이라고 말할 수 없다. 두 번 요한은 전령인 천사의 영광에 압도되어 엎드려 그 천사에게 경배하려 했다(19:10; 22:8-9). 그 두 경우에 천사는 오직 하나님만이 경배를 받으셔야 한다고 권고하며 요한이 천사를 경배하는 것을 금한다. 대조적으로 우리는 요한계시록에서 하나님과 그리스도의 결합이 자주 반복되는 것을 보게 된다. 불순종하는 자들에게 심판이 임할 때 사람들은 두려워 소리치며 산과 바위들에게 "보좌에 앉으신 이의 얼굴에서와 그 어린양의 진노에서" 그들을 가리도록 그들 위에 떨어지라고 요청한다(6:16).

대조적으로 모든 문화적, 인종적 배경으로부터 나온 구원받은 자들이 하나님 앞에 서서 하나님을 찬송한다. 그러나 그들은 단지 하나님 앞에 서 있는 것이 아니라 "보좌 앞과 어린양 앞에" 서 있다(7:9). 실로 그들은 구원받은 것으로 인해 하나님을 찬송한다. 그러나 그들은 어린양을 하나님과 동등한 위치에 놓는다.

> 구원하심이 보좌에 앉으신 우리 하나님과 어린양에게 있도다
> (계 7:10).

나라는 "주와…그의 그리스도"에게 속한다(11:15). 마찬가지로 "우리 하나님의 구원과 능력과 나라와 또 그의 그리스도의 권세가 나타났다"(12:10)는 것을 우리는 읽을 수 있다. 구속받은 자들은 다른 곳에서 "하나님과 어린양을 위한 첫 열매들"(14:4)이라고 묘사되고 있다. 그들의 이마에는 어린양의 이름과 아버지의 이름을 쓴 것이 있다(14:1). 둘째 사망을 정복하고 영원히 다스리는 자들은 단지 하나님의 제사장일 뿐만 아니라 "하나님과 그리스도의 제사장"(20:6)으로서 섬긴다.

새 하늘과 새 땅에 있는 성전은 더 이상 하나의 건물이 아니다. 지상의 성전은 언제나 좀 더 위대한 어떤 것, 또는 정확히 말해서 더 위대한 "어떤 분"을 가리켰다. 그러므로 "전능하신 주 하나님과 어린양이 그 성전"이

다(21:22). 천성은 해, 달, 별의 빛과 같은 창조된 빛도 필요없다. "하나님의 영광이 비취기 때문이다"(21:23). 특징적으로 요한은 예수 그리스도를 제외하지 않는다. 왜냐하면 그는 즉시 "어린양이 그 등불이 되심이라"라는 말을 덧붙이기 때문이다(21:23). 마지막으로 하나님의 주권과 통치를 상징하는 하나님의 보좌가 새 예루살렘에 세워졌다. 그러나 22:3은 그 보좌가 하나님께만 속한 것이 아님을 분명히 한다. 그것은 "하나님과 그 어린양의 보좌"이다(22:3; 참고, 22:1). 어린양은 아버지와 동등하게 통치하신다. 하나님과 그리스도의 놀랍고 빈번한 결합은 요한신학에서 예수님은 하나님으로 간주되셨다는 것과 하나님과 어린양은 둘 다 경배와 숭배를 받으셔야 한다는 것을 나타낸다.

예수님의 영광을 나타내기 위해 요한은 다른 칭호들을 사용한다. 예수님은 "하나님의 아들"이시다(계 2:18). 요한복음에 이 칭호가 정기적으로 나타나는 것과 대조적으로 요한계시록에는 이 칭호가 단 한 번 사용된다. 요한계시록의 나머지 부분의 고등 기독론을 고려해 볼 때 "하나님의 아들"은 요한복음에서와 동일한 의미를 가지고 있다는 결론을 내리는 것은 정당한 근거를 가지고 있다. 예수님은 아버지의 독생자이시며 하나님과 특별한 관계를 가지고 계신다. 예수님이 그의 군대를 모으고 세상을 심판하기 위해 오려고 준비하실 때 예수님은 하나님의 심판을 수행하시는(참고, 요 1:1, 14; Wis. 18:15-16) "하나님의 말씀"(19:13)으로 드러나신다.

요한계시록은 또한 예수님을 인자(Son of Man)로 그린다. 복음서를 공부할 때 주목했듯이 예수님을 인자로 언급하는 것은 복음서 이외에서는 드물다. 다니엘 7:13의 "인자"에 대한 암시가 요한계시록의 초반에 등장한다 (1:7). 다니엘 7장에서 인자는 구름을 타고 와서 옛적부터 항상 계신 하나님 앞에 나타난다.

예수님은 요한계시록 1:13-16에 있는 요한의 환상에서 인자로 분명히 인식된다.[3] 환상 속에서 요한은 역사적 예수가 아니라 높임 받은 그리스도를 본다. 그리스도의 발까지 닿은 옷은 그의 제사장적 권위를 상징한다(1:13). 주목할 만한 것은 그의 머리털은 흰 양털 같고 "눈같이 희다"(1:14)는 것이다. 이 묘사는 놀랍다. 왜냐하면 다니엘 7장에서 여호와의 옷은 "눈같이 희고" 그의 머리털은 "깨끗한 양털 같기" 때문이다(7:9).

요한은 성경의 서술을 기억할 때 잘못을 범하지 않았다. 요한은 인자가 옛적부터 항상 계신 자와 동등한 존귀와 영광을 받기에 합당하다는 것을 가르치기 위해 구약 서술을 수정하는 것이다. 하나님이 존경과 경배를 받으시는 것과 같은 방식으로 인자는 존경과 경배를 받으셔야 한다. 하나님처럼 인자의 눈은 불꽃 같고 모든 것을 살피기 때문에 아무것도 그의 눈을 피하여 숨을 수 없다(계 1:14; 2:18, 23; 19:12). 몰래 악을 행하는 자들도 그의 꿰뚫어보는 눈을 피할 수 없다. 그들은 심판에 직면하게 될 것이다.

요한계시록은 차별과 박해를 받는 소아시아의 교회들에게 보내어진 것이다. 이에 대한 반응으로 요한은 모든 것에 대한 예수님의 주권을 강조한다. 어린양으로서 예수님은 "만왕의 왕"이시다(17:14; 19:16). 같은 구절들은 예수님이 "만주의 주"임을 확증한다. 이 두 가지 칭호를 바울은 목회서신에서 하나님께 적용하며(딤전 6:15) 구약에서 여호와는 "만주의 주"로 불리고(신 10:17; 시 136:3) 제2성전기 문헌에서는 "만왕의 왕"으로 불린다(2 Macc. 13:4; 3 Macc. 5:35). 예수님은 땅의 임금들을 통치하신다(계 1:5). 이 말은 이 세상의 정치적 지도자들이 통제력을 행사하지만 그들은 예수님 자신의 권위 아래서 봉사하는 것으로 보일 수 있다. 게다가 1:5-6은 예수님

---

3 예수님은 계 14:14-16에서도 인자로 밝혀지고 있는 듯하다.

께 송영을 올려드리는데 송영은 오직 하나님께만 돌리는 것이다. 예수님은 모든 것에 대한 그의 통치를 상징하는 면류관들을 쓰셨다. 그리고 아무도 그의 이름을 알지 못한다는 사실은 아무도 그를 지배하지 못한다는 것을 나타낸다(19:12). 히브리 문화에서 이름을 짓는다는 것은 이름 지음을 받는 자를 지배하는 권위를 상징한다. 아담이 동산에 있는 동물들의 이름을 지을 때 그의 권위를 행사한 것처럼 말이다(창 2:19).

놀라운 이미지인데 하나님의 어린양인 예수님은 또한 하나님의 백성들의 목자이시기도 하다(계 7:17). 이것은 요한복음을 반향한다. 요한복음에서 예수님은 자신을 선한 목자로 묘사하신다(요 10:11, 14). 예수님의 목자로서의 역할은 그의 신성을 가리킨다. 왜냐하면 구약에서는 여호와가 자기 백성의 목자이며(시 23:1; 28:9; 80:1; 사 40:11; 겔 34:13, 15; 미 7:14) 그들을 물가로 인도하시기 때문이다(시 23:2). 어떤 본문에서 목자는 메시아적 인물이다(겔 34:23; 37:24; 미 5:4). 요한은 예수님이 목자로서 신적, 그리고 메시아적 역할을 성취하시는 것으로 본다.

요한계시록은 분명히 예수님을 하나님으로 묘사한다. 그러나 요한은 또한 예수님이 메시아이심도 가르친다(계 1:1-2, 5; 11:15; 12:10; 20:4, 6). 나라는 단지 하나님뿐 아니라 "그의 그리스도"에게도 속한다(11:15). 그리스도로서 예수님은 모든 것에 대한 권세를 가지신다(12:10). 이기는 자들은 그와 함께 천 년 동안 다스릴 것이다(20:4-6). 예수님은 신자들을 제사장과 나라로 삼으셨다(1:6; 참고, 20:6). 다윗 왕조가 영원히 지속되리라는 언약적 서약은 예수님에 의해 성취된다. 왜냐하면 예수님이 "다윗의 열쇠"를 가지셨기 때문이다(3:7). 예수님은 "유대 지파의 사자(Lion), 다윗의 뿌리"이시다(5:5). 요한계시록의 끝에서 예수님은 "나는 다윗의 뿌리요 자손이니 곧 광명한 새벽 별이라"라고 선언하신다(22:16). 유대의 사자로서의 예수님은 창세기 49:9을 반향하시며 민수기 23:24; 24:9까지도 반향하시는 것 같다. 사자는 예수님의 힘, 위엄, 왕다움을 상징한다. "뿌리"(root〈리자, rhiza〉)라는 용어는 이새의 뿌리가 약속된 이사야 11장을 상기시킨다(11:1, 10). 그에게 성령이 주어질 것이며 그는 의로 심판하며 악인을 멸하고 평화와 의를 출범시킬 것이다.

비록 요한계시록이 그리스도의 주권과 영광을 강조하지만 그의 죽음이 모든 역사의 받침점이다. 그리스도는 십자가에서의 죽음을 통해 신자들을 죄로부터 해방시킴으로써 그들에 대한 사랑을 드러내셨다(1:5). 로마제국의 위협에도 불구하고 신자들의 근본적인 필요는 죄책으로부터의 해방이다. 요한계시록 5장은 어쩌면 요한계시록 전체에서 가장 중요한 장일 것이다. 왜냐하면 일곱 인으로 봉한 두루마리를 열 만한 사람이 아무도 없었기 때문이다. 즉 한 사람 외에 아무도 없었기 때문이다.

요한은 "유대 지파의 사자 다윗의 뿌리"가 봉인된 책을 열수 있다는 말을 듣는다(5:5). 그러나 요한이 실제로 승리자를 보려할 때 그는 강한 사자가 아닌 죽임당한 어린양을 보게 된다(5:6). 모든 역사와 하나님의 약속의 완성에 대한 열쇠는 어린양의 죽음이다. 악에 대한 승리는 군사적 승리에서 오는 것이 아니라 어린양의 고난으로부터 온다. 그의 피로 어린양은 모든 민족과 방언에 속하는 "사람들을 사셨다"(5:9). 깨끗한 흰 옷은 하나님 앞에 나아감을 상징하며 "어린양의 피"로만 옷을 희게 할 수 있다(7:14).

생명책에 이름이 기록된 자들은 그들을 위해 어린양이 죽음을 당했기 때문에 이름이 기록된다(13:8; 21:27). 144,000명은 오직 어린양에게 속하기 때문에 인침을 받는다(7:1-8). 어린양의 죽음이 그들의 생명의 근원이다. 그들은 구원의 새 노래를 부르며, 어린양에 의해 구속받았기 때문에 이마에 아버지와 어린양의 이름을 가지고 있다(14:1-5). 이와 유사하게 신자들은 그리스도의 피와 기꺼이 죽음에 직면함으로써 악을 이긴다(12:11). 만국을 고치는 것은 생명나무로부터 온다(22:2). 그러나 오직 그들의 옷을 빠는 자들만이 그 나무에 나아갈 수 있고(22:14) 우리는 7:14에서 옷은 어린양의 피로서만 씻어 희게 할 수 있다는 것을 보았다. 그렇다면 그리스도의 죽음에 근거하여 모든 사람은 값없이 생명수를 받으라는 초청을 받는다(22:17). 비록 그리스도의 죽음은 요한계시록의 몇몇 부분에서만 언급되고 있지만 그러한 배치는 요한계시록 전체를 위한 기초가 된다.

요한계시록의 기독론은 명백하게 놀랍고 고등하다. 실로 요한계시록의 기독론은 요한복음의 기독론과 유사하다. 어린양이신 예수님은 하나님과 동등한 위치에 계시며 신적 존재로서 경배를 받으신다. 그는 이스라엘의 메시아이며 하나님의 아들이다. 예수님은 영광스러운 인자이시며 땅의 모든 임금들의 통치자이시다. 그는 왕의 왕이시며 주의 주이시다. 하나님이 찬송을 받으시는 것처럼 예수님도 찬송을 받으신다. 하나님이 알파와 오메가이며 처음과 나중이시듯이 예수님도 알파와 오메가이시며 처음과 나중이시다. 자기의 죽음으로 신자들을 그들의 죄로부터 해방시키고 자기 피로 그들의 옷을 희게 하는 분이 바로 이 예수님이시다. 요한계시록은 이 책의 중심 주제와 부합한다. 즉 높임 받은 그리스도가 구원을 주신다는 것이다.

8. 결론

신약의 뒷부분에 나타나는 기독론에 대해 가장 놀라운 것은 그것이 복음서들과 바울 서신, 사도행전의 주요 강조점과 일치한다는 것이다. 복음서에서 우리는 예수님이 새로운 더 나은 모세, 마지막 선지자, 메시아, 인자, 하나님의 아들, 주, 그리고 하나님으로 제시되는 것을 보았다. 사도행전은 예수님이 죽은 자 가운데서 부활하신 메시아이시며 주님이시라는 것을 특별히 강조한다. 바울 또한 예수님의 주되심에 초점을 두며 예수님의 신적 특권을 강조한다. 예수님의 주되심과 신성은 신약의 후반부에서도 역시 나타난다.

9. 목회적 반성

예수님의 신분에 대한 관심은 사변적인 것이 아니다. 신약의 저자들은 새로운 형이상학적인 진리를 전하기 위해 예수님의 인격에 대해 숙고하지 않았다. 예수님의 신분은 모든 이전 범주들을 통해 분출되었고 기대를 초월했다. 그러나 예수님의 신분은 예수님이 성취하신 구원 때문에 신약의 저자들에게 중요했다.

구원론과 기독론은 풀 수 없이 함께 짜여져 있다. 불완전한 기독론은 불완전한 구원론에 이르게 한다. 또는 역으로 환원적 기독론은 신약의 고등 기독론과 맞지 않는다. 나는 신약의 기독론이 오직 기능적이라고 말하는 것이 아니다. 여기에는 존재론도 있다. 그러나 존재론은 언제나 구원론과 연결되어 있고 결코 그 자체를 위해 알려진 것이 아니다.

아타나시우스(Athanasius)는 이러한 통찰력을 그의 유명한 책 『성육신에 관하여』(On the Incarnation)에서 분명히 표현했다. 그는 예수님이 완전한 사람과 완전한 하나님이 아니었다면 그리스도로서 우리를 죄로부터 구원할 수 없었을 것이라는 것을 깨달았다. 단순한 인간은 결코 우리 죄에서 우리를 구속할 수 없을 것이다. 오직 신적인 자만이 용서를 얻을 수 있을 것이고 따라서 우리의 양심은 우리가 행한 악으로부터 깨끗함을 얻을 수 있을 것이다.

Magnifying God in Christ

제8장

성령

하나님의 구원 약속은 아버지와 아들과 성령의 사역을 통해 실현된다. 지금까지 우리는 아버지와 아들의 사역을 탐구해왔다. 따라서 이 시점에서는 성령의 사역으로 관심을 돌리는 것이 적절하다. 신약에서 성령은 새로운 시대가 도래했다는 것과 새 창조가 이루어졌다는 신호이다.[1] 다른 말로 하면 1장에서 언급했듯이 성령은 이미(the already)가 이 악한 세대에 침투해 들어온 것을 나타낸다. 하나님의 구원 사역은 아직 완성되지 않았다. 그러나 성령은 신자들에게 하나님이 시작하신 일은 완성될 것이라는 확신을 주신다.

이 장에서 우리는 성령으로 기름 부음 받은 예수님은 높임 받은 주님이시며 그의 백성들에게 성령을 부으신다는 것을 보게 될 것이다. 누가-행전에서 성령은 특별히 예언과 능력의 하나님이시다. 그러나 그의 임재는 사람이 하나님의 백성에 속한다는 것도 나타낸다. 또한 바울이 특별히 강조하듯이 성령은 사람이 하나님께 속함을 나타내며 새로운 삶을 살 수 있도록 신자들에게 힘을 주신다. 유사한 주제가 신약의 다른 곳에서도 발견되

---

1 성령에 대한 구약적 배경에 대해서는 Schreiner 2008: 432-35; Hamilton 2006: 25-55을 보라.

는데 이것은 성령의 사역에 관해 근본적으로 인식이 일치함을 보여준다.

나의 이전의 책에서 성령에 대한 마태복음과 마가복음의 공헌을 논하였다. 그러나 마태복음과 마가복음이 성령에 대해 가르치는 것의 대부분이 누가복음에서도 발견되므로 나는 여기에서 누가복음에 집중하려고 한다. 누가복음은 성령에 대한 상당히 충실한 신학을 우리에게 제공한다.

누가-행전의 성령을 살펴보기 전에 마태복음 28:19에 있는 세례 양식(baptismal formula)에 대해 논의할 것이다. 마태는 아버지, 아들, 성령의 이름들(names)이 아닌 한 이름(one name)으로 세례 받을 것을 요구한다. 그러나 그 하나의 이름은 다양성을 포함한다. 즉 삼중적인 아버지, 아들, 그리고 성령이다. 세례는 하나님의 이름으로 시행되는데 이것은 아버지, 아들, 그리고 성령이 모두 하나님이심을 나타낸다. 마태는 여기에서 삼신론(Tritheism)에 빠지지 않는다. 왜냐하면 한 이름은 오직 한 하나님이 있음을 나타내기 때문이다. 그러나 신격(Godhead)은 다양하게 나타난다. 즉 아버지, 아들, 그리고 성령이다.

1. 성령과 예수님

누가는 그의 두 권으로 된 저작에서 자주 성령을 언급하기 때문에 성령의 신학자라고 묘사될 수 있을 것이다. 성령의 담지자로서의 예수님의 역할은 누가복음에서 처녀 잉태와 함께 시작된다. 구약에는 나이 들고 잉태하지 못하는 부모가 아이를 낳는 기록이 있다(창 21:1-7; 삼상 1:1-28). 그러나 처녀가 아이를 갖는 것은 전례가 없다. 마리아는 성적 관계를 통해서가 아닌, 기적적으로 성령이 그를 덮으실 때에 잉태했다(눅 1:35; 참고, 마

1:18-25). 마태복음과 마찬가지로 누가복음은 예수님을 잉태의 순간부터 성령의 사역을 경험한 자로 묘사한다. 성령으로 잉태된 자로서 예수님은 독특한 성령의 담지자이시다.

예수님은 세례 받을 때 성령의 기름 부음을 받으셨다(눅 3:22). 누가복음은 다른 공관복음서와 함께 예수님은 성령에 이끌리어 광야로 나가심을 기록하고 있다(4:1). 특징적으로 누가는 예수님이 광야에서의 시험기간을 마치고 "성령의 능력으로"(4:14) 돌아오셨다는 것을 언급한다. 예수님의 준비와 시험의 시간은 이제 끝났다. 예수님은 이스라엘이 실패했던 광야에서 승리하셨다. 아담과 이스라엘과 대조적으로 예수님은 하나님의 순종하는 아들이셨다. 예수님은 하나님의 뜻을 수행하기 위해 성령으로 무장하여 성령의 능력이 충만한 그의 공적 사역을 시작하셨다. 누가는 그것으로 예수님의 사역 전체가 성령의 능력으로 수행되었다는 것을 암시한다. 그러한 관점은 베드로가 고넬료와 그의 친구들에게 주었던 예수님의 사역 요약과 일치한다(행 10:37-41).

성령의 중심성은 예수님의 사역에 대해 누가복음(4:16-30)이 기록하고 있는 첫 번째 사건에서 독자들에게 인상적으로 드러난다. 여기에 기록된 이야기는 누가복음과 사도행전에 있는 많은 주제들을 포함하고 있다. 그러므로 이 서술은 누가의 두 저작의 프로그램이 되며 근본이 된다. 본문은 "주의 성령이 내게 임하셨으니 이는 가난한 자에게 복음을 전하게 하시려고 내게 기름을 부으시고"라는 말로 시작한다(4:18). 예수님은 포로된 자에게 자유를 주고 눈먼 자를 보게 하며 눌린 자를 자유롭게 하고 하나님의 은혜를 포고하기 위해 보냄 받으셨다(4:18-19). 예수님은 그의 사역 전체를 여기에서 묘사하셨다. 그러므로 그의 사역의 모든 면은 성령의 기름 부으시는 능력에 달려있었다.

2. 성령과 예언

누가-행전의 성령에 대한 또 다른 폭넓은 범주는 내가 여기서 "예언의 영"이라고 부르는 것이다. 성령은 사람들에게 임하시고 그들은 말을 통한 예언적 선언과 기록을 통한 성경 말씀으로 하나님의 말씀을 전하신다. 누가복음에서 예언적 말씀은 구원사의 성취와 관련이 있있다. 하나님의 구속 계획은 실현되고 있으며 성령으로부터 나오는 예언적 말씀에 의해 진전된다. 누가-행전에서 자주 성령은 그의 백성들을 인도하시는 데 특히 선교의 관점, 즉 복음을 땅끝까지 전파하는 데 있어서 그러하다.

성령이 임하시면 사람들은 하나님의 말씀을 말한다. 마리아가 엘리사벳을 방문했을 때 엘리사벳은 즉각 성령이 충만하여 큰 소리로 하나님께로부터 온 계시를 말하였다(눅 1:40-45). 그 이전에 가브리엘은 요한이 "모태로부터 성령의 충만함을" 입을 것이라고 했다(1:15). 그러한 성령의 충만함은 요한이 주의 선지자였다는 것, 진실로 그리스도가 오시기 전까지 최고의 선지자였다는 것을 증거한다(7:26-28). 이와 유사하게 사가랴도 성령으로 충만하여 예언하였으며 하나님이 다윗의 자손을 보좌에 앉게 하심으로 그의 언약적 약속을 성취하실 것이라며 하나님을 찬송했다(1:67-79). 시므온의 말도 비슷하게 해석해야 한다(2:25-35). 누가는 독자들에게 "성령이 그 위에 계셨으며"(2:25) "성령의 감동으로 성전에 들어갔음"을 알리고 있다. 예언의 영이 시므온 위에 계셨으므로 시므온은 하나님의 말씀을 말할 수 있었다. 성령은 그리스도를 보기 전에는 죽지 않을 것이라는 것을 이전에 "그에게 보이셨다"(2:26).

앞선 본문들을 살펴볼 때 우리는 성령의 "충만함"(핌플레미⟨*pimplēmi*⟩)과 예언이 깊이 연관되어 있음을 관찰할 수 있다. 세례 요한은 주의 선지자였으며 모태로부터 성령이 충만했다(1:15). 엘리사벳과 사가랴 둘 다 성령으로 충만했고 예언했다(1:41, 67). 동일한 패턴이 사도행전에도 계속된다. 120명의 신자들이 오순절날 성령으로 충만해졌을 때 방언으로 말했다(2:4).

이후의 내러티브에서 사도들은 산헤드린에 의해 체포되어 그들의 행동에 대해 심문을 받았다. 베드로는 그들의 행동에 대해 변호했으며 성령으로 충만했다. 종교지도자들 앞에서의 베드로의 자연스러운 변호는 그들이 핍박을 당할 때 무슨 말을 해야 할지 성령이 가르치실 것이라는 예수님의 약속이 성취되었음을 나타낸다(4:8-12; 눅 12:11-12). 베드로의 변호 후에 종교지도자들은 제자들에게 예수님에 대한 메시지를 더 이상 퍼뜨리지 말라고 위협하며 경고했다. 제자들은 함께 모여 기도했다. 기도 후에 "그들은 모두 성령이 충만하여 계속해서 하나님의 말씀을 담대하게 전하였다"(행 4:31). 역시 성령충만은 하나님의 말씀을 선포하도록 이끌었으며 그리스도 안에서 하나님이 하신 일을 증거하게 했다.

바울이 회심했을 때 아나니아는 사울(바울)에게 안수했고 사울은 성령으로 충만했다(9:17). 사도행전의 줄거리를 보면 바울은 성령의 충만함을 얻어 복음을 땅끝까지 전파하게 된다. 제1차 전도여행에서 엘루마는 바울과 바나바가 설교하는 것을 방해했다. 바울은 성령에 충만하여 엘루마를 쳐서 소경이 되게 했고 그를 대항하여 주의 말씀을 전했다(13:9-11). 성령충만은 즉각적으로 주의 말씀을 하게 한다. 모든 경우 성령충만은 증인이 되는 것과 예언의 말씀을 말하는 것과 연관된다.

예언의 영은 교회가 예수 그리스도에 대한 복음을 세상에 전파할 때 교회를 인도했다. 복음이 예루살렘에서부터 땅끝까지 전진해 갈 때 누가는 자주 성령이 전파자들에게 방향을 지시하신 것에 주목한다. 성령은 빌립에게 에디오피아 내시에게 가서 말하라고 명령하셨다. 그때 내시는 병거를 타고 에디오피아로 돌아가고 있었다(8:29). 누가는 고넬료 이야기를 복음 전파에 관한 가장 중요한 기사 중 하나로 간주한다. 왜냐하면 누가는 두 번 이 이야기를 말하고 있고 이 기사를 전하기 위해 중요한 위치를 할애하고 있기 때문이다(10:1-48; 11:1-18). 고넬료에게서 온 자들이 무두장이 시몬의 집에 나타났을 때 성령은 고넬료, 그리고 그와 함께 모여 있는 자들을 방문하기 위해 그들과 함께 가라고 베드로에게 지시하셨다(10:19-20; 11:12). 바울과 바나바의 첫 번째 전도여행은 성령이 바울과 바나바에게 안디옥을 떠나 여행하며 복음을 이방인들에게 선포하라고 명령하셨을 때 시작되었다(13:2).

예언의 영은 또한 교회가 부름 받은 사명을 공고히 하도록 이끄셨다. 누가는 요약진술에서 유대와 갈릴리와 사마리아 지역에 있는 교회가 "성령의 위로로 진행"하였다고 말한다. 성령의 위로를 받는 그러한 삶은 언급한 지역에 있는 교회의 확장과 연결된다. 복음이 이 지역에 확립되었고 성령이 그들의 사명을 감당할 수 있게 하실 것이라는 1:8에 있는 예수님의 말씀이 성취되었다. 이방인들에게 할례를 요구할 것인가에 대해 숙고하기 위해 교회가 예루살렘에 모였을 때 베드로는 고넬료와 그의 친구들에게 일어났던 일을 상기시켰다. 따라서 이방인들에게 할례를 부과하지 않도록 한 결정은 성령 자신이 이끄신 것임을 보여주었다(15:28).

3. 성령을 주심

예수님은 성령의 담지자이셨으나 그는 또한 성령을 주시는 분이시다. 누가복음의 결론은 성령을 주심이 예수님의 고난, 죽음, 그리고 부활과 절대적으로 연결되어 있다는 것을 암시한다(24:46-49). 예수님의 이름으로 인한 회개의 메시지는 온 세상에 전파되어야 한다. 그러나 제자들은 예수님이 "내 아버지께서 너희에게 약속하신 것"을 보내실 때까지 예루살렘을 떠나서는 안된다. 오직 그때에만 "위로부터 능력으로 입혀질"(24:49) 것이며 온 세상에서 증인이 되기 위해 필요한 힘을 얻게 될 것이다.

사도행전은 누가복음이 끝난 곳에서 다시 시작한다. 예수님은 그의 제자들에게 "아버지의 약속하신 것", 즉 성령의 세례(1:4-5)를 받을 때까지 예루살렘을 떠나지 말라고 명령하신다. 누가복음의 결론에서처럼 성령을 받는 것은 땅끝까지 복음을 전파하기 위해 필요하다(1:8). 그러나 성령을 부어주시기 전에 예수님은 반드시 승천하셔야 한다(1:9-11). 예수님이 주와 그리스도로 높아지고 다윗의 보좌와 하나님 우편에 앉을 때에만 성령은 주어질 수 있다(2:36). 하나님 우편으로 높아지신 자로서 예수님이 아버지께 성령을 받아 이 동일한 성령을 그의 제자들에게 부어주셨다(2:33). 예수님을 주와 그리스도로 모든 나라가 귀중히 여기도록 하기 위해 성령은 예수님이 높아지신 후에만 주어졌다.

누가는 하나님의 진리에 관한 산만하고 일반적인 증언을 성령을 통해 하는 것에 초점을 두지 않는다. 그보다 예수님의 높아지심과 사역 후에 성령이 주어지는 것은 사람들에게 십자가에서 죽으시고 부활하셨으며 높아지신 주님, 예수님께 항상 주목하게 한다. 죄의 용서와 성령 주심은 오직 예수님의 이름으로만 이루어진다(눅 24:47; 행 2:38). 왜냐하면 다른 이로서는 구원을 얻을 수 없기 때문이다(행 4:12).

사도행전에서 예수님이 성령을 주심은 다른 동사들로 묘사되고 있다. 이미 보았듯이 2:4에서 방언으로 말한 자들은 성령으로 "충만"(핌플레미 ⟨*pimplēmi*⟩)했다고 기록되었다. 성령을 주심은 "받다"(람바노⟨*lambanō*⟩, 1:8; 2:33,

38; 8:15, 17; 10:47; 19:2), "부어 주다"(엑케오⟨*ekcheō*⟩ 또는 엑퀸노⟨*ekchynnō*⟩, 2:17-18, 33; 10:45-46), "주다"(디도미⟨*didōmi*⟩, 눅 11:13; 행 11:17), "임하다, 위에 임하다"(에르코마이⟨*erchomai*⟩/에페르코마이⟨*eperchomai*⟩, 눅 1:35; 행 1:8; 19:6), "내려오다"(에피핍토⟨*epipiptō*⟩, 10:44; 11:15), "세례주다"(밥티조⟨*baptizō*⟩, 눅 3:16; 행 1:4-5; 11:16)를 포함하여 다양한 동사를 통해 표시되었다.

성령주심과 관련된 동사들을 검토해 보면 그것들은 다음의 네 가지 주요 사건을 언급할 때 주로 사용되었음을 알 수 있다. 즉 오순절에 제자들에게 성령을 주심(눅 3:16; 행 1:5, 8; 2:17-18, 33; 11:15-16), 사마리아인들에게 성령 주심(행 8:15-19), 고넬료와 그의 친구들에게 성령주심(10:44-45, 47; 11:15-17; 15:8), 에베소의 12인에게 성령주심이 바로 그것이다. 사도행전의 증거를 요약하는 또 다른 방법은 이들 네 사건들에 어떤 동사들이 사용되었는가를 관찰하는 것이다.

(1) "받다"(람바노⟨*lambanō*⟩): 오순절(1:8; 2:33), 사마리아(8:15, 17, 19), 고넬료(10:47), 에베소 12인(19:2)

(2) "부어 주다"(엑케오⟨*ekcheō*⟩ 또는 엑퀸노⟨*ekchynnō*⟩): 오순절(2:17-18, 33), 고넬료(10:45)

(3) "주다"(디도미⟨*didōmi*⟩): 오순절(11:17; 15:8),[2] 사마리아(8:18), 고넬료(11:17; 15:8).

(4) "위에 임하다"(에르코마이⟨*erchomai*⟩/에페르코마이⟨*eperchomai*⟩): 오순절(1:8), 에베소 12인(19:6).

(5) "내려오다"(에피핍토⟨*epipiptō*⟩): 오순절(11:15), 고넬료(10:44; 11:15).

---

2 하나님이 오순절에 있던 사람들에게 주었던 것과 같은 선물을 그들에게도 주셨다고 베드로가 말하고 있기 때문에 베드로는 성령이 오순절에도 주어졌다는 것을 가르치고 있다.

(6) "세례주다"(밥티조⟨*baptizō*⟩): 오순절(1:5; 11:16), 고넬료(11:16).

동사들은 의미에 있어서 중첩된다. 그러므로 어느 하나의 동사가 어느 사건에서 생략되었다는 것이 반드시 중요한 것은 아니다. 오순절과 고넬료 사건에 관해 가장 다양한 동사가 사용된 것을 볼 수 있다. 그러나 이것은 이들 두 사건의 내러티브가 가장 길기 때문이다. 에베소 12인에 대한 진술에 동사가 가장 적다. 그러나 이 이야기가 네 가지 사건 중에서 가장 짧은 내러티브로 되어 있기 때문에 그것은 이치에 합당하다.

누가의 성령신학에서 이 네 가지 사건의 중요성은 무엇인가? 어떤 사람은 누가의 성령신학은 사역을 위한 힘을 주는 성령의 카리스마적 은사와 관련된다고 주장한다. 예언의 영에 대한 논의에서 성령에 대한 그러한 개념은 틀림없이 누가-행전에서 주요한 역할을 한다는 것을 우리는 보았다. 우리가 방금 살펴본 네 가지 기사에서도 성령은 사역을 위해 준비시킨다는 관념이 존재한다. 오순절날 성령이 임하셨을 때 제자들은 땅끝까지 이르러 증인될 수 있는 권능을 받았다(행 1:8; 참고, 눅 24:49). 게다가 오순절에 대한 기사는 앞선 분석에서는 생략된 하나의 동사를 포함한다. 예수님이 제자들에게 성령으로 세례를 주셨을 때 그들은 성령으로 "충만"했으며 방언으로 말했다(행 2:4). 그들의 "충만"과 방언 말함은 사역을 위한 것이었다. 왜냐하면 군중들이 모였고 베드로가 복음을 선포했기 때문이다. 우리는 위에서 사실상 모든 경우에 "충만"(핌플레미⟨*pimplēmi*⟩)은 하나님의 말씀을 선포하기 위한 것임을 알았다.

이 네 가지 기사에서 누가는 성령의 권능주심과 중생의 사역을 엄격히 분리해야 할 것을 암시하지 않는다. 오순절 내러티브와 "충만"이라는 동사의 사용은 사역을 위해 권능주심이 이 이야기에서 제거될 수 없다는 것을 나타낸다. 그럼에도 이 네 사건에서, 특히 마지막 세 기사에서 주제는 묘사된 사람들이 하나님의 백성에 가입된다는 것이다. 사도행전 8, 10, 19장에서 성령의 오심은 주로 카리스마적 사역을 위해 권능을 주신 것을 묘사하기 위한 것이 아니라 성령을 받은 자가 하나님의 백성에 속한다는 것을 나타내기 위한 것이다. 멤버십의 상징은 그들이 성령을 받았다는 것이다. 여기에서의 주장을 지지하는 하나의 증거는 "충만하다"는 동사는 오순절 기사에서만 사용이 되고 사마리아, 고넬료, 에베소 12인에 대한 이야기에서는 나타나지 않는다는 것이다. 오순절 이야기에는 사역을 위한 권능받음과 하나님의 백성에 가입함이라는 주제들이 중첩된다. 나머지 세 기사는 다양한 그룹의 사람들이 진정으로 예수 그리스도의 교회에 속함을 강조한다.

그러므로 오순절 기사는 카리스마적 권능을 받는 것뿐만 아니라 성령 받은 하나님의 백성으로서의 출발을 나타내기도 한다. 세례는 입회 언어(initiation language)를 대표하며 따라서 예수님이 성령으로 세례를 주시는 것(행 1:5)은 성령의 새 시대가 시작되었음을 가리킨다(2:17-18, 33; 참고, 욜 2:28). 하나님은 오순절에 처음으로 신자들에게 성령을 주셨다(행 11:17; 15:8). 그러므로 베드로는 오순절에 성령을 주심과 고넬료와 그의 친구들에게 성령 주심 사이에 연속성이 있음을 보았다. 두 그룹은 성령의 새 시대로 세례를 받았다.

고넬료와 그의 친구들은 죄와 심판으로부터 구원받을 수 있는 메시지를 받았다(11:14). 그들이 성령을 받은 것은 다른 사람에 대한 사역과 관련되지 않았다. 물론 의심할 바 없이 그것이 뒤따르겠지만 말이다. 그러나 여기에서 누가가 강조하는 것은 그들이 하나님의 백성에 포함되는 것이다. 할례 받은 유대인들은 이방인들과 함께 식사하는 것을 피했다. 그들은 하나님의 백성의 일부가 아니었고 정결법을 준수하지 않았기 때문이다 (11:2-3). 그렇다면 부정한 동물을 먹는 것에 대한 베드로의 환상은 이 기사의 핵심 포인트에 직접적으로 연결된다(10:9-16). 성령이 오시고 새 시대가 도래함으로써 구약의 음식법은 하나님의 백성들에게 더 이상 요구되지 않았다. 하나님은 이제 이 음식들이 깨끗하다고 선언하셨다(10:15). 하나님의 백성으로 입회하기 위해 결정적인 것은 성령의 임재이다.

누가는 성령이 고넬료와 그의 친구들에게 임하심을 강조한다. 회개하고 믿으라는 베드로의 어떤 명령도 없이 성령이 그들에게 "내려 오셨다"(10:44; 11:15). 성령이 그 이방인들에게 "부어졌다"는 것이 명백했다(10:45; 11:17; 15:8). 따라서 베드로는 입회의식인 물세례가 그들에게 베풀어져야 한다고 결론지었다. 오순절에 방언을 말한 것의 기능은 하나님의 위대한 일을 증거하는 것(2:11)과 복음선포의 교두보를 제공하는 것이었다. 그것은 또한 바벨에서 언어가 혼란되었던 것을 되돌린 기능(창 11:1-9)을 했고 모두가 서로를 이해하게 될 절정을 예견하는 것이었다. 고넬료와 그의 친구들의 경우 방언 말함은 증거와 사역을 위한 기회를 마련해주지는 않았다. 그것은 오히려 베드로와 그와 함께 있던 다른 유대인들에게 이 이방인들이 참으로 성령을 받았다는 것을 확증해주었다.

에베소 12인에 대한 기사(행 19:1-7)는 고넬료 기사와 좀 비슷한 점을 가지고 있다. 이들 열두 제자들은 말하자면 여전히 옛 언약 아래 살고 있었다. 그들은 아직 구속의 새 시대에 살고 있다는 표인 성령을 받지 않았다(19:2). 그들은 구속사의 과도기에 살고 있었다. 오직 요한의 세례만 받았기 때문이다. 사도행전 19:4은 세례 요한이 사람들에게 지시했던 분, 즉 예수 그리스도를 아직 그들이 믿지 않았다는 것을 암시한다. 오순절 성령은 아직 그들에게 부어지지 않았다. 예수 그리스도에 대한 복음을 듣고 그들은 그를 믿었고 세례를 받았다. 그들의 세례는 그들이 하나님의 백성으로 입회했다는 것을 나타냈다. 물세례와 함께 바울이 안수할 때 성령이 내려오셨다. 그들은 방언을 하고 예언을 함으로써 오순절 성령을 받았음을 입증했다. 이 네러티브는 예수님을 높임 받은 주로 믿는 자들에게만 성령이 부어진다는 것을 강조한다.

네 번째 사건은 상당히 특이하다. 사마리아인들은 주 예수님을 믿었고 물세례를 받았으나 아직 성령을 받지 못했다(8:9-13). 이 현상은 여러 가지로 해석될 수 있겠지만 여기에서 나는 가장 신빙성 있어 보이는 관점을 언급하려 한다.³

이 기사는 독특하기 때문에 상술되고 있는 예외적인 사건으로 해석될 수 있을 것이다. 8:16절의 누가의 언급은 사마리아에서 일어난 일이 이례적인 것이었음을 나타낸다. 여기에서 "받다"(람바노〈*lambanō*〉)라는 동사가 성령과 관련하여 세 번 사용되고(8:15, 17, 19) "내려오다"(에피핍토〈*epipiptō*〉)라는 동사가 한 번 사용된다(8:16). 누가가 여기에서 "받다"라는 동사를 사용하고 있으므로 사마리아인들이 처음 믿을 때 이미 성령을 가지고 있었고 단지 성령의 능력이 없었다고 생각할 근거는 없다. 성령을 선물로 받는 것은 일반적으로 회심 때이다. 베드로가 그의 오순절 설교에서 분명히 하듯 말이다(2:38). 그러나 본문은 사도들이 안수할 때에 비로소 사마리아인들이 성령을 받았고 사도들이 안수하기 전에는 성령이 그들에게 전혀 없었다는 것을 분명히 가르친다. 우리는 사도행전에서 믿는 것과 성령 받는 것 사이에 간격이 있는 다른 예를 볼 수 없다. 다른 모든 경우에 사람들이 회개하고 믿을 때 성령을 받았다(2:38; 10:44-48; 11:15-18; 15:7-11; 19:4-7). 실로

---

3 여러 다른 관점에 대해서는 Schreiner 2008: 456-58을 보라.

신약의 다른 어느 곳에서도 성령을 선물로 받는 것과 그리스도를 믿음 사이가 어떤 간격에 의해 분리되지 않는다.

이 내러티브의 실마리는 사마리아인들이 성령을 받기 전에 베드로와 요한이 와서 그들에게 안수해야 할 필요가 있었다는 것이다(8:14-17). 7인 중 한 사람이며(6:5) 사도 빌립과 다른 사람인 빌립(참고, 8:1)은 사도들 중 한 사람이 아니었기 때문에 성령을 줄 수 없었다. 왜 사마리아인들은 사도들이 안수하여 중재하는 식으로 성령을 받아야만 했는가?

모든 경우에 안수가 요구되는 것은 아니다. 안수함 없이 고넬료와 그의 친구들에게 성령이 내려오셨기 때문이다(10:44-48). 가장 만족할 만한 대답은 사마리아 교회가 예루살렘 교회로부터 갈라지지 않기 위해 사도들이 성령을 통해 중재할 필요가 있었다는 것이다. 교회는 하나였다. 하나님은 사마리아인들이 그들 자신만의 "교단"을 형성하도록 사도들과 무관하게 성령을 주지 않으셨다. 사마리아인들은 유대인과 분리된 오랜 역사를 가지고 있었다. 예를 들어 그들은 예루살렘 대신 그리심 산에서 예배했고 구약 전체 대신 모세오경을 소중히 여겼다. 요한 히르카누스(John Hyrcanus)는 그의 통치 기간(134-104 BC)에 그리심 산에 있는 그들의 성전을 파괴했다. 유대인들과 사마리아인들 사이의 긴장은 신약에서도 명백하다(눅 9:51-56; 10:33; 17:16; 요 4:9; 8:48; 참고, 행 1:8; 9:31).

그러므로 나는 오순절에 신자들에게, 사마리아인들에게, 고넬료와 그의 친구들에게, 그리고 에베소 12인에게 성령을 주신 주된 목적은 성령을 받은 자들이 하나님의 백성의 일원임을 증거하기 위한 것이라고 결론을 내린다. 성령 부으심은 새 시대가 시작되었음을 의미하며 성령 주심은 누가-행전의 전도적 특징과 일치한다. 하나님의 백성의 일원이 되는 것은 유대인에게만 한정되지 않았다. 사마리아인과 이방인도 포함된다. 성령 나누어 주심을 통해 누가는 교회의 선교가 넓어지고 예수 그리스도의 복음이 확장되는 것을 본다. 왜냐하면 모든 경우에 성령을 선물로 주심은 예수 그리스도께서 십자가에서 죽으시고 부활하신 주님이라는 메시지와 연관되어 있기 때문이다. 나는 이 네 사건에 사역적 차원이 전혀 없다고 주장하는 것이 아니다. 오순절에 제자들도 그리스도의 복음을 증거했기 때문이다. 그럼에도 여전히 주된 목적은 성령 받은 자들은 하나님의 백성에 속한다는 것을 확증하는 것으로 보인다.

4. 삼위일체적 자취

누가-행전을 고찰할 때 하나님의 존재는 복잡하며 삼위성과 일위성의 관점에서 이해되어야 한다는 중요한 증거들을 볼 수 있다. 누가복음에는 마태복음 28:19의 세례 양식과 같이 명쾌하게 삼위일체에 대해 언급하는 본문은 없다. 그러나 예수님이 세례 받으실 때 아버지는 말씀하시고 성령은 비둘기 같이 내려오신다. 따라서 이 언급은 은연중에 삼위일체적이다.

성령의 인격적 특성과 신적 특성은 다른 여러 증거들에 의해서도 암시되고 있다. 아나니아는 성령에게 거짓말했고(행 5:3) 이것은 하나님께 거짓말한 것과 같은 것이다(5:4). 아나니아와 삽비라는 성령을 시험하여 비난 받았고(5:9) 다른 곳에서 베드로는 하나님을 시험하지 말라고 경고했다(15:10). 우리는 이것을 이스라엘이 항상 성령을 거스렸다고 한 스데반의 고소와 비교할 수 있다. 성령을 모독하는 것 역시 성령이 인격이심을 암시한다(눅 12:10). 성령의 인격성은 예루살렘 공의회가 쓴 편지에서도 드러나는데 그 편지는 그 결정이 "성령과 우리에게 좋아 보였다"고 주장한다

(행 15:28). 이와 유사하게 "성령이 너희를 감독자로 삼았다"(20:28 저자의 번역; 참고, 1:8; 13:47). 인격적 존재만이 어떤 이를 직분에 임명할 수 있다. 더욱이 같은 절에서(20:28) 우리는 "하나님의 교회"와 분명히 하나님 자신의 피에 대한 언급을 볼 수 있는데 하나님 자신의 피는 예수님의 피를 가리킨다. 따라서 피츠마이어(Fitzmyer〈1998:680〉)는 이 본문에 대해 다음과 같이 옳게 말한다.

> 어쨋든 이 구절에서 삼위적 뉘앙스를 놓쳐서는 안된다. 그것은 "하나님", "성령", 그리고 아들을 암시하는 "피"다. 기독교 공동체와 지도자들에게 누가가 전하는 것은 삼위일체적 차원이다.

또 다른 본문인 사도행전 1:4-5도 비록 간접적이긴 하지만 성부, 성자, 성령에 대해 증거한다. 성령에 대한 약속은 성부에 의해 주어지며 아마도 성령으로 세례주시는 분은 성자이다(눅 3:16). 이와 유사하게 예수님은 하나님 우편으로 높아지시며 그 결과 성령을 부어주신다(행 2:33). "삼위일체적" 언급은 누가-행전에 두드러지거나 강조되지는 않는다. 그럼에도 불구하고 누가복음의 삼위일체적 특성은 부인할 수 없다.

5. 요한복음의 성령

요한의 성령신학은 어떤 점에서는 누가-행전의 성령신학과 중첩된다. 그러나 예상할 수 있는 것처럼 성령에 대한 요한의 가르침에는 독특한 주제와 강조점들도 있다. 예수님이 요한에게 세례 받으신 것을 요한복음은 생략한다. 그러나 요한은 예수님이 성령으로 기름 부음 받으심을 증언한다(1:32-34). 성령이 비둘기처럼 내려오심은 예수님이 그의 메시아적 사역을 위해 기름 부음 받으셨음을 나타내고 비둘기도 어쩌면 예수님의 사역을 통해 새 창조가 도래했음을 알리는 신호이다(창 1:2에 성령은 새처럼 "운행하신다"; 참고, 요 3:22-30).

요한복음에서 성령은 생명의 영이다. 성령은 오는 세대의 생명인 영생을 주신다. 생명을 주는 성령은 예수님의 인격과 사역으로부터 분리될 수 없다. 결국 그를 따르는 자들에게 성령으로 세례 주실 분은 예수님이시다(1:33). 예수님은 성령을 주심으로써 다가올 세대로 그들을 인도하실 것이다. 세례의 언어는 요한복음에서 "물" 모티프를 소개한다. 요한은 다소 빈번하게 물을 성령의 사역과 연관시킨다. 이러한 개념은 구약에서 먼저 발견되는데 구약에서 "물"과 "시내"는 성령을 가리키는 것으로 보인다(사 44:3; 겔 36:25-27; 참고, 사 12:3; 32:2; 35:7; 41:17-18; 43:20; 44:3; 49:10; 55:1).

물 모티프와 성령이 생명을 주심은 요한복음 3장에 있는 예수님과 니고데모 간의 대화의 핵심적 내용이다. 니고데모는 예수님의 가르침을 오해해서 거듭나야 한다는 것을 어머니의 태에 다시 들어가야 한다는 말이라고 생각했다. 예수님은 하나님 나라에 들어가려면 "물과 성령으로 나야 한다"고 설명해주셨다(3:5). 몇몇 사람들은 이것이 육적 출생(물을 터뜨림)과 영적 출생(성령의 사역)을 가리킨다고 보았다. 그러나 사람이 영적으로 나기 전에 먼저 육적으로 태어나야 한다는 명백한 사실을 예수님이 수고롭게 말했을 것 같지는 않다. 분명, 존재하는 자만이 성령으로부터 새생명을 얻을 수 있다! 게다가 "물과 성령"이 모두 하나의 전치사를 따른다(에크⟨ex⟩). 이것은 물과 성령이 두 개의 다른 개념이 아니라 동일한 영적 실체를 가리킨다는 것을 암시한다.

대부분의 주석가들은 요한이 기독교 세례를 가리킨다고 결론 짓는다. 이 해석이 훨씬 더 일리가 있는데 신약에서 기독교 세례는 종종 새 생명과 연관되기 때문이다. 니고데모와의 대화가 역사적인 것이라고 우리가 만일 인정한다면 기독교 세례를 가리킬 가능성은 줄어든다. 왜냐하면 니고데모가 당시에 존재하지도 않았던 것을 알 수 없었을 것이며 예수님은 선생으로서 니고데모가 예수님이 하신 말씀을 알아야 한다고 주장하셨기 때문이다(3:10). 다른 사람들은 요한의 세례를 가리킨다고 본다. 그러나 요한복음에서 요한의 세례의 필요성이 강조되었을 것 같지는 않다. 요한은 단지 증인이요 참 빛이 아니라는 요한복음의 주제를 고려할 때 특히 그러하다. 설령 강조되는 것이 있다 하더라도 세례 요한의 역할은 요한복음에서 예수님의 역할보다 하위에 놓인다. 따라서 요한의 세례가 하나님의 백성이 되는 데 필수적인 것이라고 여겨졌을 것 같지는 않다.

중생에 대한 예수님의 주장을 니고데모가 이해할 것을 예수님이 기대하셨기 때문에 구약이 예수님의 말씀에 대한 가장 가능성 있는 배경을 제공한다. 물과 성령으로 나는 새 출생의 중요성은 에스겔 36:25-27에서 전례를 발견할 수 있다. 물과 성령 모두 에스겔서에서 두드러진다. 물은 죄를 씻음과 정결케 함을 상징한다. 예수님이 요한복음 3:7에서 설명하셨듯이 오직 하나님의 성령만이 새 생명을 주실 수 있다. 하나님의 성령의 사역은 주권적 사역이다. 그것은 신비하게 불어오며 인간의 통제를 벗어나 있는 바람에 비유되기 때문이다(3:8).

물과 성령의 관계에 대한 설명은 7:37-39에도 나타난다. 초막절에 가장 인기 있는 것 중 하나는 날마다 개최되는 물 붓기 의식이었다(*m. Sukkab*

4.1. 9-10; 5:2-4을 보라).⁴ 명절 끝날에 예수님은 서서 그들이 시행하는 이 의식은 옳게 이해된다면 자신을 가리키는 것이라고 주장하셨다. 목마른 자들은 그에게 와서 마셔야 한다. 요한복음 7:39은 이 생수의 강이 성령 자신을 가리킨다는 것을 설명해준다. 요한은 이 생명을 주는 성령이 아직 이르지 않으셨다는 것을 밝힌다. 예수님이 "영광을 받으실" 때에야 성령은 주어질 것이다. 성령이 그의 백성들에게 주어지기 전에 예수님은 높임 받으셔야만 한다. 앞선 본문들에서 제시된 물과 성령 사이의 연관은 예수님이 사마리아 여인에게 말씀하시는 4:13-14에서 물이 성령을 가리킨다는 것을 암시한다. 성령은 인간의 갈증을 영원히 해소하시고 영원한 생명으로 솟아나실 것이며 믿는 자들에게 오는 세대의 생명을 주실 것이다. 이것은 성령이 생명을 주신다는 것에 대한 또 다른 말씀이다. 왜냐하면 인간은 생존을 위해 물에 의존하기 때문이다.

 6:63도 생명을 주는 성령의 역할에 대해 설명한다. 그가 하늘에서 내려온 떡이며 생명을 얻으려면 그의 살을 먹고 그의 피를 마셔야 한다고 예수님이 가르치신 후에 무리 중에 많은 사람과 심지어는 그의 제자들 중 일부도 예수님을 떠나갔다. 예수님은 자신이 유발하신 논란에 대해 설명하셨고(6:61-62) 그들의 걸림이 문제의 정곡을 꿰뚫고 있다는 것을 나타내셨다. 예수님에 대한 그들의 화는 예수님이 아버지께로 올라가시는 것을 보면 가라앉는 것이 아니라 더하게 될 것이다. 왜냐하면 예수님은 십자가를 통해 아버지께로 가실 것이기 때문이다. 따라서 육은 생명을 낳을 수 없다. 오직 성령만이 그렇게 하실 수 있다(6:63). 육은 생명이 오직 예수님의 살과 피를 통해 온다는 것을 알 수 없다. 오직 성령이 눈을 열어 사

---

4 Barrett 1978: 326-27, 335; Köstenberger 2004: 239-40도 보라.

람들이 생명의 근원을 알아보게 하신다. 예수님의 말씀은 "영이요 생명"(6:63)이다. 생명은 예수님의 살과 피, 즉 세상을 위한 그의 죽음을 통해서만 오기 때문이다.

요한복음 20:22은 어려운 본문이다. 예수님은 제자들에게 사명을 주셨고 아버지께서 자신을 보내신 것처럼 그들을 보내셨다(20:21). 예수님은 그리고 나서 그들에게 숨을 내쉬며 "성령을 받으라"라고 말씀하신다(20:22). 여기에 대해 세 가지 중요한 해석이 제안되었다.

첫째, 제자들은 예수님이 그들에게 숨을 내쉬셨을 때 성령을 받았다. 그러므로 요한은 그들이 중생한 순간을 묘사하고 있다. 그렇다면 사도행전 2장의 오순절 날은 제자들이 능력으로 입혀진 때를 보여준다. 이것에 반하여 요한복음은 중생과 권능 받음을 분명히 구분하는 것을 지지하지 않는다. 그러므로 여기에서처럼 그 두 사건을 그런 식으로 구분하려는 시도는 설득력이 없다.

둘째, 요한복음 20:22은 요한의 오순절이다. 요한은 다른 곳에서 오순절을 묘사하지 않는다. 그러므로 그는 여기에 그것을 삽입한다. 만일 우리가 정경적 성경신학을 한다면 이 해결책은 만족스럽지 못하다. 오순절은 명백히 예수님의 부활 후 50일에 온다. 그러나 요한은 이 일을 부활절 날에 위치시킨다. 더욱이 요한복음 21장의 일들은 제자들이 아직 능력으로 입혀지지 않았다는 것을 암시하며, 따라서 추정된 성령의 주입은 대단한 확신 또는 담대함을 준 것 같아 보이지는 않는다.

셋째, 최선의 해결책으로 보이는 것은 그 일이 미래에 받을 성령에 대한 상징이라는 것이다. 만일 사도행전을 역사적으로 신뢰할 수 있는 것으로 받아들인다면 요한은 오순절을 알았을 것이다. 왜냐하면 그가 그것을 경험했을 것이기 때문이다. 더군다나 요한복음의 저작연대를 1세기의 마지막 10년으로 본다면 그가 요한복음을 쓴 교회들도 오순절에 대해 알고 있었을 것이다. 그 기사를 상징으로 보는 것은 요한의 문맥에서도 의미가 통한다. 왜냐하면 예수님이 그들에게 숨을 내쉬실 때 예수님은 아직 높임 받지 않으셨고 따라서 성령은 아직 주어질 수 없었기 때문이다(참고, 요 7:39). 행위 자체도 상징이 사용되고 있다는 것을 암시한다. 예수님은 그들에게 숨을 내쉬셨는데 이것은 예수님이 그들에게 자신이 떠난 후에 성령을 주실 것을 암시한다.

요한만이 성령을 "파라클레토스"(*paraklētos*)라고 밝힌다. 학자들은 이 칭호의 중요성에 대해 격렬히 토론해왔다. 어떤 사람은 이 용어의 법적 배경에 주목하여 "변호자"가 이 용어의 의미를 잘 요약한다고 주장했다. 다른 이들은 "돕는 자" 또는 "상담자"를 제안했다. 이 단어를 배경의 관점에서 정의하려는 시도는 막다른 골목에 도달했고 하나의 용어가 가진 모든 용례를 포괄하려는 시도에 대해 의견이 일치되지 못했다. 나아갈 길은 "파라클레토스"가 사용된 본문을 조사하는 것이다. 요한복음 13-17장의 주요 주제 중 하나는 예수님이 그의 제자들을 장차 떠나실 것이라는 것이다. 예수님은 자신이 떠나 아버지께로 가실 것을 그들에게 알리셨다. 그들은 슬픔에 잠겼고 따라서 예수님은 그들에게 왜 자신이 떠나는 것이 그들에게 유익인지 설명해주셨다. 예수님은 그들과 영원히 함께 계시도록 "또 다른 파라클레토스"(*allos paraclētos*)를 보내주시도록 아버지께 요청했다(14:16). 다시 말해서 예수님은 제자들과 함께하여 힘을 주시고 그들을 "지키시는" 파라클레토스이시다. 예수님이 파라클레토스라는 것은 요한일서 2:1에서도 확증된다. 요한일서 2:1에서 예수님은 그의 죽음에 근거해서 제자들을 변호하는 자의 역할을 하신다.

버지(Burge〈1987:140〉)는 예수님의 사역과 성령의 사역 사이의 유사점을 옳게 파악한다.

첫째, 예수님은 아버지를 보이시며(요 14:9) 파라클레토스는 예수님을 나타내신다(14:15-17).

둘째, 예수님은 모든 일에 있어서 아버지를 의존하시며(5:19-20; 8:28) 성령은 예수님을 의존하신다(16:13).

셋째, 예수님은 아버지를 영화롭게 하시며(17:4) 성령은 예수님을 영화롭게 하신다(16:14).

성령도 제자들과 함께 함으로써 그들을 더욱 위대한 방식으로 강하게 할 파라클레토스이다. 성령은 지금도 제자들과 함께 하지만 미래에는 그들과 함께 거하실 것이다(14:17). 그럼으로써 그들은 고난을 견딜 힘을 얻을 것이며 예수를 증거하게 될 것이다. 왜냐하면 그들에게 주어진 성령은 "진리의 영"(14:17; 15:26; 16:13)이시기 때문이다.

톰슨(Thompson〈2001: 183〉)은 성령이 아버지와 같은 기능 또한 수행하신다는 것을 옳게 덧붙였다. 즉 증거하심(5:37; 8:18; 요일 5:9; 참고, 요 15:26-27), 예수님을 영화롭게 하심(요 5:44; 8:54; 12:23, 28; 13:31-32; 17:1, 5; 참고, 16:14), 제자들과 함께하심(14:23; 17:11, 15, 26; 참고, 14:17), 그리고 가르치심(6:45; 요일 2:26-27; 참고, 요 14:26; 16:13)이 바로 그것이다.

성령은 제자들에게 "모든 것"을 "가르치실" 것이다(요 14:26). 그러므로 사도들은 예수님에 대한 진리를 그들의 추종자들에게 충실하게 전수하게 될 것이다. 그들은 성령의 가르치시는 사역을 통해 오류로부터 보호될 것이다. 성령은 사도들을 가르칠 뿐 아니라 "내가 너희에게 말한 모든 것을 생각나게" 하실 것이다(14:26). 성령은 제자들이 독자적으로 진리에 접근하게 하지 않는다. 성령은 특별한 사적 계시의 통로를 통해 모아진 비밀들을 배우라고 제자들에게 요구하지 않으신다. 성령은 예수님의 말씀을 증거하고 예수님의 말씀과 가르침을 생각나게 하신다. 제자들은 예수님의 가르침으로부터 필요하고 결정적인 모든 것을 기억해 낼 것이다. 그러나 그들 자신의 능력으로 그렇게 하는 것은 아니다.

파라클레토스에 대해 여기에서 말한 것은 15:26-27과도 일치한다. 예수님은 제자들에게 그가 떠나시면 세상이 그들을 미워할 것이며 그러한 미움은 예수님 자신에 대한 증오에 기초한 것이라고 방금 경고하셨다(15:18-25). 예수님은 자신이 "아버지께로부터" 파라클레토스를 그들에게 보내실 것이라고 약속하셨다(15:26). 그러나 파라클레토스는 아버지의 선물이기도 하다. 왜냐하면 그는 "아버지께로부터 나오시는 진리의 성령"이시기 때문이다(15:26). 이 "진리의 성령"은 마치 자신이 독자적으로 진리를 세상에 계시하는 자처럼 예수님 없이 인간들에게 진리를 전하지 않으신다. 성령은 예수님에 대해 증거하심으로써 진리를 가르치신다(15:26). 성령은 예수님을 하나님의 아들, 그리스도, 인간을 살리기 위해 죽은 자로서 주목하신다. 제자들의 증거는 그렇다면 성령에 의해 발생한 예수님에 대한 증거에 뿌리를 두어야 한다(15:27).

16:8-11의 의미는 매우 어렵다. 우리는 본문에 있는 명백한 것에 초점을 맞추는 것으로부터 시작해야 한다. 세상을 향한 성령의 증거는 또 다시 예수님의 인격과 사역과 긴밀하게 연관되어 있다. 성령은 그리스도 예수 없는 진리를 세상이 깨닫게 하지 않으신다. 성령은 예수님 안에 있는 진리를 세상이 깨닫게 하신다. 성령은 검사의 역할을 하며 세상이 예수님에 대한 자세에 있어서 유죄라는 것을 설득시키신다. 그러므로 제자들의 증거는 성령이 그들을 통해 증거하심으로써 효력있게 될 것으로 보인다(참고, 15:26-27).

이제 우리는 16:9-11의 상세한 내용들을 고려하려 한다. 성령은 죄,

의, 심판에 대해 세상이 깨닫게 하실 것이다. 세상의 죄는 예수님을 믿지 않는 것이 핵심이다. 예수님을 믿지 않음으로 그를 사형에 처했다. 아무도 예수님에 대해 중립적 위치에 있을 수 없다. 그를 믿든지 미워한다(15:18-25). 그를 그리스도로 받아들이든지 아니면 메시아 흉내를 내는 자와 나라의 복지를 위협하는 자라고 죽일 것이다(11:48-50).

가장 어려운 것은 성령이 의에 대하여 세상을 깨닫게 하신다는 것이 무슨 의미인가를 확정하는 것이다. 성령은 세상으로 하여금 의가 없음을 깨닫게 하시는가 아니면 예수님의 의를 깨닫게 하시는가? 예수님을 믿지 않는 것에 대해 앞에서 제안한 결론들이 옳다면 아마도 이 두 가지 모두가 포함될 것이다. 세상은 예수님을 악한 사기꾼, 신성모독자로 정죄해서 죽이는 것에서 나타난 것처럼 의가 무엇인지를 급진적으로 오해했다. 세상은 예수님이 자신의 죄가 아니라 세상의 죄를 위해 십자가를 지심으로써 "아버지께로" 가셨다는 것을 깨닫지 못한다. 세상은 의의 개념이 없다. 예수님이 누구신지 알지 못하기 때문이다. 이와 동시에 예수님이 부활하시고 높아지심으로 온 성령은 세상에 의가 없음을 깨닫게 하신다. 세상은 예수님을 정죄해 죽였고 예수님을 믿지 않는 것이 근본적 죄이므로 예수님의 십자가 처형은 세상의 불의를 증거한다. 세상은 예수님이 진실로 그리스도, 하나님의 아들, 생명을 주러 오신 분으로 알지 못했다. 성령은 예수님은 하나님의 의로우신 자시라는 것, 결과적으로 세상은 불의하다는 것을 깨닫게 하실 것이다.

마지막으로, 성령은 "이 세상 임금이 심판을 받았기" 때문에 세상에게 심판에 대해 깨닫게 하실 것이다(16:11). 명백히 "이 세상 임금"은 사탄이다(참고, 12:31; 14:30). 세상은 예수님의 처형을 보면서 그는 메시아와 하나님의 아들일 수 없다고 결론지었다. 그가 "심판"을 겪은 것은 그가 메시아

사칭자로서 하나님을 불쾌하게 했다는 증거였음이 분명했다. 그리스도가 십자가에서 죽을 수는 없다고 세상은 생각했다. 성령은 로마 당국의 법적 결정은 잘못되었으며 유대 당국은 예수님의 죽음을 정확히 해석하지 못했다는 것을 사람들에게 깨닫게 하신다. 십자가는 예수님의 패배를 의미하는 것이 아니라 사탄에 대한 예수님의 승리를 의미한다. 십자가 위에 높이 달리심으로 예수님은 세상의 임금을 쫓아내셨다(12:31-32). 여기에서 제의된 해석은 요한복음 16:10의 의는 이중적 의미를 가진 것으로서 예수님의 의와 함께 백성의 의가 없음을 모두 가리킨다는 제안을 지지한다. 왜냐하면 여기에서 심판에 대한 오해 역시 이중적이기 때문이다.

첫째, 성령은 예수님이 하나님께 심판을 받아 십자가에서 버림받으셨다고 생각하는 세상의 오류를 깨닫게 하실 것이다.

둘째, 깨달은 자들은 십자가는 사탄의 심판과 사탄에 대한 그리스도의 승리를 성취한 것임을 알게 될 것이다. 인간이 보기에 예수님의 패배와 하나님께 버림받음으로 보이는 것이 사실은 예수님이 인류의 적인 사탄을 패배시키고 사탄에 대한 결정적 심판을 선언하시는 방법이다.

여기에서 언급된 성령의 증거는 진공 상태에서 일어나지 않는다. 그것은 제자들의 증거를 통해 일어난다. 그러므로 예수님의 변호자로서 파라클레토스는 복음에 대한 제자들의 증거를 통해 세상의 죄인됨과 예수님의 의를 세상에 깨우치신다.

성령의 사역은 "세상"에 제한되지 않는다(16:8-11). 그것은 신자를 위한 것이기도 하다(16:12-14). 성령의 가르치는 사역은 이 구절에서 또 다시 강조되고 있다. 십자가와 부활이 일어나기 전 예수님이 하기를 원하셨던 모든 말씀을 제자들은 이해할 수 없었다. 예수님이 죽고 부활하시고 성령이 주어지기까지 그들은 구속사의 완성을 이해할 수 없었다. 그때조차도 진리를 이해하기 위해 성령이 필요했다. 예수님은 제자들에게 그들을 "모든 진리 가운데로" "인도하실" 신생인 성령이 오실 것이라고 약속하셨다(16:13). 달리 말하면 성령은 역사적 예수님이 제자들에게 말씀하기 원하셨던 것들을 이해하게 하실 것이다. 성령은 제자들을 예수님에 대한 진리로 인도하실 것이다. 예수님은 진리이시기 때문이다(14:6).

성령은 마치 자신의 권위로 말하는 것처럼 자신에게 주목하거나 자신을 높이지 않으실 것이다. 성령은 아버지와 아들에 의해 보냄 받으신다. 성령은 아들의 이름으로 아버지에 의해 보냄 받아 아들을 증거하신다. 그러므로 성령은 아버지와 아들에게서 "무엇이든 들은 것"을 말씀하실 것이다(16:13). 그는 아버지와 아들을 증거하실 것이다. 아버지와 아들은 모든 것을 공유하기 때문이다(16:15). 세상에서의 성령의 사역은 자율적이 아니라 예수님께 의존한다. 사실, 예수님이 영광을 받으신 후에만 그것이 성령의 사역임을 분간할 수 있다.

요한복음의 "파라클레토스" 본문은 다른 많은 정의들이 이 용어에 적합하다는 것을 보여준다. 성령은 상담자, 돕는 자, 변호자이며 교사이시다. 예수님은 또한 성령은 그가 떠나신 후에라야 오실 것임을 분명히 하신다. 성령은 예수님이 영광 받으시고 십자가에 들리시며 아버지께 돌아가신 후에라야 오실 것이다. "파라클레토스" 본문은 성령이 예수님과 협력하여 예수님을 지지하는 사역을 하실 것을 또한 강조한다. 성령은 독립적으로 일하시지 않는다. 성령은 예수님의 분신이시다. 따라서 아들에 대한 증거, 즉 그의 사역, 죽음, 부활에 대한 증거를 제외하고 진정한 성령의 사역은 존재하지 않는다. 예수님의 영광을 위해 성령은 아버지와 아들에 의해 보내진다. 예수님과 관련한 자신들의 죄를 사람들에게 깨닫게 하고 제자들에게는 예수님이 떠나신 후에 그들에게 필요한 진리를 생각나게 하시기 위해 성령님은 보냄을 받으신다.

요한복음의 삼위일체적 충격이 제자들과 예수님의 마지막 대화에 나타난다(13-17장). 이 대화에서 예수님은 제자들에게 그가 떠나시면 파라클레토스가 오실 것이라고 약속하셨다. 예수님은 파라클레토스이시다. 그리고 성령은 아버지가 보내시는 "또 다른 파라클레토스"(14:16)이시며 신자들과 영원히 함께하실 것이다. 신자들은 그를 알며 그는 신자들 안에 거하실 것이다(14:17). 성령은 "또 다른 파라클레토스"이므로 제자들은 예수님을 알듯이 그를 알 것이라는 암시를 준다. 예수님이 제자들 안에 계시는 것처럼(14:20) 성령도 그들 안에 거하신다.

동일한 패턴을 14:26에서도 볼 수 있다. 아버지는 파라클레토스를 제자들에게 보내실 것이다. 성령은 단지 힘이나 충동이 아니다. 그는 제자들을 가르치실 것이며 그들을 도와 예수님이 그들에게 가르치신 것을 기억나게 하실 것이기 때문이다. 파라클레토스가 아버지나 아들과 완전히 동일한 것은 아니다. 성령은 아버지에 의해 보냄 받으실 것이며 예수님의 이름으로 오실 것이다. 그렇다면 성령은 아버지와 아들과 동일하지만 그들과 구분되신다(참고, 15:26). 성령은 제자들을 가르치고 기억하도록 도우신다.

아버지, 아들, 그리고 성령이 서로 구분된다는 것이 16:5-11을 보면 분명한 듯하다. 예수님은 십자가와 부활을 통하여 아버지에게 가신다. 성령과 아들은 서로 완전히 동일할 수 없다. 왜냐하면 예수님은 자신이 떠나실 것이며 떠나시면 파라클레토스를 보내실 것이라고 분명히 말씀하셨기 때문이다. 성령의 인격적 특성 역시 분명하다. 성령은 세상으로 하여금 죄, 의, 심판에 대하여 깨닫게 하실 것이기 때문이다. 진실로 예수님은 성령이 제자들을 모든 진리 가운데로 인도하실 것이며 자신의 권위가 아니라 들은 것에 근거해서 말씀하실 것이라고 하셨다(16:13). 그러나 인도함과 말함은 인격적 활동이며 성령이 예수님 그리고 제자들과 인격적 관계를 나누실 것임을 암시한다. 게다가 성령은 장래 일을 알리실 것인데 그러한 선언 역시 인격적 영역에 속한다(16:13-14).

요한복음은 삼위일체에 대한 공식적 교리를 진술하거나 아버지, 아들, 성령의 관계를 상세히 해명하지 않는다. 예를 들어, 성령을 어디에서도 "하나님"이라고 부르지 않는다. 한편, 많은 본문에서 성령은 아버지, 아들과 함께 놓이고 분명히 그들과 함께 일하신다. 성령은 그들과 절대적으로 동일시될 수 없다. 왜냐하면 아버지와 아들이 성령을 보내시며 예수님은 아버지와 함께 계시기 위해 떠나신 후에 성령을 보내실 것이라고 가르치시기 때문이다. 성령은 어떤 힘이나 충동과 동일시 될 수도 없다. 성령은 증거하고 가르치고 말하고 깨닫게 하며 선포하신다. 제자들은 그를 볼 수 있고 알 수 있다. 후에 삼위일체 교리를 형성할 때 교회는 요한의 증언을 고려했고 성령의 인격격, 신적 속성에 주목했다.

6. 요한일서의 성령

요한일서의 성령신학은 요한복음이 가르치는 것을 반복하지는 않지만 그 사상은 같은 궤도를 돌고 있다. 확신에 주안점을 두는 것은 요한일서의 전체적 특성이다. 왜냐하면 요한은 독자들에게 교회를 떠난 자들(2:19)과는 대조적으로 그들은 참으로 영생을 가졌다는 것(3:13l 참고, 2:12-14)을 확신시키기 위해 요한일서를 썼기 때문이다. 참으로 하나님께 속한 자들은 그의 계명들을 지키며 동료 신자들을 사랑하고 예수님이 그리스도이심을 믿는다(3:23-24). 신자들은 또한 예수님이 그들 안에 거하심을 안다. 왜

나하면 예수님이 그들에게 성령을 주셨기 때문이다(3:24). 요한은 4:13에서 하나님의 사랑을 설명하면서 비슷한 진리를 전한다. 신자들은 그들 안에 있는 성령 때문에 그들이 그리스도 안에 거하고 그리스도가 그들 안에 거하신다는 확신을 갖는다.

요한은 성령의 확신이 다른 사람들을 사랑하기를 거부하는 자들, 하나님의 계명들을 지키지 않거나 예수님이 그리스도이심을 부인하는 자들에게 속한다는 것을 암시하지 않는다. 성령은 독립적인 증인이 아니시다. 마치 사람들이 성령의 증거 하나에 근거해서 하나님께 속한다고 주장할 수 있기라도 한 듯이 말이다. 요한의 확신의 신학을 정확히 이해하기 위해서는 사랑, 순종, 정통 기독론의 실을 성령의 증거와 함께 짜야 한다. 그럼에도 성령의 증거가 사랑, 순종, 기독론으로 함몰되어 특징 있는 역할을 전혀 못하게 될 수는 없다. 요한은 성령의 내적 사역을 언급한다. 성령은 누군가에게 마음속에서 진실로 하나님의 자녀임을 알리신다. 그런 의미에서 성령의 사역은 신비하며 다른 사람은 접근할 수 없는 것이다. 왜냐하면 성령은 신자들에게 하나님께 속했다는 내적 확신을 주시기 때문이다. 그것은 일반인들의 대화나 경험을 초월하는 초자연적이며 말로 표현할 수 없는 사역이다.

요한일서에서 성령은 또한 증인의 역할을 한다. 비정상적인 영들을 가진 거짓 선지자들이 있다. 그들을 분별하고 배척해야 한다(4:1-6). 성령의 증거는 "예수 그리스도께서 육체로 오신 것을 시인한다"(4:2). 예수님이 그리스도이심을 부인하는 영은 하나님의 영이 아니라 "적 그리스도의 영"이다(4:3). 성령은 진리를 증거하고 그러한 사도적 고백을 인준하신다(4:6).

요한복음에서처럼 성령은 진리에 대해서 독립적으로 증거하시지 않는다. 그는 예수님을 증거하며 역사적 예수가 그리스도이심을 확증한다. 성령은 진리에 대해 주관적으로 증거하시지 않는다. 그러므로 예수님이 그리스도라는 공적 확증에 배치되는 성령의 사적 계시를 누군가가 받았다고 주장할 수 없다. 모든 참된 신자가 받은 기름 부으심은 말씀과 성령의 기름 부으심인 듯하다(2:20,27). 성령은 예수님이 그리스도시라는 진리에 대해 증거하신다. 그러므로 성령은 언제나 예수님 자신에 초점을 두신다.

동일한 주제가 5:6-12에서도 확증된다. 요한은 그의 독자들을 예수님의 세례와 죽으심, 즉 그가 물과 피로 임하심으로 인도하며 다시 한 번 예수님이 육체로 오신 그리스도이심을 강조한다(5:6). 그는 성령은 진리의 영과 같은 실체도 증거하신다고 덧붙이신다. 진실로, 성령, 물과 피는 예수님의 인격의 진실성에 대해 연합하여 삼중적으로 증거한다. 그러므로 성령의 사역은 영적 실체에 대한 사적 판단이 아닌 역사적 진리를 확증하는 것이다. 성령의 증거는 구속사에서 예수 그리스도의 사역과 뗄 수 없이 결합되어 있다.

요한일서는 삼위일체에 대해서 명확히 말하지 않는다. 그러한 가르침을 필사자들이 몇몇 5:7 사본에 삽입했는데 아마 후대에 삼일일체 논쟁이 있어났을 때 삽입했을 것이다. 삽입은 틀림없이 후대의 것이며 결코 원본의 일부로 받아들일 수 없다. 요한일서에서 발견할 수 있는 것은 사실상 요한복음의 가르침과 유사하다. 기름 부음이 성령을 가리킨다면(2:20, 27) 성령은 아버지와 아들과 화합하여 일하시며 예수님이 육체로 오신 그리스도이심을 증거하신다(2:22-23). 아버지와 아들과 성령은 요한복음에서처럼 협력하여 일한다. 성령은 아버지가 예수님을 육체로 보내셨다는 것을 증거하며(4:1-6) 예수님이 세상의 구주이심을 확증한다(4:14). 예수님의 세례와 죽음에서 성령이 예수님을 증거하신 것(5:6-8)은 바로 하나님 자신의 증거이다(5:9). 예수님에 대한 성령의 증거를 거부하는 자는 예수님에 대한 하나님의 평가를 거부하는 것이다(5:10-11).

7. 바울 서신의 성령

바울 서신에서 성령은 종말론적 선물이며 새 언약이 올 것이라는 하나님의 약속을 성취한다. 종말의 선물인 성령은 예수 그리스도에 의해 신자들에게 주어졌다. 예수님은 생명을 주시는 성령을 그를 따르는 자들에게 주셨는데(고전 15:45) 아마도 그가 높아지셨을 때였을 것이다. 바로 이 성령이 신자들의 부활을 보증하신다(15:42-44). 사람들이 회심할 때 성령이 그들에게 "첫 열매"로서 주어진다(롬 8:23). 구약에서 첫 열매는 남은 추수의 예견과 담보의 기능을 한다. 마찬가지로, 성령의 선물은 하나님이 구속사역을 완성하시고 신자들을 죽음에서 일으키실 것을 보증한다. 예수님을 일으키신 바로 그 성령이 신자들을 죽음에서 일으키실 것이다. 왜냐하면 성령이 그들 안에 거하시기 때문이다(8:11). 신자들에게 주어진 성령은 미래의 구속의 확증이며 계약금이다(고후 1:22; 엡 1:13-14).

아브라함에게 약속된 축복(창 12:3)은 바로 성령의 약속(사 44:3)이며 이 축복은 이제 신자들에게 속한다(갈 3:14). 이것은 종말이 시작되었다는 것을 나타낸다. 하나님은 그의 아들의 영을 신자들의 마음 가운데 보내셨다(4:6). 성령의 선물은 새 시대의 표이며 그리스도인이 되기 위해 근본적인 것이다(참고, 롬 8:15; 고전 6:19; 갈 3:2, 5; 딛 3:5). 성령의 내주는 그가 진정한 신자임을 나타내는 타협할 수 없는 표이다(롬 8:9). 하나님의 영을 가지지 못한 사람들은 여전히 육체의 영역에 살고 있다. 그들은 회심하지 못했고 이 악한 세대의 지배 아래 있다. 성령을 소유하는 것은 신자가 되는 필수

조건이므로 신자들을 "영적"이라고 묘사할 수 있다(고전 3:1; 갈 6:1). 여기에 어떤 신자들은 다른 신자보다 한층 높은 위치에 있는 영적 엘리트가 된다는 개념은 없다(참고, 고전 2:12, 14). 성령 자신이 그리스도인들의 영들과 더불어 증거하시며 그들이 진정한 신자임을 확신시키신다(롬 8:16). 회심 때부터 신자들은 그들이 하나님께 속한 것을 안다. 성령을 통해 하나님의 사랑이 그들의 마음 가운데 부어졌기 때문이다(5:5; 참고, 15:30).

바울신학에서 성령은 능력의 영이시다. 성령은 하나님의 사람들을 변화시키신다. 이것을 세 가지 다른 경우에 나타나는 바울의 율법 조문과 성령의 대조에서 분명히 볼 수 있다(롬 2:29; 7:6; 고후 3:6). 율법 조문과 성령의 양극성은 해석학적으로 설명되어서는 안되고 구속사의 관점에서 해석되어야 한다. 인간의 변화는 옛 세대에 모세의 율법 아래에서는 일어나지 않았다. 그러한 변화는 새 시대에 성령의 능력에 의해 초래되었다(롬 2:29; 7:6).[5] 성령의 변화시키는 사역은 로마서 8장과 갈라디아서 5장에 특별히 강조되었다. 이 두 문맥에서 바울은 성령의 능력을 율법의 무능과 대조시킨다(참고, 엡 3:16). 성령은 신자들을 "죄와 사망의 법"에서 해방시키신다(롬 8:2). 신자들은 성령에 의해 해방되었기 때문에 바울은 그들에게 "성령으로 몸의 행실을 죽이라"고 교훈한다(8:13; 참고, 갈 5:16, 25; 6:8). "하나님의 영으로 인도함을 받는 자들은 하나님의 아들들"이며 하나님의 딸들이다(롬 8:14; 참고, 갈 5:18). 사람들이 성령을 가졌다는 증거는 그들이 성령의 인도를 받는 것과 성령의 열매를 드러내는 것이다(갈 5:22-23). 성령으로 충만한 자들만이 하나님을 기쁘시게 한다(엡 5:18).

성령은 사역에서 필수적 역할을 하신다. 복음선포는 인간의 지혜에 기

---

5 바울은 일반화해서 쓰고 있다. 그는 옛 언약 아래에 신실한 남은 자가 있었다는 것을 부인하지 않는다. 그러나 바울에게 있어 놀라운 것은 옛 언약과 율법은 변화를 가져오지 못한다는 것이다.

초하지 않고 "성령의 나타남과 능력"에 있다(고전 2:4). 실로 바울의 사역은 "성령에 의해" 특징지어진다(고후 6:6). 예루살렘으로부터 일루리곤까지 복음을 선포한 것은 성령의 능력의 결과(롬 15:19)이며 따라서 바울 선교에 있어서 표적과 기사는 성령에게서 나온 것이다. 데살로니가에서 바울이 선포한 복음이 효과가 있었던 것은 바울의 말 때문이 아니라 성령이 능력으로 임하셨기 때문이다(살전 1:5).

성령이 신자들에게 성령의 은사를 주시는 것은 교회의 덕을 세우기 위함이다. 많은 은사가 있어도 은사를 주시는 성령은 한 분이다(고전 12:4). 바울은 성령은 지혜와 지식, 믿음 또는 치유를 주시는 분임을 강조한다(12:8-10). 은사는 인간의 기교나 능력, 재능을 나타내는 것이 아니다. 은사는 교회를 강하게 하기 위한 "성령의 나타남"이다(12:7). 따라서 신자들에 의해 행하여진 은사는 성령의 주권적 의지에 따라서 오직 성령의 역사에 기인한 것이다(12:11).

영적 은사에 대한 전체적 논의는 성령으로 말하는 자는 아무도 예수님을 저주할 수 없다는 주장으로부터 시작된다. 역으로 성령으로 말하는 자는 예수님을 주로 고백한다(12:3). 그렇다면 이어지는 성령의 은사에 대한 논의는 그리스도의 주되심이라는 기치 아래 포함될 수 있다. 성령의 역사임을 결정짓는 근본적 기준은 그리스도가 주님으로 고백되고 수용되는가 하는 것이다. 흥미롭게도 이어지는 12:4-6에서 성령의 은사에 대해 논의할 때 삼위일체적 양식이 나타난다는 것이다. "같은 성령"(12:4), "같은 주"(12:5), 그리고 "같은 하나님"(12:6)이 계신다.

씻음, 거룩함과 의롭다 하심은 성령에 기인하지만(6:11) "주 예수 그리스도의 이름으로" 실현된다. 이와 동시에 동사들의 주어는 하나님 자신이다. 하나님은 씻고, 거룩하게 하고 의롭다 하시는 분이다. 성령과 그리스도 사이의 유사성은 로마서 8:9-11에서 명백히 드러난다. 성령은 신자들 안에 거하시지만 성령은 "그리스도의 영"(8:9)이시며 "예수를 죽은 자 가운데서 살리신 이의 영"(8:11)으로 밝혀진다. 바울은 성령에서 그리스도로 바꾸어서 "그리스도가 너희 안에 계신다"(8:10)라고 말한다. 바울 서신에 퍼져 있는 성령과 그리스도 사이의 구분을 고려해 볼 때 바울은 성령과 그리스도가 마치 모든 면에서 공통적인 것처럼 그 둘을 융합시키지는 않는다.

에베소서에서도 비슷한 교대를 볼 수 있다. 바울은 신자들이 내주하신 성령으로 말미암아 힘을 얻기를 기도한다(엡 3:16). 그러나 다음 절은 마음 속에 계신 그리스도를 언급한다(3:17). 그리고 이것은 그리스도의 사랑을 경험하는 것과 밀접히 연관된다(3:19). 내주하시는 성령과 그리스도를 가진 신자들은 하나님의 충만하신 것으로 충만하다. 이 경우에서 우리는 놀랍도록 삼위일체적인 본문을 가지게 된다. 성령, 그리스도, 그리고 아버지가 모두 신자들 안에 거하신다고 말하여진다.

그러나 아버지는 아들 그리고 성령과 구분된다. 아버지는 사람들을 선택하고 예정하시며(1:4-5) 그의 뜻의 목적을 알리신다(1:9). 예수님은 그의 피로 신자들을 구속하시며 하나님의 일의 대리자이시다(1:7). 성령은 하나님의 약속의 증표이며 최종적 구속의 보증이다(1:13-14). 이 셋은 함께 함몰되지 않는다. 그들은 서로에게서 구분된다. 그러나 바울은 계속해서 오직 한 하나님이 계신다는 것을 확증한다(4:6). 그럼에도 유일신론을 재확증하는 바로 그 문맥에서 "한 성령"(4:4), "한 주"(4:5), 그리고 "한 하나님 그리고 만유의 아버지"(4:6)에 관한 삼위일체적 양식을 우리는 또한 발견할 수 있다. 틀림없이 바울은 이 양식의 신학적 결과를 풀어주지 않는다. 어쨌든 성령은 아버지와 아들과 같은 위치에 놓이는 듯하다. 고린도후서 13:13에서도 같은 비슷한 현상을 볼 수 있다.

주 예수 그리스도의 은혜와 하나님의 사랑과 성령의 교통하심이
너희 무리와 함께 있을지어다(고후 3:13).

예수 그리스도, 아버지, 그리고 성령은 여기에서 놀라운 방식으로 연합한다. 다른 본문들에서 은혜는 아버지로부터 흘러 나오고 사랑은 성령을 통해 주어진다(롬 5:5). 분명히 아버지, 아들, 성령은 모두 신적 기능을 공유한다. 그러나 이 진술의 신학적 함축을 바울이 자세히 추적하지는 않았다. 바렛(Barrett⟨1973: 345⟩)은 다음과 같이 옳게 말한다.

> "삼위일체적 정통"이 여기서 이루어지지는 않았지만 우리는 그러한 이론적 사고와 삼위일체 교리의 형성을 위한 출발점을 가진다. 그리스도, 하나님, 그리고 성령은 하나의 문장에 균형 잡힌 절로 나타나는 것을 볼 때 같은 신적 지위를 가지는 것이 틀림없다…바울이 여기에서 쓰는 것은 이어지는 4세기 동안의 기독교를 고려해볼 때 삼위일체 신학을 불가피하게 만든다. 그러나 무의식적으로 그렇게 하고 있다.

바울의 성령신학은 많은 측면을 가지고 있다. 성령을 주심은 오는 세대의 출범을 나타낸다. 따라서 인간이 성령을 가지고 있을 때 그들은 의심할 여지없이 하나님께 속하였다. 바울은 또한 그리스도인의 삶은 성령의 능력으로 사는 삶임을 강조한다. 여기에서 갈라디아서 3:3을 표제 구절로 취할 수 있을 것이다. 그리스도인의 삶은 성령으로 시작될 뿐만 아니라 성령으로 지속된다. 성령은 능력을 주셔서 신자들이 자유롭게 하나님의 뜻을 행하게 하신다. 새로운 순종은 완전하지는 않지만

관찰 가능하며 실제적이다. 사역의 열매 또한 성령의 사역이다. 성령은 복음을 선포하는 자들에게 힘을 주시어 사역이 효력있게 하신다. 우리는 바울 서신에 있는 많은 삼위일체적 양식들도 주목했다. 아버지, 아들, 성령 사이의 관계는 이 본문들에서 발전되지 않은 채 남아있다. 그러나 그 셋은 신적 기능을 공유한다는 분명한 함축이 있다.

8. 히브리서의 성령

히브리서는 성령을 자주 언급하지는 않는다. 눈에 띄는 것은 구원사에 있어서, 즉 예수 그리스도 안에서 이제 시작된 구약의 성취에 있어서의 성령의 역할이다. 성령에 대한 가장 흥미진진한 언급은 예수님의 대속적 희생과 관련하여 나타난다. 예수님은 "영원하신 영으로 말미암아 흠없는 자기를 하나님께 드리셨다"(9:14). 어떤 주석가들은 저자가 그리스도 자신의 영을 가리킨다고 주장하는 반면 다른 사람들은 성령을 언급한다고 본다. 흥미롭게도 영은 "영원한"이라고 묘사되고 있어서 성령의 신적 특성을 암시하며 따라서 성령을 언급한다는 것을 시사한다. 특별히 중요한 것은 이 진술의 구원사적 문맥이다. 그리스도의 희생은 "영원한 구속"을 이루었다. 왜냐하면 그 희생이 "영원한 영으로 말미암아" 드려졌기 때문이다. 동물의 육적 제사는 더 위대한 것, 즉 성령으로 말미암아 드려지는 그리스도의 희생을 가리킨다.

하나님의 약속을 성취하는 데 있어서 성령의 역할은 6:4에서도 명백하다. 저자는 하나님의 백성에게 속하는 축복을 나열하는데 아마도 최고의 것은 그들이 성령에 참여(메토쿠스⟨*metochous*⟩)하는 것이다. 어떤 주석가들의 주저에도 불구하고 성령에 참여함은 진정한 회심을 나타낸다. 왜냐하면 같은 어근이 젖에 참여함(메테콘⟨metechōn⟩)에 사용되기 때문이다(5:13). 젖에 참여한다는 것은 젖을 불완전하게 또는 부분적으로 소화한다는 것을 가리키지 않는다. 이와 유사하게 성령에 참여함은 새 생명의 표지이며 신자들이 그리스도인들이라는 최고의 표시이다. 성령은 새 시대의 선물이며 이것은 6:5에서 확증된다. 6:5은 그리스도인들이 "내세의 능력"을 맛본다고 말하고 있다. 6:4-5에 있는 신자들의 여러 가지 축복은 중첩되며 상호간에 서로를 해석해준다. 그러므로 성령은 내세의 축복 중 하나를 나타내며 새 시대가 도래했음을 보여준다.

히브리서 2:4은 동일한 담화의 세계를 점유한다. 히브리인들에게 선포된 메시지는 천사들의 중보를 통해 주어진 모세 율법보다 우월하다(2:1-4). 예수님이 성취하신 구원은 그가 하나님 우편에 앉으셨다는 사실이 증명하듯(1:3,13) 더 우월한 것이다. 왜냐하면 최종적 속죄가 이루어졌기 때문이다. 하나님은 그의 아들과 십자가에서의 그의 위대한 사역을 통해 결정적이며 최종적으로 말씀하셨고(1:1) 또한 표적들, 기사들, 기적들뿐 아니라 성령을 신자들에게 나누어 주신 것을 통해 말씀하셨다는 것을 확증하셨다(2:4). 그러므로 성령의 선물은 구원사의 성취가 도래했다는 것을 나타낸다. 성령에 참여한 자가 되고(6:4) 성령의 선물을 받는 것(2:4)은 모두 그리스도의 사역과 연관된다.

히브리서는 삼위일체에 대해 숙고하거나 그것을 발전시키는 않는다. 아마도 히브리서에서 하나님, 아들, 성령에 대한 가장 흥미로운 언급은 9:14에서 찾아 볼 수 있을 것이다(비록 성령도 언급되고 있는지는 논란이 되고 있지만). 여기에는 그리스도의 피, 그리스도의 삶에 나타난 성령의 사역, 그리고 하나님께 드려진 제사에 대한 언급이 있다. 좀 더 간접적인 언급이

10:29에 나타난다. 왜냐하면 하나님은 명확히 언급되지 않기 때문이다. 그럼에도 불구하고 하나님은 하나님의 아들을 거절하고 "은혜의 성령"을 모욕하는 자들에게 벌을 내리시는 분이다. 여기에서 아들과 성령이 모두 모욕의 대상으로 묘사되고 놀랍게도 개인적이고 도발적 용어로 묘사되고 있다는 것은 주목할 만하다. 분명히 히브리서의 저자는 삼위일체 교리를 발전시키지는 않는다. 그러나 히브리서의 몇몇 단서들은 삼위일체 교리를 어렴풋이 보여주며 암시한다.

9. 베드로전서의 성령

베드로전서의 성령에 대한 언급을 범주화하는 것은 상당히 어렵다. 아마도 가장 눈에 띄는 것은 그리스도의 사역에 대한 성령의 관계일 것이다. 성령에 대한 첫 번째 언급은 1:2인데 베드로는 수신자들을 부르면서 "성령의 거룩하게 하심"을 언급한다. 베드로는 여기에서 그리스도인들이 회심할 때 받게 되는 거룩함을 말하고 있다. 인사말 문맥이 이것을 지지한다. 왜냐하면 택하심과 독자들의 순종함은 그들이 하나님의 백성의 일원임을 나타낸다. 그들은 진실로 예수 그리스도의 교회에 속한다.

1:10-12에서 베드로는 예수 그리스도 안에 있는 신자들이 누리는 특권을 칭송한다. 선지자들과 달리 신자들은 십자가의 다른 편에서 산다. 따라서 그들은 옛 언약 하에서 진술된 예언의 중요성을 이해하며 하나님의 종말적 구원이 악한 현 세대에 침투해 들어온 시대에 살고 있다. 베드로는 선지자들에 의해 선언되고 기록된 예언들은 "그리스도의 영"의 비호를 받은 것이라고 말한다. 복음의 복된 소식을 베드로의 그리스도인들에게 선

포한 자들은 "하늘로부터 보내진 성령"에 의해 그렇게 했다(1:12).

구약의 선지자들과 십자가의 이쪽 편에서 그리스도의 좋은 소식을 포고하는 자들은 모두 성령을 통해 말한다. 여기에서 베드로가 말하는 것은 우리가 요한문헌에서 본 것과 놀랍게도 유사하다. 성령은 예수 그리스도를 증거하신다. 성령의 증거라고 주장하면서 예수 그리스도를 제외하거나 무시하는 자들은 성령의 사역에 대한 베드로의 관점을 벗어나는 것이다. 왜냐하면 구약의 선지자들과 복음의 메시지를 선포하는 자들이 언제나 예수 그리스도의 인격과 사역에 주목하기 때문이다. 그리스도의 고난과 영광을 보여주는 문맥에서 성령을 "하늘로부터 보내진" 자라고 언급하는 것은 성령이 예수님의 높아지심 때문에 주어진 것임을 암시한다. 성령은 예수님이 그의 모든 원수들을 이기시고 하나님 우편에 앉으신 후에 주어진 선물이다(3:22; 참고, 3:18).

4:14에서 베드로는 고난받는 신자들을 위로한다. 그리고 그들은 그리스도의 고난에 참여하고 있으며 그리스도의 경우와 마찬가지로 그들의 고난은 영광의 전조임을 상기시킨다(4:13). 그리스도의 고난을 신자의 고난에 연결시키는 것은 예수님의 전승을 기억나게 한다(예, 마 5:10-12). 신자들이 고난받을 때 하나님의 영이 그들 위에 계신다(벧전 4:14). 구약적 배경이 여기에서 빛난다. 왜냐하면 다윗의 후손 메시아에게 주의 성령이 주어지는 이사야 11:2을 암시하기 때문이다. 베드로는 예수님 위에 계셨던 성령이 제자들 위에도 계시다는 것을 함축적으로 말한다. 성령의 기름 부음 받은 메시아로서 예수님은 동일한 성령을 그의 제자들에게 부으신다. 그들에게 성령이 주어졌음은 그들이 고난받을 때 특히 명백히 드러난다.

베드로전서의 성령을 고찰하면 두드러지는 것은 예수 그리스도와 관련된 성령의 사역이다. 구속사의 새 시대는 밝아왔고 성령은 예수 그리스도를 증거하신다. 성취의 시대는 성령의 사역의 결과인 그리스도의 부활(3:18)과 함께 시작되었다. 그리스도를 일으키신 바로 그 성령이 마지막 날에 신자들도 일으키실 것이다(4:6). 신자들은 그리스도의 피로 죄 씻음을 받았고 성령은 회심 때 그들을 구별했다(1:2). 성령은 선지자들을 통해 말씀하였고 복음을 선포하는 자들을 통해 그의 말씀을 선포하신다. 그 두 경우에 성령은 예수 그리스도를 십자가에 달리고 부활하신 주님으로 증거하신다(1:10-12). 예수 그리스도께서 높임 받으셨으므로 성령은 하늘로부터 보내져-신자들에게 주어졌다. 성령의 기름 부음 받은 메시아로서 예수님은 자신 위에 계신 것과 동일한 성령을 신자들에게 보내신다(4:14). 구속사의 새 시대가 열렸으므로 신자들은 성령에 의해 활기를 얻은 하나님의 새 성전이며 "신령한 제사"(2:5)를 드린다. 그것은 그들의 제사가 성령을 통해 드려진다는 것을 의미한다. 베드로는 예수 그리스도 없는 성령의 사역을 알지 못한다. 그리고 성령의 사역은 그리스도의 죽음과 부활 후에 두드러진다. 성령은 예수님을 증거하러 오셨기 때문이다.

이에 더하여 1:1-2에는 삼위일체 양식이 있다. 하나님은 신자들을 미리 아신다. 그러므로 그들은 "택하심을 입은 나그네들"이다. 성령은 그들을 거룩하게 하시며 예수님은 그들에게 자신의 피를 뿌리신다. 이 양식은 아버지, 성령, 아들의 신적 기능을 암시한다. 삼중적 언급은 특별한 중요성을 갖는다. 왜냐하면 그것으로 편지가 시작되기 때문이다. 삼중적 언급은 아버지, 성령, 그리고 예수 그리스도에 의해 구원사역이 성취되었다는 것을 처음부터 나타낸다.

10. 야고보서, 유다서, 베드로후서의 성령

야고보서, 유다서, 베드로후서는 여기에 함께 포함시켰다. 성령에 대해 별로 말하지 않기 때문이다. 다시 말하지만 그러한 상황이 성령에 대한 무관심이나 다른 신약의 저자들이 성령에 대해 하는 말을 부정하는 것을 가리키지 않는다. 여기에서 고려하고 있는 저작들은 모두 상황적이며 상당히 짧다. 야고보서는 어쩌면 성령을 전혀 언급하지 않을지도 모른다. 유일한 직접적 언급은 어쩌면 야고보서 4:5인데 그것은 공교롭게도 야고보서에서 가장 논쟁이 되는 구절 중 하나이다. 만일 그 언급이 성령에 대한 것이라면 성령이 신자들 안에 거하심이 기록되었다.

야고보는 다른 저자들이 성령에 대해 말씀하시는 곳에서 지혜를 사용하는지도 모른다. 예를 들면, 야고보는 지혜가 부족한 독자들에게 하나님께 구하라고 권면한다. 하나님은 그러한 선물을 요청하는 자들에게 후하고 즐겁게 주신다(1:5). 이 교훈은 누가복음 11:13에 나타나는 것과 유사하다. 누가복음 11:13에서 예수님은 그의 제자들에게 하나님은 "좋은 선물들"을 그의 자녀들에게 주신다는 것, 진실로 하나님은 "구하는 자들에게 성령을 주실 것"임을 보증하신다. 야고보서 3:13-18에 의하면 지혜는 그 열매로 자신을 드러낸다. 여기에서 인상적인 것은 참된 지혜의 증거는 성령의 열매와 유사하다는 것이다(갈 5:22-23). 지혜와 성령의 겹침은 암시적이지 명확하지는 않다. 어쨌든 야고보는 그의 독자들에게 명확히 성령을 가리키지는 않지만 지혜에 대한 그의 언급은 그러한 개념으로부터 현저히 멀리 떨어져 있지 않다.

유다서에서는 성령에 대한 두 번의 언급을 볼 수 있다. 첫 번째 예는 야고보서 3:15을 연상시킨다. 이것은 어쩌면 유다와 야고보가 팔레스타인 기독교계 출신이라는 (다른 많은 증거들 중의) 하나의 증거일지도 모른다. 유다서의 침입자는 그들의 방종으로 교회를 어지럽게 했다. 유다는 그들이 "분열"을 초래하며 "세속적"(저자의 번역: 프쉬키코이⟨*psychikoi*⟩)이며 "성령은 없는 자"라고 비난한다(19). "세속적"인 것과 "성령이 없는 것"은 동일한 실체를 묘사하는 두 개의 다른 방식이다(참고, 고전 2:14; 롬 8:9). 이 침입자들은 진정한 기독교 신앙의 근본적 표지를 공유하지 않았다. 그들은 성령이 없었기 때문이다. 그들은 전적으로 완전히 자연적 수준에서 살았다.

유다서 20-21절은 독자들에게 하나님의 사랑 안에서 자신을 지키라고 교훈한다. 이렇게 하는 한 가지 방법은 성령으로 기도하는 것이다. 유다는 성령에 의한 활기찬 기도를 가리킨다. 이러한 기도는 그리스도인으로서의 신자들의 삶 속에 매일 포함되어야 한다.

매우 흥미롭게도 우리는 여기에서도 삼위일체 양식을 볼 수 있다. 신자들은 하나님의 사랑 안에서 자신을 지켜야 한다(20-21). 이것은 명백히 아버지를 언급하는 것이다. 그들은 성령으로 기도하며 주 예수 그리스도의 긍휼을 기다려야 한다. 그렇다면 이 두 구절에서 유다는 아버지, 성령 그리고 아들을 언급한다. 삼위일체에 대한 언급은 초보적이며 틀림없이 존재론적 숙고는 포함되지 않았다. 그럼에도 삼중적 언급이 암시되어 있고 성령을 아버지와 예수 그리스도와 같은 수준에 놓고 있는 듯 보인다는 것은 부인할 수 없다.

베드로후서에는 성령에 대한 단 한 번의 언급이 나타난다. 1:21은 잘 알려져 있는 본문이다. 베드로가 성경의 저자들을 돕는 성령에 대해 말하고 있기 때문이다. 인간이 말을 했지만 궁극적으로 성경에 기록된 말씀은 성령의 사역의 결과이다. 인간은 분명히 성경에 들어갈 말을 선택하여 기록했다. 그럼에도 베드로는 인간의 의지는 궁극적인 것이 아니었다고 주장한다. 왜냐하면 성경 말씀은 하나님의 의지와 하나님의 말씀을 기록하도록 사람들을 감동시키는 성령의 사역에 최종적으로 기인하기 때문이다. 1:19-21에는 어쩌면 삼위일체적 측면도 있다. 이 본문은 선지자들은 성령의 감동을 받아 하나님께 받아 말했다는 것을 상기시키는데 성령의 감동의 주제는 1:19의 "샛별"이며 샛별은 예수 그리스도이다.

11. 요한계시록의 성령

요한계시록에서 성령은 말씀하시고 예언하시며 예수 그리스도를 증거하시는 하나님이다. 요한이 선포하는 메시지는 성령에 감동된 것이다. 네 번에 걸쳐서 요한은 자신이 "성령에 감동" 하였다고 선언한다(1:10; 4:2; 17:3; 21:10). 이 표현은 요한계시록의 결정적인 장소에서 나타난다. 즉 요한계시록의 처음, 요한의 하늘에 대한 환상, 두 성 바벨론과 새 예루살렘 사이의 대조에서이다.

성령은 또한 소아시아의 교회들에게 보내진 편지에서 말씀하신다. 각각의 편지는 에베소, 서머나, 버가모 등 특정한 교회를 겨냥한 것이다. 그럼에도 불구하고 개별 편지들은 모든 교회에 적용이 되는 것이기도 하다. 각각의 편지는 "귀 있는 자는 성령이 교회들에게 하시는 말씀을 들을지어다"라는 권면으로 끝난다(2:7, 11, 17, 29; 3:6, 13, 22 NRSV). 일곱 편지의 내용은 교회들에게 말씀하시는 성령의 말씀이다. 주목할 만하게도 각각의 편지는 또한 인자에게서 온 것이라고 주장한다. 각 편지의 시작 부분은 "[예수 그리스도]의 말씀"을 담고 있기 때문이다(2:1, 8, 12, 18; 3:1, 7, 14). 하나님의 아들이신 부활하신 그리스도의 말씀은 그러므로 성령의 말씀이기도 하다(참고, 14:13; 22:17).

성령에 대한 인상적인 본문은 1:4-5에 있는 은혜 축도(grace benediction)에 나타난다. "그의 보좌 앞에 있는 일곱 영"에 대한 언급이 아버지와 아들 사이에 놓여있다. 은혜와 평강은 결코 천사나 사도로부터 오지 않는다. 그것은 항상 하나님 또는 예수 그리스도로부터 온다. 따라서 여기의 일곱 영은 천사일 수 없다. 언급의 대상은 성령임이 거의 확실하다. "일곱"이라는 숫자는 성령의 충만함과 완전함을 나타내기 위해 사용되었다. 숫자를 상징적으로 사용하는 것은 묵시문헌의 전형적인 것이기 때문이다. "일곱"이라는 숫자의 중요성은 성경의 시작부터 세상의 창조에 대한 기록에서 명백히 드러난다(창 1:1-2:3). 요한계시록은 하나님의 말씀을 말하는 성령의 예언적 역할을 강조하는 것을 우리는 보았다. 그러나 이 구절에는 삼위일체적 양식이 있다. 왜냐하면 은혜와 평강은 아버지, 성령 그리고 아들에게서 오기 때문이다.

예수님은 "하나님의 일곱 영"을 가지셨다(계 3:1). 1:4에서 처음으로 사용된 일곱 영은 이 일곱 영을 해석하는 해석적 렌즈의 역할을 하는 듯하다. 만일 그렇다면 예수님은 성령을 부여받은 분이라는 것이 핵심인 듯하다. 어쩌면 여기에는 이사야 11:2에 대한 암시가 있다. 이사야 11:2에는 일곱 가지 다른 자질들이 성령과 연관되어 있고 성령이 그 위에 있는 자는 바로 이새의 자손인 메시아 왕이다.

요한계시록 4장에서 하나님은 그의 보좌에 앉아계시고 그의 영광은 놀랍도록 아름답다. 하나님의 보좌 앞에는 "일곱 등불 켠 것이 있는데 그것은 하나님의 일곱 영이다"(4:5). 일곱 "등불"(람파데스⟨lampades⟩)은 스가랴에 나오는 일곱 등잔이 있는 순금 등잔대를 암시한다(4:2). 스가랴에 있는 등잔대는 두 감람나무인 여호수아와 스룹바벨에 의해 채워진다. 그러나 성전을 지을 여호수아와 스룹바벨의 능력은 성령으로부터 온다. 하나님은 "만군의 여호와께서 말씀하시되 이는 힘으로 되지 아니하며 능력으로 되지 아니하고 오직 나의 영으로 되느니라"라고 선언하신다(4:6). 이사야 4:4에 대한 암시도 있는 듯하다. 이사야 4:4은 이스라엘을 청결하게 하는 "심판하는 영" "소멸하는 영"에 대해 말한다. 하나님의 보좌 앞에 불타는 일곱 영은 하나님의 능력과 거룩을 가리키는 듯하다. 그것은 하나님의 보좌 앞에 나아가는 것을 두려운 일이 되게 한다. 만일 이 분석이 옳다면 성령은 능력과 거룩에 있어서 하나님 자신과 연합되어 계신다.

일곱 영에 대한 마지막 언급은 어린양이 경배를 받는 요한계시록 5장에 나타난다. 어린양은 일곱 뿔과 일곱 눈을 가지고 있다. 요한은 이것들은 "온 땅에 보내심을 받은 하나님의 일곱영"이라고 말한다(5:6). 일곱 뿔과 일곱 눈은 어린양이 전능하고 전지하다는 것을 나타낸다. 아무 것도 그를 이길 수 없고 아무 것도 그의 불꽃같은 눈을 피할 수 없다(참고, 1:14; 2:18; 19:12). 일곱 영을 보내심은 신약신학에서의 일반적 내용을 암시한다. 성령은 예수님의 죽음과 악을 정복하신 결과로서 인간에게 보내지셨다. 십자가에 죽으시고 높임 받으신 예수님은 백성들에게 성령의 선물을 주신다.

요한계시록에서 요한은 성령이 예언의 영이라는 것을 강조한다. 요한은 그의 동시대인들에게 성령으로 말한다. 성령은 일곱 교회에 보내는 편지에서 소아시아의 일곱 교회에게 말씀하시며 예수님께로 와서 생명을 얻으라고 모두를 초청하신다(22:17). 성령은 주 안에서 죽는 자들은 복이 있고 저희 수고를 그치고 지금 쉬고 있다고 권위 있게 선언하신다(14:13). 하나님의 영은 예수 그리스도와 밀접히 연관된다. 교회에게 주시는 성령의 메시지는 위에서 지적했듯이 인자의 말씀이시기도 하다. 예수님은 성령을 부여받으신 분(3:1)이며 성령은 예수님의 죽으심의 결과로 신자들에게 주어진다. 예수님이 영광 받으실 때 성령이 오신다는 것은 요한복음의 중심 주제이다(7:39; 16:7-15을 보라; 참고, 14:16-17, 25-26; 15:26; 20:22). 성령은 아버지와 아들과 같은 위치에 놓인다. 은혜와 평강이 성령으로부터 오기 때문이다(계 1:4-5). 성령은 하나님과 함께 있는 거룩하고 능력 있는 영이시다(3:1). 그는 신자들에게 부활의 생명을 주시며(11:11) 예수님을 위해 고난 받은 자들을 변호하신다.

요한은 성령에 대한 존재론적 고찰에는 관심이 없다. 그러나 분명히 성령은 인격적이시다. 왜냐하면 성령은 말씀하시며 초청하시기 때문이다. 더욱이 성령은 생명을 주고 은혜와 평강을 주는 신적 기능을 수행하신다. 요한계시록의 삼위일체적 특성은 인상적이다. 앞에서 언급했듯이 은혜 축도는 오직 하나님께로부터 나온다. 아버지, 성령, 예수 그리스도로부터 은혜와 평강이 있기를 원하는 삼위일체적 염원이 1:4-5에 있다.

12. 결론

성령의 선물은 구약에서 예언되었고 신약에서 주어졌다. 그러므로 성령은 새로운 시대가 시작되었다는 신호이며 표지이다. 성령은 새 창조와 새로운 출애굽이 도래했고 성취의 날이 왔다는 것을 증거한다. 그러한 성취는 틀림없이 예수 그리스도를 중심으로 한다. 복음서 저자들은 예수님은 그의 세례로부터 시작해서 성령으로 독특하게 기름 부음 받으셨으며 그의 전 사역이 성령의 능력 안에서 수행되었다는 것을 강조한다. 예수님은 성령을 소유하신 분일뿐만 아니라 성령을 그의 백성들에게 주시는 분이다. 사도행전에서 성령의 선물은 누군가가 하나님의 백성의 일원임을 나타낸다. 그러한 신학은 사도행전에만 해당되는 것이 아니다.

바울은 갈라디아인들이 하나님의 백성에 속하기 위해 할례를 받을 필요가 없다고 주장한다. 왜냐하면 성령의 강력한 역사가 그들 가운데 그리고 그들 중에 명백하기 때문이다(3:1-5).

성령은 또한 예언의 영이시다. 신약에서 자주 하나님을 위해 말하는 자들은 성령의 감동을 받았다고 되어 있다. 이러한 본문 중 많은 부분이 하나님의 구원 약속의 성취에 초점을 두고 있다. 온 세상에 약속한 하나님의 축복은 성령의 선물과 함께 이르렀다. 그러나 성령을 주심은 예수 그리스도의 사역, 죽음, 부활, 높아지심과 결부되어 있다. 신약의 저자들은 성령의 사역을 십자가에서 죽으시고 부활하신 예수 그리스도의 사역을 떠나 생각하지 않는다. 사도행전과 바울 서신에서 온 세상에 말씀이 전파되는 것은 성령의 능력에 의한 것이다. 그러므로 성령은 선교를 진전되게 한다. 그러나 성령의 선물은 선포된 말씀을 통해 전해진다. 예수 그리스도를 떠나서는 성령의 광범위하고 일반적인 사역은 없다. 요한복음에서 강조된 성령의 계시와 가르치는 사역은 역사적 예수의 사역에 기초하고 있다. 성령은 그리스도를 영화롭게 하고 그리스도의 죽음과 부활에 대해 신자들을 더 가르치기 위해 오셨다.

13. 목회적 숙고

성령은 사역을 위한 능력을 부여할 뿐만 아니라 신자들에게 하나님을 기쁘시게 하는 삶을 살도록 힘을 주신다. 이것도 역시 새 시대가 도래했음을 시사한다. 율법은 인간을 변화시킬 수 없었다. 그러나 율법의 무능력과 연약함과 대조적으로 성령은 하나님께 순종하도록 인간에게 힘을 주신다. 생명을 주는 성령의 사역은 동일한 성령에 의해 신자들에게 주어지는 확신과 관련되어 있다. 하나님의 사랑을 경험한 자들은 그들 마음속에 있는 성령의 증언으로 확신을 얻는다.

마지막으로, 비록 신약이 공식적인 삼위일체 교리를 세우거나 해명하지는 않지만 신약 문헌에는 삼위일체적 체제에 대한 많은 암시가 있다. 꽤 많은 삼위일체적 양식들이 신약에 있다. 많은 본문에서 아버지, 아들, 성령은 신자의 구원을 이루는 일에 함께 일하신다. 아버지와 아들은 이 경우에 인격적이지만 성령은 부수적 인격이거나 하나의 세력이라고 믿기는 힘들다. 모든 기독교 역사를 통해 신자들은 삼위일체 하나님, 즉 아버지, 아들, 성령의 이름으로 예배하기 위해 모였다. 예배는 아들과 성령의 사역을 통해 구원하시는 하나님께 드려진다. 하나님의 구원 약속이 그리스도를 통해 하나님께 영광이 된다면 성령도 이 모든 과정에서 중심적 역할을 하신다. 특별히 예수 그리스도께 집중하게 하신다.

Magnifying God in Christ

제9장

죄의 문제

지금까지 우리는 구원 약속이 예수 그리스도의 오심과 성령의 사역을 통해 성취되었다는 것을 보았다. 새 시대, 새 창조, 새 언약이 시작되었다. 그러나 왜 아버지, 아들, 성령의 구원 사역이 필요한가? 하나님의 구원사역은 인간이 죄로부터 구원될 필요가 있음을 전제로 한다. 그러므로 이 시점에서 인간이 구원받아야 할 곤경이 무엇인지 탐구해 보려 한다.

1. 공관복음

공관복음은 하나님의 백성인 이스라엘이 하나님의 구원사역을 필요로 한다는 것을 전제한다. 세례 요한이 광야에서 외친 것(마 3:3)과 요단 강에서 세례를 받으라고 한 것은 이스라엘이, 말하자면, 요단 강의 잘못된 쪽에 있었다는 것을 암시한다. 그들은 죄용서 받고 이스라엘에 대한 하나님의 언약이 실현되도록 하기 위해 자신의 죄를 고백할 필요가 있었다(3:6). 단지 아브라함이 그들의 조상이라고 해서 그들이 하나님의 진노에서 보호받지 않았다(3:9). 유대인의 조상과 족보상 연결된다는 것이 누군가가 하나님의 구원을 받는다고 보장하지 않는다.

인간은 썩은 나무라고 생생히 묘사된다(7:17-19; 12:33; 눅 6:43-44). 인간을 괴롭히는 악은 개선과 교정이 필요한 악한 행동에 국한되지 않는다. "나무" 자체가 뿌리 깊이 오염되어서 썩은 나무를 대체할 새로운 좋은 나무가 필요하다. 인간은 "의롭지" 않고 "죄인들"이라고 예수님은 선언하셨다. 예수님은 사람들을 괴롭히는 것을 묘사하기 위해 병의 은유를 사용하신다(마 9:12-13). 불행하게도 많은 사람은, 특히 종교지도자들은 자신들이 병으로 고통당하고 있다는 것을 인정하지 않았다. 그들은 스스로가 의로우며 의원이 필요없다고 주장했다. 인간의 교만은 영적 가난과 회복이 절실히 필요하다는 것을 인정하기를 거부한다.

자연히 모든 사람의 마음은 무디어지고 하나님의 일들에 대해 무감각하다. 사람들은 하나님이 그들에게 말씀하시는 것을 듣고 보는 것에는 진정 관심도 없다(13:15). 마가는 동일한 병이 제자들을 괴롭혔음을 강조한다. 제자들은 예수님 안에 있는 하나님의 계시를 거부하는 굳은 마음으로 고통받았다(막 6:52; 8:17, 21). 그들은 예수님의 가르침의 의미를 이해하지 못했고 그들이 이해하지 못한 것은 단순히 지적 무능력 때문이라고 할 수 없다. 근본적으로 그들 역시 우상숭배자들이었다. 그래서 그들 중 누가 가장 크며 그 나라에서 누가 가장 큰 보상을 받을 것인가를 놓고 다투었다(9:33-37; 10:35-45; 눅 9:46-48; 22:24-27).

죄짓는 자들은 하나님을 싫어한다. 그들은 죽었고 생명에서 떠나 있으며 잃어버린 자들이다(눅 15:24, 32). 인간의 잃어버려짐은 "인자가 온 것은 잃어버린 자를 찾아 구원하려 함이니라"라는 경구에서 파악할 수 있다. 두 아들의 비유에서 큰 아들은 계속해서 자신의 선함을 역설하며 아버지에게 완전히 순종했음을 주장한다(15:29). 그는 작은 아들을 경멸했으며 자신의 악을 보지 못한 채 부도덕하다며 작은 아들을 혹평했다.

인간의 죄성은 예수님을 배척하는 데서 가장 명백히 드러난다. 예수님을 인정하지 않는 자들을 예수님도 부인하실 것이다(마 10:32-33). 예수님 때문에 실족하는 자들은 하나님 자신을 대적한다(11:6). 복음서의 줄거리에서 이스라엘의 죄는 메시아이신 예수님을 배반하고 십자가에 못 박는 것에서 절정에 이른다. 예수님이 이스라엘 중에 나타나셨을 때 하나님이 택하신 자인 그를 이스라엘은 받아들이지 않고 살해했다.

공관복음에서 죄는 다채롭게 묘사된다. 모든 사람은 죄와 이기적 의지에 오염되었는데 심지어 종교 지도자들도 그러했다. "나무"는 썩었고 좋게 만들어야 할 필요가 있었다. 완고하고 악한 마음은 하나님을 소중히 여기지 않고 교만으로 타락한 사람들의 악한 삶을 통해 드러난다. 따라서 모든 사람은 회개해야 한다. 그리고 이 회개는 예수님에 의해 선포된 천국 메시지를 듣고 유의하는 데서 나타난다.

2. 요한문헌

요한은 인간의 죄를 인상적인 이미지로 묘사한다. 예를 들면, 죄를 짓는 자는 어둠의 영역에서 산다. 어둠속을 걷는 것은 우연이 아니며 운명의 잔인한 장난이 아니다. 사람들은 어둠을 "사랑"한다. 악을 행하는 것을 사랑하기 때문이다(요 3:19-20). 그들은 빛으로부터 도망친다. 빛이 그들의 악한 동기와 행위를 드러내기 때문이다(3:20). 미워하는 자들은 어둠에 거하며 빛이 밝아오는 새 시대 대신 어둠이 지배하는 옛 시대에 자신들이 속함을 드러낸다(요일 2:8-11).

요한은 어둠의 영역에 사는 자들을 묘사하기 위해 공간적 은유도 사용한다. 그들은 "아래에서" 났고 예수님은 "위에서" 났다(8:23). 이것을 다른 방식으로 말하면 그들은 악에 의해 지배되는 이 세상에 한정되어 있다. 요한은 전형적으로 하나님과 하나님의 뜻을 대적하는 인간 세계를 가리킬 때 **코스모스**(*Kosmos*)라는 용어를 사용한다. 비록 예수님은 "세상에 계셨고" 세상을 만드셨지만 인간은 그를 알지 못했고 그를 하나님의 아들로 인정하지 않았다(1:10). 세상은 아버지를 알지도 사랑하지도 않는다(17:25). 예수님은 세상에 오셨고 하나님은 세상을 구원하기 위해 예수님을 보내심으로 세상에 대한 자기의 사랑을 나타내셨다(3:16-17).

그러므로 하나님은 또한 세상의 자연적 상태는 정죄와 심판의 상태라는 것도 알리셨다. 세상은 예수님을 미워한다. 예수님이 세상의 악을 책망하시며 그것을 드러내시기 때문이다(7:7; 8:26). 세상은 예수님의 죽음을 크게 기뻐한다(16:20). 사탄은 세상의 지배자이다(12:31; 14:30; 16:11). 따라서 모든 비신자들은 그의 지배 아래 살고(요일 5:19) 세상의 지혜에 주목한다(요일 4:5; 요이 7절). 세상은 진리에 대해 증거하는 성령을 받을 수도 없고 받지도 않을 것이다(요 14:17). 세상은 진리에 대한 증거를 받기보다 자의 거짓말을 믿을 것이다(요일 4:1, 3, 5). 세상을 사랑하는 자들은 하나님께 속하지 않는다(2:15-17). 세상은 악에 헌신되어 있기 때문에 성령이 세상에게 죄를 깨닫게 하시지 않는 한(16:18) 예수님이 자신의 존재를 드러내실 때 세상은 받아들이지 않을 것이다(요 14:19, 22).

예수님의 양 떼와 세상 사이에는 마치 전자는 죄를 전혀 모르는 것 같은 절대적 이원론이 존재하지 않는다. 제자들도 악을 잘 안다. 그러나 그들은 그들의 죄를 속하신 하나님의 어린양이신 예수 그리스도의 사역을 통해 해방되었다(1:29).

예수님은 자신을 믿지 않는 자들은 그들의 죄 가운데서 죽을 것이라고 단호하게 가르치셨다(8:21, 24). 예수님을 믿지 않은 자들은 마귀가 그들의 아버지이다(8:44). 그들은 하나님의 자녀도, 아브라함의 자손가 아니다(8:39-40, 42, 47). 그들은 예수님을 죽이기를 원했다. 비록 그것이 그들의 의도라는 것을 부인했지만 말이다(8:37, 40; 참고, 8:59; 10:31). 그들은 악의 노예였고 예수님을 믿기를 거부했기 때문에 하나님의 진노 아래 살았다(3:18, 36). 악을 행하는 자는 마지막 날에 심판을 위해 부활하게 될 것이다(5:29). 요한은 죄를 불법(lawlessness)이라고 정의한다(요일 3:4). 불법은 하나님의 뜻을 행하고 그 계명을 지키기를 거부하는 것을 의미한다. 그러므로 불법은 하나님의 명령에 순종하지 않는 것에 한정될 수 없다. 불법은 하나님에 대한 반역과 그에게 순종하기를 완강히 거부하는 것을 의미한다.

죄의 권세를 묘사하는 또 다른 방법은 이 세상에 태어난 자들은 영적 소경이라고 말하는 것이다. 인간이 자신을 낮추고 소경임을 인정한다면 그들은 진정으로 보게 될 것이다(요 9:39-41). 그러나 교만과 완악함이 인간의 마음에 침입하여 사람들은 자신이 어둠 속을 걷고 있다는 것을 인정하지 않는다. 만일 그들이 하나님의 뜻을 행하기를 원한다면 예수님의 가르침이 하나님께로부터 온 것임을 깨닫게 될 것이다(7:17). 그들은 예수님께 와서 생명을 얻거나 아버지의 이름으로 예수님을 영접하기를 거부한다(5:43). 그처럼 예수님을 거부하는 것은 인간의 인정과 동료들의 영광과 존경을 갈망하는 데서 기인한 것이다(5:44; 9:22; 12:42-43).

요한은 인간의 죄를 분명하게 묘사한다. 세상은 하나님의 것들을 대적한다. 심지어 하나님의 택한 백성인 유대인조차도 메시아 예수님을 배척했다. 인간은 사탄의 지배 아래 산다. 그들은 빛 대신 어둠 속에 거한다. 그들은 위에서가 아니라 아래에서 났다. 그들은 진리에 충실하기보다 거짓을 좋아한다. 그들은 어둠이 아름답게 보이기 때문에 빛을 미워한다. 죄를 최고로 드러내는 것은 예수님을 믿기를 거부하는 것이다. 인간은 하나님의 사랑보다 다른 인간의 칭찬과 영광을 더 좋아한다. 그러므로 죄는 불법이다. 죄는 예수님을 그리스도로 믿기를 거부하는 것이다. 주님으로서 예수님께 굴복하기를 거부하는 것은 중대한 반역이다.

3. 사도행전

사도행전은 인간의 죄를 깊이 다루지는 않는다. 이것은 사도행전의 문학 장르를 고려해 볼 때 거의 놀랄 만한 일은 아니다. 우리가 또한 기억해야 할 것은 누가복음이 죄에 대해 말하는 것은 사도행전이 말하는 것에 포함시켜야 한다는 것이다. 오순절에 행한 설교에서 베드로는 듣는 자들에게 "이 패역한 세대에서" 자신들을 구원하라고 권고했다(2:40). 이 말씀은 신명기 32:5과 이스라엘에 대한 모세의 노래를 상기시킨다. 이 노래에서 이스라엘은 하나님으로부터 마음이 멀리 떠났다고 책망을 받는다. 스데반도 이스라엘의 역사를 돌아보았으며 이전 세대처럼 그의 시대에도 동일한 죄가 있음을 발견했다. 백성은 "목이 곧고" "마음과 귀에 할례를 받지 못했다"(행 7:51). 금송아지 사건 때의 이스라엘의 배교는 백성들이 "목이 곧은" 자들이었음을 드러냈다(7:39-41; 참고, 출 33:3, 5; 34:9; 신 9:6, 13). 이스라엘의 할례 받지 못한 마음은 그 백성들이 중생하지 못했음을 나타낸다(레 26:41; 참고, 신 10:16; 렘 4:4; 9:25-26). 스데반은 우상숭배가 이스라엘 역사의 특징이었다고 주장했다(행 7:42-43). 그의 당대의 유대인들은 동일한 죄의 포로가 되었다. 그들은 하나님의 율법을 소중히 여긴다고 주장했지만 그것을 지키지 않았다(6:11, 13-14; 7:39, 53).

하나님의 율법을 지키지 못하는 무능력은 예루살렘 공의회에서 베드로가 행한 연설에도 나타난다. 베드로는 단지 다른 사람들의 죄를 비난한 것이 아니다. 그는 이스라엘 자체가 율법을 지킬 수 없었다는 것을 인정했다. 사도행전 13:38-39는 비슷한 맥락에서 해석되어야 한다. 사람들을 죄에서 자유하게 하기는 커녕 모세의 율법은 사람들이 지은 죄를 적발하고 모든 사람이 하나님의 호의에 미치지 못했음을 드러낸다.

인간의 삶에 만연된 악은 주님이며 메시아이신 나사렛 예수를 십자가에 못 박는 것에서 절정에 이르렀다. 스데반은 이스라엘이 정기적으로 선지자들을 핍박하고 죽였으며(7:52) 이제 이 세대는 "의인"(7:52)을 배반하고 죽였다고 선언했다. 사도들은 유대인들에게 그들이 메시아를 십자가에 못 박는 어처구니없는 죄를 지었다고 담대하게 설교했다(2:23; 3:13, 17; 4:10-11; 5:30; 13:28). 유대인들이 복음 전파자들을 박해한 것도 그들이 하나님의 구원을 배척했음을 보여주었다.

사도행전에서 누가는 죄가 이스라엘 역사의 특징이었다고 주장한다. 실제로 이스라엘은 율법을 지키는 데 항상 실패했고 이기적인 의지가 그들의 삶을 지배했음을 보여주었다. 죄는 하나님의 구원의 대리자인 예수 그리스도께서 십자가에 못 박히실 때 절정에 달했다. 따라서 다가오는 심판을 피하기 위해 모든 사람은 회개하고 예수 그리스도를 믿어야 한다.

4. 바울 서신

근본적 죄는 하나님을 찬송하거나 감사하지 않고 하나님을 하나님으로 영화롭게 하지 않는 것이다(롬 1:21). 실로 인간이 짓는 모든 "죄들"은 그들이 하나님의 하나님이심을 거부하는 결과이다(1:24, 26, 28). 하나님을 하나님으로 경배하지 않기 때문에 하나님은 인간들을 죄에 넘겨주시고 죄로 인해 그들의 삶과 사회는 악화된다. 우상숭배의 경향은 인간의 자랑에 나타난다. 예를 들어, 사역자들의 지혜에 관해 고린도 교회가 분열한 것(고전 1:10-4:21)은 바울을 괴롭게 했는데 근본적 문제는 교만이었기 때문이다. 동일한 염려가 바울이 8:1-11:1에서 "아는 자들"에게 말할 때 바울을 진작시킨다. 그들은 우상 제물을 먹으면 더럽혀진다고 생각하는 약한 자들을 경멸했다. 사실, 아는 자들의 오만은 그들을 궁지로 몰아갔다. 바울은 그들이 우상숭배와 장난치고 있는 것이라고 그들에게 경고했다(10:1-22). 그러한 것은 놀랄 일이 아니다. 교만은 유일하신 참 하나님을 경배하고 영화롭게 하기보다 자신을 하나님으로 높이기 때문이다. 고린도인들은 또한 그들이 행사하는 은사를 자랑하는 경향이 있었다. 특별히 다른 방언을 말하는 화려하고 자발적인 은사를 가진 자들이 그러했다(12:1-14:40).

하나님은 그의 율법을 지키지 않는 자들을 심판하신다. 어린시절부터 율법을 배운 유대인들은 율법을 소유한 것을 그들이 혜택받은 지위를 가진 증거로 보는 경향이 있었다. 그러나 그들은 율법이 요구하는 것을 행하지 않았기 때문에 정죄 받았다. 그들은 이방인들을 정죄했던 "같은 일"을 행했다(롬 2:1; 참고, 2:3). 단순히 율법을 소유한 것은 심판을 피하게 하지 못한다. 순종도 필요하다(2:12-29).

예외 없이 모든 사람은 죄를 지었다. 바울은 어떤 사람들은 창조 세계에 명백히 나타난 하나님의 계시에 긍정적으로 반응했다는 것을 암시함으로써 문을 조금 열어 놓지 않는다. 하나님의 진노는 모든 사람에게 나타나고(1:18) 아무도 핑계하지 못한다(1:20; 3:4). 유대인들은 이방인들보다 우월하지 못하다. "모든 사람"이 다 "죄 아래"있기 때문이다(3:9). 3:10-18에 있는 구약 연쇄인용은 결론을 통감하게 한다. 의로운 사람은 한 사람도 없다.

> 모든 사람이 죄를 범하였으매 하나님의 영광에 이르지 못하더니
> (롬 3:23).

아무도 "율법의 행위"로 하나님 앞에 의롭게 되거나 성령을 받을 수 없다. 모두가 율법이 요구하는 것을 행하지 못하기 때문이다(3:20, 28; 갈 2:16; 3:2, 5, 10). "율법의 행위"(works of the law)라는 용어는 상당한 논란의 주제가 되어왔다. 특히 바울에 대한 "새 관점"(new perspective)의 시작과 더불어 그러했다. "율법의 행위"에 대한 다양한 해석이 제안되었다. 어떤 사람은 이 용어가 율법주의(legalism)를 가리킨다고 주장했다. 새 관점을 지지하는 자들은 율법의 행위는 율법의 정체성 표지들, 즉 할례와 정결법과 안식일 같이 유대인과 이방인을 구별하는 율법의 일부분에 초점을 두고 있다고 주장한다.

이 두 견해는 모두 거부되어야 한다. 비록 율법주의가 바울 시대의 유대교 안에 존재했지만 "율법의 행위"라는 어구를 율법주의라고 정의해서는 안된다. 이 어구는 율법의 명령을 가리킨다. 율법의 행위가 할례와 음식제한규정 같은 율법의 표식에 집중한다는 것도 분명하지 않다. 갈라디아서에서 할례나 음식법 때문에 율법의 행위는 이슈가 된다. 그러나 바울은 그 논의를 율법 전체를 포함하는 논의로 확대했다(갈 2:16, 19, 21; 3:10). 유대 문헌에 있는 비슷한 어구들은 율법 전체를 가리키는 것이 거의 확실하다(4QFlor 1.7; 1QS 5.21; 6.18; 4QMMT; 참고, 2 Bar. 4.9; 57.2). 로마서 1:18-

3:20의 논의 또한 "율법의 행위"가 율법이 요구하는 모든 행위를 가리킨다는 견해를 지지한다.

바울은 유대인들이 경계선 표지들(boundary markers)을 이방인들에게 강요하려 했기 때문에 비판한 것이 아니다. 바울은 그들이 하나님 앞에 죄인인 것을 발견했는데 이유는 그들이 하나님의 명령을 지키지 않았기 때문이다(참고, 2:21-22). 바울은 "율법의 행위"(works of the law⟨3:20, 28⟩)에서 일반적인 "행위"(works⟨4:2, 4, 6⟩)로 쉽게 설명 없이 넘어간다. "율법의 행위"라는 어구는 아브라함과 관련해서는 부적절하다. 왜냐하면 아브라함은 율법 아래 살지 않았기 때문이다. 9:11-12에서 바울은 "행위"를 선이나 악을 행하는 것으로 정의한다. 바울이 "율법의 행위"에서 "행위"로 곧장 옮겨가고 "행위"를 선한 것 또는 악한 것을 실행하는 것으로 정의하고 있기 때문에 "율법의 행위"는 율법이 요구하는 행동을 가리킨다.

동일한 결론이 갈라디아서 3:10에 대해서도 내려져야 한다.

> 무릇 율법 행위에 속한 자들은 저주 아래 있나니 기록된 바 누구든지 율법책에 기록된 대로 모든 일을 항상 행하지 아니하는 자는 저주 아래 있는 자라 하였음이라(갈 3:10).

이 구절을 해석하는 가장 자연스러운 방법은 아무도 율법이 요구하는 것을 모두 지키지 못한다는 명제를 보충하는 것이다(참고, 엡 2:9; 딛 3:5). 바울은 모든 사람이 죄를 범하였기 때문에 행위와 율법의 행위는 구원하지 않으며 구원할 수 없다고 주장한다. 모든 사람이 하나님의 기준에 이르지 못한다. 아브라함 조차도 불경건했다(롬 4:5).

율법과 관련하여 율법주의에 반대하는 어떤 논쟁이 있는가? 종교개혁

이래로 학자들은 거의 만장일치로 그런 논쟁이 있다고 보았다. 이 이슈는 1977년에 샌더스(E. P. Sanders)의 책 『바울과 팔레스타인 유대주의』(*Paul and Palestinian Judaism*)가 출판되면서 폭발적으로 유명해졌다. 샌더스는 유대교는 율법주의적(legalistic)이지 않았다고 강력하게 주장한다. 샌더스는 유대교는 공로적 의가 아닌 언약적 율법주의(covenantal nomism)를 신봉했다고 말한다. 유대인들은 구원을 얻기 위해 공로를 달아 보아야 한다고 가르치지 않았다. 모든 유대인들은 선택에 의해, 하나님의 은혜로 언약 속에 들어왔다. 그들은 율법을 지킴으로 언약 속에 있는 그들의 위치를 유지해야만 한다. 그러나 언약 속으로 들어가는 것은 하나님의 언약적 긍휼 때문이었지 그들이 율법을 지켰기 때문이 아니다. 율법 준수는 하나님의 은혜를 얻기 위한 시도가 아니라 하나님의 은혜에 대한 반응이었다는 것이다.

샌더스의 책은 즉각적인 효과를 가져왔고 유대교를 희화화하여 유대교 안에서 오직 율법주의 외에 다른 것은 보지 못했던 사람들에 대한 건강한 수정이었다. 그럼에도 불구하고 샌더스는 자신의 통찰력을 지나치게 강조한 듯하다. 샌더스의 패러다임에 대한 중요한 도전들은 샌더스의 견해가 모든 증거들을 만족할 만하게 설명하지 못한다는 것을 보여주었다.

엘리옷(Elliott〈2000〉)은 제2 성전기에 유대교는 전형적으로 모든 이스라엘이 아니라 오직 토라를 지킨 사람들의 구원을 예상했다고 주장한다.

아베마리(Avemarie〈1996; 1999〉)는 선택과 행위라는 두 주제는 초기 랍비 문헌(Tannaitic literature)에서 불안정한 긴장관계를 갖고 있었고 따라서 단순히 행위는 항상 선택에 종속된다고 말할 수 없다는 것을 증명했다.

개더콜(Gathercole〈2003〉)은 제2성전기 유대문헌에 대한 자신의 연구에서 비슷한 결론에 도달했으며 행위는 구원을 얻는 데 중요한 역할을 했다는 것을 보여주었다(Das〈2001: 12-69〉). 유대문헌의 율법주의에 대한 연구는 바울 당시의 유대교는 다양했으며 유대교 사상 가운데에는 샌더스의 결론과 맞지 않는 사조들이 있었다는 것도 보여준다.[1]

바울 서신을 검토해보면 바울이 율법주의에 반대하는 논쟁에 관여했다는 표시들이 있는 듯하다. 여기에서 율법주의(legalism)는 사람의 행함이 하나님과의 바른 관계의 근거가 되며 사람은 자신이 성취한 것에 대해 자랑할 수 있다는 견해라고 정의될 수 있다. 예를 들어, 율법을 자랑하는 것을 비판한 것은 어떤 사람이 자신의 순종이 자신을 보상받을 자격이 있게 만든다고 생각했음을 암시한다(롬 3:27; 4:2-5, 13-16). 행위가 구원의 근거라는 견해를 반대하는 바울의 논쟁은 행위가 유업을 얻을 자격을 갖게 만든다고 믿은 자들을 겨냥한 것이 틀림없다. 그렇지 않다면 바울의 말은 단지 이론적인 것이며 그가 사역 중에 직면하지 않은 문제를 언급하는 것이다. 그러나 바울은 사람들이 직면했던 실제적 문제를 언급하고 있을 가능성이 훨씬 더 크다. 어떤 사람들은 분명히 그들의 행위가 하나님과의 바른 관계의 기초가 된다고 믿었고 바울은 그 주장을 논박했다.

행위에 반대하는 논쟁이 몇몇 본문에만 나오는 것도 아니다. 갈라디아서 2:16에서 율법의 행위는 예수 그리스도에 대한 믿음과 대조된다. 실제로 이 한 절에서 바울은 율법의 행위와 그리스도에 대한 믿음을 서로 세 번이나 대조시킨다. 행함과 믿음은 3:10-12에서도 대조된다. 율법의 행위로 의롭다 함을 얻을 수 있다고 생각하는 자들은 저주를 받는다. 왜냐하면 모두가 하나님이 요구하시는 것을 행하지 않기 때문이다. 이와 반대로 하박국 2:4이 확증하듯이 하나님 앞에서 의로움은 행함이 아니라 믿음으로 얻는다. 실제로 율법을 행함으로 얻는 의와 하나님을 믿음으로 얻는

---

1 특히 Carson, O'Brien과 Seifrid 2001에 있는 다양한 율법주의에 대한 논문들을 보라.

의가 갈라디아서 3:12에서 서로 명확하게 대조되고 있다.

율법은 종말론적 생명을 얻기 위해 행함을 요구한다. 그러나 믿음은 다른 원리로 작동한다. 즉 저주를 제거하기 위해 그리스도를 바라본다(3:13-14). 그러므로 율법을 지켜서 유업을 얻게 된다면 하나님의 약속과 믿음은 하나님의 선물의 근거가 될 수 없다(3:18). 유업은 하나님의 약속 때문에 주어지므로 그것은 반드시 실현될 것이며 그 유업은 하나님을 위해 행하는 자가 아니라 하나님을 믿는 자들이 얻는다(참고, 롬 9:30-10:13; 빌 3:2-9).

바울에 대한 새 관점은 이방인들이 약속에서 제외되는 것을 바울이 염려한다는 것을 옳게 이해한다(롬 4:9-12). 구원은 차별 없이 유대인과 이방인 모두에게 예수 그리스도를 믿음으로 주어진다(1:16; 2:6-11; 3:9, 22-23, 29-30; 4:9-12, 16; 갈 3:7-9, 14; 엡 2:11-22). 그러나 바울은 또한 행함이 구원의 근거라는 것에 반대하는 논쟁도 한다. 왜냐하면 자신의 행위를 믿는 자들은 하나님의 은혜가 아니라 자기 자신과 자신의 선함을 믿기 때문이다.

인간은 단지 죄를 범하기만 하는 것이 아니다. 그들은 또한 죄의 노예이며 죄가 그들을 지배한다. 바울은 "죄가 사망 안에서 왕노릇했다"라고 말한다(롬 5:21). 여기에서 사망은 영적 사망, 즉 하나님과의 단절과 육적 사망을 가리킨다. 죄는 권세로서 사망의 영역에서 사는 자들을 지배한다. 사람들은 신자가 되기 전에는 죄의 종들(6:6, 16-18, 20, 22)이며 죄의 속박을 스스로 벗어날 수 없다. 시내산 언약 아래 사는 자들은 죄에 종노릇한다(갈 4:24-25).

인간이 죄 아래 종속되어 있음이 바울의 "아래"라는 말에 표현되었다. 불신자들은 "저주 아래"(3:10), "죄 아래"(3:22), "율법 아래"(롬 6:14-15; 갈 3:23), "초등교사 아래"(갈 3:25)있고 "죄 아래 팔렸으며"(롬 7:14) "세상의 초등학문 아래"있다. 바울에게 있어 "율법 아래"있는 것은 구속사의 옛 시대 아래와 죄 아래 있는 것과 같은 것이다. 그러므로 율법 아래 있는 것과 죄 아래 있는 것은 동등한 실체이다(5:18). 율법은 초등교사 또는 베이비시터 역할을 했으며(3:23,25) 약속된 시간까지, 즉 그리스도께서 오실 때까지 사람들을 감독했다. 율법 아래 사는 자들은 죄의 노예(롬 7:14-25)이며 하나님의 법이 요구하는 것을 수행할 수 없다. 그들은 어쩔 수 없이 육체적인 일에 마음을 둔다(8:5). 여전히 육체의 영역에서 살기 때문에 그들은 하나님의 법을 지킬 수도 없고 하나님을 기쁘시게 할 능력도 없다(8:7-8). 하나님에 대한 그들의 적개심은 단순히 의지력으로 제거되지 않는다.

"죄의 권능은 율법"이라는 주장은 로마서 7:7-25의 경구적 요약이다. 율법 자체는 거룩하고 선하지만(7:12) 죄가 그 촉수로 인간을 너무 강하게 감싸서 율법을 죄의 영향력 안에 있게 한다. 율법은 죄를 억제하지 못했다. 율법은 죄와 부정한 동맹을 형성하여 죄는 더욱 증대되었다(5:20; 7:13). 이 모든 것은 아담 안에 있는 인간의 무능함을 증거한다.

영적 실체에 관한 인간의 무능력을 바울은 여러 방법으로 말한다. 자연인, 즉 성령이 없는 사람은 성령의 진리를 환영하지 않으며 사실상 그것을 이해할 수 있는 능력도 없다(고전 2:14). 중생하지 못한 자는 복음의 진리를 멀리한다. 왜냐하면 진리를 받아들이기보다 악을 행하는 것에서 기쁨을 찾기 때문이다(살후 2:10-12). 자신들도 모르는 사이 사탄은 그들의 신이며 사탄은 불신자들의 마음에 베일을 가려 그리스도의 아름다움을 보지 못하게 한다(고후 4:3-4; 참고, 3;14). 그들은 마귀의 덫에 걸렸고 마귀의 포로가 되어 항상 마귀의 뜻을 행한다(딤후 2:26). 불신자들의 상태는 영적 사망이며 그 사망의 결과가 죄이다(엡 2:1,5; 참고, 롬 5:12).

불신자들은 세상과 마귀와 육체의 속박 아래서 산다(엡 2:1-3). 그 속박은 사회학적, 영적, 심리학적이라고 말할 수 있다. 불신자들은 세상의 명령과 유행을 따른다는 점에서 그것은 사회학적이다. 마귀는 불순종하도록 불신자들의 마음속에서 역사한다는 점에서 그것은 영적이다. 중생하지 못한 자들은 육체의 욕망을 따른다는 점에서 그것은 심리학적이다. 불신자들은 가능한 한 마음의 욕망을 따른다. 그러나 소위 말하는 욕망을 탐닉할 이 자유는 다름 아닌 노예가 되는 것이다.

모든 사람은 멸망할 운명인 "진노의 자녀"로 세상에 태어난다(2:3). 예수님께 속하지 않는 자들은 장래의 노하심에 직면하게 될 것이다(살전 1:10; 5:9). 그들은 영적 어둠 속에서 살며(엡 5:8; 골 1:13; 살전 5:4-5), 그리스도 안에서 빛나는 진리를 알아채지 못한다(엡 4:17). 실체에 대한 그들의 생각은 왜곡되어 있어서(4:17) 그들은 지혜롭게 되기보다 어리석게 되었다(롬 1:21-23). 그들의 지적 둔함은 하나님의 생명에서 떠나 있기 때문이며 그 결과는 악에게 바쳐진 삶이다(엡 4:18-19). 그들은 참되고 살아계신 하나님을 믿고 순종하기보다 우상을 섬긴다(살전 1:9). 따라서 그들은 헛된 신의 종이 된다(갈 4:8). 바울은 어느 누구도 중립적 지대에 살고 있다고 생각하지 않는다. 사람은 의 또는 불법, 빛 또는 어둠, 그리스도 또는 사탄, 하나님의 성전 또는 우상과 연합한다(고후 6:14-16). 그리스도를 믿지 않는 이방인들은 이스라엘로부터 분리되었고 하나님의 언약적 약속에는 아무 분깃도 없다. 그리스도를 알지 못하기 때문은 그들은 소망이 없고 하나님으로부터 떠나 있다(엡 2:12).

바울은 인간이 하나님으로부터 떠나 있음을 종종 "육체"(사륵스⟨sarx⟩)라는 용어로 표현한다. "육체"라는 단어를 바울은 여러 가지 방식으로 사용한다. 육체는 인간(예, 롬 3:20; 갈 2:16), 육체 안의 삶(예, 고전 15:39; 갈 2:20; 빌 1:22, 24), 또는 혈통, 혈연관계, 세상적 관계(롬 1:3; 9:5; 엡 6:5)를 나타낸다.

그러나 바울은 이 용어를 특수하게 사용하여 종종 아담 안에 있는 사람을 가리킨다. 영적으로 죽은 자들은 "육체 안에 있다." "육체"는 존재론적이 아닌 구속사적 범주로 이해해야 한다. 불신자들은 육체 안에 있다. 왜냐하면 그들은 아담 안에 있기 때문이다(롬 5:12-19; 7:5; 8:5-8; 골 2:13; 참고, 엡 2:11). 따라서 그들은 오실 분이 아닌 "이 악한 세대"에 속한다(갈 1:4).

모든 사람은 죄인으로서 세상에 온다. 그들은 아담의 아들과 딸들이기 때문이다. 인간 역사의 두 중심적 인물은 아담과 그리스도이다. 죄는 아담을 통해 세상에 들어왔고 죄의 결과 사망이 모든 사람 위에 왕노릇했다(롬 5:12). 아담의 죄의 결과는 5:15-19에서 다섯 가지로 진술되고 있다.

(1) 죄는 아담의 한 범죄로 세상에 들어왔다.
(2) 그의 한 죄는 정죄를 가져왔다.
(3) 그의 한 죄로 사망의 통치가 시작되었다.
(4) 그의 한 범죄로 모든 사람이 정죄 받게 되었다.
(5) 그의 불순종은 많은 사람들을 죄인되게 했다.

아담의 죄의 결과는 사망, 죄 그리고 정죄이다. 아담의 죄가 어떻게 모든 사람에게 이러한 결과를 가져왔는가에 대해서 바울은 구체적으로 설명하지 않는다. 바울은 그리스도가 새 인류의 언약적 대표이듯이 아담을 인류의 언약적 대표로 보고 있는 듯하다. 어쨌든 인간은 선과 악 사이에 중립적으로 보류된 채 세상에 오지 않는다. 아담의 아들과 딸들로서 인간은 악을 행하게 하는 원동력을 가지고 있다(참고, 고전 15:21-22).

바울의 죄에 대한 신학은 다면적이고 심오하다. 근원적 죄는 하나님의 선하심에 대해 하나님께 감사하고 영광을 돌리지 않는 것, 즉 창조주 대신 피조물을 경배하는 것이다. 인간의 죄성은 탐욕과 자랑에서 드러난다. 인간이 가장 욕망하는 것이 바로 그들의 신이기 때문에 탐욕에서 죄성이 드러나며 인간은 그들이 성취한 것에 대해 믿을 수 없을 만큼의 자랑을 갖기 때문에 자랑에서 죄성이 드러난다. 죄는 또한 객관적으로 판정될 수 있으며 보편적이다. 달리 말해서, 모든 곳에서 모든 인간은 하나님이 요구하시는 것을 행하지 않는다. 그들은 하나님의 기록된 율법 또는 마음속에 새겨진 법을 범한다. "율법의 행위"는 구원을 가져다 줄 수 없다. 왜냐하면 아무도 율법이 요구하는 것을 수행할 수 없기 때문이다. 실로, 죄의 놀랄 만한 미묘함은 죄인들이 하나님의 법은 지키지 않으면서 그들의 소위 도덕성과 순종에 대해 자랑하며 그것이면 구원을 받기에 충분하다고 생각하는 것에서 최전면에 부각된다. 인간의 문제는 피상적이지 않다. 왜냐하면 인류는 죄의 종이 되었으며 죄와 사망이 그들을 지배하기 때문이다. 결국 인간은 아담의 아들과 딸들로서 세상에 태어났다. 아담과 연합되었기 때문에 그들은 죄와 사망의 지배 아래 있고 하나님 앞에서 정죄 받는다.

5. 히브리서

일반서신 또는 공동서신 그리고 요한계시록을 살펴보면 인간의 죄에 대한 심층적 논의를 찾아볼 수 없으며 어느 저자도 구원받기 이전의 인간의 상태에 대해 진지하게 숙고하고 있지 않다. 그러나 죄는 불신과 불순종에 존재한다는 것이 히브리서에서 분명하다(예, 3:12, 18; 4:2-3, 6, 11). 저자가 독자들에게 경고하는 배교는 다음과 같이 묘사되고 있다. 마음의 완고함(3:8), 하나님을 시험함(3:9), 곁길로 감(3:10), 듣기에 둔함(5:11; 6:12),

타락함(6:6), 짐짓 범하는 죄(10:26), 하나님의 아들을 거절함, 언약의 피를 모독함, 은혜의 성령을 모욕함(10:29), 하나님의 말씀을 거부하고 배척함(12:25)이다.

히브리서의 저자는 불신자들의 "죽은 행실"에 대해 말한다(6:1; 9:14). 이 표현은 사망에 이르게 하는 불신자들의 악한 행위를 가리킨다. 히브리서의 저자는 구약에 근거하여 인간은 죄 때문에 죄인이며 용서를 필요로 한다고 믿는다. 저자는 또한 예수님은 신자들을 사망의 노예상태와 사망에 대한 두려움에서 해방시키신다고 가르친다(2:14-15). 그렇다면 죽음은 죄의 결과인 것으로 보이며 예수님의 대제사장적 사역은 사망을 가져오는 죄에 대한 속죄사역이다(2:14-18).

6. 야고보서

야고보서는 죄를 경계하는 권고로 가득하다. 그러나 저자는 왜 신자들에게 하나님의 구원사역이 필요한가에 대해서는 구체적으로 숙고하지 않는다. 아무도 죄에 대해 하나님을 비난할 수 없다. 마치 하나님이 실제적으로 사람들을 유혹해서 죄를 짓게 하시는 것처럼 말이다. 죄는 사람들을 유혹하고 꾀어 악한 일을 하게 하는 인간의 욕망에 기인한다. 인간은 여러 가지 욕망을 가지고 있다. 그리고 만일 그들이 악한 욕망에 복종하면 죄를 짓게 되며 그 다음에 죄는 사망에 이르게 한다. 더욱이 예외 없이 모든 사람이 죄를 짓는다. "우리가 다 실수가 많다"(3:2). 이 문맥에서 "우리가 다"는 신자들, 심지어 교회를 가르치고 인도하는 자들을 포함한다. 한 가지 죄만 지어도 범죄자가 된다(2:10).

여기에서 야고보는 바울과 매우 유사한 듯하다. 아무도 다른 계명을 범하면서 간음하지 않았다는 것 때문에 의롭다고 주장할 수는 없다. 어떤 위반도 사람을 율법을 범하는 자로 만든다. 야고보는 또한 이스라엘이 하나님을 버린 것을 다름 아닌 영적 매춘이라고 보는 구약에 근거해서 죄를 영적 간음으로 묘사한다(4:4). 달리 말해서 죄는 사람들이 하나님과의 우정보다 세상의 호의와 칭찬을 갈망한다는 점에서 배신이다. 죄는 단순히 악을 행하는 것이 아니다. 죄는 근본적으로 개인적이며 자신의 삶에 대한 하나님의 주되심을 거부하는 것과 결부된다.

7. 베드로전서

회심하지 않은 이방인의 불신은 "무지"라고 일컬어진다(1:14). 그러한 무지는 지적 영역에 한정되지 않는다. 무지는 하나님의 뜻에 반하는 욕망에 뿌리를 둔 악한 행동에서도 드러난다. 그들의 삶은 "너희 조상이 물려준 헛된 행실"이 특징이다(1:18). 베드로는 세대에서 세대로 전해져 이방인들 사이에 전형적이었던 우상숭배를 염두에 두고 있는 듯하다. 그들의 우상숭배는 사람들을 참되고 사신 하나님으로부터 멀어지게 했다는 점에서 헛되고 공허한 것이었다. 독자들의 과거 이방인의 삶은 4:2-4에도 언급된다. 하나님을 모르는 자들은 인간의 정욕과 욕망을 위해 산다. 불신자들은 복음의 부르심에 순종하기를 거부하는 자들이다(2:8; 4:17; 참고, 3:20). 그들은 잃어버린 자들이며 따라서 그리스도를 믿어 회복될 필요가 있다(3:1). 그들은 예수 그리스도의 죽음을 통한 죄용서를 필요로 한다(2:24). 달리 말하면 모든 사람은 병든 채 세상에 태어난다. 그러므로 그들에게는 죄용서로부터 나오는 치유의 역사가 필요하다. 복음을 듣기 전에 사람들은 하나님으로부터 떠나 있고 진리를 떠나 방황하고 있다(2:25; 참고, 사 53:6). 그들은 불의하며 하나님과 분리되었다. 하나님께 돌아갈 수 있는 유일한 방법은 예수 그리스도의 죽음을 통하는 것이다(벧전 3:18).

8. 베드로후서와 유다서

유다는 교회(교회들)에 들어온 침입자들을 대항하기 위해 유다서를 썼다. 그는 신자들에게 그들의 영향력에 저항하라고 격려하고 경고했다. 비록 서신을 짧지만 죄는 큰 역할을 한다. 침입자를 정죄하는 것이 중심을 차지하기 때문이다. 유다는 처음부터 끝까지 죄는 최종적 심판을 가져 온다는 것을 강조한다. 그는 그러한 악영향을 끼치는 거짓 교사들의 죄를 묘사하기 위해 "불경건"(아세베이아⟨asebeia⟩ 단어군))이라는 용어를 사용한다. 이 용어는 하나님의 주권에 복종하기를 거부하는 것을 뜻하며 유다서에서 방종한 삶, 특히 성적 죄로 드러난다(4, 6-8). 불신자들은 하나님의 백성에 속한다고 믿는 세속적 사람들이다(19). "세속적 사람"(프쉬키코이⟨psychikoi⟩)이라는 용어는 고린도전서 2:14을 연상시킨다. 고린도전서 2:14에서 바울은 자연적 인간은 성령이 없기 때문에 성령의 가르침을 받지 않고 받을 수도 없다고 말한다. 여기 유다서에서도 침입자들은 성령이 없기 때문에 하나님으로부터 분리되어 있으며 이 세상의 영역 안에 산다.

여러 측면에서 베드로후서는 유다서와 비슷하다. 베드로후서도 거짓 교사들에 대항해서 쓰여졌기 때문이다. 비록 이 경우에는 거짓 교사들이 공동체 내부에서 나온 듯하지만 말이다(2:1). 유다와 마찬 가지로 베드로도 거짓 교사들의 악함과 확실한 심판을 강조한다(특히 벧후 2장을 보라). 아마도 그들은 바울의 복음을 해석해서 방종주의를 위한 발판을 만든 듯하다(3:15-16; 참고, 2:2, 7, 10, 12-14, 18-19).

인간은 하나님 앞에 범죄했다. 용서 받기 위해서 죄가 깨끗하게 되어야 할 필요가 있다(1:9). 인간의 자연적 상태는 "죄의 정욕 때문에 이 세상에서 썩어짐"(1:4)이라는 구절에 표현된다. 신자들은 예수 그리스도를 앎으로써 세상의 "썩어짐"(1:4) 또는 "더러움"(2:20)에서 벗어났다. 그러한 썩어짐 또는 더러움은 악한 것에 대한 욕망에 뿌리를 두고 있다. 인간은 자연적으로 악한 행동에 기울어지며 그것을 행하는 것을 선택한다.

"벗어나다"(아포퓨고⟨*apopheugō*⟩)라는 단어를 사용하는 것은 이전에 신자들은 썩어짐과 죄의 포로였음을 의미한다. 이것은 2:19에 의해서 확증된다. 2:19에서 불신자들은 "썩어짐의 종들"이라고 불린다. 그들은 커다란 소리로 그들의 자유를 떠벌린다. 그러나 예수 그리스도 없이 그들은 죄의 결박을 벗어날 수 없다. 죄는 또한 예수 그리스도의 주되심을 부인하는 것에서 드러난다는 점에서 매우 개인적이다(2:1). 그러한 부인은 특히 신자라고 주장하며 기독교 공동체에 참여하는 자들에게 적용된다.

9. 요한계시록

요한계시록은 범죄하고 회개하지 않는 자들을 향해 하나님의 심판을 자주 선언한다(예, 2:5, 15, 21; 3:3; 9:20-21; 16:8-9). 악한 길에서 돌이키지 않으면 인간은 하나님의 진노에 직면하게 될 것이다. 저자는 명백히 인간의 선함에 대해 자신감이 없으며 인간 사회와 정부 구조에 특유한 부패를 알고 있다. 인간은 죄인이며 천성에 들어가기 위해서 그들의 죄로부터 해방될 필요가 있다(1:5; 14:4). 죄는 인간을 더럽히고 파괴하는 오물로 묘사된다(22:11). 깨끗하지 못한 자들과 악을 행하는 자들은 그들의 옷을 빨지 않으면 들어가지 못할 것이다(21:27). 하나님은 마지막 날에 그들의 행위에 따라 사람들을 심판하실 것이다(20:11-15; 22:12, 15). 거짓과 우상숭배에 빠지고 죄에 뛰어든 자들은 정죄 받을 것이다(22:15).

요한계시록에 의하면 인간의 근본적 악은 우상숭배이다. 인간은 자신이 가난하고 눈멀고 벌거벗었다는 것을 인정하기를 원하지 않는다(3:17). 그리고 여기에서의 문맥은 신자들조차도 자신에게 선함이 있다거나 또는 없다는 환상에 빠져들 유혹을 받는다는 것을 암시한다. 불신자들은 심판이 이르러도 그들의 우상과 악한 행위를 놓지 않으며(9:20-21) 심지어는 심판이 올 때 하나님을 저주하고 회개를 완강히 거부한다(16:9). 그들은 하나님을 모독하고 욕한다(13:6). 하나님을 미워하기 때문이다. 대신 그들은 짐승, 즉 영광과 재정적 번영을 약속하는 로마 황제와 로마 제국에게 충성한다. 따라서 참되고 사신 유일하신 하나님 대신 짐승을 경배한다(13:8, 12, 15). 그들은 하나님을 저주한다. 하나님의 심판이 그들 자신의 음모를 실행하는 것을 간섭하고 방해하기 때문이다(16:11). 어린양과 전쟁을 함으로써 그들은 하나님에 대한 적개심을 드러낸다(17:14; 19:11-21). 따라서 그들은 어린양에게 속한 신자들을 죽인다(16:6; 17:6; 19:2). 그들은 로마의 부를 갈망하고 로마가 심판 받을 때 슬퍼한다(18:7, 9, 11-15, 19). 그들은 하나님께 영광을 돌리지도 않고(16:11) 경배하지도 않는다(14:7).

10. 결론

성경 전체를 살펴보면 죄는 다양한 방식으로 묘사되고 있는 것을 알 수 있는데 이것은 이와 관련된 것의 복잡성과 광대함을 보여준다. 죄는 종종 하나님이 명령하신 것, 특히 모세 율법에서 명령하신 것을 지키지 않는 것으로 정의된다. 이것은 바울이 특별히 초점을 두고 있는 것이다. 비록 동일한 주제가 사도행전과 야고보서에서도 나타나지만 말이다. 바울과 야고보는 오직 완전하고 온전한 순종만이 참된 순종을 만든다고 주장한다. 어떤 위반이라도 사람을 범법자로 낙인찍는다. 요한은 "죄는 불법이라"(요일 3:4)고 말할 때 신약의 메시지를 요약하고 있다. 죄를 범하는 자는 하나님 앞에 죄인이며 그의 심판을 받는다. 실로, 하나님 앞에서 불순종하고 죄 있는 자들에게 하나님의 진노가 부어진다.

죄의 핵심은 하나님을 경배, 찬송, 감사하지 않는 것이다(롬 1:21). 이것은 창조주 대신 피조물을 경배하는 것과 관련된다. 요한은 동일한 사실을 하나님의 영광과 찬송보다 인간의 영광과 찬송을 더 좋아하는 것으로 묘사한다(요 5:44). 근원적 죄는 우상숭배이며 우상숭배는 인간의 자랑과 교만에서 나타난다. 율법주의(Legalism)는 이와 동일한 죄의 다른 종류이다. 왜냐하면 종교적 인간은 선행(비록 그들은 자신이 생각하는 만큼 그렇게 선하지 않지만) 때문에 그들이 하나님을 기쁘게 한다고 생각하기 때문이다. 따라서 종교는 하나님에 대한 경배보다 자축과 자아도취의 수단이다. 자신의 행위에 의존하는 것은 어리석은 것이다. 그것은 인간의 능력에 기대를 걸기 때문이다.

모든 인간은 죄인으로 세상에 태어나고 정죄 받는다. 그들은 아담의 아들과 딸들이기 때문이다(롬 5:12-19). 죄는 사람들이 자신의 악함을 보지 못하게 하고 자신이 종교적이라고 생각하도록 속인다. 죄는 단지 가벼운 죄나 실수의 문제가 아니다. 인간은 철저히 반역적이며 완고하다. 이것은 목이 곧다라는 은유가 잘 나타내고 있다. 인간의 죄는 나사렛 예수의 십자가 처형에서 최고로 나타났다. 모든 사람은 하나님에 대해 영적으로 죽은 상태로 세상에 오고 육체적 죽음과 심판을 향해 간다. 본질적으로 인간은 진노의 자녀이며 썩은 나무이다. 태어날 때부터 그들은 성령의 새 시대가 아니라 육적 옛 시대의 지배 아래 있다. 그들은 하나님의 자녀가 아닌 독사의 자식들이다.

11. 목회적 숙고

죄의 권세와 심각함이 하나님의 구원 약속의 배경으로서 작용한다. 왜냐하면 죄가 인간에게 미친 황폐함을 생각할 때 그러한 약속들은 놀랍도록 복된 소식을 나타내기 때문이다. 예수 그리스도의 오심으로 구원과 해방의 시대가 동터왔다. 예수님의 죽음과 부활로 죄와 사망의 폭정은 끝났다. 신자로서 우리는 계속해서 죄와 싸운다. 그러므로 우리의 삶에 있어서 승리에 도취될 여지가 없다. 우리의 죄를 인식하는 것은 우리를 겸손하게 한다. 따라서 마틴 루터(Martin Luther)가 임종의 자리에서 "우리는 가난한 자들(beggars)입니다. 이것은 사실입니다"라고 했을 때 우리의 마음은 그와 공감한다. 그러나 그리스도를 믿는 자들은 확신을 가지고 죽음에 직면한다. 왜냐하면 그들은 미래의 부활과 그리스도와의 연합으로 인한 죄의 완전한 정복을 확신하기 때문이다.

제10장

믿음과 순종

앞 장에서 우리는 아담의 아들과 딸들로서 인간은 하나님을 하나님으로 존중하고 그에게 감사와 찬송을 드리기를 거부하는 것을 보았다. 그들은 하나님의 통치보다 자치를 갈망한다. 이 장에서 우리는 이 죄와 사망의 세대로부터 구원받기 위해서 인간은 무엇을 해야 하는가를 고찰한다. 인간에게서 기대되는 반응은 "믿음"과 "순종"이라는 용어들 아래 요약될 수 있다. 이 용어들이 다양한 신약의 저작들을 잘 요약한다는 것을 보게 될 것이다.

1. 공관복음

구원받기 위해서 신자들은 하나님과 하나님의 의가 절대적으로 필요하다는 것을 인식해야 한다. 자신의 영적 가난함을 인식하는 자들은 천국의 복을 받는다(마 5:3). 의에 목마른 자들은 하나님 자신으로부터 오는 의로 만족함을 얻을 것이다(5:6). 믿음은 인간이 영적으로 병들었으며 치료를 위한 의사가 필요함을 알게 한다. 인간에게는 의가 없으므로 그러한 의는 오직 하나님 자신에게서 올 것이다(9:12-13; 막 2:17; 눅 5:31-32). 믿음은 최고의 선으로서 하나님을 찾는 것이다. 그리고 그와 같이 하나님을 찾는 것은 단회적 사건이 아니라 일생 동안 지속되는 구하고, 찾고 두드리는 것이다(마 7:7-8; 눅 11:9-10).

믿음은 백부장 이야기에서 설명된다. 백부장은 예수님의 말씀이 새로운 일을 일으킬 능력이 있다고 확신했다. 백부장의 믿음은 예수님이 이스라엘 중에서 만나 본 믿음보다 뛰어났다(마 8:10; 눅 7:9). 이 믿음은 육체적 치유에 국한되는 것이 아니다. 왜냐하면 마태에 의하면 예수님은 이방인들이 천국잔치를 즐기게 되겠지만 이스라엘 중의 많은 사람은 제외될 것이라고 말씀하시기 때문이다(마 8:11-12). 따라서 치유를 일으킨 믿음은 예수 그리스도에 대한 구원의 믿음을 가진 증거이기도 하다. 열두 해 동안 혈루증을 앓던 여인은 예수님의 겉옷 가만 만져도 병이 나을 것이라고 확신했다. 예수님은 그 여인의 "믿음이" 그 여인을 구원했다고 확증하셨다(9:22).

다시 말하건대 믿음은 육체적 치유에만 국한되지 않는다. 비록 이것은 틀림없이 믿음이 치유를 불러온 경우이지만 말이다. 육체적 치유가 여기에서 영적 치유의 상징으로 작용하고 있기 때문에 공관복음은 "구원받음"이라는 용어를 사용한다. 따라서 마가복음(5:34)과 누가복음(7:50)에서 예수님은 즉각적으로 하나님과의 새로운 관계를 나타내는 "평안히 가라"는 말씀을 덧붙이신다.

육적 치유와 종말론적 구원의 연계가 모든 경우에 강조되어서는 안된다. 그러나 중풍병자 치유 이야기는 그러한 주제가 여기에도 있다는 것을 설명한다(마 9:2-8). 예수님은 중풍병자를 예수님께 데려오기 위해 많은 수고를 한 사람들의 믿음을 보고 치료해주셨다. 그러나 그 치유는 죄용서의 상징이 되었고 그러한 용서는 믿음에 대한 응답으로 주어진 것으로 보인다.

맹인 치유도 동일한 선상에서 이해되어야 한다. 마태복음에서 예수님은 맹인들을 그들의 믿음 때문에 치유하셨다. 왜냐하면 그들은 예수님이 기적을 일으키실 수 있다고 믿었기 때문이다(9:28-30). 바디매오에 관한 이야기에서 바디매오는 예수님을 다윗의 자손이라고 외쳤고 예수님은 "네 믿음이 너를 구원하였다"라고 선언하신다(막 10:52; 눅 18:42). 이것은 육적 시력을 회복한 것보다 더 깊은 실체를 지적하신 것이다.

각각의 이야기는 치유는 단지 육체적인 것이 아니었음을 강조한다. 그 맹인은 예수님을 예루살렘까지 따라갔다. 그는 예수님이 십자가를 향해 나아가실 때 예수님을 따르려고 한 제자였다. 예수님께 치료받은 열 명의 나병환자 이야기에도 동일한 주제가 명백히 나타난다(눅 17:11-19). 오직 사마리아 사람만 돌아와 감사하며 하나님께 영광을 돌렸고 예수님께 경배했다. 그의 육적 치유, 마음의 찬송 그리고 예수님께 대한 경배는 더 위대한 실체를 가리킨다. 그러므로 예수님은 "네 믿음이 너를 구원하였느니라"라고 선언하셨다(17:19).

예수님을 따르는 자들에게 근본적으로 요구되는 것은 믿음이다. 예수님이 야이로에게 하신 "두려워 말고 믿기만 하라"(막 5:36)는 말씀에 이것이 요약되어 있다. 나사렛에서 예수님을 놀라게 한 것은 그의 고향 동네 사람들에게 믿음이 없었다는 것이다(마 13:53-58). 예수님은 유대인들이 믿지 않음으로 책망하셨다(17:17). 예수님은 수로보니게 여자의 딸에게서 귀신을 쫓아 주셨는데 예수님에 대한 그 여자의 끈질긴 믿음 때문이었다(15:22-29). 누가는 시몬의 집에서 열린 잔치에 침입한 죄 있는 여자의 믿음을 강조한다(7:36-50). 여자는 예수님의 발을 씻기고 자기 머리털로 닦고 그에게 향유를 부음으로써 예수님에 대한 자기 사랑을 나타냈다. 자기 죄가 용서받았다는 것을 인식하자 예수님에 대한 그 여자의 사랑은 흘러나왔다.

7:47에 근거해서 어떤 사람은 그 여자의 사랑 때문에 그 여자가 용서 받았다고 주장한다. 그러나 두 빚진 자의 비유는 다른 것을 암시한다. 왜냐하면 많이 사랑한 사람은 많은 빚을 탕감 받은 사람이기 때문이다. 이것은 사랑이 용서의 결과임을 나타낸다. 이 이야기는 예수님의 말씀으로 끝이 난다. "네 믿음이 너를 구원하였으니 평안히 가라"(7:50). 그 여자의 사랑 때문에 그 여자가 구원받은 것이 아니다. 죄용서를 위해 예수님을 믿었기 때문에 그 여자는 구원을 받았다. 그러한 죄용서의 결과로 여자는 예수님을 넘치도록 사랑했다.

바리새인과 세리 이야기도 비슷하게 해석되어야 한다. 비록 "믿음"이라는 단어가 나타나지는 않지만 말이다(18:9-14). 바리새인은 의에 대한 헌신 때문에 분명히 자신이 하나님 앞에서 "의롭다"(18:14)고 생각한다. 그는 도둑질과 성적 죄를 삼가고 의롭게 산다. 더욱이 그는 금식하며 율법이 요구하지 않는 항목에 대해서도 십일조를 드림으로써 의무로 요구되는 것 이상을 한다. 한편 세리는 죄용서 받기 위해 하나님을 신뢰하며 하나님께 긍휼을 간청한다. 이 이야기는 주목할 만하다. 인간이 그들의 행위에 근거해서 하나님의 용서를 얻을 수 있다는 관념에 반대되는 말씀을 예수님이 하시는 것을 보여주기 때문이다. 이 이야기는 또한 유대교 내의 어떤 사람들은 행위를 통해 의를 확보할 수 있다고 믿었음을 암시한다. 그렇지 않다면 이 비유는 아무도 씨름하지 않는 문제를 언급하는 것이 되고 말 것이다! 게다가 이 본문은 칭의에 대한 바울의 가르침을 예상하게 한다. 왜냐하면 누가는 세리가 하나님에 대한 믿음 때문에 하나님 앞에 의롭다는 것을 분명히 암시하기 때문이다.

공관복음에서 믿음은 새로운 삶의 방식, 즉 예수님을 따르는 자들의 삶에 나타나는 새로운 순종과 결코 분리될 수 없다. 이것은 "회개하고 복음을 믿으라"(막 1:15)는 구절에 예시된다. 회개 없이 진정한 믿음은 있을 수 없으며(참고, 마 4:17) 참으로 모든 회개는 믿음에서 나온다. 믿음과 회개의 관계는 예수님이 사람들에게 돌이켜 어린 아이 같이 되라고 하신 말씀에 잘 설명된다(마 18:3-4; 참고, 19:14). 공관복음서는 모두 천국에 들어가기 위해 필요한 새로운 종류의 삶을 종종 강조한다. 그러나 그러한 진술은 행위가 아닌 믿음이 구원한다는 진리와 모순되지 않는다. 제자들의 변화된 삶은 믿음의 열매이며 믿음의 결과이다. 제자로서 예수님을 따르는 자들은 예수님을 믿기 때문에 그렇게 한다. 신자들의 순종은 마치 믿음과는 별개의 것인 듯 생각되어선 안된다. 한편 예수님과의 새로운 관계가 변화를 일으키지 못한다는 것은 생각할 수 없는 일이다.

마태가 순종을 강조하는 것이 이러한 초점을 설명해준다. 하나님의 뜻을 행하는 자들은 하나님의 가족이다(12:46-50). 밭의 비유에서 오직 열매 맺는 자들만이 참으로 하나님께 속한다(13:18-23). 부자 관원은 그의 소유물을 다 버리고 예수님을 제자로서 따를 때에만 구원을 받을 것이다(19:21). 자기 십자가를 지고 예수님을 따르지 않고 자기 목숨을 보존하고자 하는 자는 멸망할 것이다(16:24-26). 철저한 제자도로서 예수님을 따르는 자만이 마지막 날에 구원받을 것이다. 그들은 예수님을 따르기 위해 기꺼이 안락한 집을 포기하고 가족관계를 끊으려 해야 한다(8:18-22). 가족 구성원을 예수님보다 더 사랑하는 자들은 예수님께 합당하지 않다. 왜냐하면 예수님의 제자가 되는 자들은 그를 위해 죽을 준비가 되어 있어야 하기 때문이다(10:37-39).

좋은 열매 맺는 좋은 나무만이 심판의 날에 보존될 것이다. 왜냐하면 사람들은 그들의 모든 말로 심판을 받을 것이기 때문이다(12:33-37). 다른 사람을 용서하기를 완고하게 거부하는 자들은 심판의 날에 하나님의 용서를 받지 못할 것이다(6:14-15; 18:21-35). 사람들을 넘어지거나 실족하게 하는 모든 것은 그들의 삶에서 제거해버려야 한다. 예수님은 발이나 손을 잘라버리거나 눈을 빼내 버리라는 과장된 표현을 사용(5:29-30; 18:8-9)하여 배교를 피하기 위해 반드시 밟아야 할 극단적 단계들을 묘사하신다. 신자들은 분노(5:21-26)와 음욕(5:27-28)을 정복해야 하며 그것들이 예수님의 제자들의 마음에 뿌리 내리도록 해서는 안된다. 예수님의 참된 제자들은 아버지의 뜻을 행하겠다고 공언하는 자들(즉 바리새인들)이 아니라 회개를 통해 아버지의 뜻을 실제적으로 실행하는 자들이다. 신실한 종들은 주인이 명령하는 것을 행하고 정당한 보상을 받을 것이다. 그러나 불충한 종들은 그 나라에서 쫓겨나 울며 이를 갈게 될 것이다(24:45-51; 참고, 25:1-13).

달란트 비유에서 주인의 명령대로 행한 자들은 상을 받았지만 게을러 아무것도 하지 않고 자기 달란트를 감추어 둔 자는 바깥 어두운 곳으로 던져졌다. 그곳은 "울며 이를 갊"이 있는 곳이다(25:14-30). 양과 염소에 대한 예수님의 심판은 그들이 신자들, 즉 "이 지극히 작은 자 하나"(25:45)에게 긍휼과 사랑을 보여주었는지 아닌지 그들이 행한 대로 이루어진다. 다시 말해서 논점은 영생과 무관한 단순한 상의 문제가 아니다. 왜냐하면 불의한 자는 "영벌에, 의인은 영생에 들어가게 될 것이기" 때문이다(25:46).

제자들에 대한 예수님의 극단적인 명령은 마태복음 전반에 명백히 나타난다. 마지막 날에 사람들은 구원받기 위해 좁은 문으로 들어가야 한다(7:13-14). 마태복음에서 좁은 문은 분명히 순종, 즉 예수님의 제자들에게 요구되는 변화된 삶을 가리킨다. 거짓 선지자들은 상을 받지 못할 것이다.

왜냐하면 그들은 좋은 나무가 아니기 때문이다(7:15-20). 좋은 열매를 맺는 대신 그들의 삶은 악하며 하나님의 뜻을 따르지 않는다. 단순히 예수님을 주라고 부르는 것이 사람을 천국에 들어갈 수 있게 하지 않는다(7:21-23). 사람들은 심지어 기적을 행하고 귀신을 쫓아내며 예언을 말해도 하나님의 뜻을 행하지 않음으로 천국에서 제외될 수 있다. 기초 위에 안전하게 집을 지은 사람만이 마지막 심판의 폭풍을 견뎌낼 것이다(7:24-27). 마태복음의 이 문맥에서 기초 위에 집을 짓는 것은 분명히 예수님의 말씀을 듣고 행하는 것을 의미한다.

어떤 사람들은 순종을 강조하는 마태복음은 행함이 아닌 믿음으로 의를 얻는 바울의 복음과 모순된다고 결론짓는다. 마태는 틀림없이 천국에 들어가기 위해 요구되는 새로운 순종의 삶을 강조한다. 그럼에도 우리는 마태와 바울 사이의 양극성을 과장하지 않아야 한다. 마태는 인간이 영적으로 가난하다는 것을 인식한다(5:3). 자신의 영적 가난을 인식하는 자만이 천국의 능력을 받게 될 것이다. 달리 말해서 예수님이 요구하시는 새로운 방식으로 살기 위해서 사람들은 천국의 능력이 필요하다. 요구되는 새로운 삶은 하나님으로서만 가능하며 인간의 노력을 통해서는 나타날 수 없다. 순종에 대한 명령은 바로 예수님에 대한 철저한 헌신을 뜻한다.

그러므로 제자들은 기꺼이 그를 따르고 어떤 것보다 그를 가장 귀하게 여긴다. 예수님을 따르고 순종하라는 명령을 마치 최후의 상급을 얻기 위해서는 완전함이 필요한 것처럼 해석해서는 안된다. 하나님은 온전함을 요구하시지만(5:48) 용서가 회개하는 자들을 위한 마지막 말씀이다. 예수님이 제자들에게 가르치신 기도는 죄용서를 위한 기도를 어쩌면 매일 해야 할 필요성을 깨우친다(6:12). 죄용서의 궁극적 근거는 예수님의 죽으심이며 그것은 새 언약을 출범시킨다(26:28). 순종은 천국에 들어가기 위해 필요하다. 심지어 삶이 끝날 때까지 순종해야 한다.

> 그러나 끝까지 견디는 자는 구원을 얻으리라(10:22; 24:13).

예수님을 시인하는 자는 예수님도 그를 하나님 앞에서 시인하실 것이지만 예수님을 부인하는 자는 예수님도 그를 부인하실 것이다(10:22; 24:13). 마태복음에서 요구하는 순종은 사람이 예수님을 다른 무엇보다 귀하게 여기는가를 드러낸다. 더욱이 그러한 순종은 믿음의 열매이다. 순종이 천국에 들어가는 근거라고 생각할 수는 없다. 예수님의 죽으심이 죄용서의 유일한 근거이기 때문이다. 그러나 예수님을 믿는 자들은 그러한 믿음을 새로운 삶의 방식을 통해 보여준다.

2. 요한문헌

요한복음은 "믿다"(피스튜오⟨pisteuō⟩)라는 동사를 98번 사용하여 이 주제의 중심성을 나타낸다. 이 동사를 사용한 것은 어쩌면 수동적 믿음의 관념을 배제하고 행동으로서의 믿음을 강조하는 듯하다. 믿음의 중요성은 20:21에 진술된 요한복음의 목적에 나타난다. 그러한 결론적 진술은 놀라운 것이 아니다. 왜냐하면 요한은 자주 예수님을 믿는 자는 영생을 얻는다(3:15-16, 18, 36; 6:40, 47)는 것과 예수님을 믿는 자는 결코 죽지 않는다(11:25-26)는 것을 강조했기 때문이다. 역으로 그를 믿지 않는 자들은 죄로 인해 사망에 직면하게 될 것이다(8:24).

요한이 "믿다"라는 동사를 사용하는 것은 인간은 믿음으로 영생을 얻는다는 것을 가리킨다. 영생은 하나님을 위한 행위로 얻는 것이 아니다. 인간은 자신의 악을 대속할 수 없다. 예수 그리스도는 죄를 제거하기 위해 하나님의 어린양으로 세상에 오셨다(1:29). 그러므로 하나님이 요구하시는 "행위"는 인간이 기대하는 것과 반대된다.

> 하나님께서 보내신 이를 믿는 것이 하나님의 일이다(요 6:29).

마치 무정형의 믿음이 영생을 얻게 하는 것처럼 요한복음에서 믿음은 모호한 실체가 아니다. 구원의 믿음은 철저히 그리스도 중심적이다. 예수님의 이름을 믿고(1:12) 예수님을 주신 것에서 하나님의 사랑이 나타났다는 것을 믿어야 한다(3:16-18; 참고, 16:27, 30; 17:8, 21). 대안적으로 요한은 하나님을 믿어야 한다고 말할 수도 있다(5:23-24). 그러나 예수님을 보낸 분은 정확히 아버지이다(5:37-38; 12:44). 예수님을 "스스로 있는 자"(I am)로 고백하지 않는 자는 죄 가운데 죽을 것이다(8:24 저자의 번역; 참고, 13:19). 맹인은 예수님을 "인자"로 믿었다(9:35). 진정한 제자는 마르다와 함께 "주는 그리스도시요 세상에 오시는 하나님의 아들이신 줄 내가 믿나이다"라고 고백한다(11:27). 요한복음의 목적 진술에 구원을 주는 믿음의 내용이 잘 드러난다. 예수님이 하나님의 아들 메시아이심을 인정하고 그 결과로서 영생을 얻게 하기 위해 예수님이 표적을 행하셨다는 것을 요한복음의 목적 진술이 확증한다.

요한일서에도 예수님을 믿는 믿음의 중심성이 분명히 나타난다. 하나님의 계명은 "우리가 그의 아들 예수 그리스도의 이름을 믿는 것이다"(3:23). 하나님께로부터 난 자는 "예수께서 그리스도이심"을 믿는다(5:1). "예수께서 하나님의 아들이심"을 믿는 자는 세상을 이긴다(5:5; 참고, 5:4). 예수님이 하나님의 아들이심을 믿지 않는 자는 하나님의 증거를 거짓말로 간주하여 물리치는 것이다(5:10). 요한일서의 목적 진술은 요한복음의 목적 진술과 매우 유사하다(참고, 5:13). 요한에게 있어 구원하는 믿음은 예수님을 하나님의 아들이며 육체로 오신 메시아로 믿는 것이다(2:22-23).

믿음의 역동성은 다른 여러 용어로 요한복음에 표현되었다. 그러므로 믿음은 살아있고 능동적인 것임이 분명하다. 믿음은 받아들이고 순종하고 마시고 듣고 오고 바라보고 먹고 거하며 가고 알고 보고 따르고 들어가고 미워하고 사랑하며 그 외의 것을 한다.

몇 가지 감각적 은유들, 예를 들어 듣는 것, 보는 것, 마시는 것, 그리도 먹는 것은 예수님을 믿는다는 것이 무슨 의미인가를 전달한다. 요한복음의 어떤 문맥에서 "듣다"(아쿠오⟨akouō⟩)라는 단어는 "효과적인" 듣기를 가리킨다. 따라서 듣는 자는 산다. 영적으로 죽었지만 "하나님의 아들의 음성을 듣는 자는 살아 날 것이다"(5:25). 모든 사람이 예수님의 음성을 이런 식으로 "듣는" 것은 아니다. 왜냐하면 이런 종류의 들음은 믿음으로 듣는 것이기 때문이다. 그러므로 "아버지께 듣고 배운" 사람들은 틀림없이 예수님께로 올 것이다(6:45; 참고, 사 54:13). 이 경우에 그러한 들음은 반드시 예수님께로 "와서" 믿도록 이끈다. 반면에 예수님께 속하지 않은 자들은 그의 어려운 가르침을 "들을"(아쿠오⟨akouō⟩) 수 없다(요 6:60; 8:43). 예수님은 "하나님께 속한 자는 하나님의 말씀을 듣나니 너희가 듣지 아니함은 하나님께 속하지 아니하였음이로다"라고 선언하신다(8:47). 예수님의 양은 그의 음성을 듣는다. 왜냐하면 그의 양 무리에 속하기 때문이다. 그들은 낯선 사람의 음성을 들으면 도망한다(10:3, 5, 8, 27). 예수님은 진리에 대해 증거하기 위해 오셨고 "진리에 속한 자는 내(예수님) 음성을 듣는다"(18:37).

믿음은 또한 예수님이 참으로 누구인가를 인식하는 "보는 것"으로 묘사할 수 있다. 예수님을 "보는"(떼오레오⟨theōreō⟩) 자는 그를 보내신 아버지도 "본다"(요 12:45). 6:40의 "보다"라는 동사는 어쩌면 "믿다"와 동의어이다. 따라서 진정한 믿음은 예수님이 누구신가를 보게 한다. 요한복음 9장의 맹인 이야기는 믿는 자는 예수님이 누구신지 본다는 개념에 근거해서 진행된다. 그 맹인은 예수님이 인자이심을 보았으나 영적 시력을 가졌다고 주장하며 자신들의 맹인된 것을 인정하지 않았던 바리새인들은 어둠에 휩싸였다(9:35-41).

믿음의 활력성이 마시고 먹는 감각적 행동을 통해 알려진다. 예수님이 주시는 물을 마시는 자는 영원히 갈증을 해소할 것이다. 예수님을 믿는 자들은 목마르지 않을 것이다(6:35). 목마른 자는 누구든지 예수님께 와서 자유롭게 마셔야 한다(7:37-38). 진실로 사람들은 생명을 얻기 위해 예수님의 피를 마셔야 한다(6:54, 56). 즉 사람들은 생명을 얻기 위해 예수님을 십자가에 못 박히신 주님으로 믿어야 한다. 피를 마시는 이미지는 피를 먹는 것을 금하는 구약을 고려해 볼 때 유대인들에게 특히 거치는 것이었을 것이다. 피를 마시는 이미지는 구원 얻은 자들이 예수님의 죽으심을 주저함 없이 전적으로 받아들여야 한다는 것을 강조한다.

동일한 진리가 먹는 것에 대한 은유를 통해 전해진다. 동사 에스띠오(esthiō)와 트로고(trōgō)가 예수님의 살을 먹는 것을 나타내기 위해 사용되었다(6:50, 53, 54, 56, 57, 58). 먹는 것에 대한 모든 언급을 요한복음 6장에서 발견할 수 있는데 거기에서 예수님은 자신을 생명의 떡이라고 선언하신다. 먹는 이미지는 생명으로 인도하는 믿음을 묘사하는 또 다른 방식이다 (6:29, 35, 36, 40, 47, 64, 69).

죽음에서 벗어나기 위해서는 하늘의 떡인 예수님을 먹어야 한다(6:50). 요한은 살기 위해 예수님의 살을 "먹어야" 한다는 것을 특별히 강조한다.

예수님의 살은 분명히 십자가를 가리킨다(6:51). 따라서 예수님은 영생을 누리기 위해서 사람은 예수님의 살을 먹고 예수님의 피를 마셔야 한다는 것을 강조하신다(6:53-54, 56-58). 믿음은 예수님이 죽으셨다는 개념을 단순히 받아들이는 것이 아니다. 믿음은 그 사실을 능동적으로 섭취하는 것이다. 그러므로 예수님의 죽으심을 믿는 것은 음식이고 음료이다. 믿는 자는 그들의 생명의 근원인 예수님의 죽음을 먹고 산다.

믿음의 능동적 특성은 "영접하다"(람바노⟨lambanō⟩)라는 동사에 의해 표현된다. 유대인들은 예수님을 "영접하지"(파라람바노⟨paralambanō⟩) 않았으나 "영접하는"(람바노⟨lambanō⟩) 자들은 하나님의 자녀가 된다(1:11-12). 예수님은 아버지의 이름으로 왔으나 종교 지도자들은 예수님을 영접하지 않았다(5:43). 역으로, 예수님을 영접한 자들은 아버지도 영접했다(13:20). 제자들이 예수님을 영접했다는 것은 그들이 예수님의 말씀을 받아들이고 환영했다는 것에서 명백히 드러난다(17:8).

믿게 되는 것은 또한 하나님과 예수 그리스도를 알게 되는 것으로 묘사된다. 안다는 것은 오이다(oida)와 특히 기노스코(ginōskō) 동사를 통해 표현된다. 이 두 동사를 사용하는 것은 요한이 동의어를 좋아한다는 것을 나타낸다. 앎의 중심성은 17:3에서 분명히 표현된다.

> 영생은 곧 유일하신 참 하나님과 그가 보내신 자 예수 그리스도를 아는 것이니이다(요 17:3).

신자들은 예수 그리스도가 하나님의 거룩하신 자이신 줄 "안다"(6:69). 그들은 "그가 참으로 세상의 구주신 줄 안다"(4:42). 아버지의 명령을 행하려는 자들은 예수님이 참으로 하나님께로부터 오셨다는 것을 알게 될 것이다(7:17; 참고, 17:8, 19). 세상은 예수님(1:10) 또는 아버지(7:28; 8:19)를 알지 못함으로 정죄 받는다. 진리를 아는 것이 인간을 자유하게 하는 것이고 사람을 자유하게 하는 진리는 아들 자신이다(8:32, 36). 예수님의 양은 예수님을 알고 그를 따른다. 예수님의 음성을 알기 때문이다(10:4-5, 14). 예수님을 아는 자들은 아버지도 알지만(14:7) 신자들을 핍박하는 자들은 아들이나 아버지를 알지 못함을 드러낸다(8:55; 16:3; 참고, 17:25).

예수님을 믿는 자들은 생명을 얻기 위해 그에게 "온다"(에르코마이⟨erchomai⟩). 불신은 생명을 얻기 위해 예수님께 오기를 거부하는 것에서 나타난다(5:40). 악을 행하는 자들은 부끄러움을 당하지 않기 위해 빛을 멀리하고 빛으로 오기를 거부한다. 반면에 선을 행하는 자들은 "빛으로 온다." 따라서 그들이 행한 선한 행위는 하나님께로부터 온 것임이 명백하다(3:20-21).

"오다"와 "믿다"의 상관관계는 6:35에서 명백히 드러난다. 왜냐하면 예수님께 "오는" 자들은 배고픔이 채워질 것이며 예수님을 "믿는" 자들은 갈증을 해소하게 될 것이기 때문이다. 예수님은 목마른 모든 자들을 자신에게 오도록 초대하신다(7:37). 예수님께 오는 것은 절대적으로 필요한 것이다. 왜냐하면 예수님께서 분명히 그를 통하지 않고는 "아버지께로 올 자가 없다"고 가르쳤기 때문이다. 예수님은 "길이요 진리요 생명"이시다(14:6). 예수님께 오는 것은 믿는 자들의 행동을 묘사한다. 그러나 그러한 오는 행동은 오직 하나님의 은혜 덕분이다. 왜냐하면 아버지께서 아들에게 주신 자들은 모두 틀림없이 예수님께 올 것이기 때문이다(6:37).

진실로 아버지의 이끌림을 받지 않는 자들은 예수님께 올 수 없다(6:44). 반면에 하나님께 가르침을 받는 자들은 올 것이다(6:45). 이것은 어떤 사람들이 오기를 원하지만 하나님이 그렇게 하지 못하도록 막으신다는 것이 아니다. 아버지께서 이끌지 않으시면 아무도 영생을 얻기 위해 예수님께 오려고 하지 않는다는 것이다.

> 아버지께서 오게 하여 주지 아니하시면 누구든지 내게 올 수 없다(요 6:65).

그와 같이 예수님께로 오는 것은 다른 말로 아버지께서 예수님께로 "이끈다"(헬코〈helkō〉)라고 묘사된다(6:44; 12:32).

진정한 믿음은 예수님께로 나아간다. 이것은 요한복음 6장에서도 명백하다. 예수님의 제자들 중 많은 사람이 그의 가르침에 화를 내고 그를 따르기는 중단했다(6:66-69). 예수님이 열두 제자에게 그들도 떠나기를 원하느냐고 물으셨다. 베드로는 다음과 같이 대답했다.

> 주여 영생의 말씀이 주께 있사오니 우리가 누구에게로 가오리이까(요 6:68).

베드로와 다른 제자들은 생명을 얻기 위해 "갔다"(아프에르코마이〈aperchomai〉). 믿음은 구원의 초장으로 "들어간다"(에이스에르코마이〈eiserchomai〉). 그리고 예수님을 선한 목자로 신뢰한다(10:9). 믿음은 양이 목자를 따르듯이 예수님을 "따른다"(아콜루떼오〈akoloutheō〉, 10:4, 27) 그러나 예수님의 제자들은 낯선 자들로부터 도망하고 거짓 목자들을 따르지 않는다(10:5). 예수님은 세상의 빛이시기 때문에 그를 "따르는" 자들은 어둠에서 벗어날 것이며 "생명의 빛"을 얻을 것이다(8:12). 예수님의 제자들은 자기의 생명을 예수님을 위해 내어 주려 해야 하며 영생을 얻기 위해 생명을 잃어야 한다(12:25). 이런 종류의 포기가 예수님을 "따른다"는 것이 의미하는 것이다(12:26). 예수님은 요한복음의 시작과 끝에서 모두 자신을 "따르라"고 제자들에게 요구하신다(1:43[참고, 1:37]; 21:19, 22). 그러므로 예수님을 따르라는 요청은 요한복음의 내용에 대한 결론 역할을 한다.

예수님을 믿는 자들은 그의 안에 "거한다"(메노⟨menō⟩). "먹는 것"과 "마시는 것"은 사람이 예수님을 "믿는다"는 것을 생동감 있게 표현하는 방식이며 예수님의 살을 먹고 그의 피를 마시는 자들은 그의 안에 "거한다"(6:56). 예수님의 말씀에 "거하는" 자들은 진정한 제자들이다. 진정한 믿음은 분명히 인내하는 믿음, 즉 계속해서 예수님을 신뢰하는 것이다. 요한복음 15장에서 예수님 안에 거하는 것은 포도나무에 붙어 있는 것과 비교된다. 포도나무에 붙어 있지 않으면 열매를 맺을 수 없는 것처럼 제자들도 예수님 안에 거하지 않으면 열매를 맺을 수 없다(15:4-6). 8:31에서처럼 예수님 안에 거한다는 것은 제자들이 계속 그의 가르침 안에 있는 것을 의미한다(15:7). 계속 거하지 않는 자들은 영원히 멸망받을 것이다. 그들은 포도나무에서 잘려질 것이기 때문이다(15:6). 예수님 안에 거하는 것은 그의 계명을 지키는 것이라고 구체적으로 묘사된다(15:10; 참고, 15:16).

아들을 믿는 것과 반대되는 것은 아들에게 "불순종"(아페이떼오⟨apeitheō⟩)하는 것이다(3:36). 자기 생명을 "미워하는" 자들만 마지막 날에 자기 생명을 구원할 것이다(12:25). 예수님에 대한 진정한 사랑은 그의 말을 지키고 그의 계명에 순종하는 것으로 나타난다(14:15, 21, 23-24). 예수님은 그의 제자들이 그의 말씀을 지켰다고 선언하신다(17:6). 예수님의 말씀을 지키는 자들은 죽음을 이길 것이다(8:51). 예수님의 최고의 계명은 제자들이 서로 사랑해야 한다는 것이며(13:34-35; 15:12-17) 이 사랑은 예수님이 제자들을 위해 자기를 주신 사랑, 즉 자기 양들을 위해 생명을 내려 놓으신 것을 본 삼는 것이어야 한다.

요한에 의하면 단순히 믿는 것은 구원하지 못한다. 많은 사람이 예수님이 행하시는 놀라운 표적 때문에 예수님을 믿었다(2:23). 그러나 예수님은 그런 사람들에게 자신을 의탁하지 않으셨다. 왜냐하면 예수님은 그들의 마음속에 있는 것을 아셨고 그의 표적이 그를 믿어야 할 필요성을 지적했다는 것을 그들이 진실로 이해하지 못했음을 아셨기 때문이다(2:24-25). 요한은 초막절에 많은 사람이 예수님을 "믿었다"고 말한다. 그러나 내러티브가 전개되면서 분명해 지는 것은 예수님을 믿는다는 그 믿음이 지속적인 믿음(abiding faith)이 아니었다는 것이다. 이야기의 끝에 가면(8:59) 그들은 예수님을 죽이기를 원했다! 같은 종류의 부적절한 믿음이 12:42-43에 나타난다. 많은 관원들이 예수님을 "믿었"으나 그를 공개적으로 인정하기를 거부했다. 바리새인들의 분노에 직면하고 회당에서 쫓겨나는 것을 원하지 않았기 때문이다. 그러한 "믿음"은 구원의 믿음이 아니다. 그 믿음은 공개적으로 예수님을 받아들이지 않기 때문이며 또한 자신의 믿음을 숨기는 자들은 예수님을 위해 자기 생명을 "잃는" 대신 "구원"하는 자들이기 때문이다(12:25).

요한서신에는 요한복음에 나타나는 주제들 중 많은 것이 반복해서 나타나며 구원의 믿음은 단순한 수동적 믿음이 아니라 변화시키는 믿음이라는 것을 보여준다. 그러므로 하나님과 "사귐"(fellowship)이 있다고, 즉 하나님의 백성의 일원이라고 주장하는 자들(요일 1:3, 6-7)은 자신의 고백과 일치하는 삶을 살아야 한다. 빛 가운데 사는 자들, 즉 하나님을 기쁘시게 하는 삶을 사는 자들만이 참으로 그에게 속한다. 하나님의 자녀들은 "진리 안에서 [행하는]" 자들이다(요이 4절; 요삼 3-4절). 하나님을 "안다"고 주장하지만 그의 계명을 지키지 않는 자들은 하나님을 참으로 알지 못함을 드러내는 것이다(요일 2:3-6). 요한이 완벽주의를 옹호하고 있다고 생각할지 모르지만 요한은 전혀 죄가 없다고 주장하는 자들이야말로 하나님의 백성의 영역 밖에 있는 사람들이라는 것을 분명히 한다(1:8, 10). 교회의 이탈자들은 틀림없이 자신들은 완전히 죄가 없다고 확신했다(1:8, 10). 그런 입장을 갖게 된 그들의 논리적 근거를 우리는 알 수 없다. 요한은 그의 편지에서 그것을 힘들게 설명하지 않기 때문이다. 어쩌면 그의 독자들 모두가 그들의 입장을 잘 알고 있었기 때문인지도 모른다. 신자들은 악이 아닌 선에 전념한다. 그들은 죄를 범할 때 그것을 기꺼이 인정한다(1:9).

신자들의 삶에 일어나는 변화는 분명하다. 그들은 믿음의 공동체 안의 형제, 자매들을 사랑하기 때문이다(2:7-11; 3:11-15; 4:7-16). 새로운 삶이 시작되었다는 증거, 신자들이 "사망에서 옮겨 생명으로 들어간" 증거는 동료 신자들을 사랑하는 것이다(3:14). 그러한 사랑은 다른 신자들의 음식과 주거의 필요를 채워주는 것에서 구체적으로 나타난다(3:17-18). 하나님의 계명을 지키지 않으면서 하나님을 진정으로 사랑한다고 주장할 수 있는 사람은 아무도 없다(5:3).

요한일서는 정기적으로 하나님께로서 난 자와 이 새로운 삶의 결과에 대해 언급한다. 참으로 하나님께로서 난 자들은 의로운 삶을 산다(2:29). 요한은 다음과 같이 선언한다.

> 하나님께로서 난 자마다 죄를 짓지 아니하나니(요일 3:9).
> 하나님께로부터 난 자마다 다 범죄하지 아니하는 줄을 우리가 아노라(요일 5:18).
> 그 안에 거하는 자마다 범죄하지 아니하나니(요일 3:6).
> 의를 행하는 자는 그의 의로우심과 같이 의롭고(요일 3:7).
> 죄를 짓는 자는 마귀에게 속하나니(요일 3:8).

의를 행하지 아니하는 자…하나님께 속하지 아니하리라(요일 3:10).

이러한 진술들은 여러 가지 방식으로 해석되었다.

(1) 요한은 그리스도인들이 완전하다고 가르친다. 그러나 그리스도인들이 완전한 삶을 살 수 있다고 요한이 가르친다고 말하는 것은 옳지 않다. 왜냐하면 요한은 이미 죄 없다고 확신하는 자들은 속은 자라고 말했기 때문이다(1:8, 10).

(2) 다른 사람들은 요한이 더 이상 죄를 짓지 않는 특별한 지위에 도달한 엘리트 그리스도인 그룹을 가리킨다고 말한다. 그러나 그러한 해석은 이탈자들의 신학에 적합한 것으로 보인다. 그들은 요한의 교회들의 신자들보다 한 수 위라고 주장했다. 더욱이, 본문은 거룩한 삶을 특수한 그리스도인 그룹에 제한하지 않고 예외 없이 모든 신자들은, 즉 하나님께로부터 난 자들 모두가 죄를 범한다고 주장한다. 따라서 영적 엘리트를 여기서 언급한다고는 볼 수 없다.

(3) 다른 이들은 계획적이고 고의적인 죄만을 의미한다고 말한다. 그러나 본문에 오직 특수한 범주의 죄만을 가리킨다는 증거가 없다.

(4) 흥미로운 제안은 요한이 사망에 이르는 죄를 언급한다는 것이다(5:16-17). 그러므로 신자들은 배교에 이르는 죄를 범하지 않는다. 이 관점이 진리이기는 하지만 요한이 오직 배교만을 의미한다는 증거는 없다. 그는 일반적인 죄를 언급하는 것으로 보인다.

(5) 또 다른 견해는 신자들은 그리스도 안에 거하는 한 죄를 범하지 않는다는 것이다. 오직 거한다에 관한 구절만 있다면 이 해결책이 성립될 수 있을 것이다. 그러나 이 해결책은 하나님께로부터 난 자들

은 죄를 범하지 않는다는 주장을 설명해주지 못한다. 본문은 새 생명을 가진 자들은 그리스도 안에 거할 때만 죄를 짓지 않는다고 말하지 않는다. 본문은 죄를 짓지 않는 것은 중생한 모든 자들의 표라고 주장한다.

(6) 요한은 항상 실현되지는 않는 이상을 언급한다는 제안도 있다. 그러나 그러한 견해는 요한의 주장을 약화시키는 듯하다. 왜냐하면 만일 그렇다면 이탈자들은 이상에 항상 도달하지는 못하는 사람들의 범주에 속할 수 있기 때문이다. 그러나 요한은 새로운 삶에 그들을 포함시키지 않는다. 그들은 불순종하기 때문이다.

(7) 그러므로 최고의 해결책은 요한이 사람들의 삶의 패턴과 방향에 대해 말한다는 것이다. 신자들의 삶은 선과 순종을 지향한다. 많은 학자들은 3:4-10의 동사들의 현재시제를 언급하며 이 견해를 옹호했다. 비록 그러한 중요성을 동사의 시제에 부여할 수 있는가에 대해서 학계는 의구심을 던지지만 말이다. 비록 현재시제는 이 견해를 입증하지는 않지만 이 구절들을 요한일서의 전체적 맥락 속에 놓아보면 요한의 의미를 이해하는 데 도움이 된다. 요한은 완전함에 대해 말하는 것이 아니라 삶의 새로운 방향과 방식에 대해 말한다. 진정한 신자들은 반율법주의적 삶을 살지 않는다. 그들은 새로운 행위를 통해 새로운 삶을 드러낸다. 그럼에도 불구하고 요한은 그들의 행위는 도덕적 오점이 전혀 없을 것이라고 말하지 않는다. 만일 그렇다면 죄를 고백할 필요가 전혀 없을 것이기 때문이다(1:9).

공동체를 떠난 자들은 하나님보다 세상을 더 사랑했다는 것과 진정으로 하나님께 속하지 않았다는 것을 드러낸다(2:15-17). 요한에게 있어서 인내는 참된 믿음과 진정성의 표지이다. 요한일서 2:19에서 요한이 말하는 것은 요한복음 8:30-59의 말씀과 잘 부합한다. 요한은 교회를 떠난 자들이 진정한 신자였다고 생각하지 않는다. 그는 그들의 이탈이 그들이 결코 진정한 신자가 아니었음을 보여준다고 주장한다(참고, 요이 8-9절).

요한에게 있어서 구원은 믿음으로 얻는다. 이 주제는 요한복음과 요한일서에 두드러진다. 믿음은 수동적이지 않다. 믿음은 역동적이며 변화를 가져온다. 하나님이 원하시는 행함은 예수님이 하나님이 보내신 분이심과 따라서 영생은 오직 믿음으로 얻는다는 것을 믿는 것이다(요 6:29). 또한 믿음은 예수님께 오고 그를 따르며 그의 음성을 듣고 그를 먹고 마시며 그의 계명들을 지키고 형제, 자매들을 사랑하는 것과 분리될 수 없다. 구원의 믿음은 인내하며 실제적이고 구체적인 방식으로 자신을 드러내는 믿음이다. 구원의 믿음은 예수님을 그리스도이며 하나님의 아들로 고백한다. 구원의 믿음은 죄 사함과 영생을 위해 예수님을 바라본다.

3. 사도행전

믿음과 순종은 누가복음에서처럼 사도행전에서 동전의 양면이다. 사도행전은 정기적으로 불신자들에게 회개하고 죄에서 돌이키라고 요청한다(2:38; 3:19; 13:24; 17:30). 아그립바 왕에게 복음을 요약할 때 바울은 인간은 "회개하고 하나님께로 돌아가서 회개에 합당한 일을 행해야 한다"고 말했다(26:20; 참고, 5:31-32; 15:19). 그러나 다른 본문에서는 믿음을 요구하고 있고 회개에 대해서는 언급하고 있지 않다(예, 8:12; 13:12, 38-39; 14:27; 15:7, 9; 16:31; 17:12, 34; 18:8).

어떤 본문에서는 믿음을 강조하고 어떤 본문에서는 회개를 강조하는 것은 당혹스럽고 심지어는 모순적으로 보일 수 있다. 누가에게 있어서 믿음과 회개는 궁극적으로 분리될 수 없다는 것을 인식할 때 이 문제는 해결된다. 이 둘 사이의 긴밀한 연관은 많은 본문에서 명백하다. 예를 들어, 바울이 아덴 사람들에게 회개를 요구했는데(17:30) 후에 반응한 사람들은 믿는 자들이라고 밝히고 있다(17:34). 또 다른 유익한 예는 사도행전 9장에 나타난다. 베드로가 침상에 누운 애니아를 고쳤을 때 룻다와 사론에 사는 사람들이 "주께로 돌아왔다"(9:42). 베드로가 다비다를 죽은 자 가운데서 일으켰을 때 "많은 사람이 주를 믿었다"(9:42). 두 기적 이야기는 비슷한 반응으로 끝난다. 누가는 회개하고 주께 돌아오는 것과 주를 믿는 것 사이를 독자들이 분리시키는 것을 원하지 않았다.

우리는 위에서 고넬료와 그의 친구들이 믿었기 때문에 구원을 받았다는 것을 베드로가 어떻게 강조했는가를 언급했다(10:43; 15:7,9). 그러나 11:18에서 예루살렘의 유대인들은 고넬료와 그의 친구들의 회심을 하나님이 그들에게 회개를 주셨다고 묘사했다. 믿음과 회개 사이의 긴요한 관계는 11:21에 명백하다. "수많은 사람들이 믿고 주께 돌아오더라." 동일한 결합이 20:21에도 나타나는데 여기에서 바울은 자신의 사역을 "하나님께 대한 회개"와 "우리 주 예수 그리스도께 대한 믿음"을 요구한 것이라고 요약했다. 누가는 믿음과 회개 사이의 논리적 또는 시간적 관계를 설명하지는 않는다. 그러나 그는 믿음과 회개가 하나님의 구원 사역 안에 뗄 수 없이 결합되어 있다고 본다.

믿음과 회개의 분리될 수 없는 관계는 인내하는 믿음의 필요성을 볼 때 확증된다. 처음에 믿기로 결심한 것은 최종적 죄용서를 보증하지 않는다. 계속 믿어야 하고 변절하지 않아야 한다. 이방인들이 안디옥에서 긍정적으로 복음에 반응했을 때 바나바는 "모든 사람에게 굳은 마음으로 주께 붙어 있으라고 권했다"(11:23; 참고, 13:43; 14:22). 아마 그러한 출발에 있어서 가장 주목할 만한 예는 시몬의 경우였을 것이다(8:9-24). 복음을 받아들이기 전에 시몬은 마술을 행했고 하나님의 능력을 소유한 자로 사마리아에서 존경을 받았다. 빌립이 복음을 선포했을 때 시몬은 믿고 세례를 받았다. 내러티브를 볼 때 시몬의 처음 믿음은 진정성이 없고 핑계에 불과했던 것으로 보인다. 그는 빌립이 행하는 기적에 놀랐기 때문이다. 누가는 진정한 믿음은 인내한다는 것을 보여준다. 진정한 믿음은 "회개에 합당한" 일을 행한다(26:20).

그렇다면 사도행전에서 누가는 믿음과 회개의 분리될 수 없는 성격을 강조하고 있다고 요약할 수 있다. 믿음과 회개는 동전의 양면이다. 누가가 사도행전에서 가르치는 것은 누가복음에서 우리가 본 것과 일치한다. 누가복음에서 "네 믿음이 너를 구원하였느니라"는 반복구를 볼 수 있었다. 그러나 누가는 또한 참된 제자들은 예수님을 따른다는 것을 매우 강조한다. 누가복음과 사도행전은 모두 믿음과 회개가 구원을 위해 필요하다는 것을 강조한다.

4. 바울 서신

바울 복음에 의하면 인간이 믿음으로 반응하는 것은 근본적인 것이다. 인간은 "믿음으로 의롭다 하심을 받는다"(롬 5:1). 이 말은 인간은 믿음에 의해 하나님 앞에 의로운 자로 선다는 것이다. 믿음은 그리스도께서 십자가에서 죄용서를 이루셨다는 것을 믿는다. 십자가에 못 박히고 부활하신 예수님을 보내신 하나님을 인간은 믿어야 한다(4:24-25). 바울은 하박국 2:4에 근거해서 인간이 믿음으로 의롭다 함을 얻는다는 것을 강조한다(롬 1:17; 갈 3:11). 하나님과의 올바른 관계는 "모든 믿는 자에게 예수 그리스도를 믿음으로 말미암아" 주어진다(롬 3:22; 참고, 3:25-26, 28; 갈 2:16; 3:2, 5; 빌 3:9).

그러나 많은 학자들은 앞의 본문들을 매우 다른 방식으로 해석하여 그 구절들이 "그리스도에 대한 믿음"(faith *in* Christ)이 아니라 "그리스도의 신실함"(the faithfulness *of* Christ)을 가리킨다고 주장한다. "그리스도의 신실함"을 지지하는 많은 논거들이 제시되었다.

(1) 로마서 3:3에서 텐 피스틴 투 떼우(*tēn pistin tou theou*)는 분명히 하나님의 신실함을 가리킨다.
(2) 4:12에서 피스테오스 아브라암(*pisteōs…Abraam*)은 "아브라함의 믿음"을 의미한다.
(3) 그러한 구문에서 소유격은 주격으로 이해하는 것이 가장 자연스럽다는 주장이 있다.
(4) 그 소유격을 목적격으로 받아들인다면 그리스도에 대한 믿음은 불필요하다. 왜냐하면 핵심 본문(예, 3:22; 갈 2:16; 빌 3:9)에서 바울은 이미 그리스도를 믿어야 할 필요성을 언급하기 때문이다.
(5) "예수님의 신실하심"은 구원을 성취하신 예수님의 순종을 가리키는 또 다른 방식이다(롬 5:19; 빌 2:8).
(6) "믿음"의 옴(coming)은 구속사를 가리키며(갈 3:23, 25) 구원사의 이 시점에 나타난 그리스도의 신실함을 지시한다.
(7) 바울신학의 초점은 믿음이라는 인간의 반응이 아니라 그리스도 안에서 이루어진 하나님의 사역에 있다.

주격적 소유격을 지지하는 논거들에도 불구하고 목적격적 소유격을 선호하여 바울이 "그리스도에 대한 믿음"(faith *in* Christ)을 언급한다고 보아야 할 훌륭한 이유들이 있다.

(1) "믿음"과 함께 목적격적 소유격이 분명히 나타나는 예들이 있다(막 11:22; 약 2:1).
(2) 다른 동사적 명사들과 함께 목적격적 소유격이 쓰이는 것은 "믿음"이라는 명사와 함께 목적격적 소유격이 쓰이는 것이 문법적으로 상당히 일반적인 것임을 보여준다. 예를 들면, "예수 그리스도를 아는 지식"(knowledge of Christ Jesus⟨테스 그노세오스 크리스투 예수[*tēs gnōseōs Christou Iēsou*]⟩; 빌 3:8)이 그런 예이다.
(3) 따라서 소유격은 반드시 주격적이어야 한다고 주장하는 자들은 확신을 주지 못하고 있다.
(4) 동사 구문에서 동사 "믿는다"와 소유격과 함께하는 명사 "믿음"을 사용하는 본문들은 불필요한 것이 아니라 강조적인 것이다. 하나님 앞에서 의롭게 되기 위한 믿음의 중요성을 강조하고 있다.
(5) 바울은 자주 행위와 인간의 믿음을 대조한다. 따라서 인간의 행동들인 율법의 행위와 예수 그리스도에 대한 믿음 사이의 양극성을 발견하는 것은 바울이 다른 곳에서 하는 것과 잘 맞는다.
(6) 한편, 다른 어떤 곳에서도 바울은 예수 그리스도에 대해 말할 때 예수님의 "순종"을 묘사하기 위해 "믿음"이라는 단어를 사용하지 않는다.
(7) 구원사적 논증도 설득하는 데 실패하고 있다. 틀림없이 갈라디아서 3:23, 25는 구속사의 어느 특정한 시점에 믿음이 온다는 것을 가리킨다. 그러나 그러한 관찰은 예수 그리스도에 대한 믿음을 배제하지

않는다. 왜냐하면 그리스도에 대한 믿음은 예수님이 오셔서 하나님의 약속을 성취하실 때 실현되기 때문이다. 우리는 구속사를 인간학과 싸우게 해서는 안된다.

(8) 그리스도에 대한 믿음을 강조하는 것이 펠라기안적인 것은 아니다. 마치 그것이 구원에 대한 하나님의 사역을 약화시키기라도 하는 듯이 말이다. 인간이 믿음으로 반응하는 것은 하나님이 구원하신다는 진리를 약화시키지 않는다. 특히 하나님이 택하신 자들에게 믿음을 주시는 것이라면 더욱 그렇다(엡 2:8-9).

그렇다면 하나님 앞에 의롭게 되기 위한 유일한 소망은 인간이 자신의 공적을 의지하는 것이 아니라 그리스도 안에서 하나님이 하신 일을 믿는 것이다. 인간은 구원받기 위해 그리스도께서 하신 일을 의지하기 때문에 자랑할 수 없다(롬 3:27-28; 4:1-3). 믿음은 경건치 않은 자를 의롭다 하시는 하나님의 능력을 주목한다(4:5). 그리스도의 죽음과 부활로 새로운 현실이 도래했다. 따라서 하나님과의 새로운 관계는 그리스도에 대한 믿음에 의해 이루어진다(4:17-25).

믿음은 항상 은혜와 연합되어 있기 때문에 믿음은 바울의 복음에 있어서 근본적인 것이다. 믿음은 십자가에서 죽고 부활하신 주님을 통해 하나님이 이루신 일을 의지하고 믿는 것이다. 율법에 충실함으로써 의롭게 된다면 그리스도의 죽음은 불필요한 것이 된다(갈 2:21). 믿음은 하나님께 영광이 된다. 왜냐하면 믿음은 모든 좋은 선물과 축복을 위해 하나님을 바라보며 모든 것이 하나님께로부터 온다는 것을 인정하기 때문이다. 이것은 왜 바울이 "믿음을 따라하지 아니하는 것은 다 죄"(롬 14:23)라고 말했는가를 설명해준다. 아브라함의 믿음은 단순히 하나님의 존재를 인정하는 수동적인 것이 아니었다. 그는 죽은 자를 살리며 아직 없는 것을 있는 것으로 부르시는 하나님을 믿었다(4:17). 하나님을 믿음으로써 "그는 하나님께 영광을 돌렸다"(4:20). 믿음은 하나님을 신뢰할 만한 분으로 높이며 하나님의 약속은 성취된다는 것을 고백함으로써 하나님께 영광을 돌린다는 것을 우리는 안다.

바울은 사라져버리는 순간적 감정이 믿음이라고 이해하지 않는다. 구원의 믿음은 인내하는 믿음이다. 복음의 메시지를 "받아들인" 자들은 하나님께 속한다(고전 15:1-2). 그러나 그들이 받아들인 믿음에 계속해서 붙어 있지 않으면 그들은 "헛되이" 믿은 것이다. 믿음만이 구원한다(참고, 딤전 1:16). 그러나 진정한 믿음은 열매를 맺으며 삶의 변화를 가져온다. 바울이 인내와 열매를 강조하는 것은 칭의는 행위가 아닌 믿음으로 얻는다는 그의 가르침과 모순되지 않는다. 선행은 언제나 믿음의 열매라고 볼 수 있으며 선행은 그 믿음이 진짜임을 증거해주는 기능을 한다. 선행은 믿음으로부터 결코 독립해서 존재할 수 없다. 마치 선행만이 의롭게 하는 것처럼 말이다. 그리스도 예수 안에서 새로운 피조물인 자들은 지어진 의도대로 선한 일을 행한다(엡 2:10). 그러나 이러한 행위는 새 창조의 결과이다.

경고는 바울 서신에서 일반적인 것으로서 그의 독자들에게 종말적 멸망을 피하기 위해 지속적으로 믿으라고 교훈한다. 믿음에서 떨어진 자들은 하나님의 "준엄하심"(severity)을 경험한다. 신자들은 "[하나님의] 인자하심에 머물러 있어야" 하며 그렇지 않으면 그들도 "찍히는 바 될 것이다"(롬 11:22). 여기에서의 하나님의 준엄하심은 종말적 심판을 가리킨다. 왜냐하면 로마서 9-11의 문맥에서 믿지 않는 유대인의 운명을 고찰하고 있기 때문이다. 육적 욕망에 함몰되는 신자들은 죽을 것이며 영생을 경험하지 못할 것이다(8:13; 참고, 골 3:5-6). 그러나 성령을 의지하고 육적 욕망을 죽이는 자는 영생을 누릴 것이다.

마찬가지로 고린도전서 6:9-11에서 바울은 그의 독자들에게 불의를 행하는 자는 하나님 나라를 유업으로 받지 못할 것이라고 경고한다. 바울이 "죄의 삯은 사망"(롬 6:23)이라고 선언할 때 그는 신자들에게 말하면서 죄의 결과에 대해 경고한다. 결과는 단순한 육적 죽음만을 뜻하는 것이 아니다. 왜냐하면 여기에서 죽음은 "영생"과 대조되기 때문이다. 죽음은 악한 자의 최종 심판을 가리킨다. 바울은 연약한 그리스도인에게만 경고하는 것도 아니다. 모든 신자들은 하나님의 길을 지속적으로 걸어가야 할 필요가 있다는 교훈을 받아야 한다. 바울은 그와 같이 살았기 때문에 복음이 주는 구원의 복에 참여하게 될 것이다(고전 9:23). 9:24-27에 있는 경주와 상 받는 이미지는 종말적 구원을 얻기 위해서는 인내해야 한다는 것을 설명해 준다. 고린도인들은 마치 성례에 참여하는 것이 자신들을 신기하게 모든 해악으로부터 보호해줄 것처럼 자신들을 속이지 말아야 한다(참고, 10:14-22). 광야에서 이스라엘이 지은 죄는 신자들에게 동일한 운명을 피하라는 경고로 작용한다. 마지막 심판대 앞에 서게 될 때 자신의 행위는 상관없다고 생각하는 자들은 선잠에서 깨어나야 한다. 왜냐하면 경고를 무시하는 자들은 넘어지기 쉽기 때문이다.

배교와 중대한 죄 사이에 선을 긋는 것은 때때로 어려운 일이다. 주의 만찬 중에 뻔뻔스러운 죄를 범한 신자들은 병의 징계를 받았다(11:17-34). 그러한 주님의 심판은 신자들이 마지막 정죄를 받지 않게 했다(11:32). 한편, 회중 가운데 있는 편당은 교회 안에서 누가 인정함을 받고 "참된지"(도키모이⟨dokimoi⟩)를 알게 한다(11:19). 그러므로 떠나간 자들은 결코 진정한 신자가 아니었던 것으로 보인다. 그들의 배교는 그들에게 진정성이 없었음을 확증한다.

육체를 위해 심는 자는 썩어진 것을 거두고 성령을 위하여 심는 자는 영생을 거둘 것이다(갈 6:8). 이 대조는 육체를 위해 심는 것은 결과적으로 종말론적 심판에 이르게 될 것을 보여준다. 그런 준엄한 말은 믿음과 자유와 성령 안에서의 삶에 대한 서신인 갈라디아서에서 놀랍게 보일지 모른다. 그러나 그것이 보여주는 것은 믿음과 성령 안에서의 삶은 믿음을 통해 성령의 열매를 거두는 새로운 삶으로 인도한다는 것이다.

바울은 그들의 행동이 어떠하든 신자들은 마지막 날에 정당함을 인정받을 것이라고 약속하지 않는다. 예수님을 부인하는 자들을 주님도 마지막 날에 부인하실 것이다(딤후 2:12). 그러나 모든 죄가 예수님을 부인하는 죄는 아니다. 신자들은 신실하지 않게 행동할 수 있으며 배교에 이르지 않는 죄를 범할 수 있다(2:13). 그러한 경우에도 하나님은 신자들에게 신실하시며 자신의 소유인 그들을 버리지 않으실 것이다.

그러나 어떤 자들은 하나님을 안다고 주장하지만 그들의 삶의 방식은 그들이 참으로 하나님을 안다는 것을 부인한다(딛 1:16). 악에서 떠난 자들만 마지막에 주님의 집에 거할 것이다. 진리에서 이탈하는 자들은 결코 참으로 하나님께 속하지 않았다(딤후 2:18-19).

바울은 이신칭의와 행위에 의한 심판을 가르친다. 로마서 3:28은 신자들이 믿음으로 의롭게 된다는 것을 말하고 있다. 그러나 믿음은 언제나 선한 행위를 낳는다. 그러므로 구원하는 믿음은 인내하는 믿음이다. 행위와 믿음은 바울에게 있어서 분리될 수 없다. 선한 행위는 언제나 믿음의 열매이기 때문이다. 믿음은 구원을 위해 십자가에 죽으시고 부활하신 예수 그리스도를 바라본다. 믿음은 사망이 있는 곳에 생명을 주시는 하나님께 닻을 내리고 하나님이 마지막 날에 신자들을 죽은 자 가운데서 일으키실 것을 믿는다. 따라서 선행 행위를 하라는 바울 서신의 요구는 선하고 의롭고 진실한 일을 행할 수 있는 인간의 고유한 능력에 초점을 두고 있지 않다. 모든 선한 일은 믿음의 열매이며 하나님의 능력에 기인한다. 인내는 완벽함과 동일하지 않다. 인내는 마지막 날까지 하나님의 은혜를 지속적으로 신뢰하는 것이다. 바울의 가르침을 살펴보면 믿음과 행위에 대한 그의 강조는 신약의 다른 부분과 상당히 조화를 이룬다는 것을 알 수 있다. 실로 바울과 야고보는 다른 진리를 강조함에도 불구하고 궁극적으로 양립할 수 있는 것으로 보인다.

5. 히브리서

히브리서에서의 믿음과 순종의 문제는 히브리서의 경고 구절들을 연구함으로서 먼저 살펴보게 될 것이다. 히브리서는 전체적으로 설교(13:22)이며 이 설교에서 저자는 독자들에게 유대교와 옛 언약 아래서 드려지는 제사로 되돌아감으로써 기독교 신앙에서 떠나가지 말도록 권고한다. 독자들의 상황을 좀 더 명확히 밝혀내려는 여러 시도가 있었지만 불행하게도 자세한 상황을 알기는 어렵다. 저자는 끝까지 믿음에 거하라고 그의 독자들을 촉구하기 위해 그리스도를 멜기세덱의 반차를 좇는 제사장으로 묘사한다. 달리 말해서 히브리서의 신학은 이 경고를 가리키며 이 경고를 제공한다. 믿음과 순종을 촉구하는 것이 이 서신을 기록한 목적이다.

히브리서의 경고들의 정확한 범위를 정하는 것은 어렵다. 믿음에 대한 권고를 경고에 포함시킨다면 경고에 2:1-4; 3:7-4:13; 5:11-6:12; 10:19-12:29가 포함될 수 있을 것이다. 맥나이트(McKnight⟨1992⟩)는 히브리서의 경고들은 통합적으로 또는 공관적으로(synoptically) 해석해야 한다는 유익한 주장을 한다. 경고를 해석하려 할 때 하나의 경고를 다른 것과 분리시키지 않도록 해야 한다. 왜냐하면 히브리서의 교훈들은 독자들에게 하나의 동일한 결과 또는 반응을 일으키려고 의도하고 있기 때문이다.

경고를 모두 고찰해 보면 독자들에게 그리스도와 복음에 충실하도록 촉구하기 위해 여러 가지 표현들이 사용되었음을 알 수 있다. 독자들은 그들에게 선포된 복음에서 "흘러 떠내려가지" 않아야 한다(2:1). 그들은 마음을 완고하게 하지 말아야 하며(3:8, 15; 4:7) "죄의 유혹으로 완고하게 되지" 않아야 하고(3:13) "믿지 아니하는 악한 마음을 품고 살아 계신 하나님으로부터 떨어지지" 않도록 해야 한다(3:12). 광야 세대는 불순종으로 인해 하나님의 안식에 들어가지 못했다(3:18; 4:6, 11). 따라서 저자는 독자들에게 동일한 운명이 되는 것을 피할 것을 탄원한다. 그러나 그러한 불순종은 불신앙, 즉 하나님의 약속을 믿지 않는 것에서 기인한다(3:19). 광야 세대는 자신들에게 선포된 복음을 믿지 않았고 오직 믿는 자들만 하나님의 안식에 들어갔다(4:2-3). 3:7-4:13에 있는 믿음과 순종 사이의 교차는 둘 사이가 분리될 수 없는 관계임을 시사한다. 교훈들은 도덕주의 또는 엄중한 완벽주의가 되라는 명령이 아니라 믿으라는 명령으로 해석해야 한다.

하나님의 많은 복을 경험한 자들은 만일 타락하면 회개할 수 없다는 경고를 독자들은 받는다(6:4-6). 히브리서 6장에서 저자는 타락한 자들에 대해 생각하고 있는 것이 아니라 그의 독자들이 그들이 받아들인 복음에서 돌아서지 않도록 교훈하며 격려하고 있다(참고, 6:11-12). 여기에서의 경고는 배교와 관련된 것이지 단순히 열매 없는 그리스도인의 삶과 관련된 것이 아니라는 추가적인 증거도 볼 수 있다. 극단적인 변절을 고려의 대상으로 삼고 있는 듯하다는 것은 "하나님의 아들을 다시 십자가에 못박아… 욕되게 함이라"(6:6)라는 묘사를 사용하고 있기 때문이다.

저자는 또한 독자들에게 고의적인 죄를 짓지 않도록 경고한다(1:26). 그 죄는 하나님의 아들을 거절하고 새 언약을 맺게 한 그리스도의 피를 더럽히며 하나님의 은혜의 성령을 모욕하는 것으로 묘사된다(10:29). 대조적으로 독자들은 그리스도에 대한 확신을 버리지 말아야 하고 상을 잃지 않아야 한다(10:35). 달리 말하면 그들은 뒤로 물러가지 말고(10:38-39) 계속해서 하나님의 뜻을 행하는 일에 인내해야 한다(10:36). 뒤로 물러가는 자들은 하나님을 믿지 않거나 그의 약속을 신뢰하지 않는다는 것을 드러낸다.

10:26-39에 있는 경고는 현재 언급하고 있는 죄가 배교라는 주장을 뒷받침해 준다. 의도적으로 계속 죄를 짓는 것은 고의적 죄를 가리킨다. 이 죄는 구약에서 "손을 들어" 짓는 죄로 나타나고 그 죄에 대해서는 용서가 없다(참고, 레 4:2, 22, 27; 민 15:30; 신 17:12; 시 19:13). 고의로 죄를 짓는 자들에게는 "다시 속죄하는 제사가 없다"(히 10:26). 달리 말해서 독자들이 그들의 죄와 양심을 정결케 하는 그리스도의 십자가로부터 돌아서면 다른 어떤 제사도 효력이 없을 것이다. 구약의 제사로 돌아가는 것이 아무런 도움이 되지 못할 것이다. 왜냐하면 동물제사는 죄를 없이하지 못하기 때문이다(10:4). 만일 독자들이 죄 사함을 위해 그러한 제사에 의존한다면 그들은 그리스도의 속죄의 유효성을 부인하는 것이고 따라서 죄용서 받을 수 있는 유일한 방법으로부터 자신들을 분리시키는 것이다.

심판, 불, 보복, 갚음에 대한 위협은 하나님이 믿지 않는 자들에게 부과하실 마지막 심판을 가리킨다(10:27, 30). 하나님의 아들인 예수님을 짓밟고 예수님의 피를 더럽고 부정한 것으로 취급하며 은혜를 주신 성령을 모욕하는 자는 참된 신자라고 간주할 수 없다.

히브리서 10:39는 최종적 멸망이냐 아니면 구원이냐의 문제가 달려있음을 분명히 드러낸다. "뒤로 물러가는 자는 멸망"(아폴레이안⟨*apōleian*⟩)한다.

그러나 하나님을 믿는 자는 "구원받는다." "멸망하다"에 해당하는 단어(아폴레이아⟨apōleia⟩)는 신약에서 최종적 심판을 받아 영원히 멸망할 사람을 나타내기 위해 정기적으로 사용되었다. 히브리서 11장을 보면 경고의 본문들은 독자들에게 복음을 믿으라고 촉구하고 있음을 알 수 있다. 경고들은 믿음을 촉구하고 끝까지 하나님을 신뢰할 것을 요구한다. 믿음은 미래를 바라보며 하나님이 그의 약속, 특히 종말적 축복의 약속들을 성취하실 것은 확신한다. 믿음은 미래에 대한 하나님의 약속을 신뢰할 수 있는데 그 약속은 오직 십자가에서 이루신 그리스도의 사역에 근거하기 때문이다. 그리스도의 사역은 죄를 완전히 정결케 했다(7:1-10:18).

히브리서의 저자가 보기에 누군가가 미래에 관해 하나님을 믿지 못하는 것은 그가 십자가와 부활을 통해 그리스도께서 과거에 이루신 것을 확신하지 못함을 나타내는 것이다. 그리스도의 십자가를 의지하는 자는 그리스도께서 주시는 속죄로부터 돌아서지 않을 것이며 구약의 제의 아래에서 제공되었던 희생제사로 되돌아가지 않을 것이다.

히브리서는 하나님이 약속하신 것에 대한 믿음을 강조한다. 왜냐하면 복음은 그리스도께서 십자가를 통해 성취하신 것을 지속적으로 믿을 것을 각 사람에게 요구하기 때문이다. 참된 믿음은 하나님이 "계신 것과 또한 그가 자기를 찾는 자들에게 상주시는 이심을" 믿는다(11:6). 그러나 히브리서 저자에게 있어서 미래의 상급은 하나님의 존재와 상주심에 대한 믿음에만 있는 것이 아니다. 믿음은 죄용서를 이루고 새 언약을 맺기 위해 그리스도께서 하신 일을 믿는 것이다.

히브리서 11장은 또한 믿음과 순종은 분리될 수 없는 관계임을 여실히 보여주며 동시에 믿음이 순종에 선행함으로써 모든 순종은 믿음에서 나오고 믿음에 뿌리를 두고 있음을 입증한다. 믿음과 행위의 관계는 다음의 진술에서 명백히 나타난다. 믿음으로 아벨은 제사를 드렸다(11:4). 믿음으로 노아는 방주를 지었다(11:7). 믿음으로 아브라함은 순종하였다(11:8). 믿음으로 그는 가서 약속의 땅에서 살았다(11:9). 믿음으로 아브라함은 이삭을 드렸다(11:17). 믿음으로 이삭은 장차 있을 일에 대하여 축복했다(11:20). 믿음으로 야곱은 요셉의 각 아들들에게 축복했다(11:21). 믿음으로 요셉은 이스라엘 자손들이 떠날 것을 말했고 자기 뼈에 대해 명하였다(11:22). 믿음으로 모세는 석 달 동안 숨겨졌다(11:23). 믿음으로 모세는 바로의 공주의 아들이라 칭함 받기를 거절했다(11:24). 믿음으로 그는 애굽을 떠났다(11:27). 믿음으로 그는 유월절을 지켰다(11:28). 믿음의 최고의 예는 그 앞에 있는 기쁨을 위하여 십자가를 참으신 예수님이다(12:2).

믿음의 역동성은 분명히 나타난다. 믿음은 행동하고 순종하고 인내하게 한다. 히브리서의 저자는 독자들에게 완전함을 요구하는 도덕적 엄격주의에 빠지지 않는다. 그는 독자들에게 그리스도의 죽음으로 인해 보장된 하나님의 약속을 믿을 것과 끝까지 인내심을 가지고 십자가를 신뢰하라고 요구한다. 믿음은 복음을 단순히 수동적으로 받아들이는 것이 아니다. 믿음은 사람의 영혼에 미치고 사람의 삶을 변화시킨다. 그러므로 히브리서 11장은 히브리서의 넓은 서신적 문맥으로부터 분리될 수 없다는 것이 분명하다. 하나님을 신뢰하고 뒤로 물러가지 않는 자들만이(10:38-39) 하늘의 도성에 들어갈 것이다.

학자들은 경고를 받는 자들이 그리스도인인가에 관해서도 논의해왔다. 그 논의는 6:4-6을 중심으로 한다. "빛을 받고", "하늘의 은사를 맛보고", "성령에 참예한 바 되고", "하나님의 말씀의 선하심과 내세의 능력을 맛본 자들"은 그리스도인들인가? 어떤 이들은 그들은 "거의 그리스도인들"(almost Christians)이라고 주장한다. 즉 그들은 실제로 하나님의 백성의 일원이 되지는 않았지만 기독교 신앙에 놀랍게 가까이 왔다는 것이다.

그들은 기독교 신앙에 대한 상당한 지식을 가지고 있다는 점에서 빛을 받았으나 그 지식이 그들을 구원으로 이끌지 못했다. 그들은 하늘의 은사를 맛보고 실례를 보여주었지만 그것을 취하여 자신의 것으로 만들지 못했다. 그들은 성령과 성령의 은사를 체험했지만 성령은 그들 안에 거하지 않았다. 그들은 하나님의 말씀을 진실로 받아들이지는 않았지만 심지어 하나님의 말씀의 즐거움을 경험했다. 이와 같은 해석은 그러한 사람이 어떻게 타락할 수 있는가를 설명해준다(6:6). 그들은 결코 그리스도인이었던 적이 없었기 때문에 타락했다. 이와 유사하게 10:29에서 "거룩하게 된" 사람들은 외적으로 정결케 됨을 경험한다(참고, 9:13-14). 그들은 진정으로 하나님의 일들을 위해 구별되지는 않았다. 경고를 받은 자들은 기독교 신앙을 거의 받아들일 정도로 가까이 왔지만 처음 긍정적 경험을 한 후에는 기독교 신앙을 거부했다.

이와 같이 제안된 해석은 매력적이지만 설득력이 없다. 그들에 대한 언급을 가장 자연스럽게 해석하는 방법은 그들을 신자로 보는 것이다. 10:32에서 "빛을 받은"(포티조⟨phōtizō⟩)이라는 단어는 6:4에 이어 반복되고 있는데 분명히 독자들이 회심한 때를 가리킨다. 하늘의 은사를 맛본다는 것이 정확히 무슨 의미인가는 판단하기 어렵다. 맛본다는 은유는 하나님의 말씀을 경험하는 것에 대해서도 사용되고 있다. 각각의 경우에 맛본다는 것은 독자들이 단지 하늘의 은사와 하나님의 말씀과 내세의 능력의 실례를 보여주었다는 의미가 아니다. "맛보다"(규오마이⟨geuomai⟩)라는 동사는 2:9에서 예수님이 죽음을 맛보셨다는 것에서 사용되고 있다. 틀림없이 저자는 예수님이 죽음을 완전히 경험하지는 않으셨다는 것을 의미하지 않는다. 맛보았다는 것은 예수님이 죽음을 완전히 경험하셨다는 것을 가리킨다. 마찬가지로 저자는 하늘의 은사를 받았고 내세의 능력과 하나님의 말씀의 기쁨을 경험한 독자들에게 말하고 있다.

가장 중요한 것은 저자가 독자들이 "성령에 참여"했다고 말한다는 것이다(6:4). "참여한"(메토코스⟨metochos⟩)이라는 단어는 성령을 열등하게 경험했다는 것을 나타내지 않는다. 몇 절 앞에서 젖을 먹는 것과 관련해서 이 단어의 동사형태(메테콘⟨metexchōn⟩)가 사용되었다(5:13). 그 설명이 오직 젖을 한 모금 먹는다거나 조금 섭취하는 것을 가리킨다는 암시가 없다. 여기에서도 이 구절들을 가장 자연스럽게 해석하는 것은 독자들이 성령을 받았다고 저자가 말하고 있는 것으로 보는 것이다. 성령 받음은 그리스도인이 되었음을 나타내는 표징이다. 10:29에도 동일한 논증이 적용된다. 이 구절에서 언급되는 사람들은 "언약의 피로" "거룩하게 된" 사람들이다. 여기에서의 거룩하게 됨(sanctification)은 단지 외적또는 의식적인 것뿐이라고 말하는 것은 성립되지 않는다. 왜냐하면 여기에서의 피는 예수님의 피이기 때문이다.

구약의 희생제사는 외면적으로 그리고 표면적으로 정결케 할 뿐이다. 그러나 옛 언약 아래 제공되는 희생제사와 달리 그리스도의 피는 양심을 깨끗하게 하고 효력도 있는 것이다. 저자는 자신이 "거의 그리스도인"(almost Christians)인 자들에게 말하고 있다는 암시를 전혀 주고 있지 않다.

경고구절들은 또 다른 측면에서 해석사에 있어서 논쟁이 되어 왔다. 경고구절들은 진정한 신자들이 돌이킬 수 없을 정도로 타락하여 마지막 심판 때에 정죄 받을 수 있다고 가르치는가? 초기 교회사에서 어떤 사람들은 세례 받은 후에 짓는 무슨 심각한 죄(예를 들어 살인, 간음)든지 미래에 천국에 들어갈 자격을 상실하게 만든다고 이해했다. 이 해석은 돌이킬 수 없는 심판에 이르게 하는 죄는 히브리서에서 배교라는 것을 보지 못하고 있다. 배교는 그리스도께서 주신 속죄를 포기하는 것이다. 어쨌든 분명한 것은 초기 해석자들은 배교는 가능하다고 믿었다는 것이다. 히브리서에 대한 학문적 연구의 대부분은 저자가 독자들에게 그들이 만일 복음에서 떠나면 종말적 심판을 받을 것이라고 위협하고 있다는 주장에서 일치하고 있다. 만일 배교가 불가능하다면 그러한 위협은 무의미한 것이 될 것이라고 주장하기도 한다. 더욱이 저자는 마음속에 그러한 배교를 행했던 이스라엘의 광야 세대(3:7-4:13) 또는 에서(12:16-17)와 같은 예를 마음에 품고 있었음이 틀림없다.

일부 사람들은 이 구절들이 신자에 관한 것이라고 주장하면서 형벌에 대한 위협은 상급의 상실에 관한 것이지 종말론적 멸망에 관한 것은 아니라고 주장한다. 나는 위에서 위협은 상급의 상실에 국한될 수 없는 성질의 형벌에 대한 위협이라고 주장했다. 여전히 다른 사람들은 이미 언급했듯이 경고를 받고 있는 자들은 "거의 그리스도인들"(almost Christians)이라고 주장한다. 따라서 타락한 자들은 진정한 신자들이 아니었고 그리스도인들처럼 보였을 뿐이었다. 이 견해의 문제점은 종종 지적되고 또 우리가 살펴보았듯이 독자들이 "거의 그리스도인"으로 묘사되고 있다는 설득력 있는 증거가 없다는 것이다. 우리는 히브리서 6장의 경고들을 히브리서의 나머지 부분들과 분리시킬 수 없으며 다른 부분에서 독자들은 신자들로 불리고 있다.

이러한 논쟁에 대해 나는 다른 답을 제안한다. 히브리서의 저자는 교회 안에 있는 자들에게 타락하지 말 것을 경고하기 위해 히브리서를 쓰고 있다. 저자는 "타락한 자들이 진정한 그리스도인이었는가"라는 질문에 대답하려는 의도가 없다. 그는 회고적으로 뒤돌아 보면서 기독교 신앙에서 떠난 자들의 상태를 평가하지 않는다. 서신의 의도는 매우 다르다. 저자는 차별과 박해를 피하기 위해 유대교로 되돌아 가려는 유혹을 받고 있는 교회 내의 사람들에게 말하고 있다. 그는 뒤를 돌아보면서 타락한 자들의 상태를 숙고하거나 그들이 진정한 그리스도인이었는가를 묻고 있지 않다. 그는 앞으로 나아가면서 독자들에게 예수 그리스도께서 다시 오실 때까지 복음에 충실하고 믿음을 지속하라고 촉구한다. 경고들은 미래적이다. 독자들이 그들이 받아들인 복음으로부터 표류하지 않게 하기 위한 것이다. "진정한 그리스도인이 배교할 수 있는가?"라고 질문한다면 우리는 히브리서를 잘못 읽은 것이다. 잘못된 질문은 저자가 말하는 것에 대한 잘못된 관점을 제공하는 논의를 형성한다. 저자는 그리스도인들이 배교를 할 수 있는가라는 질문을 구체적으로 언급하지 않는다. 그보다도 저자는 독자들이 배교를 피하도록 엄숙한 경고를 하고 있다.

그러나 틀림없이 반대하는 의견이 있을 수 있다. 저자는 기독교 신앙에서 떠난 자들을 알고 있었다. 그는 옛 언약 하에서 광야에 있었던 이스라엘(3:7-4:13)과 에서의 상실에 대해 언급한다. 저자가 몇몇 기독교 신앙에서 떠난 자를 알고 있었다는 것은 의심의 여지가 없다. 그러나 여기에서의 핵심은 저자가 그 질문을 구체적으로 말하지 않는다는 것이다. 신자들은 취소되지 않는 어떤 소망을 가지고 있음을 나타내는 구절들이 있다(예, 6:13-20; 10:14). 저자는 목사의 역할을 하면서 독자들에게 예수 그리스도와 그가 제공한 속죄로부터 떠나지 말도록 경고한다. 그러나 저자는 자신의 경고가 성공 할 것이라는 낙관도 한다(6:9-12). 저자는 하나님의 약속은 닻과 같이 확실해서 휘장 안으로 들어갈 소망을 준다는 것을 알기 때문이다 (6:13-20). 따라서 저자는 자신의 경고가 실제적으로 독자들을 인내하게 할 것이고 구원을 확신하게 하는 도구가 될 것이라고 믿는 것처럼 보인다.

히브리서 전체에 순종과 인내의 중요성이 함께 섞여 나타나는데 이는 독자들이 박해를 피하기 위해 유대교의 관습으로 되돌아가려는 유혹을 받고 있었기 때문이다. 유대교로 돌아가는 것은 저자에게 사소한 문제가 아니다. 저자는 그것을 십자가를 배척하고 복음을 부인하는 것으로 보기 때문이다. 기독교 신앙을 포기하고 유대교로 돌아가는 자들은 영원한 멸망에 직면하게 될 것이다. 해석사에 있어서 어떤 사람들은 히브리서를 저자가 의도한 것보다 더 엄격하게 해석했다.

저자는 세례 이후의 모든 심각한 죄에 대한 심판을 경고하고 있는 것이 아니다. 회심 후에 살인하거나 간음한 자들이 반드시 멸망할 것이라는 점을 저자가 말하고 있다고 해석해서는 안된다. 하나님의 진노는 그리스도의 복음을 거부한 자들을 위해 예비되었다. 그들은 죄용서 받기 위해 더 이상 예수님의 죽음을 의지하지 않기 때문이다. 속죄의 유일한 근거를 버린 자들에게는 죄용서가 없다. 인내하라는 권면은 히브리서 전체가 분명히 보여주듯이 믿음을 가지라는 것이다. 끝까지 견디는 자들은 죄 사함을 위해 예수 그리스도의 죽음을 믿는다. 그들은 심판 날에 그들의 유일한 소망은 멜기세덱의 반차를 따르는 제사장인 그리스도가 성취한 죄 씻음(purification)이라고 고백한다. 교회 안에 머물러 하나님을 지속적으로 믿는 자들만이 최종적 죄용서를 예수 그리스도 안에서 찾았음을 보여준다.

6. 야고보서

야고보는 최종적 심판을 피하기 위해서는 선행이 필요하다는 것을 분명히 강조한다. 그러나 인내에 대한 권면(1:2-4)은 완전함과 혼동되어서는 안된다. 도덕적 완전함은 이 세상에서는 이룰 수 없다. 야고보는 "우리가 다 실수가 많으니"(3:2)라고 말한다. 여기에서의 실수(프타이오⟨*ptaiō*⟩)는 동일한 단어가 사용된 2:10이 확증하듯이 "죄"로 정의되어야 한다. 따라서 야고보가 약속하고 있는 도덕적 완전함은 종말론적인 것임이 틀림없다. 한편, 하나님을 기쁘시게 하는 방식으로 시험을 참는 것은 야고보에게 있어서 선택적인 것이 아니다. 왜냐하면 그렇게 하는 자들이 "생명의 면류관을 얻을 것"(1:12)이기 때문이다. 생명의 면류관을 얻는다는 것은 영생 자체를 가리킨다. 순종의 필요성은 2:14-26에 있는 믿음과 행함에 대한 야고보의 유명한 논쟁으로 우리를 인도한다. 어떤 학자들은 행함이 아닌 믿음으로 의롭게 된다는 바울의 관점과 야고보는 모순된다고 주장한다. 모순된다는 주장을 위한 논증은 상당히 인상적이다.

(1) 야고보는 믿음으로만 의롭게 된다는 것을 명확하게 부인한다(2:4). 반면에 바울은 신자는 오직 믿음으로만 의롭다 함을 얻는다고 가르친다(롬 3:28).

(2) 바울은 아브라함이 믿음으로 의롭다 함을 얻었다고 주장한다. 그러나 야고보는 아브라함이 이삭을 바치는 행위로 의롭다 함을 얻었다고 주장한다(롬 4:1-8; 갈 3:6-9; 약 2:21).

(3) 바울은 창세기 15:6에 근거해서 아브라함은 행함이 아닌 믿음으로 의롭다 함을 얻었다고 주장한다(롬 4:3; 갈 3:6). 그러나 야고보(2:23)는 창세기의 동일한 구절을 인용하면서 행함으로 의롭다 함을 얻는다는 것을 확증한다. 바울과 야고보 사이에 모순이 있다고 주장하는 논증은 틀림없이 인상적이다. 그러나 더 가능성이 있는 것은 바울의 가르침을 왜곡하는 것에 대해 야고보가 대응하고 있다고 보는 것이다. 이것에 대해서 아래에서 논하게 될 것이다.

바울과 야고보 사이의 불일치에 대한 다양한 해결책이 제안되었다. 하나의 가능성은 "행함"(에르가⟨erga⟩)이라는 단어를 통해 야고보와 바울은 서로 다른 어떤 것을 의미한다고 보는 것이다. 역사적으로 로마 카톨릭 해석자들은 바울은 의식적인 행위들(ceremonial works)이 의를 얻는데 어떤 역할을 한다는 것을 배격하고 있고 야고보는 여기에서 도덕적 행위를 가리킨다고 말한다. 종교개혁자들은 로마 카톨릭의 해석에 반대하면서 바울에게 있어서 행함은 할례나 절기의 준수와 같은 의식에 국한될 수 없다고 주장한다. 흥미롭게도 바울에 대한 새 관점(the new perspective on Paul)은 바울이 의를 얻는 데 있어서 배제하고 있는 행함을 유대인과 이방인 사이에 장벽을 세우는 것들이라고 전형적으로 파악하며 할례, 음식법과 안식일에 초점을 둔다. 분명 새 관점을 지지하는 자들은 16세기의 로마 카톨릭 학자들과는 다른 기원을 갖고 있지만 그럼에도 불구하고 그들의 해석은 이러한 구체적인 면에서 놀라운 동질성을 공유하고 있다. 새 관점의 해결책은 이미 앞에서 논증했듯이 실패했다. 바울이 "율법의 행위" 또는 "행위"를 의식적 행위들 또는 유대인을 이방인과 분리시키는 법들로 제한한다는 것은 분명하지 않기 때문이다. 따라서 바울과 베드로가 "행함"이라는 용어를 서로 다른 의미로 사용한다는 것은 분명하지 않다.

그러나 개연성이 있는 것은 바울과 야고보가 "의롭다 하다"(디카이오오⟨dikaioō⟩)라는 용어를 다른 뉘앙스로 사용한다는 것이다. 바울은 경건하지 못한 자에게 주어지는 의를 가리키기 위해 디카이오오라는 단어를 사용한다. 그는 놀랍게도 그리스도의 의로 인해 의롭다는 선언을 받는 자들은 불경건한 자들이라고 주장한다. 한편, 야고보는 선행으로 인해 의롭다는 하나님의 선언을 받는 자들을 가리키기 위해 디카이오오라는 동사를 사용한다. 한편, 야고보에게 있어서 디카이오오는 "의롭다고 증명되다" 또는 "의롭다고 보여지다"의 의미라는 흔한 견해는 잘못된 것이다. 그러한 정의는 이 단어의 전형적 용례와 맞지 않기 때문이다. 그와 달리 야고보와 바울에게 있어서 디카이오오는 "의롭다고 선언하다"라는 의미이다. 그러나 바울과 대조적으로 야고보는 하나님께 순종하는 자들이 의롭다는 선언을 받는다고 말한다.

야고보서의 구원론적 문맥은 명백하다. 야고보는 행함이 없는 믿음이 "구원"(소조⟨sōzō⟩)하겠느냐고 질문하기 때문이다. "구원하다"라는 단어는 거의 틀림없이 주님이 재림하시는 날에 임할 하나님의 진노에서 해방되는 것을 가리킨다(참고, 5:7-9). 이것은 바울이 종종 나타내는 의미와 같은 의미이다. 그러므로 "구원하다"(save)와 "의롭다 하다"(justify)는 둘 다 하나님 앞에서의 사람의 신분과 관련된 것이지 사람의 견해와 관련된 것이 아니다. 야고보는 행함의 필요성을 주장하기 위해 창세기를 의존한다(2:21). 그리고 창세기의 그 장을 보면 다른 사람들이 아브라함을 칭찬하게 하기 위해 이삭을 제물로 드리라고 명령했다는 암시가 없다.

만일 바울은 특이하게도 불경건한 자에게 주어진 의의 선물을 가리키기 위해 디카이오오라는 용어를 사용한 반면, 야고보는 행함으로 인해 의롭다는 선언을 받는 것을 가리키기 위해 디카이오오를 사용했다면 야고보와 바울은 서로 모순되는가? 제안된 또 다른 해결책은 야고보는 바울과 다른데 그 이유는 야고보가 이 용어를 종말론적 의, 즉 마지막 날에 될 선언을 가리키기 위해 사용하기 때문이라는 것이다. 그러한 해석은 바울과 야고보 사이의 차이점들을 해결하는 데 좀 더 가까이 왔지만 여전히 성공적이지는 않다. "의롭다 하다"라는 용어는 바울에게 있어서 종말론적이다. 이 용어는 미리 선언된 최종 심판을 가리킨다. 바울은 신자들은 믿음으로 지금(now) 의롭다 함을 받았다는 것을 분명히 강조한다(롬 5:1). 최종적 평결은 이미 그리스도 예수 안에 있는 자들에게 주어졌다(8:1). 야고보가 자주 "구원하다"라는 단어를 종말론적 구원을 가리키기 위해 사용한다는 것은 중요하다(1:21; 2:14; 4:12; 5:20). 바울도 역시 내가 이전에 논증했듯이 "구원하다"라는 동사를 종종 마지막 때의 구원을 가리키기 위해서도 사용한다.

그러나 야고보와 바울이 동사 "의롭다 하다"(디카이오오⟨*dikaioō*⟩)를 이런 의미에 있어서 다르게 사용한다는 증거는 없다. "의롭다 하다"가 심판날에 선언되는 하나님의 평결을 가리킨다는 점에서 종말론적이라는 것에 우리는 동의한다. 그러나 야고보는 바울과 마찬가지로 이 평결이 역사 속에 이미 선언되었다는 것을 강조한다. 2:21을 가장 자연스럽게 읽는 방법은 아브라함은 "그의 아들 이삭을 제단에 바칠 때에(when) 행함으로 의롭다 하심을 받았다"(저자의 강조)라고 결론짓는 것이다. 분사를 원인(causal)으로 해석해야 한다고 주장하는 사람도 있을 것이다. 그러나 그렇다 하더라도 부정과거 수동태인 "그가 의롭다 하심을 받았다"(에디카이오떼⟨*edikaiōthē*⟩)라는 말은 역사적으로 아브라함에게 주어진 의를 가리키는 것으로 보인다(참고, 2:25). 야고보는 "의롭다 하다"라는 단어를 바울과 같은 시간 영역 안에서 사용하여 미리 선언된 하나님의 최종적 평결을 가리키는 데 사용하는 것으로 보인다.

나는 야고보와 바울은 디카이오오(*dikaioō*)라는 단어를 서로 다른 뉘앙스로 사용한다고 주장했다. 즉 야고보는 실천된 행위로 인해 선언된 의를 가리키는 데 사용하고 바울은 그리스도를 믿는 불경건한 자는 의롭다는 하나님의 평결을 가리키는 데 사용한다는 것이다. 그럼에도 불구하고 그것은 야고보와 바울이 궁극적으로 서로 모순된다는 것을 뜻하는 것이 아니다. 그들은 다른 상황과 환경을 언급하고 있으며 칭의와 관련된 바울과 야고보의 입장을 해석할 때에 우리는 그러한 상황을 고려해야 한다는 점을 인식해야 한다. 실로 그들이 어떻게 "믿음"(피스티스⟨*pistis*⟩)이라는 용어를 사용하는가를 고찰할 때 야고보와 바울 사이의 긴장은 해결의 길로 들어서게 된다.

야고보가 믿음만으로는 의롭다 함을 얻을 수 없다고 말할 때 여기에서의 믿음은 단순한 지적 동의(intellectual assent)를 가리킨다. 예를 들어, 사탄은 유일신론을 확언하지만 그러한 "믿음"은 예수 그리스도를 주와 구원자로 받아들이도록 사탄을 이끄는 진심 어린, 기쁨 어린 동의가 아니다. 대신 사탄이 가진 믿음은 신학적으로는 정통이지만 심판에 대한 두려움으로 떨게 하는 믿음이다(2:19). 구원을 주는 믿음은, 바울에 의하면, 예수 그리스도를 구원자와 주로 받아들이고 자기 삶 전체를 그의 손에 맡기는 것이다. 야고보는 관념적으로는 복음에 동의하지만 전 인격을 지배하지 못하는 믿음을 비판한다.

달리 말해서 야고보는 믿음만으로 의롭게 된다는 바울의 주장을 부정하는 것이 아니라 의롭게 하는 믿음이 어떤 것인가를 조심스럽게 정의하는 것이다. 진정으로 의롭게 하는 믿음은 결코 행함과 분리될 수 없다. 행함은 그러한 믿음의 열매로서 반드시 흘러나올 것이다. 교리를 단순히 지적으로 받아들일 뿐 변화된 삶으로 이끌지 않는 믿음은 "죽은 것"(2:17, 26)이며 "헛 것"(2:20)이다. 그러한 믿음은 마지막 날에 심판에서 구원하지 못한다는 의미에서 "유익"(오펠로스⟨*ophelos*⟩; 2:14, 16)이 없다. 열매 없는 죽은 믿음을 가진 자는 심판을 피하지 못할 것이다. 참된 믿음은 행함으로 나타난다(2:18). 야고보는 오직 믿음으로 구원받는다는 것을 부인하지 않는다. 그러나 그 믿음은 행함을 낳고(쉰에르게오⟨*synergeō*⟩) 행함으로 온전하게(텔레이오오⟨*teleioō*⟩) 된다(2:22). 구원하는 믿음은 살아있고 활동적이며 역동적이다. 그것은 반드시 행함을 낳아야 한다. 가난한 자에 대한 동정은 필연적으로 그들의 육체적 필요를 실천적으로 돌아보아야 한다는 것을 의미하는 것처럼 말이다(2:15-16).

야고보와 바울은 칭의에 있어서 믿음과 행함의 역할에 대해 사실상 서로 모순되지 않는다. 야고보도 믿음이 뿌리이고 행함이 열매라는 것을 확증한다. 야고보는 바울과 다른 상황에 대해 말한다. 왜냐하면 바울은 행함이 하나님과의 바른 관계의 기초 역할을 한다는 것을 부인하기 때문이다. 하나님과의 바른 관계는 믿음으로만 얻는다. 바울은 하나님과의 바른 관계를 행위에 기초하여 이룩하려 한 자들에게 대응한다. 그는 하나님은 놀랍게도 구원을 얻기 위해 그리스도를 믿는 자들은 의가 없을지라도 의롭다고 선언하신다고 주장한다. 야고보는 후속적인 행위 없이도 믿음이 있으면 하나님과의 바른 관계는 진정한 것이라고 생각하는 자들에 반대한다. 야고보는 하나님의 의롭다는 선언을 다른 각도에서 바라본다. 즉 인간의 하나님과의 관계의 근본적 기초라는 측면에서가 아니라 믿음의 결과라는 측면에서 말이다. 야고보는 율법폐기론에 대응하고 있는 반면 바울은 율법주의에 대항하고 있다.

야고보는 모든 신자는 여러 방식으로 죄를 짓는다는 것과(3:2) 한 가지 죄를 범해도 그 죄를 범한 자는 율법을 어긴 사람이 된다는 것을 인식한다(2:10-11). 죄인이기 때문에 인간은 의롭다고 인정받을 만한 행위를 할 능력이 없다. 그들은 하나님의 은혜로 구원받았다. 하나님은 그의 선하심과 관용하심으로 믿는 자들에게 새 생명을 주셨기 때문이다. 믿음조차도 하나님의 선물이다. 왜냐하면 하나님은 "믿음에 부요하게 하고 그 나라를 상속하는 자"(2:5)가 되도록 어떤 사람들을 선택하셨기 때문이다. 그러므로 바울과 야고보는 서로 모순되는 것 같지 않다. 둘 다 칭의에 있어서 믿음의 우선성을 주장하며 둘 다 선행은 믿음의 열매이지 칭의의 근거가 아님을 주장한다. 따라서 야고보의 가르침은 바울의 가르침, 그리고 신약의 다른 곳에서 볼 수 있는 가르침과 일치한다.

7. 베드로전서

베드로는 고난에 직면한 교회에 편지하면서 "은혜에 굳게 서라"고 격려한다(5:12). 많은 학자들은 이 권면이 편지 전체의 메시지를 요약한다고 생각한다. 이 편지는 한편으로는 신자들에게 서서 계속적으로 복음에 충실하라고 교훈하면서 한편으로는 오직 하나님의 은혜만이 서서 끝까지 인내할 능력을 준다고 말한다. 도덕적 권면이 서신에 골고루 스며있다.

회심은 "예수 그리스도께 순종함"(1:2) 또는 "진리를 순종함으로 너희 영혼을"(1:22) 깨끗하게 함으로 묘사되고 있다. 이들 문맥에서 베드로는 1:15-16에 나타나는 것과 같은 그리스도인의 삶에서의 계속적인 순종을 생각하고 있지는 않다. 서두의 문맥(1:1-2)은 회심을 염두에 두고 있음을 보여준다. 서두는 구원을 위해 하나님이 택하심, 거룩한 영역에 속하게 하기 위하여 성령이 구별하심, 죄 사함을 위해 예수님의 피 뿌림을 얻음에 대해 말하기 때문이다. 예수님을 믿는 자들은 마지막 날에 종말론적인 수치를 피하게 될 것이다(2:6-7).

믿음은 산 돌이신 예수님께 나아가는 것으로 묘사된다(2:4). 베드로는 시편 34:8에 의지하여 맛보는 은유를 사용하기도 한다(2:3). 믿는 자들은 주의 선하심과 인자하심을 맛본다. 주의 인자하심을 맛보는 이미지는 믿음의 부요함을 표현한다. 왜냐하면 믿음은 예수님을 주로 받아들이는 것이며 예수님이 만족을 주고 이루심을 알게 하기 때문이다. 믿음은 예수님께 "오는" 것이며 주님으로서 그에게 복종하는 것이다.

만일 베드로전서의 메시지를 은혜에 "굳게 서는 것"(5:12)으로 요약할 수 있다면 "믿음을 굳게 하여" 마귀를 대적하라(5:9)는 권면에 그와 동일한 주제가 나타나는 것으로 보인다. 인내와 참고 견딤은 믿음, 즉 하나님이 그리스도 안에서 십자가에서 하신 일을 신뢰하는 것에 근거하고 있다. 믿음의 계속되는 역할은 분명하다. 하나님은 그의 백성을 보호하시며 그들이 "믿음으로" 종말적 구원을 누리게 될 것을 보증하시기 때문이다(1:5). 베드로는 또한 신자들은 순종하면 최후의 상급을 얻게 될 것을 가르친다(2:19-20). 종말적 축복을 상속하고 좋은 날 향유하기를 바라는 자들은 거룩한 삶을 살아야만 한다(3:10-12).

비록 베드로전서 3:10-12에 있는 시편 34편 인용은 이 세상에서의 삶과 관련되어 있지만 베드로는 그 땅에 들어가는 것을 예표론적으로 간주하여 하늘의 유업을 소유하는 것을 예고하는 것으로 본다. 그러한 유업은 악을 떠나고 화평을 구하는 자들에게만 주어질 것이다. 악을 행하는 자들은 하나님의 심판을 경험하게 될 것이다. 베드로전서에서 우리가 발견하는 것은 신약의 특징적인 것이다. 구원의 믿음은 언제나 변화된 삶으로 인도하고 그 결과 새로운 순종이 있다. 그러한 순종은 종말론적 유업을 얻기 위해 필요하다. 그러나 순종은 여전히 믿음의 열매로 여겨진다. 선행은 구원을 얻기 위한 근거가 아니지만 영생을 얻기 위한 믿음이 필요로 하는 열매이다.

8. 베드로후서와 유다서

베드로후서와 유다서는 모두 반율법적 생활방식과 문제로 교회를 위협하는 거짓 교사들이 있는 교회에 보낸 것이다. 그러므로 두 저자는 자연스럽게 인내와 순종의 필요성을 강조한다. 비록 유다서가 믿음에 대해서 전혀 말하지 않는다 할지라도 하나님의 은혜에 대해 강조(1-2, 24-25)하는 것은 끝까지 인내함을 궁극적으로 신자들의 행위 덕분으로 돌릴 수 없다는 것을 암시한다.

베드로는 거짓 선생들에 대한 심판을 강조하며 유다서에 나오는 많은 주제들을 반복한다(벧후 2). 하나님의 구원의 의를 받는 데 있어서 믿음의 역할이 편지 서두에 진술된다(1:1-4). 그러므로 어떤 학자들의 견해와 달리 베드로는 행함으로 인한 의(works-righteousness) 또는 도덕주의(moralism)에 빠지지 않는다. 1:5-7에서 베드로는 독자들에게 거룩한 덕목을 추구하라고 권고한다. 왜냐하면 하나님은 거룩한 삶을 살기 위해 필요한 모든 것을 그들에게 주셨기 때문이다(1:3-4). 명령법은 직설법에 근거하고 있다. 사실상 1:5-7에 열거된 모든 덕복은 믿음에서 나온다.

베드로후서는 불경건한 삶을 사는 자들은 "우리 주 예수 그리스도를 알기에 게으르거나 열매 없는" 자들이라고 주장한다(1:8). 죄용서 받은 것을 잊는 것은 사소한 문제가 아니다(1:9). 거룩한 특성들(1:5-7)은 "부르심과 택하심"을 "확증하는 데" 필요하기 때문이다(1:10). 그러므로 그러한 덕목이 없는 자들은 종말론적 구원을 향유하지 못할 것이다. 한편, 그러한 덕목을 행하는 자들은 "결코 실족하지 않을 것이다"(1:10). 이 말은 그들은 결코 배교하지 않을 것을 의미한다.

베드로는 유다가 한 것처럼 불순종하는 자들에게 심판이 있을 것을 경고한다(2:4-10a). 그러나 그는 하나님이 자신에게 속한 자들을 보존하실 수 있다는 주제를 추가하며 노아와 롯의 예를 제시한다. 노아와 롯의 믿음의 진정성은 전적으로 타락한 사회 속에서 그들이 인내했다는 것에서 나타난다. 하나님이 그러한 악한 문화 속에서 그들을 보존하실 수 있었다면 하나님은 틀림없이 베드로의 공동체에 속한 신자들도 보호하실 것이다.

거짓 선생들은 "자기들을 사신 주(Master)"를 부인했다(2:1). 그들은 그리스도에 대한 지식으로 세상의 더러움을 피했다. 그러나 이후에 그들은 그리스도를 부인했다. 아마도 그들이 살았던 삶의 방식을 통해 그렇게 했을 것이다(2:20-21). 거짓 선생들은 그리스도를 믿는다고 고백했지만 그리고 나서 "거룩한 명령"을 저버렸다(2:21). 베드로는 교회가 거짓 선생들과 동일한 패턴을 따르지 않도록 하기 위해 교회에 편지를 썼다. 베드로에 의하면 진정한 그리스도인의 표지는 인내이다. 믿음을 버리는 자는 자신이 거룩한 공동체에 진정으로 속하지 않는 부정한 동물인 개와 돼지임을 드러낸다(2:22).

베드로후서의 근본 메시지는 그러므로 거짓 선생들의 방종에 의해 휩쓸려 나가지 않도록 신자들을 경고하는 것이다(3:17). 대신에 그들은 예수 그리스도의 은혜와 그를 아는 지식에서 계속적으로 자라 가야 한다(3:18). 그들은 "점도 없고 흠도 없이 평강 가운데서 나타나기를 힘써야" 한다(3:14). 신자들은 주 앞에서 흠 없기 위해 힘써야 한다. 그 결과 그들은 종말론적 상급을 얻을 것이다. 그와 같이 흠이 없게 되는 것은 거짓 선생들을 배격하고 끝까지 복음에 대한 진실성을 유지하는 것과 관련된다. 그럼에도 불구하고 1:5이 우리에게 상기시키는 것은 거룩한 삶은 믿음의 결과라는 것이다. 따라서 인내하라는 요청은 믿음의 삶을 살라는 요구라고 해석해야 한다.

9. 요한계시록

어떤 점에서 요한계시록은 히브리서와 대단히 유사하다. 요한은 최근에 갖게 된 믿음으로 인해 차별과 박해를 겪고 있는 소아시아의 교회들에게 편지한다. 독자들은 당시의 문화에 의해 유혹을 받고 있었다. 만일 그들이 황제 숭배를 하면서(and) 예수님에 대한 헌신을 보여주었다면 삶은 훨씬 더 쉬웠을 것이다(13:1-18). 그들은 그들이 살고 있는 정치 구조에 대한 충성심과 관련된 의구심을 잠재울 수 있었을 것이며 당시의 문화적 풍조와 조화를 이루었을 것이다. 당시의 문화 풍조에서 사람들은 많은 신들을 숭배했고 여러 목적을 위해 신들은 유용하다고 생각했다. 요한은 로마와의 어떤 타협도 허용하지 않았고 황제숭배도 찬성하지 않았다. 짐승은 거의 틀림없이 로마 황제를 가리키는 것인데 짐승을 경배하는 자들은 생명책에 이름이 기록되지 못한 자들이다(13:8). 요한은 짐승을 경배하는 자에게는 영원한 고통과 하나님의 불같은 진노가 있을 것이라고 경고한다(14:9-11).

대부분의 주석가들은 바벨론이 로마 제국의 상업적 중심지인 로마를 가리킨다는 데 동의한다(17:18). 신자들에게 로마는 매혹적이었을 것이다. 로마는 경제적 번영에 대한 약속을 주는 영광스러운 보석이었기 때문이다. 그러나 요한은 로마를 "음녀"(17:1)라고 말하며 로마와 타협하는 자들은 "음행하였다"고 말한다(17:2; 18:3, 9). 그들은 로마와 잠자리를 같이 했고 그들의 미래를 보장받기 위해 로마의 권력에 영합했다. 하나님의 거룩한 자들의 피를 흘린 도시와 그들은 손을 잡았다(17:6; 18:24; 19:2). 요한에게 있어서 여기의 "음행"은 문자적 의미가 아니라 이 세상을 경배하는 것을 나타낸다.

편지의 상황은 요한이 왜 인내와 참고 견딤을 강조하는가를 설명해준다. 영생을 얻기 위해 신자들은 끝까지 이기고 극복해야(니카오⟨*nikaō*⟩) 한다. 일곱 교회에 보내는 각각의 편지에서 요한은 독자들에게 이기라고 권면한다(2:7, 11, 17, 26; 3:5, 12, 21). 그가 의미하는 것은 최후의 상급을 얻기 위해서 그의 교훈에 주의해야 한다는 것이다. 그러한 이김은 선택적인 것이 아니다.

> 이기는 그에게는 내가 하나님의 낙원에 있는 생명나무의 열매를 주어 먹게 하리라(계 2:7).

"생명나무"는 창세기(2:9; 3:22)의 생명나무를 암시하며 영생을 가리킨다. 종말적 유업을 얻기 위해서 이김이 필요하다는 것은 2:11에서 더욱 분명하다.

> 이기는 자는 둘째 사망의 해를 받지 아니하리라(계 2:11).

둘째 사망은 불 못이며 생명책에 그 이름이 기록되지 못한 자는 불 못에 던져진다(20:14-15; 참고, 21:8). 흰 옷을 입고 예수님과 함께 걷는 자들만 상급을 받을 것이다(3:4). 이기는 자들은 흰 옷을 입을 것이며 그들의 이름은 생명책에서 지워지지 않을 것이다(3:5). 신자들이 이겨야 할 필요성은 회개로도 묘사될 수 있다(2:5, 16, 21-22; 3:3, 19). 신자들이 회개하지 않으면 예수님은 그들의 촛대를 옮기실 것이다(2:5). 완악하게 성적 죄를 계속하며 회개하지 않는 자들은 환난과 심지어는 죽음도 겪게 될 것이다(2:21-23; 참고, 3:3, 16, 19). 그리스도인의 삶이 단지 최초의 회개의 순간일 수 없다. 신자들은 생명의 면류관을 얻기 위해 죽을 때까지 충성스러워야 한다(2:10). 심판을 피하려면 그들은 예수님이 오실 때까지 그들의 믿음을 "굳게 잡아야" 한다(2:25; 3:10-11).

요한은 순종을 가져오는 믿음에 집중하지 않고 최종적 상급을 받기 위해 요구되는 순종에 집중하고 있다. 만일 요한계시록의 저자가 요한복음의 저자와 동일한 요한이라면 다른 곳에서 요한은 하나님이 인간에게 요구하시는 골자로서 믿음을 강조한다. 한편 요한계시록에서 우리는 동일한 만화경을 다른 관점에서 본다. 진정한 믿음은 마치 사적이며 주관적인 경험인 것처럼 삶 전체와 분리되지 않는다. 신약 전체는 믿음은 행동하며 변화시키는 효과가 있다는 것을 분명히 보여준다. 따라서 요한은 독자들이 감옥에 갇히거나 죽을 운명이라도 인내하라고 권하기 위해 편지를 쓴다(13:9-10). 인내하는 자들은 하나님의 계명을 지키며 "예수님에 대한 믿음"을 지속적으로 가져야 한다(14:12). 마지막 어구인 **피스틴 예수**(*pistin Iēsou*)는 "예수님에 대한 믿음"(faith in Jesus)으로 번역해야 한다. 그러므로 예수님에 대한 믿음은 순종과 분리될 수 없다. 어린양에게 속한 자들은 "신실하다"(faithful, 17:14). 그들은 예수님에 대한 헌신 때문에 자기 목숨을 기꺼이 드린다(20:4).

최후 심판은 행위에 따라 이루어진다. 위에서 논증했듯이 일곱 편지의 문맥은 신자들에게 구원을 얻기 위해 끝까지 인내하라고 권고하는 것이다. 따라서 행위에 따른 심판과 상급은 영생과 관계된다(2:23). 요한의 예언의 말씀을 지키는 자들에게는 축복이 예비되었다(1:3; 22:7). 예수님이 오셔서 흰 보좌에서 심판하실 때 행한 대로 각자에게 갚아 주실 것이다(20:11-15; 22:12).

어떤 사람은 요한 계시록이 마치 믿음의 필요성을 배제하는 것처럼 요한계시록을 해석할지도 모른다. 그러나 우리는 요한계시록의 구체적인 목적을 상기해야 한다. 요한은 최후 상급을 받기 위해 신자들이 인내하고 순종하라고 권고하기 위해 이 편지를 쓰고 있다. 신자들이 직면한 위험 때문에 요한은 충성스러움의 필요성을 강조하며 순종을 낳는 믿음보다는 믿음의 결과에 초점을 맞춘다. 하나님의 뜻을 행하는 자들과 그의 계명을 지키는 자들만이 최후의 상급을 얻을 것이라고 요한은 강조한다. 하나님과 어린양을 경배하지 않고 짐승에게 헌신하는 자들은 심판을 받을 것이다.

10. 결론

신약 문헌이 다루는 다양한 상황과 저술의 다양한 목적은 다양한 주제가 강조되고 있음을 의미한다. 어떤 경우에는 영생의 복을 받는 유일한 방법은 믿음이라는 것이 선포되는 반면, 다른 경우에는 순종과 훈련의 필요성이 중심을 차지한다.

이 장에서 나는 근본적으로 동일한 접근법이 신약에 있음을 주장했다. 믿음은 하나님과의 바른 관계, 달리 말해서 영생을 얻기 위해 근본적이며 으뜸 되는 것이다. 인간은 자신의 행위에 근거해서 영원한 상급을 얻을 수 없다. 인간의 죄가 끼어들어 행위가 축복의 통로가 되지 못하게 하기 때문이다. 예수 그리스도를 통해 성취된 구원을 하나님께로부터 얻게 하는 것은 믿음이다. 믿음은 믿음 자체에서 시선을 돌려 인간을 죄와 사망에게 구원하신 하나님께 영광을 돌린다. 진실로 믿음은 십자가에 달리시고 부활하신 주 예수 그리스도께 구체적으로 소망을 둔다. 구원의 믿음은 예수 그리스도의 십자가에 기초를 두고 있다. 따라서 믿음은 내적으로 인간 자아의 능력을 주목하는 대신 외적으로 하나님이 그리스도 안에서 하신 일을 바라본다.

그러나 구원하는 믿음은 추상적인 것이 아니다. 그것은 회개와 개인의 삶의 변화와 분리될 수 없다. 신약의 저자들은 제자도의 삶이 없는 수동적인 믿음을 결코 생각한 적이 없다. 믿음의 챔피언인 바울 자신도 참 믿음은 사랑으로 자신을 드러내며 오직 인내하는 믿음만이 구원하는 믿음이라고 주장한다. 선을 행하지 않는 자들은 하나님의 나라를 유업으로 받지 못할 것이다. 사실상 모든 신약의 저자들이 마지막 날에 구원을 받기 위해서는 끝까지 인내해야 한다는 것을 강조한다. 오직 이기는 자만이 최후의 상급을 받을 것이다. 살아계신 하나님으로부터 떨어져나가는 자들은 소멸하는 불이신 하나님을 대면하게 될 것이다. 신자들은 그들을 부르심과 택하심을 선행을 통해 확증한다. 야고보가 말하듯이 구원하는 믿음은 반드시 선행이 동반되어야 한다.

신약에 나타나는 믿음의 우선성은 율법주의를 배격한다. 그러나 그것은 또한 반율법주의도 제거한다. 예수 그리스도를 참으로 알게 된 자들은 그의 계명들을 지키며 동료 신자들에 대한 사랑을 통해 그들이 진정으로 거듭났음을 나타낸다. 순종이라는 좁은 길로 들어가는 자들만이 구원을 받을 것이다. 자칭 신자들도 표적과 기사를 행하며 귀신을 쫓아 낼 수 있을 것이다. 그러나 좋은 열매를 맺지 않으면 예수님이 그들을 자신의 소유로 결코 알지 못하심을 그들 스스로 드러내는 것이다.

11. 목회적 숙고

신자들의 새로운 삶은 그들의 믿음의 대상을 드러낸다. 그것은 그들이 썩은 나무인지 건강한 나무인지를 보여준다. 신약의 저자들은 죽은 나무에게 열매를 맺으라고 요구하지 않는다. 따라서 그들은 새로운 나무와 새로운 피조물이 되라고 요구한다. 그러한 새로움은 우리가 보았듯이 아버지와 아들과 성령의 사역이다. 그것은 이미 그리스도의 죽음과 부활을 통해 나타났다. 그럼에도 신자들은 연극의 마지막 막, 즉 시작된 구원 사역을 완성할 예수 그리스도의 오심을 기다린다.

제11장

율법과 구원사

이전 장에서 우리는 신자의 삶을 믿음과 순종의 관점에서 묘사할 수 있다는 것을 보았다. 신약에서 순종은 결코 믿음과 분리될 수 없다. 하나님을 기쁘시게 하는 모든 순종은 믿음에서 나오기 때문이다. 신자들의 삶을 고찰하면서 우리는 이제 율법의 역할에 대해 연구해 보아야 한다. 신자들은 구약의 율법이 명령하는 것을 순종해야 하는가? 나는 구약의 율법에 대한 신약의 관점은 구약과의 연속성과 불연속성을 동시에 보여준다는 것을 여기에서 논증하려 한다.[1] 따라서 질문에 대한 답은 복잡하다.

1. 마태복음

구약의 율법에 대한 마태의 관점은 복음서의 서사구조와 신학과 통합되어야 한다. 하나님 나라는 예수 그리스도 안에서 시작되었고 그는 약속

---

[1] 이 장은 상당히 축약되었다. 마가복음, 요한복음, 요한일-이서, 요한계시록, 야고보서, 베드로전서, 베드로후서 그리고 유다서는 여기에서 생략되었고 다른 문헌들에 대한 논의도 축소시켰다. 좀 더 충분한 설명을 보려면 Schreiner 2008:617-72을 보라.

된 메시아, 주, 인자, 하나님의 아들이다. 그러므로 구약이 약속한 것은 그 안에서 성취되었다.[2] 어떤 학자들은 마태복음이 구약 율법에 대한 보수적 견해를 지지한다고 본다. 예를 들어 마태복음만 유일하게 예루살렘이 포위됨으로 인해 환난당하는 자들에게 도망함이 안식일에 일어나지 않도록 기도하라고 말하고(24:20) 마태복음만 유일하게 성전에서 예물을 드리라고 명령한다(5:24). 신자들에게 심지어는 바리새인들이 가르치는 것은 무엇이든지 행하라고 명령하는데(23:2-3) 복음서에 널리 퍼져있는 바리새인들에 대한 맹렬한 비판의 관점에서 볼 때 이것은 상당히 놀라운 일이다. 정의, 긍휼, 믿음이 십일조보다 높여졌지만 십일조는 여전히 명령되고 있으며 폐하여 것처럼 보이지 않는다(23:23-24).

앞의 본문들을 보면 마태복음은 구약 율법의 연속성만을 주장하는 듯이 보일지 모른다. 분명 마태복음은 그리스도 안에서의 율법의 성취에 초점을 두고 있다. 하지만 이 성취는 불연속성과도 관련되어 있다. 새 포도주는 새 부대에 넣어야 한다(9:14-17). 예수님은 안식일을 분명히 폐하지는 않으셨다. 그러나 그는 안식일의 주권적 주인이며 해석자이다(12:1-14). 천국의 지혜로운 서기관은 새 것과 옛 것을 옳게 모으고 옛 것을 새 것과 옳게 결부시키는 집주인과 같다(13:52). 달리 말해서 지혜로운 서기관은 옛 것을 단순히 반복하지 않고 어떻게 옛 것이 새 것과 결부되며 새 것 안에서 성취되는가를 설명한다. 이제 새 것이 왔으므로 옛 것은 이전과 정확히 같은 지위를 유지하지는 않는다.

우리는 마태복음에 있는 예수님의 가르침의 연속적 요소를 과장할 수 있다. 안식일에 도망하는 위험성에 대한 경고(24:20)는 안식일의 지속적인

---

2 마태복음에 나타난 성취 공식에 대해서는 Schreiner 2008: 70-79을 보라.

유효성을 반드시 승인하는 것으로 해석되어서는 안된다. 이스라엘에 사는 유대인들은 어쨌든 안식일에 여행하는 것이 어렵다는 것을 알 것이다. 예물 드리는 것(5:24)과 십일조(23:23-24)에 대한 예수님의 말씀은 역사적 예수님의 말씀으로 진지하게 받아들일 때 구약의 율법 아래 사는 유대인들에게 하신 것이다. 그러므로 그것들이 반드시 제사와 십일조를 영구히 승인한 것은 아니다.

모든 율법은 그리스도 안에서 성취된다. 그러나 성취의 때가 의미하는 것은 신자들이 이전과 같은 방식으로 율법 아래 있지 않다는 것이다. 마가복음(7:1-23)과 마찬가지로 마태복음(15:1-20)은 장로의 전통에 대한 설명과 오직 사람에게서 나오는 것이 사람을 더럽게 한다는 예수님의 말씀을 포함하고 있다. 마가와 다르게 마태는 그러므로 예수님은 모든 음식을 깨끗하게 하셨다는 설명을 추가하지 않는다(참고, 막 7:19). 이것으로부터 어떤 사람은 마태가 율법에 대한 좀 더 보수적인 관점을 촉진한다고 결론짓는다. 그러나 그러한 결론은 지지하기 어렵다. 왜냐하면 입으로 들어가는 음식이 더럽게 하지 않는다는 선언은 분명히 구약의 규정을 파기하기 때문이다(15:11, 17-18).

마태복음에 있는 불연속성의 분명한 증거는 모든 이스라엘 사람에게 요구되는 성전세에 관련된 것이다(출 30:11-16). 예수님은 베드로에게 아들들은 세를 내는 데서 면제된다고 주권적으로 선언하셨다(마 17:24-27). 마태는 왜 이 규정이 더 이상 효력이 없는지 설명하지 않지만 마태복음의 서사 구조를 살펴보면 하나의 실마리를 찾을 수 있다. 성전세는 이스라엘 백성 각 사람의 속전으로 요구되었다. 그러나 마태복음에서 예수님의 죽음은 각 사람에 대한 속전을 지불한다(20:28). 게다가 예수님은 옛 질서에 대한 하나님의 심판을 상징하는 성전의 파괴를 예언하신다(마 24). 예수님 안에서 새 것이 도래했다. 그의 오심은 반드시 천국의 도래와 그리스도 안에 있는 구원의 관점에서 옛 것을 해석해야 함을 의미한다.

마태복음에서 율법에 대한 가장 상세한 논의는 5:17-20에 나타난다. 예수님은 율법을 폐하러 오신 것이 아니라 완전하게 하고자 오셨으므로 율법의 가장 작은 것이라도 완화되어서는 안 되고 강화되어야 한다는 것을 강조하셨다. 이 진술은 구약의 모든 율법 하나 하나를 그리스도인들은 지켜야 한다고 말하는 것으로 이해될 수 있을 것이다.

그러나 우리가 기억해야 할 것은 "성취하다"(플레로오⟨plēroō⟩)라는 단어가 마태복음의 성취 공식에서 정기적으로 사용되었고 구약의 예언은 예수 그리스도를 목표로 하고 있다는 것이다. 더욱이 구약의 율법 전체가 마태에게 구속력을 가지고 있지는 않다는 것을 우리는 이미 살펴보았다. 그렇지 않다면 성전세는 계속해서 의무가 되었을 것이다. 따라서 예수님은 구약의 율법이 신자들에게 계속해서 권위가 있지만 오직 그것이 예수 그리스도 안에서 성취되는 한 그러하다고 말씀하는 듯하다. 그러한 성취는 연속성과 불연속성의 요소가 존재함을 의미한다. 더욱이 이어지는 구절들(5:21-48)은 예수님이 율법의 주권적 해석자이심을 드러낸다. "하였다는 것을 너희가 들었으나"(5:21, 27, 33, 38, 43)와 "그러나 나는 너희에게 이르노니"(5:22, 28, 32, 34, 39, 44) 사이의 대조는 율법이 예수님을 가리키고 예수님에 의해 성취되고 해석된다는 것을 나타낸다.

이 부분에서 예수님은 자주 동시대인들의 율법에 대한 오해를 논박하신다. 살인에 대한 금지는 단지 살인을 피하라는 것에 국한되어서는 안된다. 왜냐하면 살인은 의롭지 못한 분노도 포함하기 때문이다(5:21-26). 바리새인들과 서기관들은 간음에 대한 금지를 육체적 행위에 제한했지만(5:27-32) 예수님은 마음속에서 간음을 찾으셨으며 마음속으로 여인을 탐하면 간음의 죄가 있다고 주장하셨다. 마찬가지로 아내와 이혼하고 다른 사람과 결혼하는 자들도 그들의 배우자가 성적 죄를 짓지 않은 한 간음죄를 짓는 것이다(5:31-32; 19:3-12). 여기에서 예수님이 신명기 24:1-4에 있는 이혼에 대한 구약의 율법을 실제적으로 폐지하신 것인가는 분명하지 않다. 신명기 24장 본문은 어쨌든 이혼을 추천하지 않고 단지 제한하고 있다.

예수님이 제자들에게 맹세를 금하셨을 때 구약의 율법이 분명히 폐지된 것처럼 보인다(마 5:33-37). 그러나 좀 더 자세히 보면 예수님 당시에 시행되던 맹세의 남용에 대해 예수님이 대응하신 것이라는 암시가 있다. 23:16-22를 참고하면 어떤 유대인들이 맹세할 때 책임 회피적 언어와 그릇된 논리를 폈고 따라서 예수님은 맹세의 남용을 수정하셨다는 것을 알 수 있다.

예수님이 "눈은 눈으로, 이는 이로 갚으라"(5:38)는 규정을 뒤집으셨을 때 구약 율법을 폐하신 것처럼 보였다. 예수님은 제자들에게 대신에 그들을 괴롭히는 자들을 향한 무저항주의와 적극적 선행을 명령하셨다(5:38-42). 그러나 예수님은 구약의 율법을 폐지하는 대신 율법에 대한 오해를 논박하신 듯하다. "눈은 눈으로, 이는 이로 갚으라"는 원리는 구약의 사법적 문맥으로 거슬러 올라가야 한다(출 21:22-27; 레 24:17-22; 신 19: 15-21). 징벌은 범죄에 비례해야 한다. 따라서 위반한 자에게 과도한 벌을 주는 잔인함은 피해야 한다. 마찬가지로 피고에 대한 편애에 근거한 느슨한 판결도 금지되어야 한다. 여기에서 예수님이 반대하신 것은 징벌은 범죄에 적합해야 한다는 사법적 원리를 사적(personal) 영역에 적용하는 행위이다.

예수님이 제자들에게 원수를 사랑해야 한다고 말씀하셨을 때도 예수님이 구약의 율법을 폐하신 것이 아니다(마 5:43-48). 예수님은 원수를 미워하는 것을 정당화한 구약에 대한 오해에 반응하신 것이다. 이웃 사랑은 차별 없이 모두에게 미친다(레 19:17-18). 만일 이스라엘 백성이 원수의 길 잃은 소나 나귀를 보면 되돌려 주어야 했다(출 23:4). 그들이 만일 그들을 미워하는 자의 나귀가 짐을 싣고 엎드러짐을 보면 도와주어야 했다(출 23:5). 그러므로 예수님은 구약의 율법에 대한 오해를 수정하신 것으로 보인다.

요약하면, 율법에 대한 마태의 관점은 복잡하다. 율법은 예수님을 가리키고 예수님으로부터 성취된다. 율법은 하나님 나라의 도래와 메시아, 주, 인자, 그리고 하나님의 아들이신 예수님이 오심으로 절정에 이른다. 예수님은 모세 율법의 주권적 해석자이며 주님이시다. 어떤 경우에는 예수님이 구약 율법에 대한 잘못된 해석을 수정하신다. 이제 그리스도께서 오셨으므로 율법에 관하여 연속성과 불연속성이 모두 존재한다. 어떤 율법의 규범들은 하나님 나라의 도래와 예수님의 오심과 함께 계속해서 유효하다. 어떤 율법의 규정들은 더 이상 유효하지 않다. 모든 율법은 예수 그리스도의 오심이라는 관점에서 해석되어야 한다.

2. 누가복음-사도행전

어떤 관점에서 누가는 율법의 지속적인 유효성을 지지하는 것처럼 보인다. 사가랴와 엘리사벳은 율법의 명령에 따라 흠없이 살았기 때문에 칭찬을 받는다(눅 1:6). 요셉과 마리아는 율법에 따라 제8일에 예수님께 할례를 주었고 모세의 율법에서 지시한 정결예식을 위해 제사를 드렸다(2:21-24). 구약의 명령대로 예수님의 부모는 유월절을 지키기 위해 매년 예루살렘으로 여행했고 예수님은 12살 되었을 때 그들과 함께 여행했다(2:41-52).

예수님은 안식일 규정을 어길 어떤 것도 하지 않으셨다는 주장도 가능할 수 있을 것이다(6:1-11; 13:10-17; 14:1-6). 예수님은 하나님과 이웃을 사랑하는 자들은 영생을 얻을 것이라고 가르치신다(10:25-28). 부자 관리가 영생을 얻는 것에 대해 물을 때 예수님은 그에게 십계명에 있는 계명들을 보이셨다(18:18-20). 예수님은 율법과 선지자는 세례 요한과 하나님 나라가 도래할 때까지 유효하다고 말씀하셨다(16:16). 그러한 진술은 예수님이 오심으로 율법은 더 이상 유효하지 않다는 암시를 주는 듯 보인다. 그러나 누가는 연이어 율법의 한 획이라도 없어지지 않을 것이라는 예수님의 주장을 제시한다(16:17). 예수님이 죽으신 후에 여자들은 안식일 휴식을 마칠 때까지 예수님의 몸에 향유를 바르지 않았다. 누가는 그들이 율법이 명한 바에 따라 그렇게 한 것이라고 덧붙인다(23:56).

율법의 규정들을 지켜야 한다는 점을 강조한 것은 사도행전에서도 볼 수 있다. 베드로와 요한은 성전에서 예배드리기를 계속했고 번제가 드려지는 시간에 성전으로 갔다(3:1). 스데반이 율법을 범했다는 고소는 거짓으로 밝혀졌다(6:13-14). 스데반은 도리어 그의 대적자들이 율법을 지키지 않았다고 주장했다(7:53). 야고보가 유대인과 이방인 모두가 지키기를 기대했던 규범은 구약의 규정에서 나왔다(15:19-20, 29; 21:25). 갈라디아서를 읽고 나면 우리는 바울이 디모데에게 할례를 주는 것을 거부하리라는 기대를 하게 될지 모른다. 그러나 바울은 디모데에게 할례를 주었다(16:3). 분명히 바울은 나실인의 서원을 했으며 서원이 규정한 제사를 드리기 위해 예루살렘으로 여행했다(18:18). 예루살렘에 도착했을 때 바울은 서원한 네 사람을 위한 결례의 비용을 지불했다(21:20-26; 참고, 민 6:14-15). 바울은 그가 유대인들에게 율법을 버리라고 가르쳤다는 의혹, 또는 그 자신이 율법의 명령을 어겼다는 의혹을 피하기 위해서 그렇게 했다. 그러한 정결의식은 제사를 드리는 것을 포함했을 것이며 바울은 분명히 그것을 반대하지 않았다. 바울은 유대 청중들에게 자신의 회심을 설명할 때 아나니아를 "율법을 따라 경건한 사람"이라고 칭찬했다(행 22:12).

앞의 본문들은 누가가 구약 율법에 대해 놀랍도록 보수적인 입장을 견지하고 있다는 암시를 줄지 모른다. 그러나 누가-행전의 모든 증거들을 고려해 볼 때 분명히 다른 그림이 떠오른다. 누가는 성경의 예언은 나사렛 예수에게서, 특히 그의 죽음과 부활에서 성취된다는 것을 강조한다(눅 24:25-27, 44-47; 행 24:14; 26:22-23; 28:23). 그러므로 구약은 나사렛 예수의 사역, 죽음, 부활에서 절정에 이른다고 볼 때에만 바르게 해석하는 것이다. 율법과 선지자는 하나님 나라를 가리킨다(눅 16:16). 따라서 율법의 모든 말씀은 예수 그리스도의 사역에서 성취된다(16:17). 이혼을 금하고 나서 곧 이어 재혼을 금하는 말씀을 하신 것은 교육적이다(16:18). 왜냐하면 율법은 이제 예수님에 의해 해석되기 때문이다. 예수님은 율법에 초점을 맞추지 않으셨다. 율법이 예수님께 초점을 맞춘다.

누가복음이 다른 공관복음과 공유하는 증거들 또한 중요하다. 예수님이 나병 들린 사람을 깨끗하게 하신 것은 예수님이 나병에 관한 율법을 초월하심을 나타낸다(5:12-15). 인자이신 예수님은 안식일의 주인이시다(6:1-5). 안식일에 선을 행하는 것은 안식일 제정의 목적에 부합하는 것이다(6:6-11; 14:1-6). 왜냐하면 예수님은 안식일에 병을 고치도록 요청을 받지 않으셨기 때문이다(13:10-17).

예수님을 통해 하나님 나라가 시작된 것은 율법이 선포한 것이 예수님 안에서 성취됨을 의미한다. 그러한 성취는 율법의 모든 측면이 새로운 내용으로 대체되는 것을 의미하지 않는다. 하나님과 이웃을 사랑하라는 명령은 여전히 유효(10:25-28)하지만 이 명령조차도 누가복음 전체에서 추출되지는 않는다. 예수님은 부자 관원이 영생을 얻는 것에 대해 질문하자 십계명의 명령들을 상기시키셨다(18:18-22). 그럼에도 불구하고 그 관원이 제자로서 예수님을 따르지 않는다면 영생을 누리지 못할 것이다. "죽은 자들로 자기의 죽은 자들을 장사하게 하라"(9:60)는 명령은 직접적으로 율법을 폐하지 않는다. 그러나 그것은 예수님을 따르는 것이 하나님의 최고의 요구임을 확증한다.

이제는 그리스도께서 승귀하셨고 성령이 부어졌으므로 율법의 모든 규정이 구속력을 갖는다고 누가는 생각하지 않는다. 예를 들어, 스데반은 율법과 성전을 거스려 말한다고 고발을 당했다(눅 6:11-14). 누가는 그 고발이 거짓이었음을 우리에게 알린다. 어떤 학자들은 7:1-53에 있는 스데반의 말을 과장했다. 따라서 그들은 그 안에 성전에 대한 급진적 배척이 있다고 보았다. 스데반은 사실상 성전 예배를 비난하지 않았고 그것이 마치 하나님의 뜻에 반하는 것처럼 배척하지 않았다. 스데반이 한 것은 그의 연설에서 성전 예배를 **상대화**(relativize)한 것이었다. 그는 하나님이 성전에 매여 있는 분이 아니시며 하나님은 성전이 세워지기 전에 이스라엘의 역사 속에서 일하셨다는 것을 청중들에게 상기시켰다. 하나님은 성전을 초월해 계신다. 우주의 주권적 주님으로서 하나님은 건물 속에 수용되실 수 없다. 그러므로 율법에 대한 스데반의 비판은 다소 미묘했다. 예수님이 오심으로 구원사가 성취되었다는 관점에서 성전의 지위에 변화가 생겼다는 것을 스데반은 암시했다. 요약하면, 스데반의 연설은 율법이 이전처럼 중심적 역할을 하지 않는다는 것을 암시한다.

고넬료와 그의 친구들과의 경험을 통해 베드로는 율법의 명령은 필수적인 것이 아님을 확증한다. 지붕 위에서 본 베드로의 환상은 특히 중요하다(10:9-16). 베드로는 하늘로부터 내려온 보자기 안에 든 다양한 동물들을 보았다. 보자기 안에 있는 어떤 동물들은 구약의 음식법에서 금한 것이었지만(레 11:1-44; 신 14:3-21) 하나님은 그것을 잡아먹으라고 베드로에게 명령하셨다. 누가의 초점은 음식법이 더 이상 구원사의 이 단계에서 유효하지 않다는 것이다. 이 내러티브는 음식법의 완화를 이방인에 대한 복음의 확장과 연결시킨다(행 10:1-11:18). 베드로는 이전의 계명을 하나님이 무효화하시는 것을 보고 자연스럽게 의아해했다(10:17). 그러나 부정한 음식을 깨끗하게 한 것이 이방인 선교와 연결된다는 것을 깨닫기 시작했다(10:28). 이방인들은 할례 받지 않고도 성령을 받았고 유대인들의 정결요구를 따르지도 않았다(10:44-48; 15:7-11). 이방인들은 하나님의 백성의 일원이 되기 위해서 구약의 율법을 따를 필요가 없었다. 사도행전 15장에 있는 사도회의가 열릴 무렵 베드로는 고넬료 사건의 함축을 분명히 알고 있었다(15:7-11).

율법의 멍에를 이방인에게 부과해서는 안된다. 하나님의 백성으로 들어오는 유일한 조건은 예수 그리스도에 대한 믿음이며 성령의 선물은 그들이 하나님의 백성의 일원임을 확증한다. 13:38-39에 있는 바울의 말은 상당히 유사하다. 의롭다 하심은 모세의 율법을 통해 얻지 못하고 예수 그리스도를 믿음으로 얻는다. 구원사의 새 시대에 죄 사함은 율법을 지키는 자들이 아니라 예수 그리스도를 믿는 자들이 얻는다.

초기교회에 이방 신자들에게 할례를 요구해야 할 것인가 하는 논쟁이 있었다. 어떤 사람들은 구원을 위해서는 할례가 필요하다고 주장했다. 왜냐하면 구약이 분명히 하나님과의 언약관계에 들어가기 위해서 할례를 요구했기 때문이다(창 17:9-14; 행 15:1, 5). 역사적, 본문적, 신학적 이슈들이 합해져서 사도행전 15:1-35을 복잡하고 논쟁적으로 만든다. 그러나 우리의 목적을 위해서는 현 본문 그대로도 상당히 분명하다. 회의의 결정은 할례가 구원을 위해 요구되지 않는다는 것이었다. 이방인들은 주 예수 그리스도에 대한 믿음으로 인해 교회의 구성원으로 간주될 것이다. 누가는 할례가 처음부터 실수였다고 주장하거나 구약의 요구사항을 멸시하지 않는다. 그의 목적은 입회 의식이 구원사의 이 단계에서는 더 이상 요구되지 않는다는 것을 전하는 것이다. 예수 그리스도의 사역, 죽음, 부활을 통해 새 시대가 열렸다. 예수님이 하나님 우편에 올라가셨기 때문에 모든 믿는 자에게 성령이 부어졌다. 율법의 요구사항은 더 이상 효력이 없다. 왜냐하면 하나님의 언약은 성취되었고 복음이 이방인에게 전파되고 있기 때문이다.

그러므로 누가는 율법에 대한 극단적으로 보수적인 견해를 제안하지 않음이 분명하다. 누가는 칭의와 죄 사함은 율법을 통해서가 아니라 주 예수 그리스도의 은혜로 얻게 된다는 것을 가르친다. 음식법과 할례는 모세 율법에서는 표준적인 것이었지만 하나님의 백성에게는 더 이상 필요하지 않다. 하나님의 약속의 성취는 구속사에서의 전환을 알린다. 누가복음에서 율법과 관련된 소위 보수적 본문들은 구원사의 틀 안에서 설명되어야 한다. 신자들은 율법이 의무적이라는 생각 때문이 아니라 종종 문화적 이유 때문에 율법을 준수했다(16:3).

소위 사도적 법령은 우리가 여기서 주장하고 있는 것과 모순되는가? 사도회의는 할례가 구원을 위해서 필요하지 않다는 결정을 내렸다. 그러나 그들은 계속하여 이방인들은 "우상의 더러운 것과 음행과 목매어 죽인 것과 피를 멀리"해야만 한다고 말했다(행 15:20; 참고, 15:29; 21:25). 그 법령의 중요성과 의미는 오래 동안 논의되어 왔다.

서방본문(the Western text)은 목매어 죽인 것을 생략하고 있고 그 법령을 도덕적 요구조건으로 만드는 것처럼 보인다. 따라서 우상숭배, 성적 죄,

살인이 금지되었으며 황금율의 부정적 형태가 추가되었다. 그러한 해결법은 매력적이지만 본문적 증거들은 목매어 죽인 것에 대한 금지를 포함하는 것을 지지한다. 많은 학자들은 금지들이 레위기 17-18장을 상기시킨다고 주장한다. 부적절하게 도살된 음식을 먹는 것, 피가 든 음식을 먹는 것, 18:6-18에서 금지한 범위 내에서 결혼하는 것, 우상에게 바쳐진 음식을 먹는 것을 이방인들은 금해야 했다.

바렛(Barrett⟨1998: 730-36⟩)은 사도행전 15:20에서 금하여진 것은 우상숭배, 음행, 살인, 코셔 음식이 아닌 것이라고 제안한다. 내가 보기에도 그 법령은 도덕적 요구와 의식적 요구를 혼합하고 있는 것 같다. 그러나 바렛과 다르게 나는 유일한 도덕적 금지는 성적 죄와 관련된 것이라고 생각한다. 달리 말하면 다루어지고 있는 부도덕성은 레위기 18장에 있는 성적 죄에 관한 규정들을 상기시킨다고 보기 어렵다. 그것보다 그것은 일반적인 성적 죄를 가리킨다. 왜냐하면 이방인들은 그리스도에 대한 그들의 새로운 믿음과 성적 죄는 어울리지 않는다는 가르침을 받았기 때문이다. 다른 요구들은 피를 적절히 빼지 않은 음식을 포함해서 코셔 음식이 아닌 것을 금하는 것과 관련되었다. 그러한 요구들은 크리스천 유대인과 이방인 사이의 교제를 촉진하기 위해 포함되었다.

그 법령은 구원을 위해 필수적인 것은 아니었다. 야고보는 유대인들에게 민감한 문제를 다루었고 이방인들에게 교제를 위해 유대인의 관습을 용인해줄 것을 요청했다. 이방인들은 유대인들의 관습을 상당히 잘 알고 있었을 것이다. 모세의 율법은 그레코-로만 세계의 여러 도시에 있는 회당에서 공개적으로 낭독되었기 때문이다.

율법에 대한 누가의 견해는 상당히 복잡하다. 그것을 풀어내는 열쇠는 율법을 구원사의 관점에서 해석하는 것이다. 율법은 예수 그리스도를 가리켰고 그 안에서 성취되었다. 예수님은 구약에서 예언된 것을 성취하셨다. 그러므로 율법에 대한 누가의 견해는 연속성과 불연속성의 요소를 모두 가지고 있다. 율법은 예수 그리스도를 가리키고 그 안에서 성취되었다는 점에서 연속성이 있다. 율법의 어떤 도덕적 규범들은 아무 변화 없이 이어진다. 한편, 불연속성도 존재한다. 할례와 음식법은 하나님의 백성에게 더 이상 요구되지 않았다. 이방인들은 하나님의 백성에 속하기 위해 유대인의 토라에 순종할 의무가 없었다.

3. 바울 서신

바울은 모세 언약은 끝났고 신자는 언약 구조 상 그 아래 더 이상 있지 않다는 것을 분명하게 가르친다. 갈라디아서 3:15-25에서 바울은 시내산 언약을 아브라함과 수립된 언약과 구분한다. 아브라함 언약이 근본적인 것이다. 왜냐하면 시내산 언약에 의해 어떤 조항들이 추가되기 전에 아브라함 언약이 주어졌기 때문이다. 430년 후에 수립된 언약이 아브라함과 맺은 언약의 조항들을 무효로 할 수 없다. 3:18에서 바울은 아브라함 언약이 가진 약속의 특성을 율법에 근거해서 유업을 얻는 것과 대조한다. 아브라함과의 언약은 하나님의 약속에 근거해서 수립되었다. 따라서 유업은 보증되는데 그 이유는 유업이 인간의 행위가 아닌 하나님의 말씀에 달려있기 때문이다.

율법은 씨, 즉 예수 그리스도가 오시기까지만 효력이 있도록 의도되었다(3:19). 문제는 율법의 내용이 아니라 율법이 요구하는 것을 인간이 순종할 수 없었다는 것과 그들이 죄의 권세 아래 갇혀 있었다는 것이다(3:21-

22). 그러므로 율법은 특정한 기간 동안만 유효하도록 의도되었다. 율법이 "초등교사"(pedagogue)로서 기능한 것은 예수 그리스도가 오심으로 구원사가 절정에 도달할 때까지만이었다. 율법은 베이비시터 또는 관리인으로서 예수 그리스도의 오심으로 끝난 유아기 동안을 위해 계획된 것이다.

바울의 논증을 우리는 여기서 쉽게 오해할 수 있다. 그리스도 안에서의 삶이 마치 어떠한 도덕적 요구로부터도 자유로운 듯, 신자는 모든 도덕적 규범으로부터 자유하다고 바울이 암시하고 있지 않다. 그의 목적은 모세 언약 아래 있는 구속사의 옛 시대는 끝났다는 것을 논증하는 것이다. 언약들 사이의 차이는 4:1-7에 의해 분명해진다.

시내산 언약 아래 살았던 자들은 약속된 유업을 아직 받지 못한 미성년자 같았다. 유업은 아브라함 언약에서 약속되었지만 이스라엘은 그 약속이 실현되기 전 기간에 살았다. 약속이 성취되기 전 중간 기간에 그들은 성취를 기대하며 기다렸다. 이스라엘은 "이 세상의 초등학문 아래에서" 종노릇하며 살았다(4:3). 따라서 율법은 이스라엘에게서 죄를 억제하지 못했고 도리어 이스라엘이 속박되는 데 기여했다. 이제는 예수 그리스도의 오심으로 구속사의 새로운 시대가 열렸다. 그리스도에 의해 구속받은 자들은 더 이상 미성년자가 아니다. 그들은 완전한 성인이 되었다(4:4-5). 그들은 더 이상 모세 율법의 임시적 지배 아래 살지 않는다. 왜냐하면 율법은 "그 아버지가 정한 때까지 후견인과 청지기" 역할을 했기 때문이다. 그들은 이제 하나님이 약속하신 것의 성취를 즐기고 있다. 그들은 성령을 받았기 때문이다.

그러나 시내산 언약 아래 있을 때 은혜가 없었던 것은 아니다. 왜냐하면 하나님은 애굽의 속박으로부터 이스라엘을 은혜로 해방시키셨고 출애굽을 통해 얻은 구원은 예수 그리스도에 의해 성취된 구원의 예표가 되었기 때문이다. 그러나 여전히 남은자들을 제외하고는 이스라엘 전체는 하나님의 율법을 지킬 능력을 받지 못했고 따라서 그들은 죄의 지배 아래 살았다.

다른 바울 본문들은 모세 언약이 예수 그리스도의 오심으로 사라져간 임시적인 것이었음을 확증한다. 고린도후서 3장에서 새 언약은 옛 언약과 대조된다(3:6, 14). "새 언약"과 "옛 언약"이라는 용어를 사용하는 것은 옛 언약이 더 이상 유효하지 않았음을 내포한다. 바울은 옛 언약을 새 언약과 대조한다. 옛 언약은 사망과 정죄로 이끌었고 새 언약은 성령 안에서의 삶과 의로 인도했다. 우리의 목적을 위해 여기에서 가장 중요한 것은 옛 언약은 "없어질 것" 새 언약은 "길이 있을 것"으로 말하여진다는 것이다(3:11). 모세의 얼굴에 있었던 "없어질" 영광(3:13)은 모세 언약의 임시적 성격을 상징한다. 그리스도는 모든 믿는 자를 위한 율법의 목적이며 마침이다(롬 10:4). 십자가에서의 그리스도의 사역을 통해 율법의 규정은 끝이 났다(엡 2:15). 그 결과 유대인과 이방인 사이의 오랜 반목은 십자가를 통해 사라졌다.

바울은 날이나 특별한 절기의 준수가 신자들에게 요구된다고도 생각하지 않는다. 골로새서 2:16-19에서 바울은 음식과 함께 절기, 초하루, 안식일을 포함시킨다(참고, 갈 4:10). 이것들도 그리스도를 가리키는 그림자들이다. 안식일을 포함시킨 것은 특별히 주목할 만하다. 왜냐하면 안식일은 유대인의 삶의 통상적 특징이며 그레코-로만 세계에서 이방인들이 자주 언급했던 것이다. 안식일 준수는 유대인들을 그들의 이웃과 구분 지었으며 유대교의 경계표지(boundary markers) 중 하나였다. 그러나 바울에게 있어서 안식일은 그리스도를 가리키는 하나의 그림자였다(참고, 롬 14:5). 마찬가지로 유월절을 지키는 것은 그리스도인들에게 더 이상 의무적인 것이 아니다. 그러나 그러한 결론이 유월절의 중요성을 상쇄시키지는 않는다. 왜냐하면 그리스도께서 십자가에서의 자신의 죽음을 통해 유월절 희생제사를 성취하기 때문이다(고전 5:7). 이와 유사하게 집에서 누룩을 제거하라는 명령은 신자들에게 의무적인 것이 아니다(5:6-8). 그러나 이것으로부터 누룩에 대한 명령이 신자들과는 무관하다고 결론 내릴 수는 없다. 왜냐하면 악을 그들 가운데서 제하고 신실함과 진실함으로 살아갈 필요성을 그것이 상징적으로 나타내기 때문이다.

율법에 대한 바울의 관점은 복잡하다. 한편으로는 시내산 언약과 율법은 끝났고 또 한편으로는 율법이 그리스도 안에서 성취되었다. 율법은 끝났기 때문에 신자는 안식일을 지키고 음식법을 준수하며 할례를 받을 의무가 없다. 그렇지만 이 모든 율법은 그리스도를 가리키는 그림자이며 그 안에서 성취된다. 따라서 할례는 그리스도의 십자가(골 2:11-12)와 성령의 사역(롬 2:28-29; 빌 3:3; 참고, 신 10:16; 30:6; 렘 4:4)에 의해 이루어지는 마음의 할례를 가리킨다. 유월절이 그리스도의 죽음을 가리키듯이 구약의 희생제사도 일반적으로 그리스도의 십자가에서의 죽음을 예견하며 그것에 의해 성취된다(롬 3:24-26; 갈 3:13). 예수님의 죽음은 구약에서 발견되는 속죄제를 성취한다(롬 8:3; 참고, 레 5:6-7; 9:2 LXX; 고후 5:21). 그리스도의 피는 구약의 희생제사에서 쏟아졌던 피를 상기시킨다(롬 3:25; 5:9; 고전 11:25; 엡 1:7; 2:13; 골 1:20). 성전은 유대교의 세 가지 기둥 중 하나로 간주되었지만 바울은 물리적 성전에 전혀 관심을 보이지 않는다. 신자들이 이제는 성령의 전이다(고전 3:16; 6:19; 고후 6:16). 부정함에 관한 언어는 윤리적 영역에 적용된다. 신자들은 자신을 악에서 멀리하고 거룩한 삶을 살아야 한다(고후 6:17; 7:1). 구약에서 어떤 뻔뻔한 죄를 지은 사람은 죽음에 처해졌다(신 13:5; 17:7, 12; 21:21; 22:21). 그러나 바울은 근친상간을 저지른 사람을 죽이라고 요구하지 않는다(고전 5:13). 그럼에도 구약의 요구는 그리스도 안에서 새롭게 성취된다. 교회의 회개하지 않는 구성원은 그의 죄와 회개하지 않음으로 인해 출교될 것이다(5:1-13).

언약의 변화는 구약의 모든 도덕적 규범이 그리스도인들에게는 사라졌다는 것을 의미하지 않는다. 바울은 율법의 어떤 도덕 규범들은 신약의 신자들에게 넘기는 것처럼 보인다. 아버지와 어머니를 공경하라는 명령은 여전히 신자들에게 적용된다(엡 6:2). 사랑으로 사는 자들은 간음, 살인, 도둑질, 탐냄 등을 금한 것을 지킬 것이다(롬 13:8-10; 참고, 2:21-22; 7:7-8). 성령을 따라 사는 자들은 율법의 요구를 이룰 것이다(8:4). 달리 말해서 2:26에서 바울이 말하는 것처럼 그들은 율법의 가르침을 지킬 것이다. 뒤의 본문의 경우에서도 그러한 순종은 성령의 사역의 결과이다(2:28-29). 우상숭배를 금한 것은 바울이 특별한 구약본문을 인용하지 않지만 여전히 성립한다(고전 5:10-11; 6:9; 10:7, 14; 고후 6:16; 갈 5:20; 엡 5:5; 골 3:5). 구약 율법의 어떤 표준은 규범적이라고 바울은 믿는다. 비록 그 표준들이 율법에서 나온 것임을 반드시 구체적으로 밝히지는 않지만 말이다. 그 표준들은 부모 공경과 순종(롬 1:30; 엡 6:1-3; 골 3:20; 딤전 1:9; 딤후 3:2), 살인(롬 1:29; 13:9; 딤전 1:9), 간음(롬 2:22; 7:3; 13:9; 고전 6:9; 참고, 딤전 1:10), 도둑질(롬 1:29-31; 고전 6:9-10; 엡 4:28), 거짓말(골 3:9; 딤전 1:10; 4:2; 딛 1:12), 탐욕(롬 1:29; 7:7-8; 엡 5:3, 5; 골 3:5)이다.

모세 율법의 쇠퇴에 대해 선언하면서도 바울이 율법의 명령을 권위적으로 인용한다는 사실을 우리는 어떻게 설명해야 할 것인가? 어쩌면 우리는 단순히 모세의 명령이기 때문에 그 명령이 규범적이 아니라고 말할 수 있을 것이다. 구약의 어떤 율법들은 그리스도의 법에 포함되었다(고전 9:21; 갈 6:2). 그러나 그리스도의 법은 모세 율법의 도덕적 규범에 국한되어서는 안된다. 그리스도의 법은 모세 율법에 주로 주목하는 것도 아니다. 그리스도의 법은 그리스도 안에서, 그리고 그리스도에 의한 율법의 성취에 주목한다. 십자가에서 죽으심에서 나타난 예수님의 자신을 주시는 삶은 신자들의 삶의 모범이 된다. 자신의 교회들에게 교훈을 줄 때 바울은 구약의 율법을 자주 인용하지 않는다. 바울의 윤리의 핵심은 서로 사랑하라는 명령으로 요약되며(예, 롬 12:9; 13:8-10; 고전 8:1-3; 13:1-13; 14:1; 갈 5:13-15; 엡 5:2; 골 3:14; 딤전 1:5) 많은 사람들은 사랑하라는 명령이 그리스도의 법의 중심이라고 옳게 이해했다(참고, 요 13:34-35).

그러나 사랑은 도덕적 규범과 분리될 수 없다. 교회들에게 구체적인 명령들이 구두로 주어졌다는 것을 데살로니가전서 4:2을 통해 우리는 알 수 있다. 바울에게 있어서 사랑은 윤리적 규범 없이 떠다니지 않으며 오히려 윤리적 규범에 의해 표현된다. 바울은 모든 상상할 수 있는 상황을 위한 행동 방침을 규정하는 궤변적 윤리를 가지고 있지 않다. 그러나 그는 성령 안에서의 삶이 어떤 것인지 묘사하지 않은 채 단순히 성령과 자유에 호소하는 것도 아니다. 바울이 어떤 윤리적 규범도 없이 윤리를 성령에 호소한다는 견해는 그의 교훈과 모순된다. 순종이라는 바울의 주제가 율법주의와 동일시되어서도 안된다. 왜냐하면 새로운 순종은 그리스도의 새로운 피조물인 사람들 안에 역사하는 성령의 사역이기 때문이다. 순종이라는 주제는 십자가 사역을 축소시키지도 않는다. 십자가는 신자들 안에서 일어나는 성령의 변화시키는 사역의 근거이며 기초이기 때문이다. 이것을 달리 말하면 명령법(하나님의 명령)은 직설법(하나님이 신자들을 위해 그리스도 안에서 하신 일)에 근거하고 있다는 것이다.

신자들은 구원받았고 구속받았으며 화목 되었고 이미 지금도 의롭다 함을 받았다. 그러나 이러한 각각의 축복은 근본적으로 종말론적이라는 것을 우리는 보았다. "이미"와 "아직 아니" 사이의 기간에는 윤리적 권면이 필요하다. 직설법의 우선성이 사라지면 바울 복음에 있는 은혜가 훼손된다. 명령법은 항상 직설법에서 흘러나와야 한다. 한편, 직설법은 명령법을 삼켜버려 명령법이 사라지게 해서는 안된다. 명령법은 바울의 복음을 손상하지 않는다. 명령법을 복음과 대치되는 율법으로 생각해서는 안된다. 명령법이 바울복음의 줄거리에 결부되어 있고 그리스도 안에서 하나님이 우리를 위해 성취하신 일에 대한 직설법에서 나온 것이라면 그 명령법은 복음의 본질적인 부분이다.

요약하면 바울의 생각 속에 있는 율법은 구속사의 관점에서 해석되어야 한다. 이제 예수 그리스도께서 오셨으므로 모세 언약과 그것의 규정들은 신자들에게 더 이상 효력이 없다. 구원사의 새 시대는 할례를 요구하는 율법을 통해 유대인과 이방인 사이에 경계선을 세웠던 옛 시대를 환송했다. 새 시대의 도래는 바울이 도덕 규범을 가지고 있지 않다는 것을 의미하지 않는다. 그리스도의 법이 이제 신자들의 규범으로 작용하며 자신을 주신 그리스도의 희생이 이 법의 모범이 된다. 동시에 그리스도의 법은 사랑의 법이라고 말할 수 있을 것이다. 사랑이 바울의 윤리의 핵심이라고 말하는 것이 그리스도의 법을 특징짓는 도덕적 규범이 없다는 것을 암시하지 않는다. 바울의 윤리적 권면들은 직설법과 명령법 사이의 긴장에 근거하고 있고 직설법은 언제나 명령법의 기초가 된다. 역시 신자들이 그리스도의 법을 성취할 수 있는 유일한 방법은 성령의 능력이다.

4. 히브리서

신약을 전반적으로 살펴볼 때 성경의 저자들은 모세 언약이 임시적이며 신자들은 더 이상 모세 언약의 규정을 준수해야 할 의무가 없다고 믿었다는 것을 분명히 알 수 있다. 히브리서의 저자는 아론의 제사장직과 레위기의 희생제사로 되돌아가는 것을 반대하는 지속적 논증을 벌인다. 그는 모세 언약이 처음부터 그 어떤 실수였다고 주장하지 않는다. 대신에 그는 그의 논증을 구원사적 현실과 결부시킨다. 이제 그리스도께서 멜기세덱의 반차를 좇는 제사장으로 오셨으므로 레위족 제사장직으로 돌아가는 것은 그리스도의 희생을 부인하는 것이 될 것이다. 아론 계통의 제사장들과 구약 제사들이 통틀어 거부되지는 않는다. 그것들은 모형론적으로 이해되기 때문이다. 구약의 제사장직과 희생제사는 그리스도의 희생을 가리켰고 그것을 예견했다. 그것들은 그림자이지만 그리스도는 실체이다. 구약의 제사들은 죄를 사하지 못한다. 동물을 드렸기 때문이다. 그러나 그리스도의 희생은 죄를 속한다. 그는 자원하는 죄 없는 희생물이기 때문이다. 구약 제사를 반복한 것은 그것이 사실상 죄를 사하지 않는다는 것을 나타낸다. 반면에 그리스도의 단번에 영원히 드린 제사는 확실히 그리고 최종적으로 죄를 속한다.

히브리서의 저자는 제사장직의 변화는 율법의 변화도 이룬다는 것을 주장한다(7:11-12). 실로 그는 모세의 율법은 온전하게 하지 못했으며 연약하고 무익했다고 주장한다(7:18-19). 문맥으로 볼 때 그가 말하는 핵심은 율법이 죄에 대한 완전하고 최종적인 속죄를 이루지 못한다는 것임이 분명하다. 참으로 그는 계속해서 새 언약의 약속은 시내산 언약이 이제는 쇠퇴한 것임을 나타낸다고 논증한다(8:7-13). 다시 한 번, 초점은 율법이 최종적 죄용서를 가져오는데 실패했다는 것이다. 히브리서에 나타나는 규칙적 특징 중 하나는 시내산 언약의 규정들과 처벌들이 그리스도께 속한 자들에게 지금 요구되는 것들과 대조되고 있다는 것이다(2:1-4; 9:6-10, 15-24; 10:26-31; 12:25-29; 13:9-12). 실로, 히브리서의 맨 처음 구절들은 마지막 날에 아들로 인해 주어진 결정적 계시를 칭송하며 그것을 옛 언약 아래에서 주어진 부분적이며 예비적인 계시와 대조시킨다(1:1-3). 3:1-6에 분명히 언급된 모세와 그리스도 사이의 대조도 이 점에서 유사하다.

히브리서의 저자는 새 언약은 옛 언약에서 약속된 것을 대체, 또는 어쩌면 더 나은 표현으로서, "성취"했다는 것을 확실히 믿는다. 시대의 끝이 도래했기 때문에 옛 언약으로 돌아가는 것은 최종적 파멸로 이끌 것이다. 저자는 놀랍도록 엄격하고 독단적이다. 옛 언약의 규정과 제사로 돌아가는 자들은 저주를 받을 것이다. 왜냐하면 그렇게 하는 것은 그리스도의 십자가 사역을 거부하는 것이기 때문이다(참고, 6:4-8; 10:26-31; 12:25-29). 따라서 그는 그리스도의 희생제사로부터 돌아서는 자들에게는 다시 속죄하는 제사가 없다고 말한다(10:26). 이것은 레위기의 제사로 돌아가는 자들은 죄용서 받을 모든 가능성으로부터 자신을 단절시키는 것이라는 점을 달리 말한 것이다. 동물제사는 지나갔다. 그러나 신자들이 하나님의 이름을 찬송하고 궁핍한 자들과 물질을 나눌 때 그들은 하나님께 영적 제사를 드린다(13:15-16).

히브리서의 저자는 모세 언약을 율법주의라고 비난하지 않는다. 그는 율법의 어떤 규정 자체에 잘못이 있다고 말하지도 않는다. 대신 그는 모세 언약과 율법은 모형론적, 그리고 구원 역사적 기능을 가지고 있다고 말한다. 장막은 하나님이 거하시는 하늘에 있는 참 장막을 가리킨다(참고, 8:1-6; 9:1-10). 구약의 제사와 규정들은 그리스도의 희생제사와 새 언약에 의해 시작된 시대를 예상한다(9:11-14, 23-28; 10:1-18). 구약의 제사 또한 다른 사람들에게 나누어 주고 하나님을 찬송할 필요가 있다는 것을 가리킨다(13:15-16). 땅과 안식에 대한 구약의 약속은 오는 세대에 하나님의 백성들을 위해 예비된 하늘의 도성과 안식일 안식을 예견한다(3:7-4:13; 11:9-10, 13-16; 12:22; 13:14).

히브리서에 구약의 율법과 그리스도 안에서 이루어진 신약의 율법 성취 사이에 어떤 연속성이 존재하는가? 저자는 새 언약의 약속인 예레미야 31:31-34을 인용한다. 거기에는 율법이 신자들의 마음에 기록될 것이라는 말씀이 있다(히 8:7-13). 저자는 마음에 새겨진 율법이 율법의 특정한 규범의 관점에서 볼 때 무엇을 의미하는가를 설명하지 않는다. 그는 분명히 히브리서 13장의 권면에서 알 수 있듯이 명령과 금지명령의 자리가 있다고 믿는다. 그러나 그가 강조하는 것은 그리스도의 죽음을 통해 죄 씻음이 단번에 영원히 이루어졌다는 것이다.

결론을 내리자면 히브리서는 새 언약이 그리스도 예수 안에서 시작되었다는 것을 강조한다. 새 제사장직이 의미하는 것은 새 율법이 있다는 것이며 새 율법은 옛 율법에서 약속된 것을 성취한다. 이제 새로운 것이 이르렀기 때문에 신자들은 그림자인 옛 것으로 돌아가서는 안된다. 그들은 하나님이 약속하신 것이 성취되는 시대에 살고 있으며 결정적인 죄용서를 받았다. 옛 것으로 되돌아가는 것은 어리석고 치명적인 것이다. 여전히 신자들은 하나님을 기쁘시게 하는 삶을 살라는 요청을 받는다. 하나님의 법이 이제 그들의 마음에 쓰여졌기 때문이다.

5. 결론

구약 또는 모세의 율법의 위치를 구속사와의 연관성 속에서 고찰하면서 우리는 신약의 증거들의 다양성을 보았다. 많은 본문이 이 문제를 직접적으로 논의하지 않거나 이 질문을 포괄적으로 다루지 않는다. 바울은 확실히 구약 율법의 역할에 대한 가장 철저한 분석을 포함하고 있다. 그럼에도 불구하고 현저한 것은 율법과 관계된 구원사의 중심성이다. 신약의 문헌들은 모세 언약이 더 이상 신자들에게 효력이 없다는 것을 지속적으로 가르친다. 또는 적어도 유대인과 이방인을 구분 지었던 할례, 안식일, 정결법 같은 관습들이 교회들을 구속하지 않는다는 것을 가르친다. 신약의 또 다른 일반적 특징은 율법이 예수 그리스도 안에서 성취되었고 율법이 그의 죽음과 부활을 가리킨다는 것을 보여주는 것이다. 그러한 관점은 우리가 마태복음, 누가-행전, 바울 서신, 히브리서 등 무엇을 보든 나타난다. 신약의 저자들은 모세 언약이 예수 그리스도 안에서 무효가 되었다고 단순히 주장하지 않는다. 그들은 또한 예수님이 율법의 마침이고 목표이며 예수님이 구약의 율법이 예견했던 것을 성취하신다는 것을 가르친다.

"그리스도의 법"이라는 표현이 바울 서신에만 나오지만 이 표현은 율법에 대한 신약의 증거를 잘 요약하는 것으로 보인다. 구약의 율법은 그리스도 사건을 통해 재해석된다. 율법의 핵심적 규범은 사랑이며 그리스도께서 십자가에서 자신을 주심은 제자들에게 요구되는 사랑의 모범이다. 그러한 사랑은 틀림없이 다른 도덕적 내용들로 채워진다. 그러므로 사랑은 임의로 정의되는 조형물이 될 수 없다. 실로 구약의 어떤 명령들은 사랑의 정의 안에 포함된다(예를 들어 간음, 도둑질, 살인, 성적 죄에 대한 금지). 여전히 모든 율법의 규범은 예수 그리스도와 연관된다. 그러므로 신약 서신에서 우리는 예수 그리스도의 교훈적 가르침에 대한 수많은 암시를 볼 수 있다. 더욱이 새로운 삶을 살라는 요청(명령법)은 언제나 그리스도 안에 있는 하나님의 구원 사역이라는 직설법에 기초하고 있다. 게다가 새로운 삶은 오직 성령의 사역으로만 가능하다. 따라서 우리가 율법을 고찰할 때 이러한 사역의 주요 주제들이 함께 나타난다. 구약의 율법은 구원사의 관점에서 해석되어야 하며 율법은 오직 그리스도의 구원사역과 성령의 능력 주심을 통해서만 실현된다.

6. 목회적 숙고

교회의 전 역사에 걸쳐 기독교 신자들의 삶에 있어서의 율법의 역할에 대한 상당한 논쟁이 있었다. 어떤 사람들은 율법이 도덕, 의식, 시민법의 영역으로 나누어진다고 주장한다. 비록 그러한 범주에 일말의 진리가 있긴 하지만 신약에서 그런 구분이 제시된 것은 없다. 다른 사람들은 구약의 율법은 그리스도인의 삶에 어떠한 역할도 하지 않는다고 주장한다. 그러나 이 주장은 율법에서의 자유라는 주제를 과장하는 듯하다. 우리는 율법이 그리스도 안에서 폐지되기도 했고 성취되기도 했다는 것을 보았다. 율법은 그리스도 안에서 목표에 도달했고 끝났다. 따라서 구약의 율법은 그리스도의 죽음과 부활이라는 위대한 사건의 관점에서 해석되어야 한다.

제12장

약속의 백성

지금까지 이 책에서 우리는 하나님과 그리스도의 사역을 통해 성취된 하나님의 구원 약속을 고찰하였다. 이전 과들은 신약이 개인주의적 비전을 가지고 있다는 인상을 줄 수도 있을 것이다. 그러나 하나님은 그에게 존귀와 영광을 돌릴 한 백성을 만들 것을 의도하셨다. 하나님의 목적은 그의 찬란한 영광을 공동체적 백성을 통해 드러내는 것이다. 이전에 우리는 온 세상에 대한 복이 아브라함의 후손을 통해 올 것이며 분명히 예수 그리스도의 교회가 아브라함과 맺은 언약의 성취를 나타낸다는 것을 보았다. 교회에 대한 신약의 가르침은 복음서에서는 제한적이다. 왜냐하면 교회는 예수님의 죽음과 부활을 통해서 드디어 세워졌기 때문이다. 따라서 교회에 대한 충분한 논의를 우리는 사도행전과 서신서들에서 발견한다.[1]

---

1 이 부분도 상당히 축약되었다. 좀 더 자세한 내용을 보려면 Schreiner 2008: 675-754을 보라.

1. 마태복음

복음서들은 교회에 대해 많이 말하지 않는다. 구원사에 있어서 복음서들의 위치 때문이다. 마태복음은 이방인들이 하나님의 백성에 포함될 것을 예보한다(참고, 21:43; 28:19). 이방인들이 편입될 것이 동방박사 이야기에서 드러나며(2:1-12) 백부장 이야기는 하나님의 백성에 속하는 것이 유대인으로만 제한되지 않는다는 것을 증거한다(8:5-13). 주의 종인 예수님은 "심판을 이방에 알게 할 것"(12:18)이며 "이방들이 그의 이름을 바랄 것이다"(12:21). 좋은 씨는 온 세상에 뿌려졌고(13:37-38) 이스라엘로 제한될 수 없다. 사천 명을 먹이신 일은 이방지역에서 일어난 것이 거의 확실하다(15:32-39). 포도원 품꾼의 비유에서 제 십일 시에 온 일꾼들은 이방인을 상징할 수도 있다(20:1-16).

복음은 온 세상에 전파될 것이며(24:14) 이것은 유대인과 이방인을 포함한다. 예수님은 부활하신 후 제자들에게 "모든 민족을 제자로 삼으라"고 명령하신다(28:19). 복음화되어야 할 민족들 중에 유대인도 포함된다고 생각할 타당한 이유들이 있다. 마태에 의하면 하나님의 백성은 유대인과 이방인으로 구성될 것이다. 하나님 나라의 복음은 모든 사람에게 예외 없이 선포될 것이다.

예수님은 "교회"(에클레시아⟨*ekklēsia*⟩)에 대해 말씀하셨다. 실제로 그는 "내 교회"를 언급하셨는데(16:18) 이것은 이스라엘 중의 진정한 남은 자들이 그에게 속하고 그에 의해 통치 받을 것을 나타낸다.

> 너는 베드로라 내가 이 반석 위에 내 교회를 세우리니(마 16:18).

이 말씀에 대해 격렬한 논쟁이 있다. 개신교는 전통적으로 반석은 예수님이 그리스도시라는 베드로의 고백을 나타내며 예수님의 메시아적 지위가 교회의 기초로서의 역할을 한다고 이해한다. 로마 카톨릭은 반석이 베드로 자신이라는 견해를 옹호하며 여기에서 예수 그리스도의 교회 내에서의 교황 지상권(papal supremacy)을 지지할 증거를 찾는다. 전통적으로 옹호된 이 두 견해 모두 신뢰할 수 없다. 교황 지상권 교리를 이 본문에서 읽어 내는 것은 시대착오적인 것이다. 우리가 여기에서 가지고 있는 것은 베드로의 별명과 "바위"에 해당하는 헬라어 단어 사이의 유사성에 대한 언어유희(wordplay)이다. 그러므로 이 본문은 반석인 베드로 위에 교회가 세워질 것을 말하는 것으로 보는 것이 가장 자연스럽다. 베드로는 예수님의 새로운 공동체를 대표한다. 그렇다면 예수님의 새로운 총회는 동등한 자들 중 첫째이며 열두 제자의 대표자인 베드로를 위시해서 사도들 위에 세워진다. 지옥의 문들(gates of hell)이 교회를 이기지 못하리라는 말씀을 하시며 예수님은 죽음이 교회를 정복하지 못할 것을 약속하셨다.[2]

교회를 언급하는 또 다른 마태복음의 본문은 18:15-20이다. 이 단락은 교정이 필요한 신자를 치리하는 문제를 이야기하면서 치리의 경우에 반드시 따라야 할 과정을 설명한다. 매는 것과 푸는 것에 대한 이야기는 치리의 문맥에 기초하고 있다. 예수님은 새로운 남은 자들의 순수성과 활력을 보존하기 위한 교훈을 주셨다. 교회가 치리를 시행하기 위해 참으로 예수

---

[2] "지옥의 문들"(gates of hell)에 대한 해석의 역사는 Davies and Allison 1991: 630-34을 보라. 그들은 사탄적 권세가 교회를 정복하지 못할 것이라는 견해를 채택한다. 그러나 구약적 배경은 "스올의 문"(gates of Sheol)을 죽음과 연관시킨다(참조, 욥 17:16; 38:17; 시 9:13; 107:18; 사 38:10; 욘 2:2; 또한 다음도 보라, Wis. 16:13; 3 Macc. 5:51; Sir. 51:9; 계 1:18; 6:8; 20:13-14). 그러므로 초점은 아마도 죽음에 있을 것이다. 비록 죽음과 사탄의 지배는 결부되어 있기 때문에 Davies와 Allison이 제안한 견해와의 어떤 연관은 가능하지만 말이다.

님의 이름으로 모이는 한, 그들은 예수님의 뜻을 수행한다. 예수님은 모든 변덕스러운 것들을 수행할 무제한적인 권위를 교회에 주지 않았다. 교회가 예수님의 이름으로 모였을 때 교회의 매는 것과 푸는 것은 예수님의 뜻을 성취한다.

2. 누가복음-사도행전

누가-행전은 그의 백성들에게 주신 주의 언약적 약속을 주께서 성취할 것이라는 약속으로 시작된다(눅 1:17). 아브라함과 맺은 언약들은 이스라엘에게 실현될 것이다(1:54-55; 72-75). 처음 보기에는 이스라엘에 대한 하나님의 약속의 성취가 직접적인 방식으로 일어나서 이스라엘이 마침내 정치적, 종교적 주권을 누리게 될 것처럼 보인다. 그러나 누가복음은 이스라엘의 많은 사람이 믿지 않았다는 것을 강조한다. 게다가 구원의 소식은 모든 민족에게 전파될 것이다(24:47; 행 1:8). 이방인이 포함될 것이 누가복음 4:25-27에 예견된다. 사도행전은 복음이 예루살렘, 유대, 갈릴리, 사마리아로부터 이방 세계로 전진하는 이야기를 말해주며 초대 교회의 선교적 특징을 보여준다.

사도행전은 또한 구원사의 중요한 사건들이 기도와 함께 일어났다는 것을 강조한다. 열 두 번째 사도의 선출(유다를 대신하기 위해), 성령의 강림, 고넬료 방문, 첫 번째 국제적인 이방인 선교 등이 기도와 함께 일어났다. 사도행전에서 기도는 특히 복음을 땅끝까지 전하기 위한 교회의 선교에 초점을 둔다. 또한 기도에 대한 정기적인 언급과 기도에 전념했음을 강조하는 것은 기도가 초대 교회의 삶에서 차지한 탁월한 지위를 설명한다.

그것을 통해 교회는 모든 좋은 일을 성취하기 위해 하나님을 의지했음을 나타낸다.

교회는 누가-행전의 신학에서 주요한 역할을 한다. 하나님의 언약적 약속은 나사렛 예수에 의해 성취되었으므로 구원의 메시지는 이스라엘에 먼저 선포되었다. 그러나 많은 유대인들은 예수님에 의해 선포된 복음을 거부했고 예수님 자신이 열두 사도들을 회복된 참된 이스라엘로 임명하셨다. 사도행전은 이스라엘의 대다수가 어떻게 계속해서 구원의 메시지를 거부했는가를 말하면서 동시에 구원의 메시지가 이방인을 포함시키기 위해 어떻게 확장되어 가는가를 사도행전의 줄거리를 통해 말한다. 누가복음에서 성령의 담지자인 예수님은 사도행전에서는 성령을 부어주시는 분이다. 성령을 받음으로 그의 제자들은 구원의 메시지를 세상의 모든 사람에게 전할 수 있도록 권능을 받는다. 교회는 사도들의 가르침, 새로운 공동체의 교제와 관용, 새로운 회심자들의 세례, 주의 만찬에서 떡을 뗌, 그리고 기도를 바탕으로 세워졌다(2:42). 이러한 다양한 요소들을 강조함으로써 누가복음은 초대교회의 삶의 특징을 약술한다.

3. 요한문헌

요한복음과 요한서신은 모두 집단적 공동체인 교회보다 하나님과의 개인적 관계에 초점을 둔다. 이것으로부터 우리는 요한이 교회의 공동체적 삶에 관심이 없다는 결론은 내려서는 안된다. 요한의 저작은 제한된 목적을 가지고 기록되었다. 그러므로 우리는 요한이 교회에는 관심이 없다고 자신있게 진술하는 것에 대해서는 주의해야 한다. 어떤 의미에서 요한은 신자들의 공동체적 삶에 강한 관심을 보인다. 요한은 부단히 그리스도인 공동체의 표지인 사랑을 강조한다. 신자들은 서로를 사랑해야 한다. 예수님이 그들을 사랑하사 자기 생명을 그들을 위해 주심같이 말이다(요 13:34-35; 요일 3:11-18).

우리는 요한에게는 선교신학이 부족하다는 결론을 내려서도 안된다. 실로 요한복음에서 선교의 초점은 예수님 자신이다. 왜냐하면 우리가 앞에서 보았듯이 예수님은 세상을 구원하기 위해 아버지의 보냄을 받으셨기 때문이다. 더 나아가 예수님이 아버지의 보냄을 받았듯이 예수님도 그의 제자들을 세상을 위해 보내신다(참고, 15:27; 17:18; 20:21). 쾌스텐버거(Köstenberger)와 오브라이언(OBrien)은 요한은 제자들의 선교를 "추수"(4:38), "열매 맺음"(15:8, 16), 그리고 "증언"이라는 말로 표현한다. 이 모든 용어들은 제자들을 다른 이, 즉 예수님의 선교사역을 확장하는 겸손한 위치에 놓는다(2001: 210). 제자들은 예수님의 선교사명을 성령의 사역을 통해 계속하기 위해 보내심을 받으셨다. 그러므로 그들은 예수님을 증거한다. 그럼으로써 그들은 예수님이 시작하신 추수를 계속한다.

요한문헌에서 우리는 교회에 대한 충분한 신학을 찾아볼 수 없다. 교회의 구조 또는 지도자들에 대한 언급이 없다. 비록 사도들은 권위 있는 증인들이었음이 분명하지만 말이다. 비록 예수님이 성취하신 구원에 대한 요한의 가르침이 세례 또는 주의 만찬을 이차적으로 가리키긴 하지만 요한은 세례 또는 주의 만찬에 대한 직접적인 가르침도 주지 않는다. 요한은 참된 제자들의 표지가 되어야 할 사랑을 강조하며 사랑의 모델로서 예수님의 자기 희생을 가리킨다.

4. 바울 서신

바울이 자신이 세운 공동체를 가리키기 위해 전형적으로 사용하는 용어는 **에클레시아**(*ekklēsia*, 교회)인데 이것은 헬라어 구약성경에서 쉬나고게(*synagōgē*)와 함께 히브리어 케할(*qēhal*, 〈예를 들어 케할 여호와[*qēhal yhwh*], 여호와의 회중: 민 16:3; 20:4; 신 23:1, 8; 대상 28:8; 그리고 케할 이스라엘[*qēhal yiśrā'ēl*], 이스라엘 회중: 출 12:6; 레 16:7; 민 14:5)을 번역하기 위해 사용되었다. 바울의 회심자들에 관해 이 표현을 사용한 것은 바울이 교회를 참 이스라엘, 하나님의 새로운 백성, 하나님이 이스라엘에게 의도하신 것의 성취로 이해했다는 것을 드러낸다.

바울 서신에서 교회에 대한 가장 잘 알려진 은유적 표현은 그리스도의 몸이다(고전 10:16-17; 12:12-27). 몸은 하나이지만 많은 지체를 가지고 있다. 다양한 지체가 있다는 것이 한 몸이라는 사실을 무효화하지 않는다. 바울은 에베소서와 골로새서에서는 "머리"(head)라는 용어를 고린도전서 12:21에서처럼 몸의 지체를 가리키기 위해 사용하기보다는 그리스도를 몸의 머리(head)라고 말한다(엡 1:22-23; 4:15-16; 5:23; 골 1:18; 2:19). "하나님의 각종 지혜는 교회를 통해" 드러난다(엡 3:10). 교회는 역사에 대한 하나님의 계획을 간직하고 있으며 하나님의 구원계획의 지혜와 깊이를 모든 피조물에게 드러낸다. 교회는 하나님의 영광이 있는 곳이며 하나님이 그의 은혜와 사랑을 보여주시는 무대이다. 교회는 하나님의 지혜를 보여주며 역사의 전개는 임의적인 것이 아니라 하나님의 계획을 성취한다는 것을 온 우주에 선포한다. 하나님의 말씀을 듣고 복음을 선포하기 위해 모인 하나님의 백성은 세상에 있는 하나님의 전초부대이다.

바울은 또한 교회는 하나님의 성전이라고 말한다(고전 3:16-17; 고후 6:16;

엡 2:21). 문자적 성전, 제사장, 또는 희생제사가 없는 "종교"를 갖는 것은 그레코-로만 세계에서 상당히 이상한 일로 보였을 것이다. 복음의 새로움은 바로 이점에서 드러난다. 구약은 이스라엘을 종종 하나님의 "백성"(라오스⟨laos⟩)이라고 부른다. 바울이 예수 그리스도의 교회를 가리키기 위해서는 이 용어를 얼마나 적게 사용하는가를 보면 다소 놀랍다(롬 9:25-26; 고후 6:16; 딛 2:14). 그러나 이 용어의 사용은 이스라엘에 대한 복이 이제 의 교회에서 성취된다는 것을 지시한다. 왜냐하면 로마서 9:25-26에서 바울은 호세아 1:10; 2:23의 말씀을 취하여 그것을 교회에 적용하기 때문이다.

우리는 바울이 선교사적 신학자였고 그의 교회들에게 선교사적 목사였다는 것을 확실히 인식한다. 사도행전과 바울 서신에서 우리는 바울이 교회를 세워 그의 선교를 확장하기 위해 빈번히 여행하였음을 볼 수 있다. 바울의 신학이 그의 선교를 이끌었다. 바울은 처녀지에 복음을 선포하여 그리스도가 이전에 알려지지 않은 곳에서 그리스도가 영광을 받기를 원했다(롬 15:20-24; 고후 10:13-16). 바울이 사도로서 당하는 고난은 새로운 지역에 복음의 말씀을 선포하기 위한 주요한 수단 중 하나였다(골 1:24-29). 그리스도께서 고난을 받으셨으므로 그도 고난을 받았다. 그의 고난은 복음이 이방인에게 확장되는 수단이었다.

징계와 교정은 바울 서신에 폭넓게 나타나며 어떤 경우에는 엄한 조치가 요구되었다. 고린도전서 5장에서 바울은 근친상간한 사람을 교회에서 내어 쫓으라고 명령한다. 그는 쫓겨나면 사탄의 영역으로 들어간다(5:3-5). 그러한 징계의 동기는 사랑이다. 그 사람의 "영은 주의 날에 구원을 받게 하려 함"이다(5:5). 데살로니가후서에서의 바울의 권고는 고린도전서 5장의 본문과 조화를 이룬다. 바울의 편지에 있는 교훈을 무시하는 자들과는 사귀지 말아서 그들이 부끄러워 회개하게 하라는 것이다(살후 3:14-15). 반항하는 자들과 교제를 거부하는 것은 반드시 사랑이 동기가 되어야 한다. 증오와 미움에 바탕을 둔 것이 아니라 일종의 형제우애적이며 가족 지향적인 훈계가 있다. 그럼에도 징계는 여전히 시행된다.

5. 베드로전서와 요한계시록

일반서신과 요한계시록은 교회에 대한 상세한 논의를 포함하고 있지 않다. 이 모든 본문들은 틀림없이 교회들에게 주어졌으며 다양한 공동체의 공동체적 삶에 대해 말하고 있다. 각각의 문헌들이 교회들의 특수한 상황에 대응하고 있기 때문에 교회라는 주제에 주어진 지면은 차이가 있다. 우리는 저작들의 상황적 특성을 또다시 자각할 필요가 있다. 교회에 대해 더 많이 말하지 않는다고 해서 저자들이 교회에 대해 관심이 별로 없었다고 결론을 내려서는 안된다. 예를 들어, 저자 중 누구도 주의 만찬을 언급하지 않는데 이것을 근거로 주의 만찬이 시행되지 않았거나 배격되었다는 결론을 내리는 것은 무모한 것일 것이다. 저자들은 교회 속에서 일어나는 상황에 대응하여 가장 긴급한 것들만 저작에 포함시켰다.

베드로전서에서 예수 그리스도의 교회는 참된 이스라엘, 하나님의 백성의 진정한 남은자로 여겨진다. 구약에서 이스라엘이 하나님의 택한 백성이었던 것처럼 이제는 교회가 하나님의 택한 자들이다(1:1-2). 교회는 참 이스라엘이라는 주제가 강조된다(2:9-10). 교회는 하나님의 "택하신 족속"이다. 베드로는 이스라엘에 대한 특권적 진술 중 하나인 출애굽기 19:6을 이용하여 교회를 "왕 같은 제사장"과 "거룩한 나라"라고 부른다. 이스라엘은 하나님의 제사장 역할을 하며 하나님의 영광을 주변 나라들에게 알려야 했다. 이제 예수 그리스도의 교회가 참 이스라엘로서 하나님의 복을 세상에 전해야 한다(참고, 벧전 2:5). 예수 그리스도의 교회는 하나님의 특별하고 거룩한 백성으로 구별되었다. 교회가 참 이스라엘의 역할을 한다는 것은 베드로가 호세아 2:23을 인용하고 있는 2:10에도 나타난다. 베드로는 이 약속이 유대인과 이방인으로 구성된 예수 그리스도의 교회에서 성취되었음을 본다. 그들은 참된 하나님의 이스라엘이다. 그들은 백성이 아니었으나 이제는 하나님의 축복의 범위 안에 포함된 사람들이다.

교회는 참 이스라엘일 뿐 아니라 참된 성전을 구성한다. 예수님은 산 돌이시며 하나님의 성전의 모퉁잇돌이시다(벧전 2:4-8). 예수님께 속한 자들도 역시 산 돌이며 하나님의 영적 집으로 지어져 간다. 예루살렘에 있는 성전은 더 이상 하나님의 목적의 중심이 아니다. 모든 민족적 배경과 사회계층으로부터 온 신자들로 구성된 예수 그리스도의 교회가 하나님의 성전을 이룬다.

요한계시록에서 교회는 "촛대"로 묘사된다(1:12, 20; 2:1, 5). 두 증인은 아마도 교회일 듯한데 역시 두 촛대로 명시된다(11:4). 촛대로서 교회는 하나님의 선하심과 위대하심의 빛을 세상에 나타내야 한다. 증인으로서 교회는 완전한 충성을 요구하는 로마의 우상숭배를 향해 하나님의 주되심을 선포한다.

요한계시록의 근본적 주제 중 하나는 교회가 참 이스라엘이라는 것이다. 이러한 진리는 다양한 방식으로 전달된다. 구약에서 이스라엘은 하나님의 복을 세상에 전하도록 의도된 제사장 나라였다(출 19:6). 그러나 이제 하나님의 제사장 나라는 예수 그리스도의 교회이다(계 1:6). 요한계시록에서 두 번 유대인의 회당은 "사탄의 회당"이라고 불린다(2:9; 3:9). 그러나 우리는 요한의 말을 그것의 역사적 문맥 속에 놓아야 한다. 요한은 결코 그의 말이 유대인을 차별하거나 죽이는 토대가 되기를 의도하지 않았다. 그

놀라운 칭호는 그리스도인들이 배교하지 않고 잘못된 편에 가담하지 않게 하기 위한 것이다. 예수 그리스도께 충성하는 작은 공동체는 참된 하나님의 백성이다.

교회가 새 이스라엘이라는 것은 7:1-8과 14:1-5에서도 나타난다. 어떤 해석자들은 144,000명을 문자적으로 이스라엘을 가리키는 것으로 해석하지만 이스라엘의 열두 지파는 더 큰 성취인 예수 그리스도의 교회를 가리킨다. 144,000명은 12를 제곱하고 1000을 곱한 것으로서 상징적인 것이다. 그렇다면 이것은 하나님의 백성 전체와 아브라함에게 주신 하나님의 약속의 성취를 상징한다. 이것은 또한 구약에서 하나님의 군대인 이스라엘의 인구조사와 비교된다는 점에서 하나님의 군대를 상징한다. 그렇다면 예수 그리스도의 교회는 하나님의 참된 회당, 그의 백성들이 모이는 장소이다. 교회는 민족적 이스라엘을 지워버리지 않는다. 왜냐하면 하늘 도성의 문에 열두 지파의 이름이 있기 때문이다(21:12). 그러나 유대인과 이방인으로 구성된 참 이스라엘은 예수 그리스도의 교회에서 성취된다. 144,000(7:1-8)을 셀 수 없는 무리(7:9-17) 옆에 놓는 것은 모순이 아니다.

요한은 교회를 두 가지 다른 그림으로 묘사한다. 이유는 교회는 이스라엘의 목적을 성취하는 참 이스라엘이라는 것과 교회는 온 세상이 아브라함을 통해 복을 받을 것이라는 아브라함에게 주신 약속(참고, 창 12:3)을 성취하는 모든 족속, 방언, 백성, 나라에서 오는 셀 수 없는 무리임을 가르치기 위한 것이다.

요한계시록은 하나님의 백성의 보편성을 강조한다. 그리스도는 모든 문화적 배경으로부터 일부 사람들을 구속하셨다(5:9). 요한은 하늘 도성에서 하나님은 사람들과 함께 계시므로 "그들은 하나님의 백성들이 될 것"(21:3)이라는 것을 강조한다. 복수 "백성들"(라오이⟨*laoi*⟩)은 하나님의 구원 사역의 다양성을 공표한다. 모든 문화적, 언어적 배경으로부터 나오는 사람들이 백성들에 포함된다.

하나님의 백성은 또한 하나님이 거하시는 장소인 참된 성전으로 묘사된다. 요한이 성전을 측량하라는 지시를 받았을 때 이것은 예루살렘에 있는 문자적 성전을 가리키지 않는다(11:1-2). 이 사실은 "그 안에서 경배하는 자들"(11:1)을 측량하라는 말씀에 의해서도 확증된다. 성전에서 경배하는 자들에 대한 문자적 측량은 필요하지 않다. 측량된 자들은 하나님이 그의 "하늘에 있는 성전"으로부터 심판을 시작하실 때 하나님의 진노로부터 보호받을 사람들을 상징한다(11:19; 14:15, 17; 16:1, 17).

요한계시록에서 하나님의 백성은 여자로도 묘사된다. 구약에 분명한 전례가 있다. 구약에서 이스라엘은 종종 여호와의 신부로 묘사되었기 때문이다(예, 렘 2:2, 20, 24, 32-34; 3:1-2, 6-11, 20; 호 1:1-3:5). 메시아는 하나님의 백성 중에서 나왔다(계 12:1-5). 하나님의 백성은 현재 고난의 광야에서 산다. 그곳에서 사탄이 지배하는 1,260일 동안 사탄은 여자를 시험한다(12:6). 그 숫자는 7년의 반으로서 그리스도의 죽음과 부활로부터 그의 재림 때까지 악이 지배하는 것을 상징한다. 그러나 하나님이 이스라엘을 애굽으로부터 독수리 날개로 구원하셨듯이(출 19:4) 하나님은 또한 그의 백성들은 광야에서 사탄의 공격으로부터 보호하실 것이다. 그러므로 사탄(로마제국으로 가장한)은 그들을 이기지 못할 것이다(계 12:14). 여기에서 기간은 마흔 두 달로 묘사되고 있는데 이것은 1,260일과 같은 것이다. 여자는 자녀들을 가지고 있다. 어떤 사람들은 여자와 그의 자녀들의 정체(12:17)를 구분하려 하는데 여자는 전체적인 교회를 상징하고 자녀들은 교회의 개인적 구성원들을 가리킨다.

교회가 여자로 묘사되었다는 것은 요한계시록의 결론에 의해 확증된다. 교회는 그리스도의 신부(19:7; 22:17)이며 어린양의 혼인잔치를 즐기게 될 것이다(19:7, 9). 요한계시록에서 우리는 교회가 참된 이스라엘을 나타낸다는 것을 알 수 있다. 교회는 갈등과 시험에 직면해 있다. 왜냐하면 로마 제국주의에 타협하면 주류 사회에 들어가게 되고 경제적 안정을 얻을 것이기 때문이다. 로마에 무릎 꿇기를 거부는 자들을 박해하거나 심지어는 죽이는 사회 속에서 요한은 교회에게 반문화적 자세를 취하며 인내하라고 요구한다. 교회가 어린양의 혼인잔치를 고대하면서 일시적인 고통은 영원한 기쁨으로 바뀔 것이다. 교회는 로마에 항복하기를 거절하고 예수 그리스도께 충성함으로써 세상에 증언한다. 교회의 증언을 통해 불신자들은 로마가 제공하는 경제적, 정치적 안전을 피하라는 권고를 듣는다. 그들은 예수 그리스도 안에서 피난처를 찾아야 하며 새 하늘과 새 땅의 약속이 신실한 자들을 기다린다는 것을 알아야 한다.

6. 결론

신약에서 교회에 대한 가장 인상적인 진리는 하나님의 백성이 예수님에 대한 그들의 관계로 정의된다는 것이다. 참 이스라엘은 민족적 유대인으로 구성되지 않고 예수 그리스도를 구원자와 주로 고백하는 자들로 구성된다. 교회는 매우 자주 그들의 부르심에 합당하게 살아가라는 요청을 받는다. 신자들이 서로 사랑하는 것과 그들의 삶의 도덕적 아름다움 때문에 그리스도가 영광을 받게 하라는 것이다. 그렇다면 신약의 교회는 예수 그리스도께 속한 자들을 나타낸다는 것을 우리는 알 수 있다. 교회는 때때로 하나님의 백성이라고 불리며 때로는 그리스도의 몸, 참 이스라엘, 하나님의 성전, 하나님의 "회중"(교회) 또는 회당으로 불린다. 모든 경우에 교회는 하나님의 구원 약속을 경험한 자들, 즉 자신의 죄를 회개하고 예수 그리스도를 믿는 자들을 나타낸다.

우리는 또한 교회는 복음을 땅끝까지 전파해야 함을 알게 된다. 십자가에 못 박히고 부활하신 주님이신 예수님의 메시지는 특정한 사람이나 특정한 지리적 지역에만 국한되어선 안된다. 만방의 모든 사람은 회개하고 예수 그리스도를 주와 구원자로 믿으라는 요청을 받는다.

7. 목회적 숙고

교회에 대한 강조는 개인주의 속에서 양육 받은 우리들에게 유익한 것이다. 그리스도인으로서 함께하는 우리의 공동체적 삶의 중요성은 종종 무시되며 초점은 자아 성취와 자아 실현으로 전환된다. 서로를 열심히 사랑으로 섬기며 자신을 타인을 위해 희생하는 것은 자신의 야망을 실현하려는 우리의 육망에 의해 억눌릴 수 있다. 주님은 단순히 우리의 개인적 삶을 통해서 뿐 아니라 하나님의 백성인 교회를 통해 영광 받으시기를 원하신다.

개인주의적이 되기 쉬운 우리는 그리스도의 몸으로서의 교회의 중요성을 여기에서 증언하고 있는 성경에 주목해야 한다. 신약은 교회의 삶에서 동떨어져 있는 기독교 신앙을 인정하지 않는다. 고독한 그리스도인의 삶은 모순이며 이것은 하나님이 신자들을 부르신 공동체적 삶에 참여하기를 거부하는 자율적이며 반항적인 정신을 너무나 자주 나타낸다.

제13장

하나님의 약속의 완성

　이 책에서 우리는 하나님은 약속을 맺으시는 하나님이며 약속을 지키시는 하나님임을 보았다. 신약의 종말론은 "이미-아직 아니"의 특성을 가지고 있다. 이 장에서는 "아직 아니"의 성취, 즉 하나님의 목적과 약속의 완성에 초점을 둔다.[1] 현시대는 임시적이며 결코 끝나지 않을 미래 시대로 바뀔 것이다. 신약의 저자들은 종종 이 미래, 즉 하나님의 일이 완성되는 그날로 눈을 돌린다. 이 장에서 우리는 예수님의 재림, 최종적 구원, 그의 백성에 대한 상급, 악한 자들에 대한 최종 심판을 고찰할 것이다. 이러한 주제들은 신약에 상호 결합되어 있다. 그것들이 동시에 일어나기 때문이다.

1　신약의 미래적 종말론에 대한 좀 더 자세한 내용은 Schreiner 2008: 802-64을 보라.

1. 예수님의 재림

1) 복음서와 사도행전

공관복음의 종말론 강화에서(마 24; 막 13; 눅 21) 예수님의 재림은 예루살렘의 멸망과 긴밀히 연결되어 있다. 예수님이 인자의 오심을 언급하실 때 그 말의 의미를 풀어내는 것은 쉽지 않다. 특별히 그 말들이 예루살렘과 예루살렘 성전의 멸망, 즉 주후 70년에 성취된 심판에 대한 강화 속에 심겨져 있기 때문이다. 여기에서 나는 예수님의 오심에 대한 약속은 주후 70년의 사건에 국한될 수 없다는 것을 주장할 것이다.

본문은 "구름을 타고 능력과 큰 영광으로 오는 인자"에 대해 말한다(마 24:30; 참고, 막 13:26; 눅 21:27). 구름에 대한 언급은 재림 때 예수님이 신체적 모습으로 나타나실 것을 암시한다. 왜냐하면 3개의 병렬 구절들이 모두 예수님은 눈에 보이게 오실 것을 말하기 때문이다. 사도행전 1:9-11은 누가가 예수님의 오심이 육체적, 개인적 나타남이 될 것이라고 이해하고 있음을 확증한다. 제자들은 예수님이 구름을 타고 땅을 떠나는 것을 보았고 예수님이 "하늘로 올림 받은 것처럼" 그렇게 "하늘로 가심을 본 그대로 오실 것"이라는 말을 듣는다(1:11). 예수님의 떠나심이 구름을 타고 들림 받는 것처럼 보였기 때문에 결과적으로 그의 재림도 구름을 타고 오는 것처럼 보일 것이다.

예수님이 영광으로 온다는 것도 그의 오심이 가시적이며 모든 사람에게 명백할 것임을 암시한다. 마태는 예수님이 오실 때 "땅의 모든 족속들이 통곡할 것"이라고 말한다(마 24:30). 스갸랴 12:10-12은 신약의 다른 곳에서 재림을 의미하는데(참고, 계 1:7) 마태는 이 구절에 대한 암시를 통해 그 장면은 모든 민족을 포함하며 유대인들에게 제한되어서는 안된다고 말한다. 게다가 천사들이 택한 자들을 모은다는 것은 역사의 끝에 일어날 일이며 그것이 주후 70년 이후의 성공적인 복음전파를 가리킨다고 설명할 수 없다(마 24:3; 참고, 13:39, 41, 49). 예수님의 신체적, 가시적 재림을 지지하는 또 다른 논증은 누가복음 21장 28절에 나온다. 이 구절에서 인자의 오심은 하나님의 백성의 구속이 가까웠음과 연결되고 있다. 틀림없이 여기에서의 구속(redemption)은 회심 또는 하나님의 백성으로 입회함을 가리킬 수 없다. 구속은 미래의 일이며 이미 하나님의 백성의 일원인 자들에게 속한 것이기 때문이다. 예루살렘의 멸망이 제자들의 미래 구속을 가능하게 하지도 않는다. 그 도시의 멸망은 비록 예수님의 말씀이 옳음을 입증했지만 아무도 구속하지는 않았다. 그러므로 누가는 종말론적 구속을 가리키고 있음이 분명하다. 종말론적 구속은 예수님이 가시적, 육체적으로 오셔서 심판의 날의 도래를 알릴 때 일어난다.

예수님의 재림의 육체적, 가시적 특성은 그의 재림과 하늘 전체에 번개가 치는 것 사이의 유비에 의해서도 암시된다(마 24:26-27). 이 설명은 메시아가 광야에 숨어 있거나 멀리 어떤 도시에 은밀하게 있다는 생각을 추방하려는 의도가 있다. 반대로 메시아의 오심은 하늘 전체를 밝히는 번개처럼 분명하고 명백할 것이다. 번개의 이미지가 주후 70년의 예루살렘 멸망에 적합한지는 의심스럽다. 메시아가 신체적으로 어디에 있는가가 주제이기 때문이다. 예루살렘의 파괴는 그 특별한 질문에 답을 주지 않는다. 왜냐하면 어떤 사람들은 메시아가 광야나 또는 어떤 다른 장소에 있다고 선언할 것이기 때문이다. 그러한 주장에 대한 반론은 메시아의 다시 오심은 공적 사건이 될 것이며 모두 사람에게 알려질 것이라는 점이다(참고, 26:64).

비록 복음서 저자들은 예수님이 곧 다시 오실 것을 자주 강조하고 그의 재림을 예비하고 있으라고 제자들을 격려하지만 예수님의 재림이 지연될 것이라는 암시들도 있다(참고, 마 24:48; 25:5, 14; 눅 12:45). 예를 들어, 예수님은 복음이 모든 민족에게 전파된 후에 그가 올 것이라고 선언했다(마 24:14). 틀림없이 어느 정도의 시간이 경과되어야 복음이 모두에게 전파될 수 있다. 다른 한편, 우리는 복음서에 있는 "모든 민족"에 대해 엄격한 정의를 부과하는 것을 주의해야 한다. 마치 여기에서의 예수님의 말씀을 통해 종말을 계산할 수 있을 것처럼 말이다. "모든"이라는 단어는 포괄적인 의미로서 예외 없이 사용되지는 않는다(참고, 3:5).

한편으로 예수님의 재림은 상대적으로 곧 이루어진다. 다른 한편으로는 아무도 인자가 다시 오시는 날을 예측하거나 계산할 수 없다는 것이 강조된다. 천사들도, 놀랍게도 예수님 자신도 예수님의 재림의 날을 알지 못한다(24:36). 예비하고 있으라는 요청은 마치 신실한 제자들은 예수님이 오실 때를 예보할 수 있기라도 한 듯이 종말을 계산하라는 것이 아니다. 제자들은 하나님의 뜻을 행함으로써 예수님의 재림을 위한 준비가 되었음을 드러낸다. 따라서 인자가 영광중에 돌아올 때 양들은 경건하고 신실한 행위 때문에 영원한 상급을 받을 것이지만 악한 자들은 선을 행하지 않았기 때문에 영원한 형벌을 받을 것이다(25:31-46).

예수님의 재림이 가까웠다는 매혹적 말씀이 사도행전 3:19-21에 나타난다. 베드로는 유대 청중들에게 회개하고 예수님을 통한 죄용서함을 받으라고 촉구한다. 만일 그들이 그렇게 한다면 "새롭게 되는 날"(times of refreshing)이 올 것이며 하나님은 그들에게 "그리스도를 보내실" 것이다. 예수님의 재림을 여기에서 언급하는 것으로 보인다.

요약하면 공관복음과 사도행전은 예수님의 재림의 정확한 날짜를 확정하려는 일종의 종말론적 추론을 경고하지만 분명히 예수님의 미래적 재림을 가르친다. 가장 중요한 것은 예수님의 미래 재림은 그의 제자들에게 예비하고 있으라는 격려와 경고의 기능을 해야 한다는 점이다.

2) 요한문헌

학자들은 요한복음은 실현된 종말론(realized eschatology)에 초점을 두고 있기 때문에 예수님의 재림에 대한 말씀은 거의 없다고 오랫동안 인정해 왔다. 실현된 종말론에 대한 강조에도 불구하고 요한은 미래적 종말론을 버리지 않는다. 예수님은 제자들에게 아버지의 집에는 "많은 방들"(many rooms, 14:2)이 있고 그들을 위해 장소를 예비하러 떠난다고 약속했다. 문맥은 분명히 예수님의 재림이 의도되었음을 암시한다.

(1) 예수님은 거주할 장소가 있는 아버지의 집을 언급하며 이 집은 현재의 땅에 있지 않다.
(2) 예수님은 그의 제자들을 위해 아버지의 집에 거할 곳을 예비하기 위해 가신다.
(3) 이 문맥에서 예수님은 제자들 안에 거하기 위해 오는 것이 아니라 그들을 예수님과 함께 있게 하기 위해 그들을 데리러 오신다. 예수님은 "너희를 내게로 영접하여 나 있는 곳에 너희도 있게 하리라"(14:3)고 말씀하셨다. 요한복음에서 예수님의 재림에 대한 또 다른 유일한 언급은 부수적이다(21:18-23). 그러나 이것이 부수적이라는 사실이 예수님의 재림이 저자의 세계관의 일부였음을 드러낸다.

요한일서에서 마지막 시간은 예수님이 나타나실 때 끝날 것이다(2:28).

그리고 요한은 예수님의 이와 같은 나타남을 그의 "강림하심"(coming)이라고 정의한다. 그의 강림하심은 심판의 날이다. 그 안에 거하지 않은 자들은 부끄러운 심판을 경험하게 될 것이다. 그가 나타나시는 날은 또한 신자들이 "그의 참모습 그대로 그를 보는" 날이 될 것이다(요일 3:2).

요한계시록에서 요한은 자주 다가오는 구원과 심판의 날을 언급한다. 요한계시록은 "속히 일어날 일"(1:1)을 말하고 있다는 주장으로 시작하며 "때가 가깝다"(1:3)는 것을 지시한다. 요한계시록은 끝은 "반드시 속히 될 것"(22:6)이며 "때가 가깝다"(22:10)는 확신으로 끝난다. 요한은 이런 말들로 그의 예언 전체를 가리키고 있으며 예수님의 재림만을 배타적으로 가리키지 않는다. 그럼에도 불구하고 예수님의 재림은 속히 될 사건들 중의 하나이다(참고, 22:7, 12, 20). 예수님이 속히 오실 것이라는 약속은 요한계시록의 다른 곳에서도 나타나며(3:11) 요한계시록의 메시지 전체에 배어있다고 말하는 것은 정당하다. 예수님의 재림에 대한 가장 집중적인 묘사는 19:11-21에 나온다. 예수님은 자신을 대적하는 자들을 심판하고 전쟁하기 위해 오실 때 백마를 타실 것이다.

요한문헌을 종합해 볼 때 예수님의 재림은 신자들의 소망이었음이 분명하다. 특히 요한계시록은 그의 재림이 가까움을 강조하며 그날은 예수님께 속한 자들에게 예수님이 상급을 주시고 악한 자들은 벌하시는 날이 될 것이라는 것을 약속한다.

3) 바울 서신

다른 신약문헌에서 전형적인 것처럼 바울 서신에서 예수님의 미래 강림은 심판과 상급과 관련된다. 그리스도의 부활은 신자들의 육체적 부활과 시간적 간격이 있다. 그러므로 신자들의 부활은 예수님이 다시 오실 때에만 일어날 것이다(고전 15:23).

예수님의 재림을 묘사하기 위해 바울은 세 가지 다른 용어, 즉 그의 오심(coming, 파루시아⟨*parousia*⟩), 나타나심(appearance, 에피파네이아⟨*epiphaneia*⟩), 보이심(revelation, 아포칼립시스⟨*apokalypsis*⟩)을 사용한다. 예수님의 "오심"(coming, 파루시아⟨*parousia*⟩)에 대해 말할 때 바울은 예수님이 개인적이며 육체적으로 오실 미래의 사건을 가리킨다(참고, 고전 15:23; 살전 2:19; 3:13; 4:15; 5:23; 살후 2:1, 8). "나타나심"(appearance, 에피파네이아⟨*epiphaneia*⟩)이라는 단어는 특별히 목회서신에서 사용된다. 헬라사상에서 이 용어는 신적 존재가 사람들을 돕기 위해 개입함으로써 숨겨진 신적 존재가 현시(manifestation)되는 경우에 사용되었다. 하나의 예로서 바울은 이 용어를 그리스도의 초림을 언급할 때 사용한다(딤후 1:10). 그러나 앞에서 언급한 본문들이 지시하듯이 대부분 이 용어는 그리스도의 재림을 나타낸다. 마지막으로 "보이심"(revelation, 아포칼립시스⟨*apokalypsis*⟩)이라는 단어는 예수님의 재림을 가리키기 위해 두 번 사용되었다(고전 1:7; 살후 1:7). "보이심"은 예수님이 지금은 사람들의 눈에 가리워져 있지만 마지막 날에 모든 사람에게 드러나실 것을 암시한다.

만일 예수님의 재림에 대한 소망이 교회의 근원적 소망이었다고 우리가 말할 수 있다면 분명한 것은 이 소망이 바울 신학에 편재해 있다는 것이다. 이것을 우리는 "우리 주여, 오시옵소서"(Our Lord, come!)라고 번역되는 아람어 마라나 타(*marana tha*)를 사용하는 것에서 분명히 볼 수 있다. 바울 서신에서 예수 그리스도의 재림은 "그날"(the day)과 연관된다. "그날"은 "주의 날" 또는 단순히 "그날"(the day), "주 예수 그리스도의 날", 심지어는 "그날"(that day)이라고 불린다(참고, 롬 2:5. 16; 고전 1:8; 3:13; 5:5; 고후 1:14; 살전 5:2; 살후 1:10; 2:2; 딤후 1:18; 4:8). 여기에서의 바울의 언어는 분명히 구약이 종종 말하는 여호와의 날을 연상시키고 그것이 전례가 되고 있다(예, 사 13:6, 9; 욜 1:15; 2:1; 암 5:18; 옵 15; 습 1:7, 14).

예수님의 재림은 특별히 데살로니가 서신에서 다루어지는데 데살로니가인들이 예수님의 재림과 그것의 함축적 의미에 대해 혼란에 빠졌기 때문이다. 데살로니가전서 4:13-18에서 데살로니가인들은 죽은 신자들의 운명에 대해 잘못 알고 있었다. 그들은 죽은 신자들은 예수님이 재림하실 때 어떤 불이익을 겪을 것이라고 생각하고 있었던 것 같다. 그러므로 이 본문에서 바울의 주된 목적은 죽은 신자들에 대해 슬퍼하는 자들을 위로하고 예수님이 재림하실 미래의 기쁜 날을 상기시키는 것이다.

5:1-11에서 바울은 예수님의 가르침의 전통을 반향하여 주의 날은 도적같이 올 것이라고 주장한다. 어떤 종말론적 계산도 예수님이 오시는 때를 확정할 수는 없다. 실로, 세상이 평화와 안전이 주어졌다고 생각할 바로 그때 예수님은 오실 것이다. 그러므로 신자들에게 주님의 재림은 영적 경계와 각성을 촉구한다. 데살로니가후서 1:5-10은 예수님의 재림과 연관된 심판을 강조하고 있다. 예수님은 수많은 천사들과 함께 "불꽃 가운데" 다시 오실 것이다(1:8). 불순종하는 자들과 하나님을 알지 못하는 자들에게 예수님은 벌을 내리실 것이다.

바울이 데살로니가후서를 쓸 때, 이들 그리스도인들은 여전히 예수님의 재림에 대해 혼란스러워했다. 바울은 데살로니가인들이 현혹될 것을 염려했고 종말론적 열광주의에 빠지지 않도록 가르쳤다. 예수님은 불법의 사람이 나타나고 큰 배교가 일어나기 전에는 오시지 않을 것이다.

요약하면 바울은 신약의 다른 곳에서 우리가 보았던 것을 되풀이 한다. 예수님의 미래 재림은 성도들에게 위로와 안심을 주며 불경건한 자들에 대한 심판을 예고할 것이다. 따라서 신자들은 그들이 직면하고 있는 반대는 길지 않을 것임을 알고 고난과 박해를 견디라는 격려를 받는다.

4) 히브리서, 야고보서, 베드로서신, 유다서

히브리서에서 예수님의 재림은 심판과 상급으로부터 분리되어서는 안 된다. 그러나 저자는 형벌 또는 사람들을 기다리는 기쁨에 초점을 두고 있다. 그의 독자들에게 인내하며 배교하지 않도록 동기를 부여하기 위해서이다. 히브리서에는 예수님의 재림에 대한 두 개의 분명한 언급이 있다. 최종적 심판과 구원의 날이 다가오고 있으며 예수님이 "두 번째 나타나실"(9:28) 때에 그날은 올 것이라고 히브리서는 선언한다. 이때에 예수님의 단번에 드린 영원한 제사로 깨끗함을 받은 자들은 그들의 구원의 완성을 경험하게 될 것이다.

10:35-39에서 예수님의 재림은 미래의 상급과 다가오는 심판과 연관되어 있다. 이 본문은 독자들에게 믿음으로 인내하고 그들의 담대함을 버리지 말라고 권고한다. 끝까지 믿음 안에서 견디는 자들은 약속된 상급을 얻을 것이지만 뒤로 물러가는 자들은 멸망할 것이다.

베드로전서에서 예수님의 재림은 서신의 상황에 의해 해석해야 한다. 독자들은 고난을 당하고 있었고 베드로는 자주 미래의 유업을 상기시킨다. 베드로는 이와 동시에 지속적인 믿음을 갖지 않는 자들에게 임할 심판에 대해서 경고한다. 신자가 지금 경험하는 고난은 기쁨을 낳는다. 왜냐하면 그들의 믿음의 진정성이 "예수 그리스도께서 드러나실 때"(at the revelation of Jesus Christ) 위대한 상급을 얻게 할 것이기 때문이다(1:7; 참고, 4:13; 5:1, 4). 하나님의 은혜로운 목적의 완성은 예수님이 다시 오시고 그의 백성들을 변호하실 때 실현될 것이다. 베드로는 예수님의 재림을 가리킬 때 명사 "드러남"(revelation, 아포칼립시스⟨*apokalypsis*⟩)를 가장 많이 사용한다(1:7, 13; 4:13). 다른 곳에서 베드로는 동사 "드러내다"(reveal, 아포칼립토⟨*apokalyptō*⟩)와 동사 "현시하다"(manifest, 파네로오⟨*phaneroō*⟩; 5:4 저자의 번역)를 사용한다. 드러남과 관련된 명사와 동사들은 예수님이 다시 오실 때 커튼은 젖혀질 것이며 하나님의 백성들은 감추어진 것을 보게 될 것을 암시한다.

야고보서는 오직 한 번 주님의 재림을 언급한다(5:7-9). 야고보는 독자들에게 주께서 강림하실 때까지 인내하라고 권면한다. 인내의 필요성은 농작물을 수확하기 전에 이른 비와 늦은 비를 기다리는 농부와 비교되고 있다. 문맥을 고려해 볼 때 주의 강림이 가깝다는 것은 속히 오리라는 그의 약속을 가리키는 것이 거의 확실하다. 따라서 독자들은 마음을 굳게 하고 끝까지 인내해야 한다. 더욱이 그들은 현재의 삶의 긴장과 압박 때문에 다른 사람들을 원망하지 않도록 해야 한다.

예수님의 재림은 분명히 베드로후서의 중요한 주제 중 하나이다. 거짓 교사들은 예수님이 재림하실 것을 부인하며 아마도 예수님의 재림을 예언하는 구약본문들은 부적절하게 해석되었다고 주장하는 듯하다(1:20). 만일 예수님이 재림하시지 않는다면 미래의 심판도 없을 것이다. 따라서 예수님의 재림에 대한 부인은 방종과 윤리적 무정부상태로의 문을 열었다. 거짓 교사들은 세상은 변함이 없으며 땅의 생명들은 세상의 창조 때부터 동일한 상태로 존재해왔기 때문에 예수님이 재림하실 것을 기대하는 것은 바보 같은 짓이라고 주장했다(3:4). 그들은 아마도 소위 재림의 약속과 현재의 경험 사이에 있는 긴 시간적 간격도 지적했던 것 같다(3:9). 예수님의 재림이 "더딘 것"(delay)은 아마도 예수님이 재림하신다는 주장은 환상이었다는 것을 보여주는 듯했을 것이다.

베드로는 재림을 부인하는 것을 작은 실수로 보지 않는다. 베드로후서

2:1에서 그는 "선생들"의 견해는 그들이 "거짓 선생들"이며 하나님의 백성에 속하지 않음을 드러낸다고 주장한다. 변화산 사건은 예수님의 재림에 대한 기대와 전조의 역할을 한다. 왜냐하면 예수님의 위엄은 명백했고 그는 그때 하나님으로부터 존귀와 영광을 받으셨기 때문이다(1:16-18). 3장에서 베드로는 예수님의 재림을 부인하는 거짓 교사들의 반대의견에 대답한다. 베드로는 거짓 교사들의 균일론적 관점(uniformitarian perspective)을 반박하기 위해 세 가지 논증을 사용한다.

첫째, 그들은 하나님의 세상 창조가 함축하는 것을 이해하지 못했다(3:5). 세상 창조는 땅위의 생명이 한결같지 않다는 것, 즉 땅위의 생명들은 이전 것과의 강력한 단절로 시작된다는 것을 나타낸다.

둘째, 땅위의 생명은 창조 때부터 개입 없이 발전하지 않았다. 즉 노아의 때에는 홍수가 땅을 뒤덮어 파괴했다(3:6).

셋째, 미래에 세상은 불로 인한 심판을 맞이할 것이며 그날에 불의한 자들은 심판받아 멸망할 것이다(3:7). 현재의 세상은 불에 타버릴 것이며 새 하늘과 새 땅이 나타날 것이다(3:12-13).

베드로후서는 주님의 강림이 분명히 늦어지는 것에 대해 두 가지 추가적인 설명을 제공한다.

첫째, 인간의 관점에서 볼 때 더딘 것 같이 보이는 것이 하나님의 관점에서는 더디지 않다. 인간에게 천 년이 하나님께는 말하자면 한 날에 불과하기 때문이다(3:8).

둘째, 약속된 강림은 인간의 관점에서는 기대했던 것보다 더디지만 그러한 더딤이 인간들에게 회개하고 구원받을 수 있는 기회를 제공한다(3:9, 15). 따라서 명백한 더딤이 궁휼한 목적을 이루며 재림이 더디다고해서 하나님이 그의 약속을 지키지 않는다고 말할 수 없다.

유다서에서 재림은 베드로후서에서처럼 중요하게 보이지는 않는다. 비록 이 두 서신의 많은 내용들이 동일하지만 말이다. 유다서는 에녹 1서의 예언을 이용하여 주님이 미래에 오실 것을 확증한다(유 14-15). 주님은 모든 불경건한 자들에 대한 심판을 시행하기 위해 오실 것이며 악에 대한 주님의 승리가 완성될 것이다. 이로써 유다는 그의 독자들에게 승리는 주님께 속했고 악을 추구하는 자들의 영향력은 길지 않다는 확신을 준다.

5) 결론

예수님의 재림은 신약신학에서 표준적인 내용이며 하나님의 백성의 미래 심판과 상급과 뗄 수 없이 연결되어 있다. 예수님의 오심은 하나님의 약속의 완성과 성취, 그리고 새 창조의 시작을 나타낸다. 예수님의 재림의 확실성에 근거해서 신자들은 인내, 믿음 그리고 거룩한 삶을 살라는 권면을 받는다.

2. 심판

1) 복음서와 사도행전

복음서와 사도행전에 나타난 심판에 관한 주제를 먼저 탐구하려 한다. 불순종하고 믿지 않는 자들에게 미래에 심판이 있을 것이라는 경고는 복음서와 사도행전에 널리 퍼져 있다. 세례 요한은 그의 청중들에게 그의 선포를 들으면서도 회개하지 않는 것에 대해 경고했다. 하나님의 미래의 진노가 불순종하는 자들에게 부어질 것이기 때문이다(마 3:7-10). 예수님의 가르침 속에서 미래의 심판은 다양한 방식으로 표현되었다. 회개하지 않는 자들은 멸망할 것이다(눅 13:1-5). 무화과나무로 상징되는 이스라엘은 열매를 맺지 않으면 베임을 당할 것이다(13:6-9). 다른 사람들을 까다롭게 비판하는 자들은 마지막 날에 하나님의 심판에 직면하게 될 것이다(마 7:1-2). 마찬가지로 자신들을 해하는 자들을 용서하지 않는 자들은 하나님의 용서를 받지 못할 것이다(6:12, 14-15; 18:34-35). 유대인들은 택함 받은 백성이기 때문에 사람들은 그들이 예수님의 하나님 나라 메시지에 긍정적으로 반응하리라 기대할 것이다. 그러나 많은 유대인들은 그렇게 하지 않을 것이며 그 결과 그들은 마지막 잔치에 들어오지 못할 것이다(8:11-12). 하나님은 그들을 어두움에 내쫓으실 것이며 그들은 "울며 이를 갈며" 고통을 겪을 것이다(8:12).

"울며 이를 갈리라"는 표현은 마태복음에서 미래의 심판의 고통을 표현하기 위해 자주 사용된다(예, 13:40-42, 49-50; 22:11-13). 주인을 기쁘시게 하지 않고 주인이 없을 동안에 악에 빠지는 종들은 주인이 갑자기 돌아왔을 때 벌을 받게 될 것이다(24:45-51; 눅 12:46; 참고, 마 25:14-30).

예수님은 마지막 심판을 나타내기 위해 불 또는 지옥(게엔나〈*geenna*〉)의 이미지를 자주 사용하셨는데 이것은 예루살렘 남쪽에 있는 힌놈(Hinnom)의 골짜기를 암시하는 것이다. 예수님은 유대 전통을 통해서 지옥을 언급하시고 있다(마 5:22, 27-20; 10:28; 18:8-9; 23:15, 33; 막 9:43-47). 양과 염소 비유에서 선을 추구하지 않고 악한 삶을 살았던 자들은 "영원한 불"에 처하게 될 것이다(마 25:41). 이것은 "영원한 생명"과 대조되는 "영원한 형벌"로 묘사되는 심판이다(25:46; 참고, 눅 16:19-31).

사도행전에서 부활하신 예수님은 "살아 있는 자와 죽은 자의 재판장"

으로 임명되신다(10:42). 아덴 사람들에게 행한 바울의 연설에서 예수님의 부활은 정해진 날에 예수님이 세상을 심판하실 것이라는 주장을 확증하는 역할을 한다(17:31). 바울과의 개인적 대화에서 벨릭스는 바울이 장차 올 심판에 대해 가르칠 때 두려워했다(24:25). 모든 하나님의 원수들이 그리스도의 발아래 놓일 날이 올 것이다(2:35). 이 날은 바로 구약에서 주의 날이다(2:20).

요약하면 복음서는 미래의 심판에 대해 자주 가르치며 이 주제는 사도행전에도 정규적으로 나타난다. 그러한 심판은 사는 동안의 결정이 중요하며 인간은 악이 아닌 선을 선택해야 하는 책임 있는 도덕적 존재임을 시사한다. 하나님은 의로우신 재판장이시다. 그는 죄를 범하고 회개하지 않는 자들에게 갚으실 것이다. 그러한 가르침은 또한 의로운 자들에게 마지막 날까지 인내하며 주님을 신뢰하라는 격려를 준다.

2) 요한문헌

앞에서 언급했듯이 요한복음은 실현된 종말론에 주목한다. 그럼에도 불구하고 예수님을 메시아로 믿지 않는 자들에게 지금 임하는 심판에 미래적 측면이 있다. 하나님의 진노가 아들을 믿지 않는 자들에게 머물러 있어서 그들은 "생명을 보지 못할 것"이다(3:36; 참고, 9:39-41). 이것은 요한복음 5:27-29에 의해서도 확증된다. 이 본문에서 예수님은 의인과 악인의 미래 부활을 주장하신다. 의인은 생명을 누릴 것이고 악인은 정죄를 받을 것이다(참고, 8:24).

요한복음과 마찬가지로 요한서신은 현재적 종말론에 중점을 준다. 그럼에도 현재의 세상은 "지나간다"(요일 2:8, 17). 그리고 하나님의 뜻을 행하는 자만이 영원히 거할 것이다. 예수님이 나타나시면 심판의 날이 임할 것이다(2:28). 사랑하는 자들만이 심판이 도래할 때 하나님 앞에서 담대함을 가질 것이다(4:17).

심판의 주제는 요한계시록에 충만하다. 역사 속의 심판이 최종적 심판의 전주곡이며 최종적 심판을 예견하게 하지만 예언된 심판이 모두 최종적 심판을 가리키는 것은 아니다. 요한계시록에서 심판은 일곱 인을 떼는 것(6:1-17; 8:1), 일곱 나팔을 부는 것(8:2-9:21; 11:15-19), 일곱 대접을 쏟는 것(15:5-16:21)으로 묘사된다. 숫자 "일곱"은 하나님의 심판의 완전함과 최종성을 나타낸다. 인, 나팔, 그리고 대접의 혹독함은 증대되어 대접 심판은 온 땅에 황폐함을 가져온다.

요한은 하나님의 심판은 의롭다는 것을 특별히 강조한다(15:3-4; 16:5-7; 19:2). 분노에 취한 미친 신의 행동과 다르게 하나님의 심판은 제멋대로거나 변덕스럽지 않다. 하나님의 심판은 그가 거룩하고 진실하며 의롭다는 것을 나타낸다. 그의 심판은 하나님의 선하심을 의심하게 만들지 않고 도리어 그것을 확증한다. 악한 자들은 하나님의 심판을 받을 만하다. 왜냐하면 그들은 악의적이며 고의적으로 하나님의 백성의 피를 흘렸기 때문이다(16:6; 19:2). 하나님의 심판은 악한 자들이 다른 사람들에게 행한 악에 대해 하나님이 공정하고 정당하게 갚으심을 나타낸다.

최종적 심판은 바벨론의 임박한 멸망으로도 묘사된다(14:8; 16:19; 17:1-19:5). 바벨론은 세상을 타락시킨 음녀로도 묘사된다(17:1, 15-16; 19:2). 하나님의 원수를 묘사하기 위해 "바벨론"이라는 용어를 사용한 것은 구약에 근거한 것이다. 구약에서 바벨론은 하나님의 것들을 대적하는 큰 도시이다(예, 사 13:1-14:23; 21:9; 47:1-15; 렘 50:1-51:64).

최종적 심판은 "크고 흰 보좌"에서의 심판으로도 묘사된다(계 20:11-15).

이름이 생명책에 기록된 자들은 심판을 받지 않을 것이다. 각 처의 모든 사람은 그들의 행위에 따라 평가를 받을 것이며(22:12) 악을 행한 자들은 불 못에 던져 질 것이다. 최종적 심판은 "불 못"으로 묘사된다(19:20; 20:10, 14-15). 불 못은 짐승들과 거짓 선지자(19:20), 마귀(20:10), 사망과 음부(20:14-15), 그리고 이름이 생명책에 기록되지 못한 자들의 최종적 거처가 될 것이다. 불 못 형벌은 불의 이미지가 암시하듯 영원한 고통을 수반한다(20:10; 참고, 14:9-11). 게다가 불 못은 둘째 사망으로 알려진다(20:14). "둘째 사망"이라는 표현은 돌이킬 수 없는 결정적이며 최종적인 사망을 암시한다. 이기지 못하는 자는 둘째 사망에 의해 멸망할 것이다(2:11). 그러나 첫째 부활에 참여하는 자들은 둘째 사망을 결코 경험하지 않을 것이다(20:6).

요약하면 실현된 종말론을 가지고 요한복음과 요한일서는 인간의 불신과 불순종에 의해 실현된 심판에 초점을 둔다. 그러나 이들 저작에서 조차도 현 시대에 시작된 것이 완성되는 최후 심판에 대한 메시지가 있다. 한편 요한은 요한계시록에서는 최후 심판에 초점을 두어 그것의 실제성을 여러 방식으로 매우 강도 높게 표현한다. 요한은 악은 벌을 받을 것이며 악을 선택하는 자는 누구든지 보응을 받을 것임을 의인들에게 확신시킨다. 최후 심판에 대한 메시지는 또한 의인들에게 인내하라고 격려하는 기능을 한다. 불순종하는 자들과 같은 운명을 피하기 위해 그들은 끝까지 신실해야 한다.

3) 바울 서신

최후 심판은 바울 서신에서 다양하게 묘사되었다. 그것은 종종 하나님의 진노(오르게⟨orgē⟩)가 부어짐으로 표현된다. 일반적으로 바울에게 있어서 하나님의 진노는 종말론적이며 그의 최후 심판을 뜻한다. 하나님의 진노의 정점과 최종적 표현은 심판의 날을 위해 예비되었다(롬 5:9; 살전 1:10; 5:9). 회개하지 않는 자들은 다가오는 날에 그들에게 임할 진노를 쌓고 있으며(롬 2:5) 그들은 하나님의 의로운 분노를 경험할 것이다(2:8). 하나님의 진노는 임의적이 아니다. 그것은 계속해서 불순종하는 자들을 위해 예정된 것이다(엡 5:6; 골 3:6). 그리스도인들은 원수를 갚지 말고 하나님의 진노를 기다려야 한다. 하나님의 진노가 마지막 날에 모든 것을 바로잡을 것이다(롬 12:19).

어떤 학자들은 하나님의 진노에 대한 바울의 견해를 비인격화한다. 따라서 하나님의 진노를 죄의 자연적인 결과로 이해해야 한다고 주장한다. 그러한 견해는 바울을 서방 문화와 자연신론의 시각으로 해석하는 것이다. 그러나 바울은 구약의 영향을 받았다. 구약에서 하나님의 진노는 인격화되어 있다. 하나님의 진노를 그의 속성으로부터 분리시키는 것은 현대적 감성과 일치되긴 하지만 바울에 대한 정당한 해석에서는 벗어나는 것이다.

진노는 하나님의 심판과 밀접히 연관된다는 것을 논의를 통해 살펴보았다. 하나님의 진노의 관점에서 살펴보았듯이 하나님의 심판은 주로 종말론적이다. 모든 사람은 최후 심판 때 하나님 앞에 설 것이다(롬 3:5; 14:10). 하나님은 모든 사람들을 그들의 행위에 따라 판단하실 것이다(롬 2:6; 고후 5:10; 11:15; 참고, 딤후 4:14). 사람이 행한 일이 정확하고 완전하게 드러날 것이기 때문에(고전 4:5) 하나님의 심판은 진리대로 될 것이다(롬 2:2). 즉 심판은 진실과 일치하게 될 것이다. 그러므로 아무도 심판이 불공평하다고 불평하지 못할 것이다. 하나님의 심판은 "의롭기" 때문이다(2:5).

하나님은 모든 사람을 행위에 따라 공정하게 심판하실 것이다(2:6-11). 율법을 가진 자들은 율법을 지켰는가에 따라 평가를 받을 것이고 율법이 없는 자들은 "마음에 새긴" 율법대로 살았는가에 따라 평가를 받을 것이다(2:12-15). 행위에 대한 하나님의 심판은 피상적인 것이 되지 않을 것이다. 왜냐하면 하나님은 모든 사람들의 "은밀한 것들"을 평가하실 것이므로(2:16) 그의 최종 평가는 논의의 여지가 없을 것이기 때문이다.

데살로니가후서에서 바울은 심판할 때의 하나님의 정의를 강조한다. 하나님은 임의로 판단하지 않으며 진리를 미워하고 악을 좋아하는 자들에게 벌을 내리신다(2:10-12). 불경건한 자들이 받는 벌은 정당하다. 그것은 믿는 자들을 학대하는 것에 대한 정당한 보응이기 때문이다(1:6). 바울은 여기에서 구약에서 볼 수 있는 동해보복법(lex talionis)의 관점을 반영한다. 동해보복법은 벌은 죄에 비례해야 한다는 것이다. 데살로니가후서 1장의 심판은 예수님이 그의 능력의 천사들과 함께 오시는 재림 때 일어난다(1:7-10). 여기에서 우리는 공관복음에서 예수님이 지옥에 대해 주신 말씀을 연상시키는 표현을 보게 된다. 예수님은 불과 함께 오실 것이며 하나님을 알지 못하고 복음에 순종하지 않은 자들에게 보응하실 것이다. 벌 받은 자들은 주님의 은혜로운 임재로부터 영원히 분리될 것이다.

불은 비유적으로 다른 곳에서 심판의 가려내는 과정을 나타내기 위해 사용되었다(고전 3:13-15). 심판의 최종적 결과는 종종 "멸망" 또는 "파괴"(아폴루미⟨apollymi⟩, 아폴레이아⟨apōleia⟩, 올레뜨로스⟨olethros⟩)로 명시된다. 구원받지 못한 자들은 예수님이 오실 때에 "영원한 멸망"을 받을 것을 데살로니가후서 1:9에서 우리는 이미 보았다. 이 멸망은 갑자기 예고 없이 올 것이다(살전 5:3). 부를 신으로 삼는 자들은 결국 멸망할 것이다(딤전 6:9). 마찬가지로 신자들을 대적하는 자들은 그들의 대적함을 통해 그들이 멸망을 향해 가고 있다는 것을 나타낸다(빌 1:28). 자신의 식욕만을 채우고 세상적인 것을 위해 사는 십자가의 원수들은 멸망할 것이다(3:19). "불법의 사람"은 한동안 왕성할 것이지만 궁극적으로 그에게는 "멸망"이 예정되어 있다(살후 2:3). 하나님은 심지어 누가 종말론적 멸망을 당할 것인가도 정하셨다(롬 9:22).

그러나 그러한 진술은 바울의 나머지 가르침으로부터 분리될 수 없다. 왜냐하면 사람들이 범죄하였고(2:12) 십자가의 메시지를 거부한 것이(고전 1:18) 멸망이 임하는 이유이기 때문이다. 멸망하는 자들은 십자가의 메시지에서 매력을 느끼지 못한다. 그것에 혐오감을 느끼며 그것에서 사망의 냄새를 맡는다(고후 2:16). 또한 바울은 멸망하는 자들은 사탄에 의해 눈이 어두워져서 멸망하게 된다고 말한다(4:4). 그러나 눈을 어둡게 하는 사탄의 역사가 사람들의 개인적 책임을 면제하지는 않는다. 바울은 복음을 받아들이지 않은 자들은 받아들여야 하며 그렇지 않으면 불순종에 대한 죄가 있다고 분명히 생각한다.

죄에 대한 결과는 사망으로도 묘사된다(롬 6:16, 21, 23; 8:6). 사망은 아담의 범죄로 세상에 들어왔고 모든 사람을 지배했다(5:12-19; 고전 15:21). 사망은 육체적 사망이나 하나님과의 분리 둘 중 하나로 제한될 수 없다. 사망은 둘 다를 포함한다.

요약하면 바울 서신에서 최후 심판은 하나님의 진노의 결과이며 종종 멸망과 사망의 관점에서 묘사된다. 최후 심판은 복음을 믿지 않는 자들과 하나님 뜻을 행하기를 거부하는 자들에 대한 하나님의 정당한 보응을 나타낸다.

4) 히브리서

독자들에게 배교하지 말도록 권고하는 히브리서의 설교적 특성은 히브리서의 전체적 특징을 형성한다. 주어진 권면과 경고된 심판은 독자들에게 살아계신 하나님으로부터 떨어지지 말라는 격려와 경고의 틀 안에 놓여 있다. 심판으로부터 벗어나는 이미지를 사용하여 저자는 독자들에게 동기를 부여하려 한다. 믿음을 버린 자들은 이같이 큰 구원을 이루셨고 하늘로부터 경고하신 이를 피하지 못할 것이다(2:3; 12:25). 미래의 상급은 안식으로 칭하여지며 마음을 완고하게 하는 자들과 계속해서 믿지 않고 불순종하는 자들은 하나님의 안식에 들어가지 못할 것이다(3:11, 18-19). 안식을 얻는 대신 그들은 종말론적 고갈과 피로로 고통할 것이다. 6:7-8에서 저자는 농업계로부터 가져온 예를 든다. 배교하는 자들은 하나님으로부터 시원한 비를 받았지만 열매가 아니라 가시와 엉겅퀴를 낸 자들에 비유된다. 열매 맺지 않는 식물은 저주를 받아 불사름이 될 것이다. 저자는 최후 심판을 묘사하기 위해 불사름의 이미지를 사용하며 되돌아서는 자들은 하나님의 심판을 받을 것을 암시한다.

마찬가지로 10:26-31에 있는 엄중한 경고에서 저자는 독자들에게 그리스도의 희생을 고의적으로 저버리는 것의 결과에 대해 교훈한다. 형벌은 모세 언약 아래서 부과된 사형선고보다 더 중하다. 죄인들은 하나님의 심판과 소멸하는 불을 경험할 것이다(10:27; 12:29). 육체적 죽음은 틀림없이 죄의 결과이다. 왜냐하면 사탄은 죽음을 두려워하는 것으로 사람들을 종 삼기 때문이다(2:14-15). 그러나 히브리서의 저자는 죽음 후에 오는 심판을 숙고하는데(9:27) 이것은 훨씬 더 무서운 선고를 암시한다. 하나님은 그리스도의 희생을 저버리는 자들에게 보응하시고 심판하실 것이다(10:30). 그들은 살아계신 하나님의 손에 빠져 들어가는 무서운 광경에 직면할 것이다(10:30). 하나님의 손에 빠져 들어간 자들은 겁이 많아 인내하지 못하는 자들을 하나님이 기뻐하시지 않는다는 것을 알게 될 것이다(10:38). 뒤로 물러가는 자들은 궁극적으로 멸망할 것이다(아폴레이아⟨*apōleia*⟩; 10:39).

5) 야고보서, 베드로전후서, 유다서

야고보서에서 미래의 심판은 야고보서의 권면적 특성과 분리될 수 없다. 예를 들어, 죄의 결과는 사망이다(1:15). 죄에 빠진 사람이 악에서 돌이키지 않으면 최종적 결과는 사망이 될 것이다(5:20). 부자는 높아지는 대신 종말론적인 낮아짐을 경험할 것이다(1:10). 부자에 대한 심판은 아름다운 꽃과 비교되고 있다. 꽃이 피어 아름다움을 과시할 때는 그 꽃이 결코 시들지 않을 것처럼 보인다(1:11). 그러나 하나님의 심판은 태양과 같다. 태양의 지속적인 열이 나날이 꽃을 시들게 하고 줄기에서 떨어지게 하여 그 아름다움을 상실하게 하듯이 부자도 심판 날에 사라질 것이다(참고, 5:1-6). 심판은 주님이 재림하시는 날에 있을 것이다(5:7-9).

베드로전서에서 베드로는 신자들이 받을 상급을 심판보다 훨씬 더 많이 언급한다. 아마도 고난받는 신자들에게 약속된 미래의 축복에 초점을 맞추려 하기 때문일 것이다. 그러나 여전히 하나님의 심판에 대한 진술들이 존재한다. 하나님은 공평하신 재판장이시다. 하나님은 각 사람을 행위대로 판단하신다(1:17). 예수님은 고난받을 때 위협하거나 원수 갚지 않으셨다. 자신을 학대하는 자들을 마지막 날에 하나님이 정당하게 심판하실 것을 아셨기 때문이다(2:23). 하나님은 의로운 자들에게 인자를 보이시나 심판 날에 악을 행하는 자들에게서 그의 얼굴을 돌리신다(3:12). 신자들을 조롱하고 박해하는 자들은 현재는 사회적 칭찬을 받을지 모르나 마지막 날에는 심판자이신 하나님 앞에서 결산해야 할 것이다(4:5). 지금에도 신자들은 고난을 통해 정결케 하는 심판을 받는다. 그러므로 결과적으로 불신자들에 대한 보응은 훨씬 더 심각할 것이다(4:17-18).

심판의 주제는 짧은 서신인 베드로후서와 유다서에도 편재해 있다. 두 서신에서 보면 거짓 선생들은 교회를 위협했고 저자들은 거짓 선생들이 그들의 행위로 인해 불행한 결과를 맞을 것임을 약속한다. 베드로후서와 유다서에서 거짓 선생들은 방종한 삶을 조장했다(벧후 2:1-3; 유 4). 이 선생들은 자신감에 가득 차서 권위 있게 다른 사람들에게 명령했지만(벧후 2:10-12; 유 8-10) 두 저자들은 악을 행하는 자들에 대한 미래의 심판을 강조함으로 대항한다. 베드로와 유다는 모두 하나님이 역사 가운데 시행하셨던 심판, 즉 홍수, 합당한 그들의 영역을 위반한 천사들에 대한 형벌(벧후 2:4; 유 6), 광야에서 범죄한 이스라엘에 대한 심판(유 5), 소돔과 고모라의 멸망(벧후 2:6; 유 7)을 독자들에게 상기시킨다. 역사 가운데 천사들이 받은 벌은 그들이 심판 날에 받을 최후의 결산을 예고한다(벧후 2:4; 유 6). 소돔과 고모라가 불로 멸망한 것은 "영원한 불"의 본보기 기능을 한다(유 7; 참고. 벧후 2:6).

그러므로 역사 속에서의 하나님의 심판은 최후 심판의 전조와 예고의 역할을 한다. 그것은 하나님이 불경건한 자들을 심판하실 것을 보증한다. 하나님은 그들을 심판하실 것을 처음부터 정하셨기 때문이다(유 4). 이 예들은 또한 하나님의 심판이 즉각적이지 않아도 확실하다는 것을 나타낸다(벧후 2:9). 지체됨은 영원히 계속되지 않을 것이다(2:3). 하나님은 현재의 하늘과 땅을 불 심판을 위해 보존하셨다. 불 심판은 "불경건한 자들의 멸망"을 초래할 것이다(3:7). 베드로는 심판을 약술하기 위해 구약의 일반적 주제 중 하나인 주의 날이라는 표현을 사용한다(3:10). 그는 또한 예수님의 말씀을 암시한다. 심판 날은 악한 자들을 놀라게 할 것이며 도둑같이 올 것이라고 말하기 때문이다. 현재의 하늘과 땅은 사라질 것이며 세상의 기본 물질들은 풀어질 것이다(3:10-12). 거짓 교사들은 바울의 글들과 구약 성경을 왜곡한다. 따라서 그들은 종말론적 멸망을 받을 것이다(3:16; 참고, 2:1). 유다는 가인, 발람, 고라를 본받는 자들에게 심판의 재앙을 선언한다(11). 임박한 심판을 묘사하기 위해 "캄캄한 흑암"의 이미지가 도입된다(13). 흥미롭게도 유다(14-15)는 에녹 1서 1:9의 예언을 인용하여 다가오는 심판을 지지한다. 이 예언은 그리스도의 재림에 초점을 두며 모든 죄인들은 그들의 불경건한 삶으로 인해 심판을 받을 것임을 강조한다.

6) 결론

신약의 저자들은 악한 자들에게 미래에 결정적인 심판이 있을 것임을 자주 가르친다. 하나님은 복음을 믿지 않고 그의 뜻에 순종하지 않은 자들을 벌하심으로써 그의 심판을 나타내실 것이다. 그러한 심판은 다양한 방식으로 묘사된다. 어쨌든 그것은 하나님의 정의를 증명하며 악을 행하는 자들은 그들의 행위에 대한 정당한 보응을 받을 것이라는 확신을 신자들에게 준다. 게다가 심판은 의인들에게 인내의 동기를 부여하는 기능을 한다. 그들이 만일 악한 자들을 따르면 복음을 거부한 자들을 기다리고 있는 운명과 같은 운명에 직면하게 될 것이기 때문이다.

3. 상급

1) 복음서와 사도행전

　복음서에서 우리는 천국의 메시지가 선포될 때 회개하지 않는 자들은 심판을 받을 것임을 보았다. 그리고 결과적으로 믿고 순종하는 자들은 최후에 상급을 받을 것임을 보았다. 팔복의 많은 부분이 예수님의 제자들에게 종말론적 혜택을 약속한다. 애통하는 자들은 위로를 받을 것이다. 온유한 자들은 땅을 기업으로 받을 것이다. 의에 주린 자들은 배부를 것이다. 긍휼히 여기는 자들은 하나님의 긍휼을 알게 될 것이다. 마음이 청결한 자들은 하나님을 볼 것이다. 화평하게 하는 자들은 하나님의 자녀들이 될 것이다(마 5:4-9; 참고, 눅 6:21).

　예수님은 무관심한 칸트적 윤리(Kantian ethic)를 가르치지 않으셨다. 예수님은 제자들에게 자신을 따르면 놀라운 상급을 주겠다고 약속하셨다(마 6:1-18). 예상할 수 있듯이 약속된 상급은 많은 다른 이미지를 통해 표현된다. 다른 사람들 앞에서 예수님을 시인하는 자들을 예수님은 심판 날에 아버지 앞에서 시인하실 것이다(10:32). 예수님을 위해 자기 목숨을 버리는 것은 두렵지만 궁극적으로 가치 있는 일이다. 자기 목숨을 잃는 자는 결국 찾을 것이기 때문이다(10:39; 16:25). 선지자들, 의인들, 예수님께 속한 제자들을 영접하고 돕는 자들은 보상을 받을 것이다(10:41-42). 또한 원수를 사랑하는 자들은 천국에서 놀라운 상급을 받을 것이다(5:44-48; 참고, 눅 12:35-40). 공관복음은 미래의 상급을 "영생"이라는 관점에서는 자주 말하지 않지만 이 용어는 부자 관원의 이야기에 나타난다(마 19:16). 그리고 영생은 양과 염소 비유에서 의로운 자들이 받는 상급이다(25:46). 제자들에 대한 미래의 상급은 아버지가 그 나라를 그의 자녀들에게 주시기를 기뻐하신다는 약속과 더불어 나라를 받는 것으로 묘사되기도 한다(눅 12:32). 예수님은 그들의 말로 하나님 앞에서 의롭다 함 또는 정당함을 인정받는 사람들에 대해 말한다(마 12:37).

사도행전의 선교적 설교는 자연적으로 예수님이 죽은 자 가운데서 부활하신 것에 집중하며 예수님의 부활은 구약의 예언과 목격자들의 증언에 근거하고 있음을 나타낸다(1:22; 2:24-32; 3:15, 26; 4:2, 10, 33; 5:30; 10:40-41; 13:30-37; 17:3, 18, 31-32). 미래의 부활은 의인들의 기대를 완성하고 악에 굴복한 자들에 대한 심판의 날을 인도한다.

요약하면 의인에 대한 상급은 공관복음에서 다양하고 다채로운 방식으로 알려지며 사도행전에서도 확증된다. 상급은 바로 영생이다. 그러나 그것은 긍휼을 얻는 것, 땅을 기업으로 받는 것, 배부르게 되는 것, 메시아의 잔치에 참여하는 것, 죽은 자 가운데서 일으킴을 받는 것, 하나님을 보는 것으로 묘사된다. 약속된 놀라운 미래에 의해 신자들은 계속해서 믿고 순종할 동기를 부여받는다.

2) 요한 문헌

요한복음에서 "영생"은 신자들이 영원히 누릴 상급을 가리킨다. "영원"이라는 단어는 주어진 생명이 결코 끝나지 않을 것을 암시하기 때문이다. 영생의 미래적 특성은 미래적 부활과 영생이 연결되고 있는 것에 의해 확증된다. 예수님은 "부활이요 생명"이다(11:25). 이 부활은 실현된 종말론의 관점만으로 정의될 수 없다. 요한복음에서 여러 경우에 영생은 미래 부활과 관련된다. 아들은 영생을 가진 자들을 마지막 날에 죽은 자 가운데서 일으킬 것이다(6:40, 44, 54; 참고, 5:28-29).

아들과 아버지 안에 거하는 자들은 약속대로 영생을 얻을 것이다(요일 2:25). 영생은 요한복음에서 두드러진다. 그러므로 요한일서에 있는 영생의 약속은 두 문헌을 연결한다(1:2; 3:15; 5:11, 13, 20; 참고, 5:12). 예수님이 다시 오실 때 신자들은 어떤 모습일지 완전히 알려지지 않았지만 도덕적 변화가 그들에게 약속되었다. 그러므로 그들은 예수님이 나타나실 때 예수님과 같이 될 것이며 그들은 예수님의 얼굴을 볼 것이다(3:2-3).

요한계시록이 미래의 심판을 강조하듯이 신자들에 대한 미래의 상급도 요한이 주목하는 것이다. 고난받는 신자들은 인내하지 못했을 때의 결과와 그들이 계속해서 신실할 때 받게 될 위대한 축복을 생각하라는 가르침을 받는다. "주 안에서 죽는 자들"은 복을 받고 종말론적 안식을 얻을 것이다. 그들의 행위가 그들이 진실로 하나님께 속했음을 나타내기 때문이다(계 14:13). 또한 깨어 선행으로 옷 입은 자들은 예수님이 다시 오실 때 축복의 상급을 받을 것이다(16:15). 어린양의 혼인잔치에 청함을 받은 자들을 위해 종말론적 복이 예비되었다(19:9, 참고, 3:20). 첫째 부활에 참여하는 자들은 복이 있다(20:6). 그들은 예수님께 신실했으며 짐승을 경배하기를 거부했기 때문이다(20:4).

하나님과 어린양께 속한 자들은 다시는 주리지도 아니하고 목마르지도 아니하고 뜨거운 기운에 상하지도 않을 것이다(7:16). 그들의 눈에서 모든 눈물을 씻어 주실 것이다(7:17; 21:4). 애통하는 것이나 곡하는 것이나 아픈 것은 기억 속에만 있을 것이다(21:4). 어린양은 그의 목마른 백성을 생명수 샘물로 만족하게 하실 것이다(7:17; 21:6; 22:1, 17). 하나님의 백성을 위해 준비된 미래의 영광과 아름다움은 그들이 입을 흰 옷과 흰 두루마기로 상징된다(3:4-5, 18; 6:11; 7:9, 13-14; 19:8, 14).

신자들에게 약속된 모든 복은 하나님이 그의 백성과 함께 거하실 것이라는 약속으로 요약된다(21:3). 하나님이 그의 백성과 영원히 함께하신다는 것은 그의 모든 언약과 구원 약속의 성취를 나타내며 이것은 모든 구속사의 절정이다. 하나님은 새 하늘과 새 땅을 창조하시는 새 창조를 통해 그의 약속을 성취하신다(21:1). 새 하늘과 새 땅의 약속은 구약에 근거하고 있다(사 65:17-25).

요한은 새 예루살렘을 묘사하기 위해 힘을 쏟는다. 그리고 그가 사용한 표현은 그가 상징적으로 쓰고 있음을 나타낸다. 그는 형언할 수 없는 것을 묘사하고 인간의 상상력을 넘어선 오는 세상을 파악하려 하기 때문이다. 아마도 그 성과 관련하여 가장 중요한 것은 그 성에 하나님의 영광이 가득하다는 것일 것이다(계 21:11). 거기에 살며 그것을 보는 자는 하나님의 아름다움과 사랑스러움, 힘과 능력을 본다. 그 성의 아름다움은 빛나는 귀한 보석에 비유된다(21:11). 그 성의 형언할 수 없는 아름다움은 벽옥으로 된 성곽, 정금으로 꾸며진 성, 아름다운 보석들로 된 성곽의 기초들, 눈부신 진주로 된 문들로 표현된다(21:18-21). 돌들은 회복된 낙원을 상징(창 2:11-12; 겔 28:13)하며 새 예루살렘에 대한 예언을 성취한다(사 54:11-12).

요약하면 요한복음과 요한일서는 신자들에 대한 상급을 영생으로 묘사한다. 그리고 신자들이 지금 맛보고 있는 생명은 부활에서 정점에 이를 것이다. 요한계시록에서 신자들에 대한 미래의 상급은 다양한 이미지로 묘사된다. 요한은 끝까지 인내하는 신자들을 기다리고 있는 놀라운 상급에 그의 독자들을 주목하게 하면서 박해를 계속해서 견뎌내라고 격려한다. 그러나 그 상급의 골자는 하나님이 그의 백성과 함께 거하시는 것이며 그의 백성이 하나님의 얼굴을 보는 것이다. 그러나 중심무대를 차지하는 것은 하나님뿐 아니라 어린양이기도 하다. 따라서 요한계시록의 주요한 주제 중 하나는 분명히 신자들에 대한 최종적 상급이다. 하나님과 어린양이 영원히 영광중에 함께하시는 기쁨이 성도들을 기다리고 있기 때문이다.

3) 바울 서신

바울은 신자들에 대한 최후의 상급을 여러 방식으로 묘사한다. 신자들은 이 악한 세대를 특징짓는 고난과 고통으로부터의 구원과 자유를 누린다(살후 1:7; 참고, 갈 1:4). 그들은 하나님이 자기 백성을 위해 예비해 두신 위로를 얻을 것이다(고후 1:3-7). 그리스도께서 오실 때 신자들은 기쁨과 즐거움이 충만할 것이다. 그들은 주님과 다른 신자들로 인해 기뻐할 것이다(빌 4:1; 살전 2:19-20; 3:9). 영생은 선한 일을 행하는 자들에게만 주어지며 악을 행하는 자들은 소유하지 못할 것이다(롬 2:7; 6:22-23; 8:6; 갈 6:8; 딤전 6:19). 한편 영생은 하나님의 선물이며 아무도 노력해서 얻을 수 없다. 최후의 상급은 유업으로 묘사되며 바울은 신자들이 받을 유업을 하나님 나라에 들어가는 것과 연결시키고 있다(참고, 고전 6:9-11; 갈 5:21).

신자들은 그리스도께서 다시 오시는 날 영광을 받을 것이다(롬 8:17, 30; 골 3:4). 그러므로 신자들은 태초부터 하나님이 그들에게 약속하고 예비하신 영광을 마침내 받을 때에 놀라고 기뻐할 것이다(롬 9:23; 고전 2:7; 살전 2:12; 살후 2:14). 바울은 그리스도 안에 있는 자들에게 그들은 죽지 않음 또는 썩지 않음을 얻을 것이라고 약속한다(롬 2:7; 고전 15:42, 50, 53-54; 딤후 1:10). 그러나 죽지 않을 것이라는 약속은 바울의 부활 개념에 근거한 것이다. 유대 사상에서 부활은 종말의 다가옴, 즉 오는 세대의 시작, 그러므로 이 악한 세대의 지나감을 뜻했다. 바울의 신학에서 오는 세대는 그리스도의 부활과 함께 도래했다(롬 1:4; 딤후 2:8). 부활에 대한 가장 매혹적인 본문 중 하나는 데살로니가전서 4:13-18이다. 바울은 데살로니가인들에게 죽은 신자들은 불이익을 당하지 않으며 살아있는 신자들이 공중으로 들려올라가기 전에 부활할 것임을 확신시킨다. 그는 신자들에게 그들이 모두 영원히 주님과 함께 있게 될 것이라고 위로한다.

요약하면 바울은 신자들의 미래 상급을 강조한다. 예수 그리스도를 믿으며 선행으로 자신의 믿음을 나타내는 자들은 영생을 얻을 것이다. 그들은 마지막 날에 하나님의 진노에서 구원을 얻을 것이다. 그들은 평안과 기쁨을 영원히 누리게 될 것이다. 그리스도께서 나타나실 때 그들은 경탄할 것이며 기뻐 놀랄 것이고 영광으로 빛날 것이다. 신자들은 죽은 자 가운데서 부활할 것이며 하나님이 약속하신 새로운 세계에서 살 것이다. 다양한 방식으로 바울은 신자들 앞에 놓인 기쁨을 밝혀내며 그들에게 계속해서 믿고 구속의 날까지 순종하라고 격려한다.

4) 히브리서

히브리서의 저자가 그의 독자들을 설득하여 배교하지 않게 하는 하나의 방법은 그들이 신실하게 인내할 때 받게 될 상급을 상기시키는 것이다. 실로 상급에 대한 신학은 주로 히브리서에 나타난다. 저자는 하나님이 "자기를 찾는 자들에게 상 주심"을 믿지 않으면 누구도 하나님을 기쁘시게 할 수 없다고 주장한다. 그리스도에 대한 충성심을 버리지 않으면 그들은 "큰 상"을 얻게 될 것이다(10:35). 하나님은 신실하시기 때문에 지속적으로 믿는 자들은 하나님이 약속하신 것을 받을 것이다(10:36). 10:39에서 분명히 하듯이 약속은 바로 구원이다. 그것은 종말론적 멸망과 대조되고 있기 때문이다. 하나님이 그의 백성에게 주신 복은 하나님이 약속하신 모든 것을 상속받을 소망이다(6:7, 18). 미래의 상급은 흔들리지 않는 나라로도 묘사(12:28)되며 이것은 하나님의 약속의 불가침성을 의미한다. 하나님은 그의 자녀들을 영광으로 들어가게 하실 것이다. 따라서 현 세상의 부패와 불완전함은 사라질 것이다(2:10). 미래의 축복은 "안식"으로도 표현된다(3:11, 18; 4:1, 3, 5, 8-11). 그 안식은 생명이 끝날 때, 사람이 땅에서의 자기 일을 중단할 때, 구약의 안식일 안식이 천국에서의 안식으로 성취될 때 완결될 것이다.

신자들의 상급은 오게 될 하늘의 도성으로도 묘사된다(11:10, 13-16; 12:22-23; 13:14). 현재의 창조질서는 흔들릴 것이며(12:25-29) 흔들리지 않는 새로운 질서가 시작될 것이다. 이러한 사상은 새 하늘과 새 땅에 대한 요한계시록의 약속과 유사해 보인다. 옛 창조는 새 창조로 바뀌고 사람의 도성은 하나님의 도성으로 바뀔 것이다. 히브리서는 신자들에게 그들 앞에 큰 상급이 놓여있다는 것을 알고 인내하라고 격려한다. 그러므로 그들은 예수님처럼 그들 앞에 놓인 기쁨 때문에 참아야 한다(12:2).

5) 야고보서, 베드로전후서, 유다서

야고보서는 신자의 미래의 상급에 대해서 잠깐 언급할 뿐 상세히 말하지 않는다. 시련에 거룩한 방식으로 반응하는 자들은 도덕적으로 온전해질 것이다(1:4). 이것은 하나님의 자녀들은 예수님과 같아질 것이라는 요한의 약속과 매우 흡사하다(요일 3:2). 시련을 견디는 자는 "생명의 면류관"을 얻을 것이다(약 1:12). 그리고 여기의 생명의 면류관은 참으로 주님의 소유된 자들에게 속한 약속된 영생을 가리킨다. 마찬가지로 신자들은 하나님 나라의 상속자들이다(2:5). 하나님은 또한 겸손한 자들은 종말론적 변호를 받을 것임을 약속하신다(1:9). 겸손한 자들은 그들의 믿음과 순종에 대한 보상을 받을 역전의 날이 올 것이다.

신자의 미래의 상급은 베드로전서에서 중요하게 다루어진다. 왜냐하면 베드로는 핍박받는 신자들을 최후의 상급에 대한 확실한 소망으로 위로하기를 원했기 때문이다. 그러므로 서신의 첫 부분부터 베드로는 신자들에게 "예수 그리스도의 부활을 통하여" 그들의 것이 된 "산 소망"을 상기시킨다(1:3). 예수 그리스도의 부활은 오는 세대의 시작이며 함축적으로 신자들의 최종적 부활에 대한 약속이다. 신자들의 마지막 때의 상급은 유업으로 나타나며 유업은 썩지 않고 더럽지 않다는 것이 강조된다. 그러므로 아무 것도 신자들을 기다리고 있는 기쁨을 감소시킬 수 없다. 미래의 삶은 놀라운 기쁨과 즐거움이다(4:13). 그때 신자들은 낮아지는 대신 높아질 것이다(5:6). 그들은 종말론적 구원을 얻을 것이며(1:5, 9) 칭찬과 영광과 존귀가 그들에게 돌아갈 것이다(1:7; 2:7). 모든 사람이 사모하는 좋은 날은 영원히 그들의 것이 될 것이다(3:10).

베드로후서에 의하면 신성한 성품에 참여하는 것은 이미 지금도 신자들에게 속한 것인데 하나님의 모든 약속이 그의 백성들에게 성취될 때 완성될 것이다(1:4). 주께서 롯과 노아를 악한 세대 가운데서 구원하셨듯이 그의 백성들도 보존하실 것이다. 그러므로 그의 백성들은 약속된 것을 마지막 날에 받게 될 것이다(2:5, 7, 9). 거룩한 특성을 실천하며 진정으로 믿음대로 사는 자들은 약속된 것을 받기에 부족함이 없을 것이다. 그들은 예수 그리스도의 나라에 들어가는 상급을 받게 될 것이다(1:10-11). 그들은 마지막 날에 예수님 안에서 흠이 없을 것이며 구원을 상속할 것이다(3:14-15). 다시 말해서 그들은 하나님이 약속하신 새 하늘과 새 땅을 소유하게 될 것이다(3:13). 베드로후서는 짧기 때문에 베드로는 새 하늘과 새 땅의 특성을 이 서신에서 상세히 언급하지 않는다. 새로운 세계 또는 새 창조에서는 의가 궁극적으로 지배할 것이다.

유다는 예수 그리스도의 오심을 고대한다. 예수님은 자기 백성에게 긍휼을 보이시며 신자들에게 영생을 선물로 주실 것이다(21). 마지막 날에 그들은 흠이 없이 말할 수 없는 기쁨으로 하나님 앞에 설 것이다(24). 그때에 신자들이 고대했던 온전함이 실현될 것이다.

6) 결론

약속된 새 창조는 예수 그리스도께서 오실 때 실현될 것이다. 하나님의 언약적 약속은 성취될 것이며 새로운 세상이 놀라운 아름다움으로 시작될 때 옛 창조의 신음은 끝날 것이다. 새 창조가 그처럼 기쁨이 되는 것은 하나님을 본다는 것과 하나님이 그의 백성과 거하신다는 것이다. "이미"와 "아직 아니" 사이의 기간에 간절히 기다려온 부활의 몸으로 신자들은 새 창조에 들어갈 것이다. 그들은 땅에 있는 동안 믿음으로 얻은 영생과 약속된 나라를 상급으로 얻을 것이다. 그들이 고대했던 최후의 유업과 구원은 그때 실현될 것이다. 반대로 그리스도를 믿지 않고 그의 말씀에 순종하지 않은 자들은 최후의 심판을 받을 것이다. 그들의 멸망은 사탄의 멸망과 동시에 일어날 것이다. 하나님의 나라가 완전히 임하는 것은 신자들에 대한 보상일 뿐 아니라 복음을 거부하고 신자들을 학대한 악한 자들에 대한 형벌이기도 하다. 새로운 세계와 새로운 우주가 도래할 것이며 하나님은 만유 안에 만유가 되실 것이다. 신자들은 아버지와 아들과 성령을 영원히 경배하고 즐거워할 것이다.

4. 목회적 숙고

사탄에 대해 C. S. 루이스(Lewis⟨1982:3⟩)가 한 말은 미래에 대해서도 사실이다. 우리는 미래에 관해 "두 개의 동등하면서도 반대되는 실수"에 빠질 수 있다. 한편으로 우리는 오직 미래를 위해서만 살아서 현재의 기회를 활용하지 못하게 될 수가 있다. 다른 한편으로 우리는 현재에 너무 치중해서 미래의 심판과 상급을 무시할 수 있다. 실체에 대한 그러한 토막 난 견해는 신약의 메시지의 종말론적 특성을 이해하지 못했음을 드러낸다. 궁극적 실체를 보지 못하고 있기 때문이다. 미래에 대한 합당한 이해를 가진 자들은 현재를 가장 효과적으로 살아간다. 그들은 모든 일에 있어서 신자들의 목적은 항상 그리스도 안에서 하나님께 영광을 돌리는 것임을 알기 때문이다.

Magnifying God in Christ

맺음말

　구약에서 주어진 하나님의 구원 약속의 성취에 신약은 초점을 두고 있다고 나는 주장했다. 신약은 구약에서 시작된 이야기의 절정을 보여준다. 하지만 그것은 약간은 추리소설 같다. 그 이야기가 놀라운 방식으로 성취되기 때문이다. 하나님의 약속은 그리스도 안에서 성령으로 성취되었다. 그러나 우리는 여전히 약속된 것이 성취되기를 기다린다. 성취에는 "이미-아직 아니"(already-not yet)의 특성이 있다. 약속의 성취는 시작되었지만 아직 완성되지는 않았다.

　우리는 그 이야기의 주요 주인공들도 보아야 한다. 실현될 약속들은 하나님의 약속들이다. 하나님은 역사의 주인으로서 그의 계획을 성취하신다. 특히 하나님은 아브라함, 모세, 다윗과 선지자들에게 주신 약속을 성취하는 자로 그의 아들 예수 그리스도를 보내셨다. 예수님은 아브라함의 자손, 모세보다 뛰어난 선지자, 진정한 다윗(메시아), 인자, 주, 그리고 하나님의 아들이시다. 참으로 그는 하나님이시다. 하나님의 약속이 실현된 것은 바로 그를 통해서이다. 예수님은 아버지의 보내심을 받은 자이며 자기 아버지의 뜻을 행하기 위해 오신 분이다. 그러나 또한 약속들은 예수님을 통해 인간의 예상을 뒤엎는 방식으로 성취되었다. 예수님은 여호와의 종의 역할을 담당하심으로 죄와 사망을 정복하셨다. 그는 고난을 감수하고 십자가에서 자기 백성들이 받을 형벌을 담당하심으로 악을 정복하셨다. 신약의 저자들은 "구원", "화목", "칭의", "구속", "양자됨"과 같은 단어들을 사용하여 예수 그리스도께서 십자가에서 하신 일을 표현하려고 분주하다. 더욱이 신약은 구약을 성취한다. 왜냐하면 하나님이 약속하신 구원이 구약에서 약속된 성령에 의해 효력 있게 되기 때문이다. 예수님은 성령의 담지자이며 동시에 하나님의 백성에게 그의 성령을 부어주시는 분이었다. 예수님은 성령의 능력으로 자신의 사역을 수행하셨고 부활과 승귀하신 후에는 자신에게 속한 자들에게 동일한 성령을 주셨다.

    신약의 나머지 부분은 하나님의 약속에 대한 이야기가 어떻게 사람들의 삶 속에서 풀려나가는가를 설명한다. 인간은 죄와 사망의 권세 때문에 하나님의 해방시키시는 사역이 필요하다. 죄와 사망은 인간을 황폐화시키는 악의 두 개의 탑이다. 인간은 단지 악의 저당물일 뿐만 아니라 능동적으로 자신을 악에게 내어주었다. 따라서 악을 이기신 예수님의 승리를 누리기 위해서 인간은 자신의 악을 회개해야 하며 예수 그리스도를 구원자, 구속자와 주님으로 믿어야 한다. 이 회개하는 믿음이 인내하는 믿음, 급진적 믿음, 삶을 하나님과 예수 그리스도께 드려 하나님과 그리스도를 영화롭게 하는 믿음이다. 따라서 하나님과 그리스도의 통치 아래 사는 자들은 새로운 종류의 삶을 산다. 실로 예수 그리스도의 교회는 그리스도의 사랑이 현시되는 새로운 공동체이다. 그들은 이제 참 이스라엘이며 그리스도의 구원의 복음을 세상에 선포하면서 다른 사람과 세상과의 관계를 통해 하나님의 아름다움을 나타내야 한다.

    마지막으로, 이야기는 아직 끝나지 않았다. 신자들은 아직 완성을 기다리고 있다. 그들은 새 창조, 새로운 출애굽의 완성, 새 언약의 최종적 성취를 기다린다. 예수님은 다시 오실 것이며 우주를 변화시킬 것이다. 다가오는 새로운 세계, 새 창조, 새 하늘과 새 땅이 있다. 그 오는 세계에서 하나님은 만유 중의 만유가 되실 것이며 예수 그리스도는 영원히 영광을 받으실 것이다. 잃어버린 낙원은 회복될 것이다. 아니 회복된 것 이상, 더 좋은 낙원이 될 것이다. 그리고 우리는 하나님의 얼굴을 볼 것이며(계 22:4) 그리스도를 통해 하나님은 영원히 더 큰 영광을 받으실 것이다.

참고문헌

Avemarie, Friedrich. 1996. *Tora und Leben. Untersuchungen zur Heilsbedeutung der Tora in der frühen rabbinischen Literatur.* Texte und Studien zum antiken Judentum 55. Tübingen: Mohr Siebeck.

———. 1999. "Erwählung und Vergeltung: Zur optionalen Struktur rabbinischer Soteriologie." *New Testament Studies* 45·108–26.

Barr, James. 1988. "'*Abbā*' Isn't 'Daddy.'" *Journal of Theological Studies* 39:28–47

———. 1999. *The Concept of Biblical Theology.* Minneapolis: Fortress.

Barrett, C. K. 1973. *A Commentary on the Second Epistle to the Corinthians.* Harper's New Testament Commentaries. New York: Harper & Row.

———. 1978. *The Gospel according to St. John. An Introduction with Commentary and Notes on the Greek Text.* 2nd ed. London: SPCK.

———. 1998. *Acts 15–28.* International Critical Commentary. Edinburgh. T&T Clark.

Bauckham, Richard. 1999. *James: Wisdom of James, Disciple of Jesus the Sage.* New York: Routledge.

Bietenhard, H. 1976. "Ὄνομα." Pages 648–56 in vol. 2 of *New International Dictionary of New Testament Theology.* Edited by Colin Brown. 4 vols. Grand Rapids: Zondervan, 1975–85.

Borsch, F. H. 1992. "Further Reflections on 'The Son of Man'· The Origins and Development of the Title." Pages 130–44 in *The Messiah: Developments in Earliest Judaism and Christianity.* Edited by J. H. Charlesworth. Minneapolis: Fortress.

Buckwalter, H. Douglas. 1998. "The Divine Saviour." Pages 107–23 in *Witness to the Gospel: The Theology of Acts.* Edited by I. H. Marshall and D. Peterson. Grand Rapids: Eerdmans.

Burge, Gary M. 1987 *The Anointed Community: The Holy Spirit in the Johannine Tradition*. Grand Rapids: Eerdmans.

Capes, David B. 1992. *Old Testament Yahweh Texts in Paul's Christology*. Wissenschaftliche Untersuchungen zum Neuen Testament 2/47 Tübingen: Mohr Siebeck.

Carson, D. A., Peter T. O'Brien, and Mark A. Seifrid, eds. 2001. *The Complexities of Second Temple Judaism*. Vol. 1 of *Justification and Variegated Nomism: A Fresh Appraisal of Paul and Second Temple Judaism*. Wissenschaftliche Untersuchungen zum Neuen Testament 2/140. Tübingen: Mohr Siebeck; Grand Rapids: Baker Academic.

Das, A. Andrew. 2001. *Paul, the Law, and the Covenant*. Peabody, MA. Hendrickson.

Davies, W. D., and Dale C. Allison. 1991. *Commentary on Matthew VIII–XVIII*. Vol. 2 of *A Critical and Exegetical Commentary on the Gospel according to Saint Matthew*. International Critical Commentary. Edinburgh: T&T Clark.

Dunn, James D. G. 1992. "The Justice of God: A Renewed Perspective on Justification by Faith." *Journal of Theological Studies* 43:1–22.

Elliott, Mark A. 2000. *The Survivors of Israel: A Reconsideration of the Theology of Pre-Christian Judaism*. Grand Rapids: Eerdmans.

Ellis, E. Earle. 1992. "Pseudonymity and Canonicity of New Testament Documents." Pages 212–24 in *Worship, Theology and Ministry in the Early Church: Essays in Honor of Ralph P. Martin*. Edited by M. J. Wilkins and T. Paige. Journal for the Study of the New Testament: Supplement Series 87 Sheffield: JSOT Press.

Fitzmyer, J. A. 1998. *The Acts of the Apostles*. Anchor Bible 31. New York: Doubleday.

Gasque, W. Ward. 1989. *A History of the Interpretation of the Acts of the Apostles*. Peabody, MA: Hendrickson.

Gathercole, Simon J. 2003. *Where Is Boasting? Early Jewish Soteriology and Paul's Response in Romans 1–5*. Grand Rapids: Eerdmans.

Goldsworthy, Graeme. 2000. "Kingdom of God." Pages 615–20 in *New Dictionary of Biblical Theology*. Edited by T. Desmond Alexander and Brian S. Rosner. Leicester, UK: Inter-Varsity; Downers Grove, IL: InterVarsity, 2000.

Hamilton, James Merrill, Jr. 2006. *God's Indwelling Presence: The Holy Spirit in the Old and New Testaments*. NAC Studies in Bible and Theology. Nashville: Broadman & Holman.

Harris, Murray J. 1992. *Jesus as God: The New Testament Use of* Theos *in Reference to Jesus*. Grand Rapids: Baker Academic.

Hartman, Lars. 1991. "Ὄνομα." Pages 519–22 in vol. 2 of *Exegetical Dictionary of the New Testament*. Edited by H. Balz and G. Schneider. 3 vols. Grand Rapids: Eerdmans, 1990–93.

Hemer, Colin J. 1989. *The Book of Acts in the Setting of Hellenistic History*. Edited by C. H. Gempf. Wissenschaftliche Untersuchungen zum Neuen Testament 49. Tübingen: Mohr Siebeck.

Hurtado, Larry. 2003. *Lord Jesus Christ: Devotion to Jesus in Earliest Christianity*. Grand Rapids: Eerdmans.

Jeremias, Joachim. 1967 *The Prayers of Jesus*. Studies in Biblical Theology 2/6. London: SCM Press.

Jervell, Jacob. 1996. *The Theology of the Acts of the Apostles*. Cambridge: Cambridge University Press.

Knight, George W., III. 1992. *The Pastoral Epistles*. New International Greek Testament Commentary. Grand Rapids: Eerdmans.

Köstenberger, Andreas. 2004. *John*. Baker Exegetical Commentary on the New Testament. Grand Rapids: Baker Academic.

Köstenberger, Andreas J., and Peter O'Brien. 2001. *Salvation to the Ends of the Earth: A Biblical Theology of Mission*. Downers Grove, IL: InterVarsity.

Lau, Andrew Y. 1996. *Manifest in the Flesh: The Epiphany Christology of the Pastoral Epistles*. Wissenschaftliche Untersuchungen zum Neuen Testament 2/86. Tübingen: Mohr Siebeck.

Lewis, C. S. 1982. *The Screwtape Letters with Screwtape Proposes a Toast*. Rev. ed. New York: Macmillan.

Marshall, I. H. 1970. *Luke: Historian and Theologian*. Grand Rapids: Zondervan.

McKnight, Scot. 1992. "The Warning Passages in Hebrews: A Formal Analysis and Theological Conclusions." *Trinity Journal*, NS, 13:21–59.

Meier, John P. 1994. *Mentor, Message, and Miracles*. Vol. 2 of *A Marginal Jew: Rethinking the Historical Jesus*. New York: Doubleday.

Michel, Otto. 1966. *Der Brief an die Hebräer* 12th ed. Kritisch-exegetischer Kommentar über das Neue Testament. Göttingen: Vandenhoeck & Ruprecht.

Mounce, William D. 2000. *Pastoral Epistles*. Word Biblical Commentary 46. Nashville: Nelson.

Peterson, David. 1982. *Hebrews and Perfection: An Examination of the Concept of Perfection in the "Epistle to the Hebrews."* Society for New Testament Studies Monograph Series 47 Cambridge: Cambridge University Press.

Sanders, E. P. 1977 *Paul and Palestinian Judaism: A Comparison of Patterns of Religion*. Philadelphia: Fortress.

Schreiner, Thomas R. 2003. *1, 2 Peter, Jude*. New American Commentary. Nashville: Broadman & Holman.

———. 2008. *New Testament Theology: Magnifying God in Christ*. Grand Rapids: Baker Academic.

Schweitzer, Albert. 1931. *The Mysticism of Paul the Apostle*. New York: Henry Holt.

Seifrid, Mark A. 2000. *Christ, Our Righteousness: Paul's Theology of Justification*. Downers Grove, IL: InterVarsity.

Stettler, Hanna. 1998. *Die Christologie der Pastoralbriefe*. Wissenschaftliche Untersuchungen zum Neuen Testament 2/105. Tübingen: Mohr Siebeck.

Thompson, Marianne Meye. 2001. *The God of the Gospel of John*. Grand Rapids: Eerdmans.

Wallace, Daniel B. 1996. *Greek Grammar beyond the Basics: An Exegetical Syntax of the New Testament*. Grand Rapids: Zondervan.

Wrede, William. 1962. *Paul*. Repr., Lexington: American Theological Library Association.

색인

ㄱ

가말리엘 81
가브리엘 234
간음 297, 360
거의 그리스도인 335, 337
거짓 교사 298
고넬료 233, 238, 240, 241, 323, 365, 384
골즈워디 32
교회 381-94, 430
구속 241, 260, 263, 325
구원 24, 53, 55, 56, 59, 83, 124, 136, 140
구원론 140, 190, 191, 206, 210
구원사 21
그랜빌 샤프 법칙 212
그리스도 118, 138, 146, 205, 207, 216
그리스도와의 연합 143, 144, 169, 302
그리스도의 법 27, 373
그리스도의 신부 393
그리스도의 주권 226
그리스도인의 삶 60
기독론 24
기름 부음을 받은 자 103, 104
기적 35, 40, 99, 266

ㄴ

나타나심 401

ㄷ

다니엘 108, 110
다윗 115, 429
다윗의 자손 107, 210, 234, 305
대언자, 변호자 219, 250
대제사장 199, 200, 296
동해보복법 412
드러남, 보이심 401, 404

ㄹ

로고스 122
로마제국 94, 226
루터 170

ㅁ

먼저 나신(처음 난) 151
매는 것과 푸는 것 383, 384

메시아 25, 33, 48, 70, 103, 113, 383, 392, 408
멜기세덱 51, 52, 196
명령법과 직설법 374
모세의 유언 216
모세의 율법 261, 285, 362
모형론 376, 377
목회서신 20, 83, 146
물과 성령 246, 247
믿음 26, 87, 309, 316, 318, 322

ㅂ

바렛 264, 368
바벨 31, 241
바벨론 93, 109
바울에 대한 새 관점 287, 291
박해 56
반대명제 98
배교 89, 308, 320, 329, 330, 339, 391, 402, 414, 423
벅월터 136
변화시키는 의 171-80
베드로전서의 기독론 206
베드로후서의 기독론 210
보상 280, 418-26
보감 205
부르심 164-8
부활 21, 42, 55, 78, 98, 121, 379, 400, 419
분노 308
불 407, 410

불순종 317, 349
브레데 169

ㅅ

사도들 383
사도행전의 기독론 133, 134
사탄 153, 186, 253, 283, 345
삼위일체 64, 124, 157, 244, 273, 275
새 언약 32, 51, 192, 279, 309, 333, 371, 430
새 예루살렘 223, 272, 421
샌더스 169, 289
선택 163, 164, 165, 166, 168, 289
성경신학 18, 63
성령 26, 29, 48, 64, 103, 147, 180, 231, 426
성령을 모독하는 것 244
성령의 기름 부으심 259
성전 153, 222
성취 377
성취의 시대 269
성화 172, 187
세례 117, 141, 244, 385
세례 요한 234, 241, 279
세상 끝 52
소경 283
소돔과 고모라 416
소망 87, 121, 189, 204, 209, 327, 424
속죄 196, 198, 219, 266, 338, 376
속죄일 198
순종 325, 331

쉐마 65, 72
슈바이처 169
시므온 73
신약에서의 하나님 중심성 97
실현된 종말론 56, 57, 399, 419
심판 64, 76, 85, 88, 89, 94, 95, 112, 139
심판의 날 308, 397, 400, 409, 419

ㅇ

아나니아 235, 364
아나니아와 삽비라 244
아담과 하와 31
아베마리 289
아벨 335
아브라함 335, 429
아브라함 언약 369
아타나시우스 228
안나 73
안식일 287, 342
알파와 오메가 92, 220, 227
양자됨 181, 430
양태론 123, 156
어린양 25, 76, 353, 393, 420
에베소 12인 240-3
엘리사벳 234, 362
엘리옷 289
여호와의 종 124, 130, 208, 212
영생 45, 48, 77, 128, 181
영벌(심판, 멸망) 408-9, 414-5
영화 189

예레미아스 74
예루살렘 공의회 79, 244, 285
예수님의 높아짐과 영광(십자가) 114
옛 언약 198, 241, 261
옛적부터 항상 계신 자 224
오는 세대 45, 248, 264, 422
오브라이언 386
울며 이를 갈리라 407
요한계시록의 기독론 193
유대인과 이방인 291, 342, 363, 371, 382
유업 183, 187, 291
유일신론 76, 345
율법 98, 171, 179, 199, 266, 288
율법의 저주 179
율법의 행위 287, 290, 342
율법주의 287, 288, 346, 377
율법폐기론, 반율법주의 346
음식법 241, 287, 342
의 9, 169-75, 251-3, 303
의(법정적) 170, 172-5
이김(정복) 352-3
이미-아직 아니 23, 30, 45, 191, 395, 429
이원론 282
이혼 361
인자 97, 109
일곱(숫자) 273, 409
일곱 영 273

ㅈ

적그리스도 217, 282
전능한 자 92
제2성전기 유대교 105, 110
제자도 307, 355
제자들 98, 397
존재론 228
종말론 45
죄의 고백 321
주기도문 34, 71
주의 날 136, 186, 388
주의 만찬 130, 329, 385, 386
지혜 122, 152, 185
짐승 93, 94, 300, 351

ㅊ

추수 386
창조 57, 82, 122, 220, 421
축도 273
칭의 25, 144, 170, 306, 328, 344

ㅋ

칸트적 윤리 418
케이프스 155
쾌스텐버거 386
코스모스 282

ㅌ

탐냄 373
톰슨 65, 251

ㅍ

파루시아 401
피 127, 263, 367

ㅎ

하나님 나라 32, 357
하나님의 아들 77, 115, 223, 252, 282, 311
하나님의 약속의 완성 226
하나님의 이름 71, 101, 103, 232
하나님의 진노 170, 179, 181, 283, 340
하나님의 형상 151
할례 287, 342, 362, 366, 375, 379
해리스 159
허타도 136
확신 258
황제숭배 351
흠 없음 350

기타

Allison 383
C. S. 루이스 427

간추린 신약신학
Magnifying God in Christ : A Summary of New Testament Theology

2013년 12월 31일 초판 발행
2019년 9월 30일 초판 3쇄 발행

지은이 | 토마스 R. 슈라이너
옮긴이 | 김현광

펴낸곳 | 사)기독교문서선교회
등 록 | 제16-25호(1980. 1. 18)
주 소 | 서울시 서초구 방배로 68
전 화 | 02) 586-8761~3(본사) 031) 942-8761(영업부)
팩 스 | 02) 523-0131(본사) 031) 942-8763(영업부)
홈페이지 | www.clcbook.com
이메일 | clckor@gmail.com
온라인 | 기업은행 073-000308-04-020, 국민은행 043-01-0379-646
         예금주: 사)기독교문서선교회

ISBN 978-89-341-1341-6(93230)

* 낙장·파본은 교환해 드립니다.

이 도서의 국립중앙도서관 출판시도서목록(CIP)은
서지정보유통지원시스템 홈페이지(http://seoji.nl.go.kr)와
국가자료공동목록시스템(http://www.nl.go.kr/kolisnet)에서
이용하실 수 있습니다.
(CIP제어번호: CIP2013024577)